本书的出版得到国家社科基金青年项目“中亚萨拉菲恐怖极端势力的关系及其对新疆安全的影响研究”（项目批准号：14CGJ016）与2019年度兰州大学人文社科类中央高校基本科研业务费专项资金重点研究基地项目“欧亚秩序与一带一路研究”（项目编号：2019jbkyjd005）及其他类别项目（项目编号：2019jbkytd002、2019jbkyzx014）的资助。

恐怖主义的最新演变及其理论解释

周明 曾向红 著

THE LATEST EVOLUTION OF TERRORISM AND ITS THEORETICAL EXPLANATION

中国社会科学出版社

图书在版编目(CIP)数据

恐怖主义的最新演变及其理论解释／周明，曾向红著．—北京：中国社会科学出版社，2019.8

ISBN 978－7－5203－4450－0

Ⅰ．①恐…　Ⅱ．①周…②曾…　Ⅲ．①反恐怖活动—研究—世界　Ⅳ．①D815.5

中国版本图书馆 CIP 数据核字（2019）第 094442 号

出 版 人　赵剑英
责任编辑　赵　丽
责任校对　李　莉
责任印制　王　超

出　　版　中国社会科学出版社
社　　址　北京鼓楼西大街甲 158 号
邮　　编　100720
网　　址　http://www.csspw.cn
发 行 部　010－84083685
门 市 部　010－84029450
经　　销　新华书店及其他书店

印　　刷　北京明恒达印务有限公司
装　　订　廊坊市广阳区广增装订厂
版　　次　2019 年 8 月第 1 版
印　　次　2019 年 8 月第 1 次印刷

开　　本　710×1000　1/16
印　　张　20.5
字　　数　306 千字
定　　价　88.00 元

目　　录

引　言

国际恐怖主义是国际社会的公害。这一判断在“9·11”事件之后得到国际社会的普遍认可。基于这种判断，国际社会在“9·11”事件之后将应对和打击国际恐怖主义塑造为全球治理的一个重要领域。[①] 不过，由于当前的国际恐怖主义具有越来越高的国际动员能力和跨国活动能力、国际社会尚未就恐怖主义的定义达成广泛共识、联合国在打击国际恐怖主义过程中的作用得不到广泛认可、大国在打击恐怖主义的过程中存在严重的价值破碎化现象、[②] 西方国家在打击国际恐怖主义的过程中奉行双重标准等问题的存在，[③] 导致国际社会对国际恐怖主义进行有效治理的能力存在不足。其中比较典型的例子是“伊斯兰国”

---

① 有关恐怖主义与全球治理关系的成果，参见王庭东《“9·11”事件与全球恐怖主义治理》，《世界经济与政治》2002年第4期；张家栋：《全球化时代的恐怖主义及其治理》，上海三联书店2007年版；曾向红：《恐怖主义的全球治理：机制及其评估》，《中国社会科学》2017年第12期；Yee-Kuang Heng and Ken Mc Donagh, *Risk, Global Governance and Security: The other War on Terror*, New York: Routledge, 2009; Anna Cornelia Beyer, *Counterterrorism and International Power Relations: The EU, ASEAN and Hegemonic Global Governance*, New York: I. B. Tauris, 2010; Samuel M. Makinda, "Global Governance and Terrorism," *Global Change, Peace & Security*, Vol. 15, No. 1, 2003, pp. 43 – 58; Steven Lee, "International Governance and the Fight against Terrorism," *Ethics & International Affairs*, Vol. 20, No. 2, 2006, pp. 241 – 246; Ronald Crelinsten, "Counterterrorism as Global Governance: A Research Inventory," in Magnus Ranstorp, ed., *Mapping Terrorism Research: State of the Art, Gaps and Future Direction*, London and New York: Routledge, 2007, pp. 210 – 236。

② Andrew Phillips, "The Wars on Terror, Dueling Internationalisms and the Clash of Purposes in a Post-unipolar World", *International Politics*, Vol. 50, No. 1, 2013, pp. 77 – 96；曾向红、邹谨键：《反恐与承认：恐怖主义全球治理过程中的价值破碎化》，《当代亚太》2018年第4期。

③ 曾向红、陈科睿：《国际反恐话语双重标准的形成基础与机制研究》，《社会科学》2017年第9期。

(Islamic State, IS)[①] 的崛起及其扩散。尽管导致“伊斯兰国”兴起和扩散的原因很复杂，而且更多地与西方国家不负责任地干预伊拉克和叙利亚局势以及中东地区本就存在错综复杂的各种治理问题密切相关，但国际社会在治理恐怖主义过程中存在的各种问题，客观上也为“伊斯兰国”的猖獗提供了部分条件。

一 “伊斯兰国”的“基地化”

“基地”（Al-Qaeda）的持存与“伊斯兰国”的崛起与扩散，预示国际社会对恐怖主义进行有效治理仍任重道远。“基地”可称得上一个老牌的恐怖组织，其活动一直是国际社会的重点关注和打击对象。而“伊斯兰国”原本是作为“基地”组织的一个分支机构而存在的。但“伊斯兰国”引起国际社会的广泛关注，很大程度上始于2014年前后该组织在叙利亚与伊拉克攻占大片领土并于2014年6月宣布成立一个“哈里发国”（Caliphate）。不仅如此，自此之后，“伊斯兰国”也的确进入一个迅速扩散和大肆攻击的阶段。在全盛时期，“伊斯兰国”不仅在伊拉克和叙利亚占据了大片领土、统治数百万人口，吸引了全世界众多的“外籍战士”（foreign fighters）奔赴伊叙两国参与“圣战”，而且还在埃及、欧洲、东南亚、中亚、南亚等地号召极端分子发起了多起恶性恐怖袭击。尽管“外籍战士”在国际上的流动与扩散并非新现象。无论是20世纪80年代的阿富汗抗苏战争，还是90年代的第一次车臣战争和波斯尼亚战争，都曾吸引众多的“外籍战士”

① 从1999年至今，该组织的名称几经变化。“伊斯兰国”的雏形可追溯阿布·穆萨布·扎卡维（Abu-Musab al-Zarqawi）1999年开始创立的“沙姆战士”（Jund al-Sham），后更名为“认主独一与圣战”（Jama'at al-Tawhid wa'al-Jihad，JTWJ）；2004年9月，扎卡维宣誓效忠“基地”组织和奥萨马·本·拉登（Osama bin Laden），该组织随即成为“基地”组织两河流域分支（al-Qaeda in the land of two rivers）或称“基地”组织伊拉克分支（al-Qaeda in Iraq，AQI）；2006年1月，该组织宣布与其他五个组织合并形成“圣战舒拉会议”（Majlis Shura al-Mujahideen，MSM）；2006年10月至2013年4月，该组织更名为“伊拉克伊斯兰国”（Islamic State of Iraq，ISI）；2013年4月至2014年6月为“伊拉克和沙姆伊斯兰国”（Islamic State of Iraq and al-Sham，ISIS）或称“伊拉克和黎凡特伊斯兰国”（Islamic State of Iraq and the Levant，ISIL）；2014年6月29日至今更为现名——“伊斯兰国”。下文为了论述的方便，除非必要，均使用“伊斯兰国”这一名称。详见第五章。

参战。[①] 然而，伊拉克和叙利亚吸引的“外籍战士”在规模上不可与其同日而语。从2011—2016年，“伊斯兰国”至少吸引了4万名“外籍战士”,[②] 而阿富汗抗苏战争期间吸引的“外籍战士”为4000余人。[③]

“伊斯兰国”的崛起与扩散一度让国际社会风声鹤唳，但其衰落并不意味国际社会将不再面临严峻的恐怖主义威胁。随着当前“伊斯兰国”在伊拉克与叙利亚两地所占的领土被攻陷，“伊斯兰国”已陷入崩溃状态（2017年11月21日伊朗和伊拉克两国同时宣布“伊斯兰国”已被剿灭）。然而，除了负隅顽抗并号召其支持者在世界范围内发动恐怖袭击外，“伊斯兰国”崩溃后衍生出一个新的同等严峻的风险，即“外籍战士”的回流及在原籍国发动恐怖袭击的问题。当“外籍战士”的回流与国际难民问题的流动结合在一起，各主权国家难以对难民与恐怖分子进行有效甄别时，会加大恐怖分子成功潜伏和发动恐怖袭击的可能。欧盟国家当前就面临这种非常困难的局面。[④] 事实上，尽管国际社会已经意识到了需要尽早和严肃地对待“伊斯兰国”的“外籍战士”跨国流动的问题，但关键问题在于国际社会对此依旧缺乏及时有效的应对手段。[⑤]

---

① Thomas Hegghammer, “The Rise of Muslim Foreign Fighters: Islam and the Globalization of Jihad,” *International Security*, Vol. 35, No. 3, 2010/2011, pp. 53 – 94; David Malet, *Foreign Fighters: Transnational Identity in Civil Conflicts*, New York: Oxford University Press, 2013; Petter Nesser, “Chronology of Jihadism in Western Europe 1994 – 2007: Planned, Prepared, and Executed Terrorist Attacks,” *Studies in Conflict & Terrorism*, Vol. 31, No. 10, 2008, pp. 924 – 946.

② Radicalization Awareness Network, *RAN Manual Responses to returnees: Foreign terrorist fighters and their families*, July 2017, https: //ec. europa. eu/home-affairs/sites/homeaffairs/files/ran_ br_ a4_ m10_ en. pdf, p. 15.

③ Thomas Hegghammer, “The Rise of Muslim Foreign Fighters Islam and the Globalization of Jihad,” *International Security*, Vol. 35, No. 3, 2010/11, p. 60.

④ 黄海涛、刘志：《试析欧洲难民危机》，《现代国际关系》2015年第12期；Bérénice Boutin, et al., *The Foreign Fighters Phenomenon in the European Union: Profiles, Threats & Policies*, Hague: International Centre for Counter-Terrorism—The Hague (ICCT), Research Paper, April 2016。

⑤ 2014年9月24日，联合国安理会第7272次会议专门针对“外国恐怖主义战斗人员”(foreign terrorist fighters, FTFs，即拙作所称的“外籍战士”）通过了第2178（2014）号决议。该决议将外国恐怖主义战斗人员界定为“前往其居住国或国籍国之外的另一国家，以实施、策划、筹备或参与恐怖行为，或提供或接受恐怖主义训练，包括因此参与武装冲突的个人”。为了有效应对“外籍战士”问题，该决议呼吁成员国“需要全面处理根本因素，包括防止激进化演变为恐怖主义，阻止招募活动，限制外国恐怖主义战斗人员的旅行，阻止对外国恐怖主义战斗人员的财政支助，打击可能助长恐怖主义的暴力极端主义，制止煽动基于极端主义和不容忍的恐怖主义行为，促进政治和宗教容忍、经济发展以及社会凝聚力和包容性，结束和解决武装冲突，并帮助其重返社会”。联合国安理会：《恐怖主义行为对国际和平与安全的威胁》，2014年9月24日，http: //www. un. org/zh/documents/view_ doc. asp? symbol = S/RES/2178 (2014)。不过该决议缺乏强有力的具有针对性的应对措施。

从“伊斯兰国”被击溃后所采取的应对策略来看，它展示出明显的“基地化”倾向。此前，“伊斯兰国”区别于“基地”组织最重要的特点是前者具有的“类国家”（pseudo-state，或称“伪国家”）属性。一般而言，国家的特征包括领土、人口、政府、国际社会公认等。除国际社会公认外，“伊斯兰国”具备其他国家要件。尽管国际社会并不承认“伊斯兰国”是一个国家，但不可否认，它确实具有类似于国家的集中化、等级制的特征。在被国际反恐联盟击溃之后，“伊斯兰国”具有越来越明显的“基地化”趋势。如新加坡南洋大学政治暴力与恐怖主义研究国际中心负责人罗汉·古纳拉特纳（Rohan Gunaratna）表示，“伊斯兰国”已进入全球扩张阶段，这与“基地”组织在2001年年底向全球扩张的方式非常相似。① 目前，西亚、北非、中东、南亚、东南亚以及中亚等地的不少极端组织已宣布效忠“伊斯兰国”。随着其“类国家”形态的覆灭，“伊斯兰国”虽仍在伊叙等中东地区负隅顽抗，但它主动调整战略策略，指示其分支机构化整为零，并向中东之外的地区——如中亚、外高加索、东南亚、阿富汗等地——转移，这不过是重拾了“基地”的行动策略。当“伊斯兰国”化整为零，也就意味国际社会面临的恐怖主义风险不仅没有降低，反而因为其领土实体的消失而更加难以对其进行有效预防和打击。

“伊斯兰国”的“基地化”倾向，从一个侧面验证了“基地”组织模式的生命力。恐怖组织的“基地化”，主要是指恐怖组织所采取的网络化组织结构。就“伊斯兰国”而言，其“基地化”趋势是指该组织将其组织结构从原来的等级制结构调整为松散的网络式结构。这主要体现在“伊斯兰国”将其有生力量尽可能地向除伊叙两国之外的地域转移、通过意识形态的传播和扩散以维系“伊斯兰国”与其分支机构之间的联系、号召支持者在除中东地区之外的国家或地域发动恐怖袭击等方面。“伊斯兰国”之所以展示出日益明显的“基地化”趋势，主要有两个方面的原因：其一，“基地”组织所采取的结构模式具有较强的生命力；其二，“伊斯兰国”与“基地”组织之间的亲缘关系使其能较快

---

① 陈风：《重建马拉维 IS 的另一章已经开始翻篇》，《南方周末》2018 年 5 月 24 日，http：//www.infzm.com/content/136089。

地调整组织结构和运作模式。就前一方面而言，尽管自 2001 年“基地”就成为以美国为首的西方反恐联盟的主要打击对象，但得益于其灵活、机动的运作方式，“基地”组织在国际社会强大的反恐压力之下不仅得以生存下来，而且依旧具有不容小觑的恐袭能力。“基地”组织规避国际社会打击的能力，自然令穷途末路的“伊斯兰国”觅得一线生机。采取“基地”的组织结构与运作模式，也是其“类国家”形态覆灭之后不得不进行的战略调整。就后一个方面而言，尽管“伊斯兰国”曾高调宣称断绝与“基地”之间的关系并将后者视为恐怖主义阵营的主要竞争对手，但一旦失势，两者之间的亲缘关系使“伊斯兰国”在调整组织结构和运作模式方面不存在太大的障碍。

当“伊斯兰国”完成“基地化”过程后，国际社会将难以在短时间内消灭它。完成“基地化”过程后的“伊斯兰国”将以一种更为隐蔽、更为灵活的方式进行运作和发动恐袭。而国际社会在重拳打击“基地”组织多年后依旧未能使该组织销声匿迹，意味着国际社会必须做好与“基地”“伊斯兰国”等恐怖组织开展持久战的准备。如 2017 年以来，“伊斯兰国”的扩张之势并未随其遭到重创而有明显减弱。相反，在采用了“基地化”模式之后，“伊斯兰国”极力向阿富汗与东南亚地区渗透，从而使这些地区面临的恐袭风险急剧上升。“伊斯兰国”对阿富汗渗透的迹象最初出现在 2015 年 1 月，当时其领导人宣布在阿富汗建立起分支“呼罗珊省”。目前，“伊斯兰国”利用塔利班的内部分裂，逐渐巩固了自身势力。据阿富汗内政部估计，“伊斯兰国”在阿富汗约有 3000 名成员。在“伊斯兰国”的攻势下，原本就动荡不已的阿富汗形势更趋严重。事实上，阿富汗首都喀布尔已成为恐怖活动的频发区。如在 2018 年 4 月 22 日和 4 月 30 日，喀布尔就发生两起被“伊斯兰国”认领的恐怖袭击。东南亚地区同样是“伊斯兰国”扩张的主要区域，该地区面临的反恐形势与阿富汗类似，只是程度稍轻。尽管近年来“基地”组织的曝光度不如“伊斯兰国”，但并不意味该组织已丧失生机。与之相反，由于不愿认领该组织及其分支机构所发动的恐怖袭击，“基地”组织的破坏能力往往被人们所低估。换言之，人们在继续关注“伊斯兰国”的同时，需要对“基地”的动向予以更多的关注。

二 拙作的研究主题及其现有研究成果评估

拙作尝试对“基地”与“伊斯兰国”，尤其是两者之间的异同及其演变进行理论解释。拙作之所以选择集中研究“基地”与“伊斯兰国”，不仅仅是因为它们是当前最为活跃、影响力最大且短期内不太可能覆灭的两个主要恐怖组织，而且它们的亲缘关系，也使厘清它们之间的异同与演变具有一定的学术和实践意义。按照学术界的共识，无论是“基地”还是“伊斯兰国”，均属于始自20世纪80年代后期的第四波恐怖主义浪潮中的恐怖组织。学术界对这四波恐怖主义浪潮的缘起、特征、演变动力等问题做了较为清晰的分析，不过，对属于同一波恐怖主义浪潮内部不同恐怖组织之间的异同及演化，学术界的研究尚不够深入。[①] 而“基地”与“伊斯兰国”不仅同属第四波恐怖主义浪潮，而且它们之间的复杂关系——“伊斯兰国”原本属于“基地”组织的分支机构、“伊斯兰国”宣布断绝与“基地”组织的关系后与“基地”展开激烈竞争、被击溃后又采取“基地”的组织结构与运作模式等，这意味着对它们之间的异同与演变进行深入研究，能为人们理解第四波恐怖主义浪潮的演变动力及同类恐怖组织之间的复杂关系提供一定启示。

在对拙作的创新之处与章节安排展开简要分析之前，有必要对国内外学术界就该主题所进行的研究做一简要梳理。首先是国内外学术界对“基地”组织与“伊斯兰国”这两个恐怖组织本身的研究。由于“基地”存续的时间已久，国内外学术界对该组织的研究成果相对而言比较丰富。大体而言，国外的研究成果远多于国内研究成果。国内有关“基地”的研究成果主要以学术论文的形式呈现，而有关学术专著则付之阙如。[②] 这

---

① 详见第一章。

② 据作者所知，国内仅有数本关于“基地”组织的译著，尚没有研究该组织的专著出现。这些译著可见［美］劳伦斯·赖特《巨塔杀机：基地组织与9/11之路》，张鲲、蒋莉译，上海译文出版社2009年版；［英］阿卜杜勒·巴里·阿特旺《基地秘史》，林达丰译，北京大学出版社2013年版；［美］埃里克·施密特、汤姆·尚卡尔《反恐秘密战：美国如何打击“基地”组织》，洪漫译，新华出版社2015年版等。

种状况也体现在国内外学术界有关“伊斯兰国”研究成果的差别上。尽管“伊斯兰国”由于崛起时间尚短，国内外学术界对该组织的关注均较晚，不过，由于“伊斯兰国”骇人听闻的残暴程度及其崛起所产生的深远国际影响，以致国内外学术界在2014年之后均掀起了一股研究“伊斯兰国”的热潮。众多恐怖主义问题研究专家和区域问题专家介入到“伊斯兰国”相关问题的研究中，其结果是，近年来国内与国外均产生了一大批相关研究成果。

然而，如果对中文与英文出版物中有关“伊斯兰国”的研究成果进行简要比较，依旧可以发现两者之间的巨大差距。这种差距至少体现在三个方面，即研究数量的多寡、研究主题的宽窄、研究方法的多样性。就研究数量而言，尽管自2014年以来，国内发表了难以精确统计其数量的学术论文，[①] 但至今国内学术界尚未出现一部研究“伊斯兰国”的专著。[②] 当把国内的这种研究状况与国外学术界已出版的有关“伊斯兰国”研究成果做一简要比较时，发现这种差距触目惊心。据作者不完全统计，自2014年以来至2018年6月，国外学术界已出版书名中包含有“伊斯兰国”（包括Islamic State，IS，ISIS，ISIL）这一术语的专著至少有八十部。[③]

---

① 对这些论文的简要总结，可参见肖文超、王艺儒《“伊斯兰国”问题研究述评》，《国际研究参考》2018年第1期。

② 截至2018年6月，国内仅有两部关于“伊斯兰国”的译著：［英］查尔斯·利斯特：《“伊斯兰国”简论》，姜奕晖译，中信出版社2016年版；［美］乔比·沃里克：《黑旗：ISIS的崛起》，钟鹰翔译，中信出版社2017年版。

③ 这里收集了英文出版物中已出版的相关专著，涉及“基地”与“伊斯兰国”之间关系与比较的见下文：Charles River，eds.，*The Islamic State of Iraq and Syria*：*The History of ISIS/ISIL*，Middletown：CreateSpace Independent Publishing Platform，July 8，2014；Andrew Sharp，*The Rise of ISIS*：*The West's New Crusade*，Middletown：CreateSpace Independent Publishing Platform，October 1，2014；Joseph Spark，*Atrocities Committed by ISIS in Syria & Iraq*：*ISIL/Islamic State/ Daesh*，Middletown：CreateSpace Independent Publishing Platform，October 2，2014；C. J. Knight，*ISIS*：*Terrorism and the Rise of ISIS*，*Origin of the Islamic State of Iraq and Syria*，Middletown：CreateSpace Independent Publishing Platform，November 25，2014；Loretta Napoleoni，*The Islamist Phoenix*：*The Islamic State*（*ISIS*）*and the Redrawing of the Middle East*，New York：Seven Stories Press，December 2，2014；Robert Spencer，*The Complete Infidel's Guide to ISIS*，Washington：Regnery Publishing，January 1，2015；Chris Mitchell，*Destination Jerusalem*：*ISIS*，*Convert or Die*，*Christian Persecution*，*and Preparing for the Days Ahead*，Pleasantville：C & L Publishing LLC，January 23，2015；Charles H. Dyer and Mark Tobey，*The ISIS Crisis*：*What You Really Need to Know*，Chicago：Moody Publishers，（转下页）

考虑到中国面临严峻的反恐压力，以及国家加大对地区、国别问题

（接上页） February 1, 2015; Patrick Cockburn, *The Rise of Islamic State: ISIS and the New Sunni Revolution*, London and New York: Verso, February 3, 2015; Hassan Ghazini and Ryan Hughes, *ISIS Exposed: A Comprehensive Insight into the New Form of Terrorism in the Middle East and Its Threat to Global Security*, Middletown: CreateSpace Independent Publishing Platform, February 4, 2015; Jessica Stern and J. M. Berger, *ISIS: The State of Terror*, New York: Ecco, February 9, 2015; Joseph V. Micallef, *Islamic State: Its History, Ideology and Challenge*, Vancouver: Antioch Downs Press, February 10, 2015; Robert Jeffress, *Countdown to the Apocalypse: Why ISIS and Ebola Are Only the Beginning*, New York: FaithWords, February 10, 2015; Providence Research, *The ISIS Threat: The Rise of the Islamic State and their Dangerous Potential*, Middletown: CreateSpace Independent Publishing Platform, February 12, 2015; Michael Weiss and Hassan Hassan, *ISIS: Inside the Army of Terror*, New York: Regan Arts, February 17, 2015; Eugene Bach, *ISIS, The Heart of Terror: The Unexpected Response Bringing Hope for Peace*, New Kensington: Whitaker House, March 2, 2015; Erick Stakelbeck, *ISIS Exposed: Beheadings, Slavery, and the Hellish Reality of Radical Islam*, Washington: Regnery Publishing, March 9, 2015; Charles R. Lister, *The Islamic State: A Brief Introduction*, Washington: Brookings Institution Press, March 25, 2015; Johnnie Moore, *Defying ISIS: Preserving Christianity in the Place of Its Birth and in Your Own Backyard*, Nashville: Thomas Nelson, April 21, 2015; Gregory Peck, *ISIS: Behind Enemy Lines*, Middletown: CreateSpace Independent Publishing Platform, April 23, 2015; D. J. Ratkowski, *Islamic State: The Countdown Has Begun*, Middletown: CreateSpace Independent Publishing Platform, April 24, 2015; Darrell D. Culbertson, *ISIS/ISIL: The Islamic State Exposed, the Dangerous Truth You Need to Know*, Middletown: CreateSpace Independent Publishing Platform, May 12, 2015; Michael Morell, *The Great War of Our Time: The CIA's Fight Against Terrorism-From al Qa'ida to ISIS*, New York: Twelve, May 12, 2015; Jay Sekulow, *Rise of ISIS: A Threat We Can't Ignore*, New York: Howard Books, June 16, 2015; Phyllis Bennis, *Understanding ISIS and the New Global War on Terror: A Primer*, Northampton: Olive Branch Press, July 1, 2015; Jean Pierre-Filiu, *From Deep State to Islamic State: The Arab Counter-Revolution and Its Jihadi Legacy*, Oxford: Oxford University Press, July 28, 2015; Mark A. Gabriel, *Islam and Terrorism (Revised and Updated Edition): The Truth about ISIS, the Middle East, and Islamic Jihad*, Lake Mary: Frontline, September 1, 2015; Abdel Bari Atwan, *Islamic State: The Digital Caliphate*, Oakland: University of California Press, September 8, 2015; Yonah Alexander and Dean Alexander, *The Islamic State: Combating the Caliphate Without Borders*, Lanham: Lexington Books, September 8, 2015; Craig A. Evans and Jeremiah J. Johnston, *Jesus and the Jihadis, Confronting the Rage of ISIS: The Theology Driving the Ideology*, Shippensburg: Destiny Image, October 20, 2015; Benjamin Hall, *Inside ISIS: The Brutal Rise of a Terrorist Army*, New York: Center Street, November 10, 2015; Michael Griffin, *Islamic State: Rewriting History*, London: Pluto Press, November 15, 2015; Alex Mintz and Carly Wayne, *The Polythink Syndrome: U. S. Foreign Policy Decisions on 9/11, Afghanistan, Iraq, Iran, Syria, and ISIS*, Stanford: Stanford University Press, January 20, 2016; Chris Mitchell, *ISIS, Iran and Israel: What You Need to Know about the Current Mideast Crisis and the Coming Mideast War*, Pleasantville: C & L Publishing LLC, February 16, 2016; David G. McDowell, *The Rise of ISIS: The Rise of ISIS and the Origins of ISIS Explained*, Middletown: CreateSpace Independent Publishing Platform, March 3, 2016; Yoram Schweitzer and Omer Einav, *The Islamic State: How Viable Is It?* Israel: Contento Now, March 16, 2016; Jürgen Todenhöfer, *My Journey into the Heart of Terror: Ten Days in the Islamic State*, Vancouver: Greystone Books, March 18, 2016; Brad Power, （转下页）

研究支持力度的决心，中国学术界至今尚未出版一部关于“伊斯兰国”

（接上页）*The Islamic State: The Completed Story... since* 1989! Middletown: CreateSpace Independent Publishing Platform, April 1, 2016; David Kerekes, David Slater, *Killing for Culture: From Edison to ISIS: A New History of Death on Film*, London: Headpress, May 1, 2016; Anthony Clark, *ISIS, Exposing the Truth about ISIS-Learn All About the Psychology of the Islamic State, the Origins and Ideology of ISIS*, Middletown: CreateSpace Independent Publishing Platform, June 20, 2016; Brian L. Steed, *ISIS: An Introduction and Guide to the Islamic State*, Santa Barbara: ABC-CLIO, June 20, 2016; H. Edward Phillips. Ⅲ, *Islamic State: The Coming Storm*, Bloomington: WestBow Press, August 8, 2016; William McCants, *The ISIS Apocalypse: The History, Strategy, and Doomsday Vision of the Islamic State*, London: Picador, August 9, 2016; Meredith Tax, *A Road Unforeseen: Women Fight the Islamic State*, New York: Bellevue Literary Press, August 23, 2016; Loretta Napoleoni, *Merchants of Men: How Jihadists and ISIS Turned Kidnapping and Refugee Trafficking into a Multi-Billion Dollar Business*, New York: Seven Stories Press, August 30, 2016; Joby Warrick, *Black Flags: The Rise of ISIS*, New York: Anchor, September 6, 2016; Luis Tomé, *Islamic State*, Odivelas: Formalpress, September 16, 2016; John-Paul Leonard, ed., *ISIS Is Us: The Shocking Truth Behind the Army of Terror*, San Diego: Progressive Press, October 10, 2016; Dillon Hillier and Russell Hillier, *One Soldier: A Canadian Soldier's Fight Against the Islamic State*, Toronto: HarperCollins Publishers, October 11, 2016; Patrick Cockburn, *The Age of Jihad: Islamic State and the Great War for the Middle East*, London and New York: Verso, October 11, 2016; Seth G. Jones, *Waging Insurgent Warfare: Lessons from the Vietcong to the Islamic State*, Oxford: Oxford University Press, October 14, 2016; Simon Staffell and Akil Awan, *Jihadism Transformed Al-Qaeda and Islamic State's Global Battele of Ideas*, Oxford: Oxford University Press, December 1, 2016; Graeme Wood, *The Way of the Strangers: Encounters with the Islamic State*, New York: Random House, December 20, 2016; Clay Schrader, *Islamic State: The New Reign of Terror*, Maroussi: Alpha Editions, December 30, 2016; Charles Morris and Craig Borlase, *Fleeing ISIS, Finding Jesus: The Real Story of God at Work*, Elgin: David C. Cook, January 1, 2017; Tim Locks, *Fighting ISIS*, London: PAN, January 1, 2017; Jessica Davis, *Women in Modern Terrorism: From Liberation Wars to Global Jihad and the Islamic State*, Lanham: Rowman & Littlefield Publishers, January 30, 2017; Dave Dilegge and Robert J. Bunker, *Jihadi Terrorism, Insurgency, and the Islamic State*, Bloomington: XLIBRIS, February 16, 2017; Fawaz A. Gerges, *ISIS: A History*, Prince: Princeton University Press, March 14, 2017; Robert F. Worth, *A Rage for Order: The Middle East in Turmoil, from Tahrir Square to ISIS*, New York: Farrar, Straus and Giroux, April 18, 2017; Luke Howie, Perri Campbell, *Crisis and Terror in the Age of Anxiety: 9/11, the Global Financial Crisis and ISIS*, London: Palgrave Macmillan, April 21, 2017; Samer, *The Raqqa Diaries: Escape from Islamic State*, Northampton: Interlink Books, April 30, 2017; Congressional Research Service, *The Islamic State and U. S. Policy*, Middletown: CreateSpace Independent Publishing Platform, June 28, 2017; Earle Rice, *Islamic State*, Newark: Mitchell Lane Publishers Inc, July 1, 2017; Farida Khalaf and Andrea C. Hoffmann, *The Girl Who Escaped ISIS: This Is My Story*, New York: Atria Books, July 4, 2017; Olivier Roy, *Jihad and Death: The Global Appeal of Islamic State*, Oxford: Oxford University Press, July 5, 2017; Adrian Davieson, *Islamic State and Its Suicide Squad: How I Joined ISIS*, Middletown: CreateSpace Independent Publishing Platform, July 11, 2017; Helga Turku, *The Destruction of Cultural Property as a Weapon of War: ISIS in Syria and Iraq*, Washington: Palgrave Macmillan, July 25, 2017; Steven Gonzalez, *Fighting Saddam in Iraq and ISIS in Syria*, Bloomington, iUniverse, August 7, 2017; Carter（转下页）

的著作这一事实不仅令人费解，而且令人羞愧。这也从一个侧面说明，中国的国际问题研究者虽然对热点问题非常关注，但这种关注往往持续时间不长。更致命的是，虽然这种关注在短时间里可以产生不少研究成果（主要是论文），但这些成果通常停留在低水平且出现重复的层次上、缺乏对热点问题的长期跟踪和深入研究，这种状况不仅对于提高中国国别或区域问题的研究水平和能力非常不利，而且对于中国应对严峻的恐怖主义形势和维护国家安全也不能提供充分助力。这种局面亟须改变。

在研究主题上，国内外学术界对“伊斯兰国”的研究也有明显不同。由于恐怖活动与恐怖组织所具有的特征，如隐秘性、破坏性、敏感性，国内外学术界在研究恐怖组织及其活动的过程中均面临难以获得资料的限制。不过，国内与国外学术界对恐怖组织及其活动的研究在研究主题的丰富程度上依旧存在明显差别。国内学术界对“伊斯兰国”的研究，涉及该组织的发展演变、崛起背景、意识形态、动员策略、资源来源、分支机构、发展前景、扩散趋势、国际社会或特定国家对其打击应对等问题，整体而言以时政性分析论文为主。而英文出版物的研究成果，除了覆盖国内学术界研究的这些议题外，同时还涉及“伊斯兰国”在国际恐怖主义演变历程中的定位及其与其他恐怖组织的比较研究，包括“伊斯兰国”与全球秩序演变、金融危机、中东变局、特定国家政局变化及美国外交政策之间的关系，“伊斯兰国”参与者或脱离者对自身经历的回顾与反思，对“伊斯兰国”的暴行进行详细记录和分析等议题。而这些议题，或许是因为其宏大，或许是因为资料获得的困难，国内学术界较少涉猎，即使有所触及，研究深度也有待提高。而要使国

（接上页）Malkasian, *Illusions of Victory: The Anbar Awakening and the Rise of the Islamic State*, Oxford: Oxford University Press, August 8, 2017; Özden Zeynep Oktav, ed., *Violent Non-State Actors and the Syrian Civil War: The ISIS and YPG Cases*, Switzerland: Springer, December 1, 2017; Mohammad-Mahmoud Ould Mohamedou, *A Theory of ISIS: Political Violence, and the Transformation of the Global Order*, London: Pluto Press, December 15, 2017; Ahmed S. Hashim, *The Caliphate at War: Operational Realities and Innovations of the Islamic State*, Oxford: Oxford University Press, January 3, 2018; Anthony Celso, *The Islamic State: A Comparative History of Jihadist Warfare*, Lanham: Lexington Books, June 12, 2018; Hussein Solomon, *Islamic State and the Coming Global Confrontation*, Palgrave London: Macmillan, June 13, 2018。

内学术界在“伊斯兰国”甚至恐怖主义研究中发出中国学者的声音，拓展研究主题、开辟新的研究领域、深化研究深度不仅是有效途径，而且是必须完成的任务。

此外，国内外学术界对“伊斯兰国”及其活动的研究，在研究方法的多样性上也存在一定差距。国内学术界不乏通过运用文本分析、比较研究等研究方法对“伊斯兰国”进行研究的科研成果，但多数相关学术论文只是简单地对研究议题进行就事论事的描述和进行直觉式的预测，这在很大程度上限制国内学术界对这一主题的研究深度和研究结论的科学性。相比之下，国外学术界关于“伊斯兰国”的研究，其研究方法更为多样。除了文本分析、比较研究这两种国内学术界也常使用的研究方法外，国外研究者还使用了定量分析、田野调查、参与观察、深度访谈、问卷调查等研究方法。尽管研究方法的科学性并不一定能保证研究结论的准确性，然而，多样性的研究方法的确是提高研究恐怖主义这类特殊现象结论可靠性的有效方式。譬如当研究者在研究过程中采用了参与观察等研究方法，由于其见证并直接参与了“伊斯兰国”组织的培训、动员或战斗过程，那么，研究者通过亲身体验所获得的资料以及基于这些资料做出的判断，似乎具有更高程度的可信性与科学性。不仅如此，直接参与恐怖组织所具有的高风险，也意味通过参与观察获得的资料具有更高的价值。鉴于国内学术界对国别或区域问题研究较少采用田野调查、深度访谈、参与观察等研究方法这一状况多有不满，因此，在研究“伊斯兰国”等现象的过程中提高研究方法的多样性，也是国内研究者需要努力的方向。

鉴于拙作主要目的在于明晰“基地”与“伊斯兰国”之间的异同及对“伊斯兰国”为何先断绝与“基地”的关系然后又采取“基地”的运作模式（拙作称为两者之间的演化），故这里还需对国内外就这一主题所进行的研究进行简要讨论。由于“基地”与“伊斯兰国”之间既有亲缘性又有激烈竞争的复杂关系状况，国内外学术界均出现了对两者之间的联系进行分析的成果。① 不过，这些研究成果及其他相关论著

① 国内学术界的相关成果见王晋《“伊斯兰国”与恐怖主义的变形》，《外交评论》2015年第2期；杨增光：《关于“基地”组织和“伊斯兰国”（IS）比较研究》，《云南（转下页）

对两者之间的异同却较少进行全面、系统的比较。至于对“基地”与“伊斯兰国”之间的演变及其动员，似乎只有查尔斯·利斯特（Charles R. Lister）的专著对此做了较为深入的探索。①即便是利斯特的著作，也主要从“伊斯兰国”基于对自身所处外部环境的评估和对其他组织的成败经历进行学习后所做的调整，以及“基地”与“伊斯兰国”之间的互动等方面来解释“伊斯兰国”的崛起。由此可见，国内外对“基地”与“伊斯兰国”之间的关系、异同、演化动力等问题的分析仍有进一步拓展和深化的空间，这也是作者写作此书的初衷。

三 拙作的创新之处与章节安排

拙作拟对“基地”与“伊斯兰国”之间的异同及从前者到后者的演化进行研究。如前所述，这些问题是国内外学术界在研究“基地”与“伊斯兰国”的过程中尚未着力开拓的研究领域。除了对此问题进行较为全面、深入的分析外，拙作的研究希望对以下三个方面进行创新：

1. 将“基地”与“伊斯兰国”纳入恐怖主义的发展浪潮中并予以研究，由此可明晰两者之间的相似性与亲缘性。毫无疑问，“伊斯兰国”

（接上页）警官学院学报》2015 年第 5 期；杨凯：《伊斯兰国与基地组织在东南亚、南亚的扩张比较》，《东南亚研究》2015 年第 5 期；郭强：《“基地”组织与“伊斯兰国”比较研究》，《国际研究参考》2016 年第 4 期；刘乐：《“伊斯兰国”组织与“基地”组织关系探析》，《阿拉伯世界研究》2017 年第 2 期；Carter Andress, *Victory Undone: The Defeat of al-Qaeda in Iraq and Its Resurrection as ISIS*, Washington: Regnery Publishing, October 20, 2014; Daniel Byman, *Al Qaeda, the Islamic State, and the Global Jihadist Movement: What Everyone Needs to Know*, Oxford: Oxford University Press, July 29, 2015; Glenn Beck, *It Is About Islam: Exposing the Truth About ISIS, Al Qaeda, Iran, and the Caliphate*, New York: Threshold Editions, August 18, 2015; Charles R. Lister, *The Syrian Jihad: Al-Qaeda, the Islamic State and the Evolution of an Insurgency*, Oxford: Oxford University Press, February 1, 2016; Lawrence Wright, *The Terror Years: From al-Qaeda to the Islamic State*, New York: Knopf, August 23, 2016; Ali Soufan, *Anatomy of Terror: From the Death of Bin Laden to the Rise of the Islamic State*, New York: WW Norton, May 2, 2017; Charles River, eds., *The Most Infamous Terrorist Groups in the World: The History and Legacy of al-Qaeda, the Islamic State, the Nusra Front, and Boko Haram*, Middletown: CreateSpace Independent Publishing Platform, November 17, 2017。

① Charles R. Lister, *The Syrian Jihad: Al-Qaeda, the Islamic State and the Evolution of an Insurgency*.

与“基地”是有诸多相似性的。形成这种相似性的原因，除了两者同属逊尼派极端组织，以及“伊斯兰国”原本就作为“基地”组织的一个分支机构决定了前者直接集成了“基地”的诸多特征外，另外一个很重要但较少得到人们关注的原因，是“基地”与“伊斯兰国”都属于始自20世纪80年代后期、延续至今的第四波国际恐怖主义浪潮的典型代表。如两个组织均以“圣战萨拉菲主义”（Jihadi-Salafism）作为主要的意识形态、采取自杀性攻击作为主要的攻击手段、将“异教徒”（infidel，国家或个人）作为主要的攻击对象等，是第四波恐怖主义浪潮中各种恐怖组织具有的共同特征。在目前对“基地”，尤其是“伊斯兰国”的研究中，研究者往往只是描述性地分析两者之间的继承性或亲缘性，未能注意到时代背景是构成它们之所以展示出诸多相似性的深层原因。通过将“基地”与“伊斯兰国”纳入恐怖主义的发展浪潮中进行分析，不仅能对它们之间的相似性做出补充性分析，而且能够对这些恐怖组织的残暴性、虚幻性予以更合理的解释，还能对这些恐怖组织的发展前景做出具有一定科学意义的预测。

2. 对“基地”与“伊斯兰国”之间的主要差异进行较为深入的分析。尽管“基地”与“伊斯兰国”之间有着诸多相似性，但它们之间的差异也是显而易见的。如在全盛时期，“伊斯兰国”的残暴程度、极端程度、组织结构，以及在资源动员、组织策略、攻城略地、对待大众支持的态度等方面，均展示出其与“基地”的巨大差异。[①] 对于“基地”与“伊斯兰国”之间的差异及导致这种差异的原因，我们仍有进行深入研究的必要。这主要是因为，虽然在国际社会强大的反恐压力下，“伊斯兰国”在叙利亚与伊拉克所盘踞的领土大部分已被收复，该组织已进入苟延残喘的阶段，但它全盛时期所展示出的强大国际动员能力，产生了明显的示范效应，可能吸引其他恐怖组织重走“伊斯兰国”崛起之路。鉴于此，虽然拙作注意到“基地”与“伊斯兰国”之间差异的多样性，但只着重阐述那些对两个组织发展态势具有深远影响的差

---

① 正因如此，甚至有学者认为“伊斯兰国”开启了现代恐怖主义的“第五波浪潮”（见第一章）。由于“基地”与“伊斯兰国”之间的亲缘性及被击溃后“伊斯兰国”所采取的“基地化”运作模式，我们并不认可这种判断，而是坚持两者仍是第四波恐怖主义浪潮的代表。

异，如两者在指导理念、行动策略、组织结构上的不同。通过对这些差异进行深入研究，能对“伊斯兰国”为何要脱离“基地”组织、“伊斯兰国”为何一度展示出远强于“基地”的动员能力、为何“伊斯兰国”又会重新采取“基地”的运作模式等问题做出合理的解释。

3. 理论视角多元化，力图提高恐怖组织研究的学理化水平。在对“基地”与“伊斯兰国”等恐怖组织及其活动的研究中，存在一个较为突出的现象，即描述性研究居多，学理性研究相对较少。在研究“基地”“伊斯兰国”的过程中，虽然国外学术界发表的相关论著在研究数量、研究主题、研究方法等方面表现好于国内学术界，但在理论视角方面，国外学术界与国内学术界都存在这一问题，即较少通过理论来观照恐怖主义，或者未能基于恐怖活动提炼特定的理论观点。导致这种现象出现的原因复杂多样，其中，恐怖活动的特殊性使研究者难以提炼出解释恐怖主义的一般性理论，以及恐怖主义只是非传统安全研究的一个领域导致研究者数量有限所致。拙作尝试在实现恐怖主义的理论与实践研究的结合方面做出一些新的探索。如拙作将尝试运用哲学、社会学、国际关系等社会科学研究中的承认理论以解释恐怖组织为何采取自杀性攻击作为重要的攻击手段，运用社会运动理论分析“基地”与“伊斯兰国”在意识形态上的差异，运用社会演化理论以解释恐怖组织的组织结构为何出现了从“基地”采取的网络式结构到“伊斯兰国”采取等级制结构的演变，运用社会学中的相关理论与概念（如本体安全，群体实体性等）以解释在全盛时期为何“伊斯兰国”的国际动员能力要强于“基地”等。通过运用不同的理论视角，拙作不仅希望能解释国际恐怖主义从“基地”演变到“伊斯兰国”阶段中所出现的各种反常现象，而且希望借此提高国内研究恐怖主义的学理化水平，进而为提高与国外学术界就相关问题进行对话的能力做出些许贡献。

围绕以上研究目标，拙作将对“基地”与“伊斯兰国”之间的异同及其演变等相关问题进行较为深入和全面的研究。考虑到“基地”是一个存在时间较长的恐怖组织，而“伊斯兰国”的兴起与衰落则是相对晚近的国际政治现象，故尽管自 2014 年以来学术界产生了不少关于“伊斯兰国”的学术论文，但是人们对该组织的了解，依旧不如对“基地”组织深入。鉴于此，拙作虽致力于对“基地”与“伊斯兰国”

进行较为全面的比较研究，但在行文和结构上会把更多的精力和篇幅放在“伊斯兰国”上，而不是对两者进行平均分配。在做了上述说明之后，拙作在结构上分为四个部分。其中第一部分分析“基地”与“伊斯兰国”所处的时代背景及其与国际恐怖主义发展浪潮之间的关系，第二部分将从意识形态和战略实践的角度剖析两者之间的差异及其体现事例，第三部分从组织结构的角度研究“基地”与“伊斯兰国”之间的演化关系，第四部分解释“基地”与“伊斯兰国”在动员能力方面的差异及如何应对“伊斯兰国”的“基地化”趋势。

具体而言，拙作四部分共分十章。其中第一部分为“国际恐怖主义浪潮中的‘基地’与‘伊斯兰国’”。这一部分包括第一章与第二章。其中，第一章将“基地”，尤其是“伊斯兰国”置于现代国际恐怖主义的四波发展浪潮中予以分析，以明晰它们出现的时代背景及展示出来的新特征。第二章将运用承认理论来回答以“基地”和“伊斯兰国”为代表的第四波恐怖主义浪潮中的恐怖组织为何将自杀性恐怖袭击作为主要的攻击手段、以无辜平民作为主要的攻击对象，即解释恐怖组织及其成员“为何而战、为谁而战”的问题。第一部分的两章虽然也注意到了“基地”与“伊斯兰国”之间的差异，但着眼点在于它们之间的相似性与联系。当明确此关联之后，也将能为比较它们之间的差异奠定必要基础。

拙作的第二部分将深入地比较“基地”与“伊斯兰国”在两个方面——意识形态、战略实践——的异同。本部分对“基地”与“伊斯兰国”之间差异的比较，将采取在先对“伊斯兰国”的意识形态与战略实践进行必要介绍的基础上，然后再对两者之间的差异进行深入分析。之所以采取这种叙事和结构安排方式，主要还是因为“伊斯兰国”是新近出现的，但在国际社会中已掀起了一股腥风血雨。唯有对“伊斯兰国”自身的思想基础和行动模式有了必要了解之后，对其与“基地”之间差异的分析才更为具体和深入。至于选择在这一部分主要比较两者在意识形态与战略实践上的差异，主要是由它们对两个组织的动员能力和发展前景具有深远影响所致。不仅如此，意识形态与战略实践上的差异，也是“基地”与“伊斯兰国”区分彼此的界定性特征。通过这两个维度对“基地”与“伊斯兰国”进行比较，人们大致能够明晰两者之间的重要差异。

第三部分为“从‘基地’到‘伊斯兰国’的演化”。除了在意识形态与战略实践上有明显差异，“基地”与“伊斯兰国”之间的另一个显著不同在于它们的组织结构。在上升和全盛时期，“伊斯兰国”采取的是等级制的组织结构，而“基地”组织在美国2001年于阿富汗启动“持久自由行动”（Operation Enduring Freedom）之后，为规避打击，逐渐采取了一种网络式的组织结构。两者采取的组织结构的不同，既是全盛时期的“伊斯兰国”令“基地”组织相形见绌的部分原因，也是最终导致“伊斯兰国”衰落并不得不采取“基地化”运作方式而“基地”则顽强地存活下来的主要原因。鉴于此，本部分将在辨析第四波恐怖主义浪潮中恐怖组织所采取的主要组织类型的基础上，从理论角度探讨“基地”与“伊斯兰国”为何会采取不同的组织结构及之所以会出现这种组织结构演化的主要原因。这也分别是第七章与第八章的研究主题。

第四部分的主题为“‘基地’与‘伊斯兰国’动员能力的差异及其应对”。本部分包括第九章与第十章两章。第九章将从理论角度分析为何全盛时期的“基地”与“伊斯兰国”在国际动员能力方面存在明显差异。尽管“基地”与“伊斯兰国”之间存在组织结构、主要活动区域、所处时代背景不同等因素，也在这种差异的出现中扮演了一定的角色，但拙作认为，两个组织的特性——即群体实体性特征——的不同，是导致它们具有不同强度国际动员能力的决定性因素。不过，拙作同样指出，动员能力的不同，只是表示两个组织吸引激进分子方面的能力上有一定差距，但对恐怖组织的整体发展能力和存续前景并无决定性的影响，因为后者受到如外部打击等其他一系列因素的影响。事实上，国际社会严厉和积极的打击，是导致“伊斯兰国”迅速盛极而衰的最重要原因。正因如此，“伊斯兰国”才不得不转而放弃等级制的组织结构，转而采取“基地”的网络化组织结构，从而实现了“伊斯兰国”的再次演化。不过，相对于“伊斯兰国”此前采取不同于“基地”的组织结构这一演化路径具有非常复杂的原因不同，当前“伊斯兰国”采用“基地化”模式的演化动力非常简单，即国际社会对“伊斯兰国”的严厉打击，是迫使其不得不如此做的决定性原因。然而，对于国际社会而言，“伊斯兰国”的“基地化”趋势并非福音，因为这将加大对其进行打击和清剿的难度。为了对此进行说明，拙作第十章将以欧盟为例，分析国际社会在应对转型后的“伊斯兰国”面临的诸多困境。

总而言之，“伊斯兰国”的突然崛起与迅速衰落，是近年来国际恐怖主义发展过程中一个值得进行深入探究的现象。对此，国内外学术界虽然出现了不少成果，但依旧有许多需要做进一步研究的议题。拙作通过以“伊斯兰国”为中心，将其与“基地”进行比较，以厘清两者之间的诸多异同及复杂的演化路径。毋庸置疑，无论是“基地”和“伊斯兰国”的兴衰、还是它们发起的恐怖活动，均是非常复杂的国际政治现象，拙作只是选择其中一个主题进行了初步探索，不当之处在所难免。再加上当前恐怖主义形势仍处于发展变化过程中，拙作所做的判断可能会随着形势的变化变得不再适用。然而，无论如何，鉴于国内学术界至今尚未有研究“伊斯兰国”的专著问世，故作者不揣冒昧出版此书，希望能起到抛砖引玉的作用，激励学术界就恐怖主义相关问题进行更深入、更全面的研究。

第 一 部 分

国际恐怖主义浪潮中的“基地”与“伊斯兰国”

第一章　恐怖主义的浪潮式发展与全球化

全球化时代的恐怖主义具有前所未有的国际化程度。现代国际恐怖主义产生于19世纪70年代，自产生之日起，得益于国家之间人员、信息、技术、观念等内容的广泛传播，现代恐怖主义始终具有较高的国际化程度，并在特定的地区甚至国际社会形成恐怖主义浪潮。不过，全球化进程的加速，才真正使国际恐怖主义的国际化程度达到史无前例的高度。尤其是冷战结束以来，由于两极格局的崩溃释放了原本被超级大国对抗压抑的各种民族、宗教等矛盾并被恐怖组织所利用，由此导致恐怖主义的国际化程度得到了极大提高。产生于冷战晚期、当前仍然活跃的"基地"组织，一度不可一世、眼下苟延残喘的"伊斯兰国"等恐怖组织，已展示出恐怖主义越来越高的国际化水平。它们不仅跨越国界或地区开展活动，而且在全球范围内招募人员，甚至还在遥远的地域开展自杀式恐怖袭击活动。在全球化时代，与主权国家、国际组织、跨国公司等国际关系行为体一样，国际恐怖主义首先是全球化高歌猛进的体现。通过利用全球化进程提供的各种便利，恐怖组织得以建立起或紧密或松散的跨国联系，并急剧扩大其国际影响，从而推动了暴力的全球化进程。①

与此同时，国际恐怖主义又是一种逆全球化力量。与其他国际关系行为体不同，国际恐怖主义在利用和反映全球化进程的同时，在很大程度上又是一种反全球化或致力于逆转全球化进程的力量。因为，无论是

① Andreas Behnke, "Terrorising the Political: 9/11 within the Context of the Globalisation of Violence," *Millennium-Journal of International Studies*, Vol. 33, No. 2, 2004, pp. 279 – 312.

以追求国家独立、民族解放作为政治目标的恐怖主义，还是以原教旨主义思想作为意识形态的恐怖主义，它们希望的是捍卫特定地域内或信仰特定宗教人群的权威或生活方式，而不是任由一种没有边界限制、没有可见主导权威的力量来左右他们所想象的政治共同体的政治进程。而后者是全球化的基本要求和主要内容。然而，由于全球化被视为由西方国家所主导、主要反映的是西方的价值观念和生活方式，再加上全球化进程的确带来了全球财富分配不公、不少地区或文化的价值观念和信仰体系遭到破坏等消极后果，由此导致全球化被恐怖分子视为邪恶的力量。基于此，恐怖主义认为必须通过对西方或内部的异己力量展开攻击，以建立抵御全球化的堡垒（如民族国家）或重建遭到破坏的信仰—政治共同体（如伊斯兰极端主义者所说的“乌玛”，Ummah）。[①] 就此而言，国际恐怖主义类似于其他各种反全球化社会运动，尽管目标有异，但它们都基于全球化带来的负面效果，要求反对甚至逆转全球化进程。[②] 因此，国际恐怖主义本身既是一股重要的逆全球化力量，又衍生了其他一系列逆全球化现象，如导致国家强化边界、国内政治极化、民粹主义蔓延、加强对国际移民的控制、阻碍难民的跨国流动，等等。

不论赋予全球化与逆全球化什么样的价值，全球化与国际恐怖主义的关系值得学术界更深入的思考。本章结合国际恐怖主义的发展浪潮，在将国际恐怖主义视为一种逆全球化力量的基础上，尝试考察全球化是如何影响国际恐怖主义的发展演变及其特征的。为此，本章首先回顾国际恐怖主义的历次发展浪潮，然后分析全球化背景下恐怖主义发展的新特征，最后讨论全球化进程影响国际恐怖主义新特征的具体机制。需要指出的是，由于本章讨论的主要是国际恐怖主义，而不是局限于特定国家内部的国内恐怖主义，故下文将直接使用恐怖主义的表述。因为全球化时代恐怖主义的高度国际性特征，使区分国内与国际恐怖主义的意义

---

① Audrey Kurth Cronin, “Behind the Curve: Globalization and International Terrorism,” *International Security*, Vol. 27, No. 3, 2002 – 2003, pp. 34 – 40.

② Valentine M Moghadam, *Globalization and Social Movements: Islamism, Feminism, and Global Justice Movement*, New York: Rowman & Littlefield, 2012; Christine Sixta Rinehart, *Volatile Social Movements and the Origins of Terrorism: The Radicalization of Change*, New York: Lexington Books 2013.

不大。

一 现代恐怖主义的四波发展浪潮

自19世纪70年代产生以来，现代恐怖主义就具有重要的国际化维度。由于现代科学技术的发展和现代国际体系的形成，便利了国家之间的交往和联系，带来的一个客观结果就是追求大致相似政治或意识形态目标的同类恐怖主义活动往往会在不同国家出现，甚至彼此之间存在相互影响。不过，在全球化迅猛发展之前，现代恐怖主义的国际化程度是有限的。即便如此，注意到恐怖主义在历史演变中展示出来的模式仍至关重要，这是把握当前及未来恐怖主义发展趋势的基础。事实上，研究者们注意到，受特定时期国际体系结构特征的影响，该时期的国际恐怖主义活动不仅存在出现、扩张与收缩等阶段性的变化，而且不同阶段的恐怖主义活动演变还遵循特定模式，展示出一定的循环特征。这些特征，即现代恐怖主义的发展浪潮。[①] 截至目前，被广泛接受的是戴维·拉波波特（David C. Rapoport）提出的四波恐怖主义浪潮理论。拉波波特认为，自现代恐怖主义从19世纪70年代展现出明显的跨国特征以来，国际社会经历了“无政府主义恐怖主义（anarchists terrorism）”“反殖民恐怖主义（anti-colonial terrorism）”“新左派恐怖主义（new left terrorism）”“宗教恐怖主义（religious terrorism）”四波发展浪潮。当前的恐怖主义处于第四波恐怖主义浪潮中。[②] 下文在参考拉波波特理论的基

---

① David C. Rapoport, “The Four Waves of Modern Terrorism,” in Audrey Kurth Cronin and James M. Ludes, eds., *Attacking Terrorism: Elements of A Grand Strategy*, Washington, D. C.: Georgetown University Press, 2004, p. 47. 也可参见 Mark Sedgwick, “Inspiration and the Origins of Global Waves of Terrorism,” *Studies in Conflict & Terrorism*, Vol. 30, No. 2, 2007, pp. 97 - 112。

② David C. Rapoport, “The Fourth Wave: September 11 in the History of Terrorism,” *Current History*, Vol. 100, No. 650, 2001, pp. 419 - 424; David C. Rapoport, “The Four Waves of Modern Terrorism,” in Audrey Kurth Cronin and James M. Ludes, eds., *Attacking Terrorism: Elements of A Grand Strategy*, Washington, D. C.: Georgetown University Press, 2004, pp. 46 - 73; David C. Rapoport, “It Is Waves, Not Strains,” *Terrorism and Political Violence*, Vol. 28, No. 2, 2016, pp. 217 - 224; Jean E. Rosenfeld, ed., *Terrorism, Identity, and Legitimacy: The Four Waves Theory and Political Violence*, New York: Routledge, 2010; 张家栋：《现代恐怖主义的四次浪潮》，《国际观察》2007年第6期。

础上，对这四波恐怖主义浪潮的持续时间、波及地域、发展动力、攻击对象、攻击手法等问题进行简要讨论。

拉波波特认为，第一波恐怖主义浪潮首先于 19 世纪 70 年代出现在俄罗斯，随后扩散到欧洲、美洲以及部分亚洲国家，一直延续到第一次世界大战爆发前夕。第一波恐怖主义浪潮波及的国家众多，包括俄罗斯、意大利、西班牙、法国、美国、塞尔维亚等国家。该时期比较典型的恐怖组织，有俄罗斯的"人民意志"（Narodanay Volya），塞尔维亚的"黑手社"（the Black hand）等。[①] 第一波恐怖主义浪潮很大程度上是对帝国的专制统治及民主化过程缓慢所做的反应，在意识形态上受到无政府主义文化观念的影响。第一波恐怖主义浪潮的信念是法国无政府主义者保罗·布鲁斯（Paul Brousse）1878 年提出的口号——"以行动作为宣传"（propaganda by deed），旨在通过发动恐怖行动，激励更多的人参与暴力行动。[②] 在无政府主义恐怖分子看来，恐怖是唤醒民众、摧毁现存秩序的最有效方式，而从事恐怖活动的人则是"斗士和英雄"。[③] 除了思想观念变迁带来的影响外，铁路网络的建设、新闻报纸的流传、炸药的广泛使用等技术层面的革新与普及，也在第一波恐怖主义浪潮的扩散过程中发挥了重要作用。[④] 就攻击方式而言，无政府主义恐怖分子主要采取暗杀政要的方式，其中比较知名的暗杀活动包括 1881 年俄罗斯沙皇亚历山大二世被暗杀、1892 年西班牙首相被意大利人刺杀等。[⑤] 而 1914 年塞尔维亚青年加夫里洛·普林西普（Gavrilo Princip）刺杀奥匈帝国皇位继承人斐迪南大公夫妇，则直接引发了第一次世界大战。在资金筹措方面，无政府主义恐怖分子主要通过抢劫银行来筹措资金，这与该时期恐怖活动规模的有限性相对称。

第二波恐怖主义浪潮从 20 世纪 20 年代一直延续到 20 世纪 60 年

---

① Bruce Hoffman, *Inside Terrorism*, New York: Columbia University Press, 1999.

② Martin A. Miller, "The Intellectual Origins of Modern Terrorism in Europe," in Martha Crenshaw, ed., *Terrorism in Context*, University Park: Pennsylvania State University Press, 1995.

③ David C. Rapoport, "The Four Waves of Modern Terrorism," p. 51.

④ Walter Laqueur, *A History of Terrorism*, New Brunswick: Transaction, 2001, p. 105.

⑤ Albert J. Bergesen and Omar Lizardo, "International Terrorism and the World-System," *Sociological Theory*, Vol. 22, No. 1, 2004, p. 45.

代。这一阶段恐怖主义的主题是反对殖民统治、争取民族独立。第一次世界大战结束后签署的《凡尔赛和约》(*the Versailles Peace Treaty*) 提出了民族自决原则，这为第二波恐怖主义浪潮的出现提供了思想启示。如在爱尔兰、以色列、塞浦路斯、阿尔及利亚等国家争取独立或统一的过程中，恐怖主义就曾是相关政治力量采取的手段之一。第二次世界大战结束后，世界范围内的反殖民运动获得了新的动力，一大批殖民地半殖民地国家纷纷获得独立。在某些国家和地区，由于历史和现实方面的原因，争取民族独立的努力或试图从母国分离出去的尝试遭遇挫折，从而使恐怖主义成为一种重要的抗争手段。如西班牙的“巴斯克祖国与自由党”(Basque Homeland and Freedom，ETA)、英国的“爱尔兰共和军”(Irish Republican Army，IRA) 等组织，是第二波恐怖主义浪潮中出现的恐怖组织。在攻击目标、袭击手法、资金来源等方面，第二波恐怖浪潮与第一波恐怖主义浪潮有所不同。在攻击目标的选择上，反殖民恐怖分子已不限于攻击殖民母国的政府高官，而是将攻击对象扩展到平民。在攻击手法上，反殖民恐怖分子采取了游击战、炸弹袭击、武装攻击等多样化的方式，但在很大程度上已放弃了暗杀的攻击手段。在资金筹措上，反殖民恐怖分子主要依靠国外的本民族离散群体提供资助，无须通过抢劫获得资金。[①] 相比第一波恐怖主义浪潮，第二波恐怖主义浪潮地域分布更广，国际影响力更大。

第三波恐怖主义浪潮发生在美苏争霸的国际背景下，持续了大约 30 多年（20 世纪 60 年代——冷战结束）。这一波恐怖主义浪潮中的诸多组织或多或少地受到左派激进主义思潮的影响，即使是那些经历了第二波恐怖主义浪潮留存下来的恐怖组织，如“爱尔兰共和军”“埃塔”等，也或多或少地受到此思潮的影响。第三波恐怖主义浪潮在地域范围内有了明显的拓展。此类组织不仅在中东、南美、非洲的许多第三世界国家层出不穷，而且也在西方世界纷纷涌现。这波浪潮中比较突出的，被认为是“恐怖组织”的有“巴勒斯坦民族解放阵线”(Palestine Liberation Front，PLO)、“哥伦比亚革命武装力量”(Revolutionary Armed

---

① David C. Rapoport, “The Four Waves of Modern Terrorism,” pp. 52 – 56; David C. Rapoport, “It Is Waves, Not Strains,” pp. 219 – 220.

Forces of Colombia，FARC)、秘鲁"光辉道路党"（The Shining Path）等。西方国家的新左派恐怖组织则包括"美国地下气象员"（American Weather Underground)、"西德红军派"（West German Red Army Faction)、"意大利红色旅"（Italian Red Brigades)、"日本赤军"（Japanese Red Amy)、"法国直接行动队"（French Action Direct）。在攻击目标、攻击手法等方面，这波恐怖主义浪潮也展示出新的特征。如其重要袭击对象为资本主义的心脏地带，而且无辜平民成为普遍的攻击目标。在攻击手法上，新左派恐怖分子主要采取劫机、绑架人质等方式。虽然他们也开展暗杀活动，但暗杀政要的动机在于进行报复或"惩罚"，这与无政府主义恐怖分子暗杀政界名流主要是因为他们所占有的位置有一定区别。在资金筹措上，超级大国的支持是新左派恐怖分子获得行动资金的重要渠道。通过绑架人质与开展洗钱、贩毒、人口走私等犯罪活动，恐怖组织也获得了不少行动资金。①

自20世纪80年代后期90年代初起，第三波恐怖主义浪潮走向式微，② 而第四波恐怖主义浪潮逐渐成为恐怖主义活动的主流。③ 拉波波特认为，早在冷战结束之前，第四波恐怖主义浪潮就在积蓄力量。其中，1979年伊朗伊斯兰革命以及苏联入侵阿富汗，赋予了第四波恐怖主义浪潮重要的发展动力。④ 自20世纪90年代以来，国际社会经历了一系列由宗教极端分子发动的恐怖袭击。如1995年3月混合了佛教、印度教、基督教等宗教成分的"奥姆真理教"（Amu Shinrikyo）使用沙

---

① David C. Rapoport, "The Four Waves of Modern Terrorism," pp. 56 – 61; David C. Rapoport, "It Is Waves, Not Strains," pp. 220 – 221.

② Walter Laqueur, *No End to War: Terrorism in the Twenty-First Century*, New York: Continuum, 2001, p. 28. 也可参见 Ami Pedahzur, William Eubank, and Leonard Weinberg, "The War on Terrorism and the Decline of Terrorist Group Formation: A Research Note," *Terrorism and Political Violence*, Vol. 14, No. 3, 2002, pp. 141 – 147。

③ 关于第三波与第四波恐怖主义浪潮在意识形态方面关系的讨论，参见 Kristopher K. Robison, Edward M. Crenshaw and J. Craig Jenkins, "Ideologies of Violence: The Social Origins of Islamist and Leftist Transnational Terrorism," *Social Forces*, Vol. 84, No. 4, 2006, pp. 2009 – 2026。

④ 拉波波特认为，还有两个事态发展对于促进第四波恐怖主义浪潮的出现具有重要意义，一个是1979年一名自称为"马赫迪"（伊斯兰教末日审判前出现的"救世主"）的宗教狂热分子攻击麦加大清真寺，一个是以色列与埃及于1979年3月31日签署《戴维营协议》。参见 David C. Rapoport, "It Is Waves, Not Strains," p. 221。

林毒气制造的东京地铁案，1995 年 4 月基督教极端分子制造的美国俄克拉荷马市（Oklahoma City）联邦大楼爆炸案，1995 年 11 月犹太教极端分子刺杀以色列总理伊扎克·拉宾（Yitzhak Rabin），1998 年 8 月“基地”针对美国驻坦桑尼亚和肯尼亚的大使馆发动的汽车炸弹袭击，2000 年 10 月美国海军“科尔号”驱逐舰在也门亚丁港遭到自杀式爆炸袭击，2001 年 9 月 11 日“基地”策划和实施的“9·11”事件，等等。这些伤亡惨重的恐怖袭击，均为宗教极端分子所实施。第四波恐怖主义浪潮以宗教原教旨主义作为意识形态和论证依据，其狂热、残忍、破坏程度远超前三波恐怖主义浪潮。在攻击手法上，宗教极端分子广泛使用自杀式恐怖袭击，从而将恐怖主义的伤亡程度推向了新的高度。[①] 在攻击对象方面，第四波恐怖主义浪潮明确地、系统地对平民开展暴力。“基地”与“伊斯兰国”等恐怖组织在全球的肆虐，说明国际社会仍处于第四波恐怖主义浪潮的发展过程中。

表 1－1　**现代恐怖主义的四波发展浪潮**[②]

恐怖主义浪潮及其持续时间	主要攻击手法	主要攻击对象	催生恐怖主义的主要原因
第一波恐怖主义浪潮（19 世纪 70 年代—20 世纪 10 年代）	刺杀政要	欧洲帝国	政治改革的失败或缓慢
第二波恐怖主义浪潮（20 世纪 20—60 年代）	开展武装攻击、游击战	殖民母国	一战后民族自决原则的传播
第三波恐怖主义浪潮（20 世纪 60—90 年代）	劫机、绑架、暗杀	各国政府	超级大国之间的对抗及各自对恐怖组织的支持、美国撤出越南
第四波恐怖主义浪潮（20 世纪 80 年代—2025?）	自杀式袭击	“异教徒”（国家或个人）	伊朗伊斯兰革命、苏联入侵阿富汗

通过对现代恐怖主义一百多年来发展历程的简要梳理，可以发现其

---

① David C. Rapoport, “The Four Waves of Modern Terrorism,” pp. 61－65.

② 资料来源：David C. Rapoport, “The Four Waves of Modern Terrorism,” in Audrey Kurth Cronin and James M. Ludes, eds., *Attacking Terrorism: Elements of a Grand Strategy*, Washington, D. C.: Georgetown University Press, 2004, pp. 46－73; David C. Rapoport, “It Is Waves, Not Strains,” pp. 217－224。

兴衰遵循一定的规律。首先，每波恐怖主义浪潮均会经历产生、发展、高潮、衰落的大致历程；其次，国际结构的变迁及内部存在的矛盾，会刺激国际社会中的弱小行为体并试图通过恐怖袭击行动以挑战或颠覆既有秩序，这是恐怖主义呈浪潮式发展的结构性原因；最后，或许是因为代际变迁导致人们思想观念、价值规范等方面的变化，每波恐怖主义浪潮的持续时间大约为一代人（约 40 年）。① 需要指出的是，现代恐怖主义在演变过程中所展示出的浪潮式发展这一特征，并不意味忽视或否认一些恐怖组织可以持续多个浪潮（如"爱尔兰共和军""哥伦比亚革命武装力量"等），也不意味每个恐怖组织一定能维持一个完整的恐怖主义浪潮，更不意味在一个浪潮内不会存在其他类型的恐怖组织。大体而言，拉波波特的恐怖主义浪潮理论由于较好地识别现代恐怖主义展现出的宏观趋势和总体模式，故得到了国际学术界的较高认可，② 有研究者甚至通过对 1970 年以来国际恐怖袭击活动进行经验研究，发现其理论得到了一定程度的验证。③

值得强调的是，在借鉴拉波波特的四波恐怖主义浪潮理论时，需要注意三个方面的问题。其一，该理论对某些政治组织所做的定位并不妥当。如拉波波特将"巴解阵"列为国际恐怖组织并不合适，把苏联占领阿富汗时期的所有反苏"圣战者"（"穆贾西丁"，mujahedeen）称为

---

① 一波恐怖主义浪潮之所以只能维持大约一代人的时间，主要与社会的代际更替有关。因为价值观念的差异，导致子辈往往不是高举父辈的旗帜，而是鄙夷或唾弃父辈的事业。见 David C. Rapoport, "The Four Waves of Modern Terrorism," p. 48。

② 即使是认为拉波波特的浪潮理论简化了恐怖主义发展历程的研究者，也不得不承认"该理论为世界范围内教授有关恐怖主义的学术课程提供了基本的概念框架"，并"为学生和研究者组织他们（关于恐怖主义）的思想提供了一种简约和概念清晰的叙事"。引言见 Tom Parker and Nick Sitter, "The Four Horsemen of Terrorism: It's Not Waves, It's Strains," *Terrorism and Political Violence*, Vol. 28, No. 2, 2016, p. 198。

③ Karen Rasler and William R. Thompson, "Looking for Waves of Terrorism," in Jean E. Rosenfeld, ed., *Terrorism, Identity, and Legitimacy: The Four Waves Theory and Political Violence*, New York: Routledge, 2010, pp. 13 – 27; Gary LaFree, Sue-Ming Yang and Martha Crenshaw, "Trajectories of Terrorism: Attack Patterns of Foreign Groups that Have Targeted the United States, 1970 – 2004," *Criminology & Public Policy*, Vol. 8. No. 3, 2009, pp. 445 – 473; Nancy A. Morris and Lee Ann Slocum, "Estimating Country-Level Terrorism Trends Using Group-Based Trajectory Analyses: Latent Class Growth Analysis and General Mixture Modeling," *Journal of Quantitative Criminology*, Vol. 28, No. 1, 2012, pp. 103 – 139.

宗教极端分子也有所不妥。毫无疑问，拉波波特对恐怖组织的定位，主要反映了西方尤其是美国的政治倾向与立场。其二，拉波波特使用的“反殖民恐怖主义”“新左派恐怖主义”“宗教恐怖主义”等词汇容易引发争议。尽管这些词汇在一定程度上有助于概括不同时期恐怖组织追求的战略目标或思想来源，但将恐怖主义与反殖民等正义事业联系在一起，容易引发误解。作者认为用第一、第二、第三、第四波恐怖主义浪潮的称号更为合适。其三，拉波波特为提炼特定恐怖主义浪潮的一般性特征，未能对视为属于同一浪潮内部政治组织间的差异予以必要的关注，如“基地”与“伊斯兰国”。尽管这对于模式提炼而言是必要的，但注意到不同恐怖组织之间的异同同样重要，因为不同组织在组织结构、意识形态等方面的差异，会影响它们的攻击能力、持续时间等。而这些现象是拉波波特的恐怖主义浪潮理论无意甚至无法加以解释的。

二 全球化时代恐怖主义浪潮的新特征

在全球化时代，恐怖主义的国际化程度已经达到了一个史无前例的高度。这一趋势，始于阿富汗抗苏战争和两极格局的崩溃。美国等西方国家对本·拉登等抗苏“圣战者”的支持，以及苏联从阿富汗撤军及随后的解体，被恐怖分子解读为“圣战者”的胜利，并以此作为动员支持者的手段，结果是提升了“基地”等恐怖组织的国际动员能力。不过，相对于“伊斯兰国”，“基地”的国际动员能力相形见绌。如据统计，从 2011—2016 年，“伊斯兰国”至少吸引了 4 万名“外籍战士”,[①] 而阿富汗抗苏战争期间吸引的“外籍战士”人数仅为 4000 余人。[②] 尽管“基地”与“伊斯兰国”动员能力的差异受到诸多因素的影响，但从抗苏战争至今 30 多年时间里其全球化的迅猛发展，无疑对恐怖主义国际化程度的提高产生了直接影响。而恐怖主义的肆虐，既体现

---

① Radicalization Awareness Network, *RAN Manual Responses to returnees: Foreign terrorist fighters and their families*, July 2017, https://ec.europa.eu/home-affairs/sites/homeaffairs/files/ran_br_a4_m10_en.pdf, p. 15.

② Thomas Hegghammer, "The Rise of Muslim Foreign Fighters Islam and the Globalization of Jihad," *International Security*, Vol. 35, No. 3, 2010/11, p. 60.

逆全球化力量的滋长，同时又催生了更多的逆全球化现象。如当前国际社会所见证的机场安检措施更为严格、英国选择脱离欧盟、美国特朗普政府上台、欧盟区内部政治的整体右倾化等现象，均或多或少地与国际恐怖主义的肆虐有关。由此可见，恐怖主义作为一种逆全球化现象，其对全球化所产生的破坏性后果不容低估。

就全球化对恐怖主义的影响而言，恐怖分子或组织通过利用全球化促进人员、观念、技术等因素更为迅捷、更为便利的流动，从而为恐怖主义赋予更强劲的发展动力。事实上，无论是采取等级制还是网络式组织结构的国际恐怖组织，无论是独立性的还是协同作战的恐怖组织，依赖于全球化提供的各种便利条件，客观上构成恐怖组织网络的一部分。[①] 事实上，全球化时代的恐怖主义具备跨国倡议网络（transnational advocacy network）的诸多特征，[②] 可被视为跨国倡议网络的一种特殊类型。[③] 不仅如此，“伊斯兰国”能动员数万名“外籍战士”的例子，说明恐怖主义跨国网络的能力和规模不容小觑。很难想象，如果没有全球化，恐怖主义能形成如此规模的国际动员能力。在明确了全球化对恐怖主义的总体影响后，可以具体讨论全球化时代第四波恐怖主义浪潮在恐怖袭击次数、致死率、攻击地域、组织结构、意识形态等方面特征的发展演变。[④]

---

① John Arquilla and David F. Ronfeldt, *Networks and Netwars: The Future of Terror, Crime, and Militancy*, Santa Monica: Rand, 2001; Valdis E. Krebs, “Mapping Networks of Terrorist Cells,” *Connections*, Vol. 24, No. 3, 2002, pp. 43 – 52; David Martin Jones, Michael L. R. Smith and Mark Weeding, “Looking for the Pattern: Al Qaeda in Southeast Asia—the Genealogy of a Terror Network,” *Studies in Conflict & Terrorism*, Vol. 26, No. 6, 2003, pp. 443 – 458; Marc Sageman, *Understanding Terror Networks*, Philadelphia: University of Pennsylvania Press, 2004.

② Margaret E. Keck and Kathryn Sikkink, *Activists Beyond Borders: Advocacy Networks in International Politics*, New York: Cornell University Press, 1998.

③ Victor Asal, Brian Nussbaum and D. William Harrington, “Terrorism as Transnational Advocacy: An Organizational and Tactical Examination,” *Studies in Conflict & Terrorism*, Vol. 30, No. 1, 2007, pp. 15 – 39.

④ 拉波波特的学生杰弗里·卡普兰（Jeffrey Kaplan）等人认为，“伊斯兰国”“博科圣地”代表了第五波恐怖主义浪潮“新部落恐怖主义”（New Tribalism）——的最新发展。我们并不认为存在一个独立的第五波恐怖主义浪潮，因为卡普兰就第五波恐怖主义浪潮所提炼的部分特征已经体现在了拉波波特所说的第四波恐怖主义浪潮之中。相关成果参见 Jeffrey Kaplan, *Terrorist Groups and the New Tribalism: Terrorism's Fifth Wave*, New York: Routledge, 2010; Anthony N. Celsp, “The Islamic State and Boko Haram: Fifth Wave Jihadist Terror Groups,” *Orbis*, Vol. 59, No. 2, 2015, pp. 249 – 268; Jeffrey Kaplan and Christopher P. Costa, “The Islamic State and the New Tribalism,” *Terrorism and Political Violence*, Vol. 27, No. 5, 2015, pp. 926 – 969。

而这些新特征，是拉波波特的恐怖主义浪潮理论无法予以把握的，因为其理论着眼的是通过对长时间的历史梳理以提炼恐怖主义的发展模式，而不是把握恐怖主义浪潮的具体特征及其走向。需要说明的是，本章对全球化时代恐怖主义特征的讨论将主要关注近期变化或当前出现的新趋势。[①]

（一）世界范围内的恐怖袭击数量自21世纪初以来持续增多[②]

全球化对第四波恐怖主义浪潮产生的首要影响，是世界范围内的恐怖袭击数量大体持续增多。据统计，恐怖分子发动的恐怖袭击数量，在20世纪70年代至90年代期间稳步上升，至1992年达到峰值（超过5000次），此后有所回落。2000年（1814次）前后进入低潮，然后从2004年开始至今稳步增多，至2012年达到创纪录的8441次。而就导致至少一人及更多人员死亡的恐怖袭击事件而言，整体演变趋势与恐怖袭击总数的演变趋势相近。如自1980年致死恐怖袭击数首次达到1000次之后稳步增多，5年之后超过2000次，然后在1992年达到2175次的峰值。此后，致死恐怖袭击数量同样在减少。然而，从2004年开始至今，此类恐怖袭击的数量一直在急剧增多，到2012年达到4437次。[③]仅2000—2014年，全世界共发生6.1万起恐怖袭击事件，导致14万人丧生。[④]近年来，随着“博科圣地”（Boko Haram）、“伊斯兰国”的出现，世界范围内的恐怖袭击数量仍在增加。如2013年发生了10000起恐怖袭击事件，[⑤]导致18111人死亡，而2014年的恐怖袭击事件为

---

① 关于20世纪90年代至21世纪初期恐怖主义特征的研究，可参见杨恕、徐慧《全球化时代的新恐怖主义》，《兰州大学学报》（社会科学版）2014年第6期。

② 下文所引用的相关数据主要来源于马里兰大学的全球恐怖主义数据库（Global Terrorism Database）。该数据库是一个开源数据库，旨在向用户提供1997—2014年间世界范围内恐怖主义事件相关信息，是迄今为止世界上最大的反恐数据库，在反恐学术界得到广泛使用。网址：https：//www. start. umd. edu/gtd/。

③ Gary Lafree, Laura Dugan and Erin Miller, *Putting Terrorism in Context*: *Lessons from the Global Terrorism Database*, New York: Routledge, 2015, pp. 28 – 30.

④ Institute for Economics and Peace, *Global Terrorism Index* 2015, http://economicsandpeace. org/wp-content/uploads/2015/11/Global-Terrorism-Index – 2015. pdf, p. 33.

⑤ Institute for Economics and Peace, *Global Terrorism Index* 2014, http://economicsandpeace. org/wp-content/uploads/2015/06/Global-Terrorism-Index-Report – 2014. pdf, p. 12.

13486 起，导致 32765 人死亡，其数量和致死人数甚至超过了 2015 年（恐怖袭击数为 12089 起，导致 29376 人死亡）。即便如此，2015 年的恐怖袭击致死人数仍相当于 2000 年恐怖袭击致死人数（3329 人）的九倍。[①] 由此可见，虽然近年来世界范围内的恐怖袭击数量有所波动，但危险性不容低估。

与恐怖行动总量、致死恐怖袭击数量自 2004 年以来持续增多不同，恐怖袭击致死率的提升比较缓慢。自 1970 年开始至 1997 年，恐怖袭击行为的致命性一直在稳步提高，即从 1970 年恐怖袭击的致死率不到 1 人/次增加到 1997 年的超过 5 人/次。1997—2003 年间的致死率有所下降，但在 2004 年达到一个小高峰（接近于 5 人/次）。在 2004—2012 年（1.85 人/次）年，恐怖袭击的致死率一直呈现急剧下降的趋势（2007 至 2012 年的平均致死率下降到 2 人/次以下）。[②] 而到了 2013 年，恐怖行动的致死率进一步下降到 1.81 人/次。[③] 这一数字虽然高于 20 世纪 70 年代，但不及 1989 年的水平（1.89 人/次）。不过，这一趋势近年来部分得到扭转。2014 年、2015 年世界范围内的恐怖袭击致死率回升到 2.43 人/次。这一变化趋势说明，尽管人们普遍认为 2001 年的“9·11”事件开启了一个新的时代，但恐怖组织的致死率实际上并未明显提高。只是由于“9·11”事件所具有的象征意义以及后来的美国高调反恐，放大了恐怖主义的破坏性而已。

（二）恐怖分子对平民的攻击愈加频繁

恐怖分子可以袭击不同的对象，如平民及其财产、商业设施、政府机关、警察、军事目标、陆上交通等。自 20 世纪 70 年代以来，恐怖主义的主要攻击对象出现过明显的变化。如整个 70 年代以及 1985 年、

① 相关数据参见 Institute for Economics and Peace, *Global Terrorism Index* 2015, *Global Terrorism Index* 2016, http://reliefweb.int/sites/reliefweb.int/files/resources/Global%20Terrorism%20Index%202016_0.pdf。

② Gary Lafree, Laura Dugan and Erin Miller, *Putting Terrorism in Context: Lessons from the Global Terrorism Database*, New York: Routledge, 2015, pp. 131 - 132; Sebastian Jäckle and Marcel Baumann. "'New terrorism' = Higher Brutality? An Empirical Test of the 'Brutalization Thesis'," pp. 14 - 17.

③ 通过上文数字计算所得。2014、2015 年的恐怖袭击致死率通过同样的方法获得。

1986 年与 1991 年，商业目标是被攻击次数最多的目标；而政府机关只有在 1987 与 1988 年才是世界恐怖主义行动的首要攻击目标。尽管警察自 21 世纪以来受到越来越多的攻击，超过政府机关和商业设施被攻击的频率，但他们始终不是最主要的攻击目标。在 1972 年、1973 年以及 20 世纪八九十年代和 21 世纪，平民及其财产才是恐怖分子的首要攻击目标。自 1970—2012 年，恐怖分子对平民及其财产的攻击占到这四类攻击目标总数的一半，其中三分之一发生在伊拉克。[①] 恐怖分子攻击平民似乎并无新奇之处，问题在于恐怖分子对平民及其财产的攻击以极快的速度在增长。以 2014 年为例，恐怖分子三分之一的攻击对象为平民，相较于 2013 年增长了 6%，由此导致死亡人数增长了 172%，而所有类型的攻击致死人数增长率仅为 80%。[②]

恐怖主义针对平民及其财产的攻击之所以急剧增长，主要与“博科圣地”与“伊斯兰国”的积极扩张有关。这两个恐怖组织均热衷攻击平民，2014 年它们分别导致 6644 人与 6073 人死亡，致死人数占到世界恐怖主义致死人数的一半。[③] 得益于尼日利亚及其邻国对“博科圣地”以及西方和俄罗斯对“伊斯兰国”的打击，2015 年这两个组织对平民的攻击明显减少（较 2014 年减少了 19%），但仍导致了 12576 人死亡，远超恐怖主义攻击其他目标导致的死亡人数，[④] 而且远超 2000 年恐怖分子针对平民进行攻击导致的约 2000 人伤亡的数字。[⑤] 上述变化趋势的启示在于，恐怖分子为追求政治、社会或宗教目标，平民及其财产是最容易受到伤害的对象。而恐怖分子之所以未将政府机关、军队等作为主要攻击目标，且同时降低了对警察、商业等目标的攻击频率，这与各国政府加大了对这些设施或对象的保护力度有关。这就是反恐战争中经常会遭遇到的一个困境，即加大对政府机关、警察部门或人员、军队等“硬目标”（hard targets）的保护力度的同时，客观上却增大了平民

---

① Gary Lafree, Laura Dugan and Erin Miller, *Putting Terrorism in Context: Lessons from the Global Terrorism Database*, pp. 115 – 116.

② Institute for Economics and Peace, *Global Terrorism Index* 2015, p. 35.

③ Ibid., p. 33.

④ Institute for Economics and Peace, *Global Terrorism Index* 2016, p. 22.

⑤ Ibid., p. 39.

及其财产等“软目标”（soft targets）被恐怖分子攻击的风险。[①]

（三）恐怖分子的攻击地域集中化与扩散化并存

世界范围内的恐怖袭击一直具有明显的地域集中化特征，而不是任意分布的。[②] 20 世纪 70 年代，西欧是恐怖主义的集中爆发地。到了 80 年代，拉丁美洲发生的恐怖袭击事件居多。至 90 年代，南美、中东北非与西欧是恐怖袭击事件的主要发生地。而 21 世纪以来，中东北非与南亚发生的恐怖袭击事件远远超过世界其他地区，占到总数的 70%。[③] 而在整个第四波恐怖主义浪潮期间内，两个地区——南亚（23%）与中东北非（22%）——所发生的恐怖袭击数量占到了世界恐怖袭击总数的 45%（1970—2013 年）。[④] 如果再加上“博科圣地”肆虐的撒哈拉以南非洲，这三个地区 2015 年发生的恐怖袭击事件占到世界恐怖袭击事件的 84%，死亡人数占到世界因恐怖袭击死亡总人数的 95%。[⑤] 而就国家而言，2012 年以来，伊拉克、尼日利亚、阿富汗、巴基斯坦与叙利亚一直是发生恐怖袭击数量最多的五个国家。2014 年与 2015 年，这五国因恐怖袭击导致的死亡人数分别占世界死于恐怖袭击总人数的 78% 与 72%。[⑥] 至于饱受关注的西方国家，实际上并非当前恐怖袭击事件的集中发生地。世人之所以对发生在西方国家的恐怖袭击事件表现出不成比例的关注，主要是因为美国作为唯一超级大国的地位及西方掌握的国际

---

① Walter Enders, and Todd Sandler, “Is transnational Terrorism Becoming More Threatening? A Time-Series Investigation,” *Journal of Conflict Resolution*, Vol. 44, No. 3, 2000, p. 330；朱素梅：《恐怖主义加强“软目标”袭击现象评析》，《现代国际关系》2014 年第 4 期。

② Brian Jenkins, “Terrorism-Prone Countries and Conditions,” in Ariel Merari, ed., *On Terrorism and Combating Terrorism*, Frederick, MD: University Publications of America, 1985, pp. 25 – 40.

③ Gary Lafree, Laura Dugan and Erin Miller, *Putting Terrorism in Context: Lessons from the Global Terrorism Database*, pp. 54 – 58.

④ Sofia Pinero Kluch and Alan Vaux, “The Non-Random Nature of Terrorism: An exploration of Where and How Global Trends of Terrorism have Developed over 40 Years,” *Studies in Conflict & Terrorism*, 2016, http://dx.doi.org/10.1080/1057610X.2016.1159070, p. 6.

⑤ Institute for Economics and Peace, *Global Terrorism Index* 2016, p. 22.

⑥ Institute for Economics and Peace, *Global Terrorism Index* 2015, p. 2; Institute for Economics and Peace, *Global Terrorism Index* 2016, Institute for Economics and Peace, *Global Terrorism Index* 2016, p. 9. 与此同时，分别有 70 和 71 个国家没有发生恐怖袭击事件。相关数据见 Institute for Economics and Peace, *Global Terrorism Index* 2016, p. 15。

话语权，造成了西方似乎是国际恐怖主义主要攻击对象的假象。[①]

再者，当前恐怖袭击事件在保持攻击集中化的同时也展现了明显的扩散化特征。这并非恐怖主义发展的新现象。事实上，自 20 世纪 70 年代以来，恐怖主义的国际化水平就有显著提高，只不过“基地”组织组建的全球“圣战”网络，将第四波恐怖主义浪潮的全球化趋势大大向前推进了而已。值得注意的是，这一趋势在近年来得到了进一步的增强。如在 2014 年，世界上发生一次及以上恐怖袭击事件的国家，从 2013 年的 88 个上升到 93 个（2015 年减少了 1 个国家）；[②] 而发生导致至少一人死亡的恐怖袭击事件的国家，则从 2013 年的 59 个上升到 2014 年的 67 个。[③] 相较于 2000 年只有 85 个国家发生过恐怖袭击事件，[④] 说明国际恐怖主义不仅未被遏制，反而在拓展。随着国际社会加大对“博科圣地”与“伊斯兰国”等残暴恐怖组织的打击力度，恐怖主义的扩散现象更趋明显。如“伊斯兰国”及其附属组织 2015 年在 15 个新国家发动了恐怖袭击（2014 年为 13 个国家），从而使遭受过“伊斯兰国”袭击的国家的数量增多到 28 个。[⑤] 随着“伊斯兰国”在战场上的失利，可以预料其“外籍战士”将会向世界更广泛的地区流窜，从而威胁到更多国家的安全。

（四）类国家恐怖主义与独狼式恐怖主义发展强劲

在组织结构上，当前恐怖组织存在等级化与网络化并存的趋势。前者的体现是塔利班、“博科圣地”“伊斯兰国”等恐怖组织在国际恐怖主义浪潮中发展势头迅猛。这三个恐怖组织可视为“类国家恐怖行为体”。[⑥]

---

① Gary Lafree, Laura Dugan and Erin Miller, *Putting Terrorism in Context: Lessons from the Global Terrorism Database*, pp. 63 – 67. 如果算上其海外利益遭到的攻击，美国的确是国际恐怖主义的重要攻击对象，参见 Gary LaFree, Sue-Ming Yang, and Martha Crenshaw, “Trajectories of Terrorism: Attack Patterns of Foreign Groups that Have Targeted the United States, 1970 – 2004,” *Criminology & Public Policy*, Vol. 8. No. 3, 2009, pp. 445 – 473。

② Institute for Economics and Peace, *Global Terrorism Index* 2015, p. 9.

③ Ibid., p. 2.

④ Institute for Economics and Peace, *Global Terrorism Index* 2016, p. 36.

⑤ Ibid., p. 2.

⑥ 关于塔利班是否属于恐怖组织尚存争议。恐怖主义全球数据库将塔利班视为一个恐怖组织。

它们占据一定的领土、管理一定数量的人口，并具有分工合作的等级制组织结构。除了没有获得或无意获得国际社会的承认外，它们具有主权国家的其他基本要素。如塔利班政权虽然只有阿联酋、沙特、巴基斯坦三个国家正式给予其外交承认，但当作为一个政权存在时，它却形成了一个独立自主的运行体系。“伊斯兰国”同样如此。尽管全世界并不承认“伊斯兰国”为国家，但不可否认的是“伊斯兰国”具有许多国家特征。[①] 如到2014年6月，也就是当“伊斯兰国”宣布成立“哈里发国”之时，该组织控制叙利亚与伊拉克延伸长度为670公里的领土，麾下有2.5万—3万名战斗人员，其实力与中东地区的一些国家相比也不遑多让。[②] “类国家恐怖行为体”目前受到一定的遏制，其可能的结局是占据的领土被摧毁后，它们不得不采用类似于“基地”组织式的以松散、扁平化为特征的网络式结构。[③]

恐怖主义网络化的集中体现是“独狼式恐怖袭击”（lone-wolf terrorism）在世界范围内明显增多。独狼式恐怖主义是一种“被意识形态驱动的、由个人策划与实施的、在没有其他人或团队与之协作时使用或试图使用的暴力”。[④] 学术界关于独狼式恐怖主义的研究成果直到2010年后才集中出现，或许能够说明独狼式恐怖袭击的扩散及其危害直到最近才成为一个引人注目的问题。[⑤] 自“伊斯兰国”宣布成立“哈里发国”，并号召其追随者在世界范围内开展攻击以来，独狼式恐怖袭击的数量明显增多。2015年，欧洲安全与合作组织国家共发生67起与“伊斯兰国”有关的恐怖袭击，共导致313人死亡，其中独狼式恐怖袭击致死人数占

---

① 章远：《“伊斯兰国”：“准主权”与地区安全》，《国际安全研究》2016年第6期。

② 参见 Charles R. Lister, *The Syrian Jihad: Al-Qaeda, the Islamic State and the Evolution of an Insurgency*, New York: Oxford University Press, 2016, p. 271。

③ Brian A. Jackson, "Groups, Networks, or Movements: A Command-and-Control-Driven Approach to Classifying Terrorist Organizations and Its Application to Al Qaeda," *Studies in Conflict & Terrorism*, Vol. 29, No. 3, 2006, pp. 241 – 262; Shaul Mishal and Maoz Rosenthal, "Al Qaeda as a Dune Organization: Toward a Typology of Islamic Terrorist Organizations," *Studies in Conflict & Terrorism*, Vol. 28, No. 4, 2005, pp. 275 – 293.

④ Jeffrey D. Simon, *Lone Wolf Terrorism: Understanding the Growing Threat*, Amherst, NY: Prometheus Books, 2013. p. 266.

⑤ Ramón Spaaij and Mark S. Hamm, "Key Issues and Research Agendas in Lone Wolf Terrorism," *Studies in Conflict & Terrorism*, Vol. 38, No. 3, 2015, pp. 167 – 178.

到恐怖袭击致死总人数的22%。[①] 2016年，独狼式恐怖袭击更为猖獗。2016年6月14日发生在美国佛罗里达奥兰多、2016年7月16日发生在法国南部旅游城市尼斯的恐怖袭击，均属于独狼式恐怖袭击。不过有一个问题需要澄清，即伊斯兰宗教极端主义并非2006—2014年驱使独狼式恐怖分子袭击西方国家的主要原因，因为其中80%的独狼式恐怖袭击是由右翼极端主义、民族主义、反政府主义、白人至上主义等思想潮流激发的。[②] 这或许是拉波波特明确承认其恐怖主义浪潮理论无法处理独狼式恐怖主义的部分原因，因为引发这类袭击的意识形态多种多样，很难将其视为纯粹由宗教所引导的恐怖行为。[③]

（五）恐怖主义体现出更彻底的原教旨主义特征并鼓吹末日决战

当前国际恐怖主义仍处于第四波恐怖主义浪潮之内，在其中扮演主导性角色的仍是宗教极端组织，而它们对宗教原教旨主义所具有的特征体现得比较彻底。宗教原教旨主义是指个人、团体或社会强调需要正确地诠释宗教教义并严格加以实行，为此需要回到经典文本，以寻找所失去的或遭到扭曲了的宗教信念或实践。[④] 当前恐怖主义体现的原教旨主义思想主要包括以下特征：对信仰的边缘化做出激烈应对；选择性诠释经典文本并予以实践；秉持道德二元对立，将世界视为善恶、好坏的二元对决；对经典文本及宗教实践保持绝对主义和完美主义的信念；许多原教旨主义者信仰千禧年主义（Millennialism），期待世界的终极转变；严格地选择成员；牢固的边界与僵硬的内外区分；组建集权式组织；制定明确的行为规范。[⑤] 尽管“基地”组织等老牌恐怖组织也具有部分上述特征，但“伊斯兰国”“博科圣地”等恐怖组织似乎体现得更为彻底。如“伊斯兰国”建立等级分明、管理残暴的“哈里发国”；鼓吹

① Institute for Economics and Peace, *Global Terrorism Index* 2016, pp. 41, 43.

② Institute for Economics and Peace, *Global Terrorism Index* 2015, p. 5.

③ David C. Rapoport, “It Is Waves, Not Strains,” p. 223.

④ Mark Juergensmeyer, *Global Rebellion: Religious Challenges to the Secular State, From Christian Militias to Al Qaeda*, Berkeley: University of California Press, 2008.

⑤ Gabriel A. Almond, R. Scott Appleby, and Emmanuel Sivan, *Strong Religion: The Rise of Fundamentalisms around the World*, Chicago: University of Chicago Press, 2003, pp. 93–98.

“末日决战”（apocalyptic war 或 an End-Times battle）；煽动并挑起伊斯兰教内部的教派冲突；选择性甚至歪曲地实施“沙里亚法”（shariah，即伊斯兰教法）；对被其视为“异教徒”的平民实施残忍和大规模的处决，等等，均将宗教原教旨主义所具有的特征推向了一个新的高度。

除了选择性地诠释经典文本为残暴的恐怖行径辩护外，恐怖主义发展的一个主要趋势是复苏了末日决战或“宇宙决战”（cosmic war）的天启思想。宗教与恐怖主义的关系由来已久，而且错综复杂。[①] 其中，宗教思想中的天启观与恐怖主义的关系尤为如此。并非所有的宗教天启观都是暴力的，但部分恐怖分子的确发展出极端的天启观，并以此作为动员支持的意识形态基础。[②] 如 1979 年一名自称为“马赫迪”的宗教狂热分子攻击麦加大清真寺，以及日本的奥姆真理教于 1995 年开展的东京地铁恐怖袭击，均利用了末日来临的相关说法。[③]“伊斯兰国”系统重构了伊斯兰教经典文本中有关末日决战的叙事，并以此作为招募逊尼派穆斯林甚至“外籍战士”的重要手段。[④] 忽视末日决战的叙事将很难理解“伊斯兰国”的行动：为何要攻占叙利亚的达比克（Dabiq）地区、为何统治和攻击手段异常残暴、为何在其统治地域内严苛地实施沙里亚法等。[⑤]“伊斯兰国”末日决战叙事产生的强大动员能力，有可能导致这类叙事在宗教恐怖组织中进一步扩散，并影响未来恐怖主义浪潮的走势。

总之，得益于全球化提供的各种便利，第四波恐怖主义浪潮仍处于

---

① David C. Rapoport, "Fear and Trembling: Terrorism in Three Religious Traditions," *American Political Science Review*, Vol. 78, No. 3, 1983, pp. 658 - 677; Hent De Vries, *Religion and Violence: Philosophical Perspectives from Kant to Derrida*, Baltimore: Johns Hopkins University Press, 2002; Barry Cooper, *New Political Religions, or an Analysis of Modern Terrorism*, Missouri: University of Missouri, 2004; Douglas Pratt, "Religion and Terrorism: Christian Fundamentalism and Extremism," *Terrorism and Political Violence*, Vol. 22, No. 3, 2010, pp. 438 - 456.

② 更深入的讨论，参见 Frances L. Flannery, *Understanding Apocalyptic Terrorism: Countering the Radical Mindset*, New York: Routledge, 2016。

③ 奥姆真理教与末日决战之间的关系，参见 Heather Selma Gregg, "Three Theories of Religious Activism and Violence: Social Movements, Fundamentalists, and Apocalyptic Warriors," *Terrorism and Political Violence*, Vol. 28, No. 2, 2016, p. 350。

④ William McCants, *The ISIS Apocalypse: The History, Strategy, and Doomsday Vision of the Islamic State*, New York: St. Martin's Press, 2015.

⑤ Matthew Musselwhite, *ISIS & Eschatology: Apocalyptic Motivations Behind the Formation and Development of the Islamic State*, MA Dissertation, Western Kentucky University, May 2016.

强劲发展阶段。尽管我们很难在全球化与恐怖主义的袭击次数、致死率、攻击对象、攻击地域、组织结构、意识形态等方面的特征之间建立起直接的联系，但有一点是可以肯定的，即恐怖分子或恐怖组织作为国际关系中的行为体，出于工具理性的战略考虑，它们始终在摸索如何最大限度上利用全球化进程提供的各种便利，以最大限度地保存自己、攻击敌人。[①] 而从工具理性的角度粗略地评估，全球化时代为恐怖主义提供的各种便利包括：人员跨国流动日益增多且日益频繁，很难对恐怖分子予以准确的甄别；包括恐怖分子在内人员的广泛流动，很容易造成恐怖分子活动地域的扩散；恐怖分子可以随时随地选择平民进行攻击；信息技术的发展为恐怖分子之间的沟通及散布极端思想观念提供了便利，并催生了大量极端主义思想的同情者，甚至使部分激进分子演变为独狼式恐怖分子；技术进步使恐怖组织采取网络式组织结构、通过隐秘和远程方式指挥其成员开展恐怖袭击，同时规避敌人的打击使保存实力成为可能，等等。一言以蔽之，全球化时代恐怖主义的国际化程度史无前例并非偶然，全球化对这一现象具有直接和重要的影响。

三　全球化影响恐怖主义浪潮的机制

当前恐怖主义除了致死率这一指标外，其他方面的特征不仅令人忧虑，而且已经给全球化进程产生了诸多负面影响。为了防范恐怖袭击，主权国家不得不采取各种反恐措施以维护自身安全，如强化边界控制和安全检查、加强对公民信息的审查、限制军民两用技术的扩散、筛选甚至屏蔽被视为涉恐的信息、增强对资金跨国流动的监管、削减对特定地区移民或难民的申请等。从长远来看，这些措施会迟滞全球化的发展进程，因为它们阻碍了资本、人员、货物、信息等生产因素的跨国流动。由此可见，作为一股逆全球化力量，恐怖主义导致主权国家“安全化”那些原本并不具有高政治性的议题，从而间接对全球化进程产生影响。

---

① 即使是自杀性恐怖袭击，依旧具有重要的工具理性特征，即以最小的牺牲给敌人造成最大限度的破坏。参见 Robert A. Pape, *Dying to Win: The Strategic Logic of Suicide Terrorism*, New York: Random House, 2005。

下面将从五个方面讨论全球化影响恐怖主义演变的方式和机制。具体包括：全球化时代恐怖主义治理的必要性与国际社会治理能力之间存在的差距、全球化时代权力的流散导致国际社会与特定地区或国家的权威不足、全球化时代国际社会的迅速变迁导致诸多民众产生强烈的本体不安全感（ontological insecurity）、恐怖组织构建以反全球化为目标且能缓解目标群体本体不安全感的话语体系，以及全球化为恐怖分子提供了能有效传递信息和话语体系的沟通工具。①

（一）恐怖主义治理的必要性与国际社会治理能力之间存在的差距

恐怖主义在当前的肆虐，要求国际社会对此进行有效的治理。然而，全球化时代恐怖主义的肆虐程度与国际社会治理恐怖主义的能力之间依旧存在不小的差距。客观而言，国际社会在治理恐怖主义问题上已取得了不小进展。尤其是自2001年“9·11”事件以来，在美国等西方国家的极力推动下，国际社会已将治理恐怖主义打造为全球治理的重要领域。② 然而，国际社会至今未能建构一套整合性的反恐治理机制，而是存在典型的治理破碎化现象，即各种行为体——美国与中国、俄罗斯等其他大国，联合国和上海合作组织、阿拉伯国家联盟、北大西洋公约组织等全球和地区性国际组织，涉及反恐的跨国公司（如跨国银行、武器制造商、私人安保公司等）甚至个人（安保人员、普通网民、媒体记者等）——参与其中，但它们治理恐怖主义的能力与意愿存在明显区别；即使开展联合反恐行动，一般而言也缺乏有效协调，遑论基于整体性的反恐思路行事。在此背景下，恐怖主义持续肆虐，并在发展态势、攻击

① 本章并未讨论其他可能被认为同等重要的机制，如全球化导致的全球财富失衡等。主要考虑是这些可能的机制与恐怖主义之间的关系比较模糊。如以贫困与恐怖主义之间的关系为例，已有的研究成果证明，两者之间是否具有因果关系并不明确。参见 Alan B. Krueger and Jitka Maleckova, “Does Poverty Cause Terrorism? The Economics and the Education of Suicide Bombers,” *The New Republic*, Vol. 226, No. 24, 2002, pp. 27 – 33。

② 对国际社会合作反恐状况的研究，参见张家栋《全球化时代的恐怖主义及其治理》，上海三联书店2007年版；Giuseppe Nesi, ed., *International Cooperation in Counter-Terrorism: The United Nations and Regional Organizations in the Fight against Terrorism*, New York: Ashgate Publishing, Ltd., 2006; David Cortright and George A. Lopez, *Uniting Against Terror: Cooperative Nonmilitary Responses to the Global Terrorist Threat*, Cambridge: MIT Press, 2007。

对象、攻击地域、组织结构、意识形态等方面展示出令人忧虑的新特征。

以联合国在反恐过程中存在的缺陷为例。尽管联合国在国际社会治理恐怖主义的过程中扮演着举足轻重的角色，但在治理恐怖主义的过程中联合国至少受到以下五个方面不足的困扰。[①] 其一，联合国至今未能就恐怖主义的定义达成共识，这对国际社会有效和迅速地打击恐怖主义造成了严重困扰；其二，联合国通过的公约或者未得到成员国的批准，或者存在执行不力的问题，而其辖下的反恐机构开展反恐执法行动的能力也因为经费、人员等方面的不足受到严重牵制；其三，由于恐怖主义具有突出的地域分布集中的特征，导致各国面临的恐怖主义威胁程度存在明显差异，这严重影响各国对恐怖主义做出一致反应的意愿；其四，部分国家囿于资源、特殊知识等方面的限制，导致它们的反恐能力参差不齐，这在部分发展中国家中体现得尤为明显；其五，虽然联合国安理会被授予维持国际和平与安全的重要使命，但部分发展中国家质疑大国对联合国安理会的主导，进而质疑联合国安理会决议的合法性，尤其是当这种决议具有法律性质时更是如此。[②] 联合国存在的以上不足，严重制约了联合国应对恐怖主义的能力，而且短时间内无法有效改变恐怖主义作为一种逆全球化力量对全球化的发展产生的各种消极影响。

（二）全球化时代权力的流散导致国际社会与特定地区或国家的权威不足

全球化时代的一个显著特征，是主权国家权力的流散。[③] 这种流失

---

① 也可参见 Council on Foreign Relations, *The Global Regime for Terrorism*, Issue Brief, June 19, 2013, http://www.cfr.org/terrorism/global-regime-terrorism/p25729#p5; Peter Romaniuk, *Multilateral Counter-Terrorism: The Global Politics of Cooperation and Contestation*, New York: Routledge, 2010, pp. 32 - 108; Jane Boulden and Thomas G. Weiss, eds., *Terrorism and the UN: before and after September* 11, Bloomington: Indiana University Press, 2004。

② 如在安理会通过的 1373、1540、2178 号决议的过程中就出现了此类质疑，参见 Cian C. Murphy, "Transnational Counter-terrorism Law: Law, Power and Legitimacy in the 'Wars on Terror'," *Transnational Legal Theory*, Vol. 6, No. 1, 2015, pp. 31 - 54; Monika Heupel, "Combing Hierarchical and Soft Modes of Governance," *Cooperation and Conflict*, Vol. 43. No. 1, 2008, pp. 7 - 29。

③ Susan Strange, *The Retreat of the State: The Diffusion of Power in the World Economy*, New York: Cambridge University Press, 1996; Rodney Bruce Hall, Thomas J. Biersteker, eds., *The Emergence of Private Authority in Global Governance*, New York: Cambridge University Press, 2003.

既可以流向超国家机构，也可以流向恐怖组织等次国家政治行为体。就第一个方面而言，至少在治理恐怖主义的过程中，国际社会的权力集中程度有限，且治理恐怖主义的各种机制其合法性与有效性面临限制。尽管在全球化时代，美国在很大程度上扮演霸权国家的角色，以至全球化被视为美国化。然而，单个国家的实力集中并不一定有助于恐怖主义的治理。事实上，第四波恐怖主义浪潮的兴起，与美国主导的国际体系内存在的诸多不公及美国作为霸权国家所采取的外交政策息息相关。美国在冷战后肆意妄为，削弱了国际秩序的合法性，并在体系内部激发形式多样的反美主义活动。宗教极端主义就是其中一种。美国的一些对外行为，如顽固地支持以色列、在中东地区（尤其是伊斯兰教的圣地）驻军、基于利益考虑支持"独裁"政权、以反恐或推行民主为名进行政权更迭、在反恐过程中伤害无辜平民、残酷虐待恐怖分子嫌疑犯等做法，均在伊斯兰世界引发了普遍的愤怒、怨恨等情绪，为恐怖主义募集资源、动员支持者提供了基础。① 当前恐怖主义袭击数量在全球层面上的居高不下，很大程度上是对以美国主导的国际体系中存在的诸多不公、权威不足所做的反应。② 大体而言，恐怖主义的滋生，是美国维持国际体系稳定的能力遭到削弱的体现，而其蔓延，则又削弱了美国对国际体系的掌控能力，如此形成一种恶性循环。

民族国家权力向次国家行为体流散导致的国家权威不足，以及特定地区存在较多此类国家，会很容易导致恐怖主义在该国及所在的地区蔓延。这种现象，类似于恐怖主义全球化在地区层面上的体现。事实上，地区和国家层面上的权威发展状态，是影响恐怖主义在地区和国家层面上发展态势的重要变量。如第四波恐怖主义浪潮主要集中在中东北非、南亚（包括阿富汗）与撒哈拉以南非洲这三个地区，与这些地区冲突频仍、政府权威遭到削弱甚至荡然无存关系密切。如已有经验研究指出，尽管伊斯兰教本身并非一个更加倾向暴力的宗教，但"在涉及伊斯兰族群—宗教团体（ethno-religious group）的冲突中，宗

① David Sobek and Alex Braithwaite, "Victim of Success: American Dominance and Terrorism," *Conflict Management and Peace Science*, Vol. 22, No. 2, 2005, pp. 135 – 148.

② Adrian Guelke, *Terrorism and Global Disorder: Political Violence in the Contemporary World*, New York: I. B. Tauris, 2006.

教是重要的因素”。[①] 分别肆虐于南亚、中东北非、撒哈拉以南非洲的“基地”组织与塔利班、“伊斯兰国”“博科圣地”，其发展与崛起均离不开各地区混乱的形势和地区或国家的权威不足。总之，无论是国际体系层面上恐怖袭击数量的增多，还是特定地区或国家恐怖活动的肆虐，都离不开这些层次权威的缺失或低下。尽管权威不足不一定就会产生恐怖主义，但恐怖主义的出现往往出现在权威不足之处，或促进了恐怖主义在这些地区的传播。[②]

（三）全球化时代引发的广泛社会变迁导致大量民众体验剧烈的本体不安全感

全球化影响恐怖主义的另一个机制，是其带来的剧烈社会变迁引发的个体强烈不安全感，这为恐怖组织提供替代性的身份或公共产品进而招募人员提供了机会。在全球化过程中，西方价值观念和信仰体系的传播以及国家为顺应全球化趋势推动的结构变迁，破坏或挑战传统社会结构和价值观念。[③] 这些因素与许多个体或群体（如穆斯林）遭到歧视或者隔离一同，衍生出一个有助于恐怖主义发展的严重后果，即民众因为传统社会结构和价值观念遭到破坏而体验到强烈的本体不安全感。[④] “本体安全”（ontological security）是英国社会学家安东尼·吉登斯（Anthony Giddens）提出的一个概念，意指“时间上的连续和有序的感受，这包括那些并非直接是在个体感知环

---

① Jonathan Fox, "Is Islam More Conflict Prone Than Other Religions? A Cross-Sectional Study of Ethnoreligious Conflict," *Nationalism and Ethnic Politics*, Vol. 6, No. 2, 2000, p. 1.

② Stanley Hoffmann, *Chaos and Violence: What Globalization, Failed States, and Terrorism Mean for US Foreign Policy*, Lanham: Rowman & Littlefield, 2006; Tiffiany Howard, *Failed States and the Origins of Violence: A Comparative Analysis of State Failure as a Root Cause of Terrorism and Political Violence*, New York: Routledge, 2014.

③ David Cortright and George A. Lopez, "Strategies and Policy Challenges for Winning the Fight against Terrorism," in David Cortright and George A. Lopez, eds., *Uniting Against Terror: Cooperative Nonmilitary Responses to the Global Terrorist Threat*, Cambridge: MIT Press, 2007, pp. 237 – 274.

④ 关于全球化、恐怖主义或民族主义与本体安全之间的关系，参见 Catarina Kinnvall, "Globalization and Religious Nationalism: Self, Identity, and the Search for Ontological Security," *Political Psychology*, Vol. 25, No. 5, 2004, pp. 741 – 767; Catarina Kinnvall, *Globalization and Religious Nationalism in India: The Search for Ontological Security*, New York: Routledge, 2007。

境中的感受"。[①] 在一切事务正常的情况下，人们的本体安全不会遭遇挑战；然而，当人们所形成或习以为常的惯例、信仰、价值观等攸关身份的内容在巨变面前遭遇严峻挑战甚至断裂时，相关行为体会体验到强烈的焦虑感，即本体不安全感。体验到本体不安全感的行为体至少可以有两种选择，一种是抛弃过去，接受新的现状，形成新的身份；另一种是维持寄托了情感承诺的已有习惯或观念，抗拒变化，维持已有身份。显而易见，这两种消除本体不安全感的途径均有其困难之处，因为其涉及行为体身份维持或改变这一敏感和复杂的问题。

为了消除本体不安全感，个体往往会寻求依附那些有助于为其提供稳定身份的群体。[②] 而恐怖组织所具有的隐秘性、封闭性、要求其成员高度效忠等特征，很有可能满足这些个体的需求。[③] 事实上，现代国际恐怖主义的四波浪潮，均受到国际体系历经深入、持久变迁的影响。而第四波恐怖主义浪潮则与全球化息息相关。全球化带来的体系、地区或国家层面上权威的削弱，是恐怖主义浪潮出现的结构性条件；而寻求本体安全的需要，则是恐怖分子加入恐怖组织的重要动机。以中东地区为例，该地区持续的动荡与部分中东国家能力有限和权威不足，使国家不能有效地向民众提供安全、社会服务等公共产品，进而导致部分民众产生了强烈的本体不安全感。再加上美国对中东政策产生的怨恨，从而为恐怖组织积累资源、招募人员提供了较为广泛的心理基础。[④] 西方本土之所以出现大量的独狼式恐怖分子，同样与他们身处不同的文化和社会环境下体验到强烈的本体不安全感有关。恐怖主义之所以反全球化，在很大程度上是对全球化带来的本体不安全感所做的反应。恐怖分子希望

① ［英］安登尼·吉登斯：《现代性与自我认同：现代晚期的自我与社会》，赵旭东、方文译，生活·读书·新知三联书店 1998 年版，第 274 页。

② Dmitry Chernobrov, "Ontological Security and Public (Mis) Recognition of International Crises: Uncertainty, Political Imagining, and the Self," *Political Psychology*, Vol. 37, No. 5, 2016, pp. 581 – 596.

③ Michael A. Hogg and Danielle L. Blaylock, eds., *Extremism and the Psychology of Uncertainty*, West Sussex: Blackwell Publishing Ltd., 2012.

④ 有关"伊斯兰国"与中东地区民众本体不安全感关系的讨论，参见 Waleed Hazbun, "A History of Insecurity: From the Arab Uprising to ISIS," *Middle East Policy*, Vol. 22, No. 3, 2015, pp. 55 – 65。

通过参与恐怖组织，以重获稳定的身份和由此带来的荣誉。[①]

（四）恐怖组织批判全球化承载的价值观念并构建针锋相对的话语叙事

尽管全球化时代国际、地区、国家等层面上的权威不足和个体层面上所经历的本体不安全感为恐怖主义的发展提供了各种有利的条件，但能否利用这些条件实现自身的存续与发展，则取决于恐怖组织的学习或创新能力。事实表明，全球化时代的恐怖组织展示出相对于前三波恐怖组织而言更为强大的能动性，这也是“基地”“伊斯兰国”等恐怖组织的国际动员能力远超前三波恐怖组织的重要原因。恐怖组织能动性的体现之一就是构建了能有效缓解潜在支持者本体不安全感的“架构叙事”（framing narratives）。而全球化影响恐怖组织的架构叙事的途径至少有两种。[②] 其一，全球化所承载的自由主义、市场经济、民主化等价值观念，为恐怖主义构建针锋相对的架构叙事提供了参照物和反对目标。因为全球化所承载的价值观念，被恐怖组织视为对自我认同的价值观念和信仰体系提出了直接的挑战，并是导致伊斯兰世界堕落到类似先知出现前的“宗教无知”或“愚昧”（Jahiliyya）状态的主要原因。[③] 恐怖组织认为，要修正这种状态，就须皈依原初的、本真的、有别于西方价值观念的信仰体系。其二，恐怖组织利用全球化提供的便利，千方百计地传递宗教原教旨主义观念。尽管思想观念或意识形态的传播，一直是国际恐怖主义浪潮出现、拓展、深化的重要原因。[④] 而第四波恐怖主义浪潮的不同之处在于，由于全球化背景下信息和观念传播的速度、规模远超此前，故宗教原教旨主义思想可以在更广的范围内传递，这有利于恐怖

---

① John M. “Matt” Venhaus, “Why Youth Join al-Qaeda,” United States Institute of Peace, Special Report, May 2010, https://www.usip.org/sites/default/files/SR236Venhaus.pdf.

② Michael Page, Lara Challita and Alistair Harris, “Al Qaeda in the Arabian Peninsula: Framing Narratives and Prescriptions,” *Terrorism and Political Violence*, Vol. 23, No. 2, 2011, pp. 150 – 172.

③ William E. Shepard, “Sayyid Qutb's Doctrine of Jahiliyya,” *International Journal of Middle East Studies*, Vol. 35, No. 4, 2003, pp. 521 – 545.

④ Dipak K. Gupta, “Waves of International Terrorism: An Explanation of the Process by Which Ideas Flood the World,” in Jean E. Rosenfeld, ed., *Terrorism, Identity, and Legitimacy: The Four Waves Theory and Political Violence*, pp. 30 – 40.

组织的国际动员。

在批判全球化价值观念、构建替代性架构叙事的过程中，恐怖组织同样具有重要的能动性。恐怖组织往往不只是继承或传播既有的宗教原教旨主义思想，而且也能创造性地构建可以有效缓解目标群体本体不安全感的架构叙事。这类架构叙事能对目标群体的心理状态予以准确把握，不仅找出导致目标群体本体不安全感的由来，而且直接将自身打造为能有效提供解决方案、赋予目标群体以稳定身份的国家替代物。为了提高动员能力，各恐怖组织构建的架构叙事会在"内群体"（in-group，或称自群体）和"外群体"（out-group，或称他群体）之间做出非此即彼的严格区分，并将外群体塑造为邪恶的、有罪的、可以消灭的"异教徒"，而内群体则是善良的、正义的、需要全力捍卫的"真信徒"。在恐怖组织看来，唯有将自身打造为边界清晰、致力于想象中共同体的"斗士"，才能有效地吸引那些经历强烈本体不安全感的个体参与恐怖活动。① 不过，为了争取目标群体，同类恐怖组织往往会在架构叙事上展开激烈竞争，并将自身塑造为更为纯粹、更不妥协的群体。② 其结果是，恐怖组织间的恶性竞争，导致当前国际恐怖主义在意识形态上日趋极端、在行动上愈加残暴，这也是当前恐怖主义浪潮在意识形态更趋极端和攻击对象更多地集中在平民上的深层原因。总之，无论恐怖组织构建的架构叙事有多少差别，反对全球化及其承载的价值观念，始终是这类叙事的重要主题。

（五）全球化为恐怖分子或组织提供了互联网这一便捷高效的动员工具

能否构建反对全球化并观照目标群体本体不安全感的架构叙事固然重要，但如果这些架构叙事不能有效传递给目标群体，那么恐怖组织依旧无法扩大动员能力。而全球化影响恐怖主义的另一个机制在于，它为恐怖组织传递其构建叙事提供了一种有效的手段——互联网。姑且不论

① Haroro J. Ingram, "An Analysis of Islamic State's Dabiq Magazine," *Australian Journal of Political Science*, Vol. 51, No. 3, 2016, pp. 458 – 477.

② Haroro J. Ingram, "An Analysis of Inspire and Dabiq: Lessons from AQAP and Islamic State's Propaganda War," *Studies in Conflict & Terrorism*, Vol. 40, No. 5, 2017, pp. 357 – 375.

网络在恐怖主义发展过程中仅作为一种媒介或工具而存在，或者从根本上改变了恐怖主义的运作方式，可以肯定的是，互联网极大地提高了恐怖主义的动员能力。事实上，恐怖主义对网络的利用经历了几个阶段的范式变迁。如从恐怖分子在20世纪90年代建立粗糙的网站和发送电子邮件的方式向目标群众传递“圣战”信息，到“基地”组织在网络聊天室、论坛上发布冗长、充满宗教词汇的布道和声明，再到“基地”组织阿拉伯半岛分支（al-Qaeda in the Arabian Peninsula，AQAP）制作并散播制作精良的电子刊物——《启迪》（*Inspire*），再到“伊斯兰国”在推特、脸书等社交媒体上大规模地宣传意识形态，恐怖组织对网络技术的使用不仅日益娴熟，而且改变了传统恐怖组织只是单向传递“圣战”信息和架构叙事的模式，走向了目标群体与恐怖组织通过互动修正和校准架构叙事的创新性路径。①

全球化在很大程度上不仅改变了恐怖主义的运行模式，而且对提高恐怖主义的国际化程度具有不可估量的影响。当前国际社会涌现出越来越多的独狼式恐怖分子，很大程度上是全球化时代人们能更方便地接收外部信息带来的一种结果。通过互联网，普通个体即可完成“激进化”（radicalization）。而在组织层面，“伊斯兰国”最为典型地体现了恐怖主义利用网络的范式变迁。“伊斯兰国”对网络社交媒体的运用达到了炉火纯青的程度，它将社交媒体作为传递架构叙事的主要途径，从而在网络上建立了一个“虚拟哈里发国”。②“伊斯兰国”在网络上频繁、密切地发布电子期刊、③电子书籍以及大量视频，实现了以下几个方面的目标：吸引了主流媒体的关注并推广了架构叙事；创建了一个强有力的政治实体形象；向全球范围内的同情者和潜在支持者传递了“哈里发国”的相关信息；通过描述治下的“哈里发国”如何体面，提供了一种有

① Yannick Veilleux-Lepage, “Paradigmatic Shifts in Jihadism in Cyberspace: The Emerging Role of Unaffiliated Sympathizers in Islamic State's Social Media Strategy,” *Journal of Terrorism Studies*, Vol. 7, No. 1, 2016, pp. 36 – 51.

② Abdel Bari Atwan, *Islamic State: The Digital Caliphate*, Oakland, CA: University of California Press, 2015.

③ 即《达比克》（*Dabiq*），2016年9月更名为《罗马》（*Rumiyah*）。截至2017年2月，“伊斯兰国”共发布了15期《达比克》和6期《罗马》。

别于西方和阿拉伯政权的替代性政治秩序。① 通过互联网，“伊斯兰国”得以将世界各国的同情者吸引到叙利亚与伊拉克参加“圣战”，充实了其战斗队伍和后勤支持人员。其强大的国际动员能力，是其他恐怖组织难以望其项背的。当然，互联网这种途径固然重要，但“伊斯兰国”的架构叙事才是其获得令人侧目动员能力的根本。

综上所述，全球化对恐怖主义浪潮及其特征的影响机制是多元的，这里仅仅梳理了其中的五种。就与恐怖主义特征的关系而言，国际社会治理恐怖主义能力有限，对恐怖主义在恐怖袭击数量、致死率、攻击地域、意识形态、组织结构等方面均有或直接或间接的影响。而全球化导致的国家权力流散，则影响了恐怖主义在恐袭总数、攻击地域上的变化。至于全球化带来的许多民众经历强烈的本体不安全感，则为恐怖组织的招募和动员提供了广泛的心理基础，进而影响到恐怖分子或袭击的地域分布，而为了争夺更多具有本体不安全感的支持者，又导致恐怖组织的意识形态愈加极端，对平民的攻击愈加频繁，使恐怖袭击的致死率明显提升（如“伊斯兰国”“博科圣地”等）。而全球化承载的价值观念，则为恐怖组织构建架构叙事提供了参照对象和反对目标，有助于恐怖组织灵活地修正其意识形态。概言之，全球化提供的互联网等动员工具，则使恐怖组织建立网络式的组织结构、发动远程恐怖袭击、动员独狼式恐怖分子成为可能。此外，互联网还可能对恐怖袭击数量、攻击对象、意识形态等方面的特征产生间接影响。总之，全球化对恐怖主义的影响是多方面的；反过来，恐怖主义又强化了民众或国家的不安全感，导致它们采取各种具有保护主义色彩的措施，从而间接地削弱了全球化进程。一言以蔽之，恐怖主义利用全球化来抵制或反对全球化，使两者构成一种二律背反的现象。

四 结论

当把国际恐怖主义视为反全球化或逆全球化现象，可以发现，国际

---

① Jad Melki and May Jabado, “Mediated Public Diplomacy of the Islamic State in Iraq and Syria: The Synergistic Use of Terrorism,” Social Media and Branding, *Media and Communication*, Vol. 4, No. 2, 2016, p. 94.

恐怖主义在当前的急剧发展并非偶然。人们普遍认为全球化进程在20世纪八九十年代才开始蔚为大观，大致与此同时，恐怖主义的国际化程度也在20世纪80年代明显提升，这说明了国际社会一体化程度的提升会导致恐怖主义跨国间联系和行动能力的加强。然而，作为一种抵制或反对全球化的力量，恐怖主义反过来又会影响全球化一体化的进程。如恐怖主义的肆虐，导致主权国家加强对人员、资本、信息、观念等因素自由流动的监管和控制，试图以此更有效地防范和抵御恐怖袭击，然而其后果是阻碍或减缓了全球化的发展进程。如当前国际社会出现了英国脱离欧盟、美国收紧移民和难民政策、欧洲大陆出现了强烈的民粹主义等明显的逆全球化现象，这些现象与恐怖主义的肆虐具有一定的联系。总之，国际恐怖主义的发展，既是导致逆全球化现象出现的重要原因，又是逆全球化发展态势的重要体现。在当前全球不确定性急剧增强的背景下，国际恐怖主义的演变趋势，已成为影响和观察全球化发展前景的重要指标。

通过回顾现代国际恐怖主义的演变历程，可以发现国际社会经历了恐怖主义的四波发展浪潮。受全球化浪潮的影响，第四波恐怖主义浪潮比前三波浪潮国际化程度更高，而且由于其目的在于构建一个替代当前威斯特伐利亚体系的替代性神权秩序，故给国际社会带来的危害远超前三波恐怖主义浪潮。此外，当前的恐怖主义浪潮还在恐怖袭击数量、致死程度、地缘分布、攻击对象、组织结构、意识形态等方面出现新的特征。如果拉波波特有关每波恐怖主义浪潮持续近四十年且第四波恐怖主义浪潮将延续至2025年左右的观点正确的话，[①] 那意味国际社会仍将继续与宗教极端主义鏖战十余年。即使第四波恐怖主义浪潮如期终结，然而，很难确定此后是否会出现一波新的恐怖主义发展浪潮，或者新的浪潮已在暗流涌动。至少就目前情况来看，恐怖主义已经导致各种逆全球化现象加速出现。如果这种趋势得以持续，结果可能不是消除恐怖主义，而是衍生出更多的恐怖恐袭。如美国与欧洲政治右倾化，客观上带来了歧视穆斯林群体的后果，从而刺激更多恐怖袭击现象的发生。当前，恐怖主义与逆全球化之间似乎已经形成了恶性循环，这或许是全球

---

① David C. Rapoport, "The Four Waves of Modern Terrorism," p. 47.

化发展过程中的一个内在悖论。

要遏制恐怖主义浪潮的发展态势，避免全球化进程的终结，需要厘清全球化影响恐怖主义浪潮及其发展特征的机制。目前来看，全球化既为恐怖主义的产生与蔓延提供三种结构性条件——国际社会治理恐怖主义能力有限，权力流散导致全球、地区与国家层面上的权威不足，剧烈的社会变迁使许多民众产生本体不安全感；也为恐怖组织和个体利用全球化进行动员和开展跨国恐怖袭击提供了两种资源——内容和工具。其中内容是指全球化承载的价值观念，它构成恐怖组织批判的对象；工具是指互联网手段便于恐怖组织构建跨国网络和动员独狼式恐怖分子。本章的一点启示在于，要避免恐怖主义对全球化进程造成越来越大的冲击，需要同时关注全球化在三个结构层面和两种资源层面上对恐怖主义的影响，并采取整合性措施有效打击恐怖主义对全球化结构条件的利用和对全球化时代各种资源的动员。从长期看，恐怖主义作为一股反全球化或逆全球化力量，也许不足以彻底逆转全球化进程，但如何走出“越反越恐”的怪圈，保障全球化往良性的方向发展，这是国际社会亟须关注和思考的问题。

在下一章中，我们将试图从承认理论的角度回答第四波恐怖主义浪潮中的恐怖组织，如“基地”“伊斯兰国”等为何将自杀性恐怖袭击作为主要的攻击手段、以无辜平民作为主要的攻击对象，即回答恐怖组织及其成员“为何而战、为谁而战”的问题，这或许能为人们了解或治理宗教极端主义提供一定的理论借鉴或带来新的启发。

第二章　恐怖主义、暴力与承认斗争

众所周知，恐怖主义试图通过针对无辜平民使用暴力以追求特定的政治目标。知名恐怖主义研究者布鲁斯·霍夫曼（Bruce Hoffman）强调，“就当前对这一术语广为接受的使用中，恐怖主义基本上和内在地是政治的，它毋庸置疑与权力有关……恐怖主义是使用或引导使用暴力，或同等重要的暴力威胁，以追求或服务于特定的政治目标。”① 由此可见，暴力至少是恐怖分子或其组织追求其目标的手段。研究者普遍认为暴力是恐怖主义的主要行事方式和策略手段。② 有学者明确总结到：“在全球范围内数百种恐怖主义的定义中，或许是唯一能取得共识的一点是其使用暴力”。③ 据此，有人将恐怖主义视为一种“总体暴力”。④ 在某种程度上，暴力成为恐怖主义的标志性特征，而且因其伤害目标往往是无辜平民，所以，也是一条令人心生厌恶和畏惧的特征。

恐怖主义对暴力的推崇，在盛行于当前国际社会的第四波恐怖主义浪潮中得到了更为明显的体现。尽管不同时期的恐怖组织或个人打

---

① Bruce Hoffman, *Inside Terrorism*, New York: Columbia University Press, 2006, pp. 2 – 3.

② 如有论者认为：“在所谓的新恐怖主义或未来恐怖主义中如网络恐怖主义、基因恐怖主义，虽可能造成人员伤亡或物体的毁坏，却不存在明显的暴力”。不过，既然造成了“人员伤亡”，很显然它仍然是暴力的，不管这种暴力的外在表现形式是显性的还是隐性的。引言见王伟光《暴力分析与恐怖主义的界定》，《国际政治研究》2005 年第 2 期。

③ Simon Shen and Peng Liu, “Does Proximity Encourage Tolerance and Less State-Centrism?: Dismissing Monolithic Chinese Youth Perception of Terrorism and Security in a Comparative Regional Study,” *Terrorism and Political Violence*, Vol. 22, No. 4, 2010, p. 527.

④ 伊萨贝拉·索米尔：《作为总体暴力的“恐怖主义”?》，林国荣译，《国际社会科学杂志（中文版）》2003 年第 4 期。

着基督教、犹太教、伊斯兰教等宗教的名义实施恐怖主义，但并非所有的宗教暴力都是恐怖主义。这一判断同样适用于伊斯兰极端主义。伊斯兰极端组织在当前的恐怖主义浪潮中扮演主导性角色。它们通过选择性地诠释或歪曲伊斯兰教的教义，① 为其恐怖行动进行辩护，客观上影响了世人对伊斯兰教性质的认知。② 不仅如此，由于伊斯兰极端主义引导和鼓励其追随者针对无辜平民发动自杀性恐怖袭击，从而将恐怖主义的暴力程度推向了一个新的高度。③ 宗教极端主义对暴力的推崇，以及由此带来的诸多无辜平民被恐怖袭击夺取生命，导致世人“谈恐色变”。如在2000—2014年，全世界共发生6.1万起恐怖袭击事件，导致14万人丧生。④ 尽管这一绝对数字相对于交通事故等偶然性事件带来的伤亡要小得多，然而，由于恐怖袭击的残忍性和无区别性，以及由此对民众带来的巨大心理恐慌，使宗教极端主义的暴力特征备受瞩目。⑤

对于恐怖主义——尤其是宗教极端主义——为何使用暴力，甚至不惜以实施自杀式恐怖袭击的方式对目标展开攻击，以及恐怖主义为何

---

① Donald Holbrook, “Using the Qur'an to Justify Terrorist Violence: Analysing Selective Application of the Qur'an in English-Language Militant Islamist Discourse,” *Perspectives on Terrorism*, Vol. 4, No. 3, 2010, pp. 15 – 28.

② 如“伊斯兰国”到底有多少伊斯兰属性，学界产生了激烈争论，参见：Graeme Wood, “What ISIS Really Wants,” *The Atlantic*, Vol. 315, No. 2, 2015, pp. 78 – 94; Mehdi Hasan, “How Islamic is Islamic State?,” *New Statesman*, Vol. 144, No. 5252, March 6, 2015; Simon Cottee, “‘What ISIS Really Wants’ Revisited: Religion Matters in Jihadist Violence, but How?” *Studies in Conflict & Terrorism*, 2016, pp. 1 – 16, http://dx.doi.org/10.1080/1057610X.2016.1221258。

③ 据马里兰大学全球恐怖主义数据库课题组的统计，在1970—2012年，世界各国共遭遇2425起自杀式恐怖袭击。尽管该数据库记录的第一起自杀式恐怖袭击出现于1981年，但从20世纪90年代后期（大约为1997年）开始，自杀式恐怖袭击得到了广泛使用。据统计，同期共有109个恐怖组织实施过自杀式恐怖袭击，其中塔利班、“基地”组织伊拉克分支（“伊斯兰国”的前身）、“泰米尔伊拉姆猛虎解放组织”（Liberation Tigers of Tamil Eelam，简称“猛虎组织”）、巴基斯坦塔利班（即“巴塔”）是前四个使用自杀式恐怖袭击最频繁的恐怖组织。参见 Gary Lafree, Laura Dugan and Erin Miller, *Putting Terrorism in Context: Lessons from the Global Terrorism Database*, New York: Routledge, 2015, pp. 192 – 200。

④ Institute for Economics and Peace, *Global Terrorism Index* 2015, http://economicsandpeace.org/wp-content/uploads/2015/11/Global-Terrorism-Index-2015.pdf, p. 33.

⑤ 刘义：《信仰与暴力——关于宗教恐怖主义的一般理论》，《宗教学研究》2010年第3期；范可：《宗教暴力、恐怖主义与全球化》，《江苏行政学院学报》2016年第6期。

要借助宗教为名开展恐怖活动，学术界展开了大量研究。对于前者，现有研究成果主要从组织学、心理学等学科角度对恐怖主义的暴力特征进行研究，试图以此挖掘出恐怖分子的心理特征或恐怖组织在动员和招募恐怖分子过程中所发挥的作用，[①] 尤其注意研究自杀性恐怖袭击这种反常行为的行为动机。[②] 对于后者，学术界主要从认同政治的角度对恐怖主义进行研究，认为恐怖分子在全球化浪潮中遭遇的身份危机，构成他们参与恐怖组织并发动恐怖袭击的主要原因。[③] 毫无疑问，现有成果为人们了解恐怖主义使用暴力的动机及恐怖主义与认同之间的关系提供了重要启发，然而，关于恐怖分子动机的研究，较少关注极端伊斯兰组织在使用政治暴力过程中蔑视（misrecognition）所扮演的角色，[④] 而且，过于关注恐怖分子的心理和组织层面的动力，客观上带来了低估国际体系中权力结构不公、行为体所处的社会结构和文化环境、行为体的成长经历和性情倾向等宏观因素的效果。[⑤] 而就在恐怖主义与

---

① 如从心理学的角度研究恐怖分子动机的成果，参见 Martha Crenshaw, "The Psychology of Terrorism: An Agenda for the 21st Century," *Political Psychology*, Vol. 21, No. 2, 2000, pp. 405 – 420; Andrew Silke, ed., *Terrorists, Victims, and Society: Psychological Perspectives on Terrorism and its Consequences*, Hoboken, NJ: Wiley, 2003; John Horgan, *The Psychology of Terrorism*, New York: Routledge, 2005; James Jones, *The Blood the Cries Out from the Earth: The Psychology of Religious Terrorism*, Oxford: Oxford University Press, 2008。

② Robert A. Pape, *Dying to Win: The Strategic Logic of Suicide Terrorism*, New York: Random House, 2005; Mark Juergensmeyer, *Terror in the Mind of God: The Global Rise of Religious Violence*, California: University of California Press, 2005; Ami Pedahzur, ed., *Root Causes of Suicide Terrorism: Globalization of Martyrdom*, New York: Routledge, 2006.

③ Andrew J. Weigert, "Terrorism, Identity, and Public Order: A Perspective from Goffman," *Identity*, Vol. 3, No. 2, 2003, pp. 93 – 113; Michael P. Arena and Bruce A. Arrigo, "Social Psychology, Terrorism, and Identity: A Preliminary Re-examination of Theory, Culture, Self, and Society," *Behavioral Sciences & the Law*, Vol. 23, No. 4, 2005, pp. 485 – 506; Seth J. Schwartz, Curtis S. Dunkel and Alan S. Waterman, "Terrorism: An Identity Theory Perspective," *Studies in Conflict & Terrorism*, Vol. 32, No. 6, 2009, pp. 537 – 559; Jean E. Rosenfeld, ed., *Terrorism, Identity, and Legitimacy: The Four Waves Theory and Political Violence*, New York: Routledge, 2010; Ondrej Ditrych, *Tracing the Discourses of Terrorism: Identity, Genealogy and State*, New York: Palgrave Macmillan, 2014; 刘义：《从身份危机到政治暴力——当代宗教恐怖主义的发生机制研究》，《社会科学》2009 年第 4 期；李捷：《极端主义组织与认同政治的建构》，《世界经济与政治》2017 年第 4 期。

④ Maéva Clément, "Al-Muhajiroun in the United Kingdom: The Role of International Non-recognition in Heightened Radicalization Dynamics," *Global Discourse*, Vol. 4, No. 4, 2014, p. 428.

⑤ 更详细的讨论参见 Stephen Vertigans, *The Sociology of Terrorism: People, Places and Processes*, New York: Routledge, 2013。

其成员追求认同之间建立联系的成果而言，则往往将聚焦点放在个人身份之上，不能有效解释为何恐怖主义要使用宗教作为动员工具以及构建特定类型的认同。最关键的是，关于恐怖分子为何和为谁而战的问题，往往是分离开来予以研究的。为了弥补上述缺憾，本章尝试从承认理论的角度出发重新审视恐怖主义与暴力之间的关系，并希望能对恐怖主义为何而战以及为谁而战这两个问题提供具有一定新意且连贯的解释。

一 承认理论与恐怖主义研究

近年来，源自哲学家黑格尔的承认理论在国际关系研究领域得到广泛使用。承认理论构成当前西方学术的热点研究问题。承认理论一般都将其理论鼻祖追溯到黑格尔，认为他在《精神现象学》《伦理体系》《法哲学》《思辨哲学体系》《耶拿实在哲学》（Ⅰ、Ⅱ）等著作中，提到过相互承认的思想。[①] 不过，黑格尔的承认思想真正得到学术界的普遍重视和广泛研究，是在加拿大著名哲学家查尔斯·泰勒（Charles Taylor)[②] 与德国著名哲学家、法兰克福学派新代表人物阿克塞尔·霍纳特（Axel Honneth）、[③] 美国知名女性主义哲学家南茜·弗雷泽（Nancy Fraser)[④] 等人较为系统地阐发黑格尔的承认思想并引发广泛关注后才出现。尽管不同理论学家采取的理论进路和关注的主要议题有明显差异，

---

① 王凤才：《霍纳特承认理论思想渊源探析》，《哲学动态》2005 年第 4 期；也可参考王凤才：《蔑视与反抗：霍纳特承认理论与法兰克福学派批判理论的"政治伦理学转向"》，重庆出版集团 2008 年版，第 25 页。

② ［加拿大］查尔斯·泰勒：《黑格尔》，张国清、朱进东译，译林出版社 2002 年版，第 226—261 页；［加拿大］查尔斯·泰勒：《自我的根源：现代认同的形成》，韩震等译，译林出版社 2001 年版；［加拿大］查尔斯·泰勒：《承认的政治》，载汪晖、陈燕谷主编《文化与公共性》，生活·读书·新知三联书店 1998 年版，第 290—337 页。

③ 霍纳特关于承认问题的代表作，见［德］阿克塞尔·霍耐特《为承认而斗争》，胡继华译，上海人民出版社 2005 年版。

④ 请参考［美］南茜·弗雷泽、［德］阿克塞尔·霍耐特《再分配，还是承认？——一个政治哲学对话》，周穗明译，上海人民出版社 2009 年版；Nancy Fraser, "Re-framing Justice in a Globalizing World," in Terry Lovell ed., (*Mis*) *recognition*, *Social Inequality and Social Justice*: *Nancy Fraser and Pierre Bourdieu*, London: Routledge, 2007, pp. 1 – 16。

以致他们对黑格尔承认思想的解读存在明显不同。不过，承认理论共享的基本观点在于：社会中的他者（包括个体或机构）对自我（同样包括个体或机构）的承认，关系到自我的健康发展，如自我意识的形成和积极自我认同的构建或维持；而当他者对自我拒绝予以相应的承认，即不承认（non-recognition）或蔑视，则不仅可能伤害行为体积极自我认同，从而产生羞辱、耻辱、怨恨等消极情绪，而且可能激发行为体为消除蔑视体验、维护自身身份认同进行斗争，即“为承认而斗争”（struggle for recognition）。尽管黑格尔原本只是将承认斗争限定在国家内部，认为国家之间的关系因处于“自然状态”，缺乏一个最高权威对国家之间的承认斗争予以裁决，从而无法像国内社会一样基于家庭、法权、社会等领域的承认斗争而得以构建一个“伦理—政治共同体”（ethical-political community）；不过，由于国际关系中存在大量的蔑视体验以及由此导致的为承认而斗争的现象，故承认理论在国际关系研究领域也得到了越来越多的运用。①

承认理论能为理解恐怖主义的动机及相关现象提供重要启示。长期以来，在对国家等政治行为体关系的研究中，马基雅维利与霍布斯提出的“为自我持存而斗争”（struggle for self-preservation）的逻辑，往往主导了政治学对政治现象的解释。而黑格尔提出的为承认而斗争的逻辑，因为关注行为体之间的主体性关系及对行为体身份维持的重视，刚好契合自20世纪90年代以来国际关系研究中的建构主义转向，故极大地推进了承认理论在国际关系研究中的运用。正因如此，甚至有学者认为，国家等政治行为体为承认而斗争，实际上是为身份承认而斗争。② 就与恐怖主义现象的相关性而言，尽管恐怖分子参与和开展恐怖行动的动机

---

① 对将承认理论运用到国际关系研究中适用性的讨论，可参考 Axel Honneth，“Recognition between States：On the Moral Substrate of International Relations，” in Thomas Lindemann and Erik Ringmar，eds. ，*The International Politics of Recognition*，Boulder：Paradigm，2011，pp. 25 – 38. 至于运用承认理论理解国际政治现象的成果，在此无法一一列举，有兴趣的读者可参考曾向红、辛万翔：《世界国家的出现是否必然？——承认理论视角下的一种考察》，《国际政治研究》2012年第1期；曾向红：《国际关系中的蔑视与反抗——国家身份类型与承认斗争策略》，《世界经济与政治》2015年第5期。

② Erik Ringmar，“The Recognition Game：Soviet Russia against the West，” *Cooperation and Conflict*，Vol. 37，No. 2，2002，pp. 115 – 136.

千差万别，很难找到一种统一的因素予以解释。[①] 但恐怖分子往往是在实力不对称的情况下开展暴力活动的，面临巨大的生命或政治危险，其行为动机很难完全用为自我持存而斗争的逻辑予以解释。至于那些开展自杀性恐怖袭击的恐怖分子，更与为自我持存而斗争的逻辑背道而驰。在此背景下，尝试运用承认理论来解释恐怖主义及其相关现象，可以成为理解恐怖主义现象的重要理论框架。最重要的是，承认理论有助于解释恐怖分子或组织为何使用极端暴力的问题。然而，截至目前，运用承认理论研究恐怖主义的成果并不多见。[②]

如果说承认理论有助于说明恐怖分子的行为动机，那么，仍需明确恐怖主义所追求的承认其内容如何。在黑格尔看来，行为体在与他者互动的过程中，期望获得的是其独特的自我意识，并使这种自我意识得到互动中他者的尊重。而在德语中，自我意识具有自信（self-confidence）与自尊（self-respect）双重含义。如此一来，期望自身的自我意识得到认同，意味他者认同自我的自我意识并尊重自我的独特性。[③] 换言之，承认意味他者承认自我是与其平等且独特的。不仅如此，黑格尔还认为，自我意识的发展和承认需要经过“爱情”“权利”“伦理”三个承认阶段，而每一阶段遭遇困难均可能影响到行为体实践自我意识的形成。在黑格尔“爱情”“权利”“伦理”三个承认阶段的基础上，霍纳特提出了“情感关怀”“认知性尊重”与“社会尊重”这三种攸关行为体实践自我关系的承认形式，认为它们对于

---

① 研究表明，是否遭遇贫困、是否受过教育、心理状态是否健康、是否接受极端宗教思想、是否源自对西方基督教世界的怨恨等动机，均被视为无法充分解释恐怖主义发展过程中出现的诸多反常现象。如许多恐怖分子来自中产阶级家庭并接受过良好的教育，心理状态无异于常人，许多恐怖分子很少或没有掌握极端宗教思想，在攻击西方的过程中也攻击同一宗教内部的不同派别等。参见 Irm Haleem, *The Essence of Islamist Extremism: Recognition through Violence, Freedom through Death*, p. 9。

② 不多的例外，参见 Maéva Clément, “Al-Muhajiroun in the United Kingdom: The Role of International Non-recognition in Heightened Radicalization Dynamics,” pp. 428 - 443; Andreas Behnke, “Recognizing the Enemy: Terrorism as Symbolic Violence,” in Thomas Lindemann and Erik Ringmar, eds., *The International Politics of Recognition*, Boulder: Paradigm, 2011, pp. 189 - 206; Irm Haleem, *The Essence of Islamist Extremism: Recognition through Violence, Freedom through Death*, New York: Routledge, 2012。

③ Irm Haleem, *The Essence of Islamist Extremism: Recognition through Violence, Freedom through Death*, pp. 16 - 17.

行为体实践自我关系的意义在于：它们分别有助于维持和增强行为体的“自信”“自尊”“自重”的情感需要。如果在不同的承认领域中，行为体不能获得相应的承认，那么行为体就遭到了蔑视。[①] 通过霍纳特的重构，黑格尔具有唯心主义倾向的承认思想获得更多的经验内容，由此也为人们在蔑视体验与承认斗争之间建立经验联系提供了理论基础。

在当代有关承认问题的研究中，黑格尔的自我意识概念被理解为行为体的身份。如菲利普·内尔（Philip Nel）认为，承认是指“社会或国际社会中的行为体得以成为受到尊重和享有自豪感的成员的主体间过程，承认因此成为行为体身份的共同决定因素”。[②] 这一定义，突出了承认与行为体身份之间的关系，明确了承认的主要对象为行为体的身份。尽管也有学者认为国际关系中的承认内容为地位（status），不过地位可被视为身份的衍生物或标识，并不一定是承认的直接对象。[③] 如果行为体寻求获得承认的是身份，那么，黑格尔论述自我意识的平等与独特性，就相当于亚历山大·温特（Alexander Wendt）所讨论的身份类型中的角色身份（role identity）与个体身份（personal identity），前者与行为体所寻求的地位息息相关，而后者则密切涉及行为体与他者之间的独特性与差异。[④] 而就恐怖组织而言，由于是作为群体而存在，所以它们所指的角色身份与个体身份，均属于类属身份（type identity）。无论是行为体的地位被贬低，还是行为体的独特性或差异被无视，均有可能引发承认斗争。现有研究成果指出，大多数恐怖分子至少具有一个类似的特征，即经历或多或少的身份危机。这种身份危机既可能源自恐怖分子个人在日常生活中所遭遇的身份迷惘或挫折，也有可能源自对其所属群

---

① 阿克塞尔·霍耐特：《为承认而斗争》，上海人民出版社 2005 年版。

② Philip Nel, “Redistribution and Recognition: What Emerging Regional Powers Want,” *Review of International Studies*, Vol. 36, No. 4, 2010, p. 953.

③ 如瑞恩哈德·沃尔夫（Reinhard Wolf）认为：“我将要使用的尊重概念与一个行为体维持其社会地位的利益密切相关……受尊重的行为被体验为对其正确位置的适当确认，而当无视这种位置时则构成蔑视行为”。见 Reinhard Wolf, “Respect and Disrespect in International Politics: The Significance of Status Recognition,” *International Theory*, Vol. 3, No. 1, 2011, p. 107。

④ 详细讨论参见曾向红《国际关系中的蔑视与反抗——国家身份类型与承认斗争策略》，第 128—130 页。

体遭到外群体蔑视或压迫的体验。[①] 尽管并非所有遭遇过蔑视体验的人都是恐怖分子，但所有恐怖分子都有深层次的愤怒感、异化感或羞辱感，而身份遭到蔑视是产生这些情感的重要来源。[②] 换言之，恐怖主义在很大程度上是恐怖分子身份危机的安全化或政治化。既然如此，从承认理论的角度来研究恐怖主义就具有了相当程度上的适切性。

仍需追问的是，既然行为体所追求的承认是指身份，那么恐怖主义是否具有自己的身份？这是能否运用承认来理解恐怖主义的前提。毫无疑问，恐怖分子或组织不仅与身份政治之间存在千丝万缕的联系，事实上，它们是操弄身份政治的高手。为了最大限度地动员和招募人员，恐怖分子或组织往往会构建具有排他性、封闭性的身份类型，以为那些经历身份危机的潜在支持者提供具有诱惑力的解决方案，并以此增进内群体的团结与凝聚力。不过，需要区分的是，恐怖主义在建构身份的过程中，至少会建构两种身份类型，一种是组织本身的身份，一种是组织代言群体的身份。尽管这两种身份均属于集体身份[③]，而且组织身份与代言身份有时会存在一定程度的重叠，不过，对于恐怖组织这种亚国家或超国家政治行为体，由于它们往往并不具备民族国家的身份，故为了扩大其动员对象和增强动员能力，它们更在乎的是为之代言的集体身份。也就是说，对于恐怖主义而言，解决“为谁而战”的问题比明确“自身是什么样的组织/战士”这一问题更为重要。故从承认理论来研究恐

① Haroro J. Ingram, “An Analysis of Islamic State's Dabiq Magazine,” *Australian Journal of Political Science*, Vol. 51, No. 3, 2016, pp. 458 - 477; Michael A. Hogg and Danielle L. Blaylock, eds., *Extremism and the Psychology of Uncertainty*, West Sussex: Blackwell Publishing Ltd., 2012; Catarina Kinnvall, *Globalization and Religious Nationalism in India: The Search for Ontological Security*, New York: Routledge, 2007.

② Louise Richardson, *What Terrorists Want: Understanding the Terrorist Threat*, London: John Murray Publishers, 2006, chapter 4.

③ 需要指出，文中所使用的“集体身份”概念，是霍纳特意义上而不是温特意义上的。霍纳特认为，“特定共同体的集体身份是个人身份或个人自我感（relation-to-self）的最高等价物”，参见 Axel Honneth, “Recognition Between States: On the Moral Substrate of International Relations,” in Thomas Lindemann and Erik Ringmar, eds., *The International Politics of Recognition*, p. 27。而温特认为，行为体只有当“自我—他者的界线变得模糊起来，并在交界处产生完全的超越。自我被‘归入’他者”时才形成集体身份，参见［美］亚历山大·温特《国际政治的社会理论》，秦亚青译，上海人民出版社 2000 年版，第 287 页。作者认为，温特对于集体身份的界定过于严格，按照这一标准，国家间很少存在此类集体身份。

怖主义现象的过程中，可以着重考察恐怖分子或组织构建的代言群体的集体身份，以明晰它们为谁而战的问题。

将恐怖主义纳入承认理论的框架中予以研究，不仅有助于回答恐怖主义为何而战、为谁而战的问题，而且还能解答对谁作战的问题。换言之，承认理论能有效地衔接恐怖分子的心理动机与恐怖分子所处的外部环境这两个层次上的因素。如前所述，恐怖分子遭遇的蔑视体验和羞辱感等是促使行为体走上暴力之路的主要因素。至于蔑视的来源，既有可能源自他者的有意为之，也有可能来自外部环境不公正的权力结构带来的客观结果——如约翰·加尔通（Johan Galtung）所指的国际体系中存在的结构性暴力。[①] 这种结构性暴力既体现在物质权力结构分配不平衡带来的全球财富分配不公，也有可能体现在“文明标准”或“东方主义”这类歧视和女性化非西方国家的象征性或话语体系中，[②] 而且两者往往是相辅相成的。相对而言，由于结构性暴力带来的蔑视后果往往不可见，故遭遇蔑视体验的行为体在归因时，会倾向于将一个或一类具体的行为体视为导致这种蔑视体验的罪魁祸首。如“基地”等国际恐怖组织，就把斗争矛头集中指向国际体系中的主导行为体——美国——及其盟友，即伊斯兰极端主义意义上的“远敌”（far enemy）。至于活跃在特定区域或国家内部的恐怖主义，则会把区域内主导国家或特定政治势力建构为敌对性他者，如“伊斯兰国”针对什叶派穆斯林及其政权，以及那些被其视为背叛了逊尼派穆斯林利益的“叛教者”（apostate），即伊斯兰极端主义意义上的“近敌”（near enemy）。[③] 当然，这种对敌对性他者的选择，虽然具有较强的结构性特

---

① Johan Galtung, "Violence, Peace, and Peace Research," *Journal of Peace Research*, Vol. 6, No. 3, 1969, pp. 167 – 191; Johan Galtung and Tord Höivik, "Structural and Direct Violence: A Note on Operationalization," *Journal of Peace Research*, Vol. 8, No. 1, 1971, pp. 73 – 76.

② 国际体系中的“文明标准”可参考：Gerrit W. Gong, *The Standard of 'Civilization' in International Society*, Oxford: Clarendon, 1984；西方国家在理解非西方世界尤其是中东地区时持有的“东方主义”偏见及其影响，参见［美］爱德华·W. 萨义德《东方学》，王宇根译，生活·读书·新知三联书店1999年版；［美］爱德华·W. 萨义德：《文化与帝国主义》，李琨译，生活·读书·新知三联书店2003年版。

③ 关于“远敌”与“近敌”的区分，参见Donald Holbrook, *The Al-Qaeda Doctrine: The Framing and Evolution of the Leadership's Public Discourse*, New York: Bloomsbury Publishing, 2014, pp. 15 – 16。

征，但同时也反映了恐怖分子或组织的能动性与主动性选择，故不能一概而论。

总之，承认理论既能说明恐怖分子或组织的动机——为何而战——的问题，也有助于分析他们所建构的集体身份——为谁而战——的问题，甚至还有助于理解恐怖主义产生和发展的结构性条件——其中包括对谁作战——的问题。只是由于影响恐怖主义攻击对象的因素过多，承认理论只能提供提示性的回答，而不能给出确定性的答案，故本章着重讨论恐怖主义为何以及为谁而战的问题。下文将以肆虐于当前国际社会的伊斯兰极端主义为主要讨论对象，讨论恐怖主义暴力的工具性与构成性两种功能，以此对恐怖主义为何与为谁而战这两个问题提供尝试性的回答。

二 承认理论视角下的恐怖主义暴力

从承认理论的角度研究恐怖主义，首先可以追向的问题是：恐怖主义为何会极力鼓吹暴力，甚至不惜采取自杀式恐怖袭击的斗争方式。由于身份遭到蔑视而引发的承认斗争并不一定会采取暴力形式。外交抗议、进行谴责、终止合作、相互隔离等，均属于非暴力的承认斗争形式。就恐怖主义而言，虽然恐怖分子同样可以采取这些非暴力的斗争形式，然而，其最重要的斗争手段是暴力。恐怖主义对暴力的推崇，与恐怖分子自认为其遭到蔑视的身份类型有关。现有研究成果指出，当行为体的角色身份、个体身份与类属身份分别遭到蔑视时，被蔑视行为体所采取的抗争战略会次第温和。而最危险的情况是行为体的三种身份全部遭到蔑视，由此可能导致其采取最为激烈的抗争战略。① 尽管参与恐怖主义的个体——恐怖分子——才是承认斗争的主体，但恐怖分子对内外群体的区分及对内群体的认同，决定了恐怖分子共享特定的情感和身份。因此，个别恐怖分子身份遭到蔑视的情况自然非常重要，但它们基于群体认同而体验到的群体情感才是恐怖组织得以形成和具有凝聚力的

① 参见曾向红《国际关系中的蔑视与反抗——国家身份类型与承认斗争策略》，第125—155页。

基础。故这里以伊斯兰极端主义的普遍认知为例，用以说明恐怖分子认同的群体——伊斯兰世界——自我认知到的蔑视。首先，恐怖分子认为自己的角色身份遭到了蔑视。在伊斯兰极端分子的话语体系和认知系统中，它们的显著性他者是以美国为首、包括以色列在内的基督教—犹太教世界，或本·拉登所说的“犹太人复国主义者——十字军联盟”（Zionist-Crusader alliance）。[①] 西方世界被认为是导致伊斯兰世界不复历史辉煌、蒙受地位丧失的罪魁祸首，伊斯兰世界存在“一种深深的耻辱感——他们日益意识到，一种古老、骄傲与长期居于主导地位的文明，已经被一种他们视为低等的文明所压倒、所制服、所超越”。[②] 其次，恐怖分子同样认为，伊斯兰世界的信仰、文明并未得到西方充分的尊重。这种自认为对伊斯兰世界个体身份未予以充分尊重的例子不胜枚举。2005 年 9 月发生在丹麦的先知卡通事件、法国围绕穆斯林能否在公共场合佩戴头巾所产生的争议、2012 年 2 月美军驻阿富汗巴格拉姆空军基地士兵把古兰经等伊斯兰宗教书籍运往垃圾填埋场焚烧等引发广泛关注的事件，不过是其中比较突出的例子。[③] 这些事例，只涉及穆斯林一个群体，故被视为对穆斯林个体身份的蔑视。最后是类属身份。由于上文是从群体的角度讨论伊斯兰极端分子的蔑视体验，所以穆斯林角色身份与个体身份遭到蔑视的事例，同样属于类属身份遭到蔑视的情况。正由于伊斯兰极端主义分子认定穆斯林群体的角色身份、个体身份与类属身份均遭到了蔑视，故他们会采取最为极端的方式开展承认斗争。而实力分配上的失衡，导致恐怖组织只能通过非对称战略与蔑视自我的行为体进行抗争。其中，使用恐怖手段打击无辜平民，自然就成为恐怖分子进行承认斗争的主要战略。

回答了恐怖主义为何而战的问题后，还需回答恐怖分子为谁而战

---

① Osama bin Laden, “Osama bin Laden’s World Islamic Front Statement Against Jews and Crusaders,” February 23, 1998, http://www.fas.org/irp/world/para/docs/980223 – fatwa.htm.

② Bernard Lewis, “The Roots of Muslin Rage,” *Policy-St Leonards*, Vol. 17, No. 4, 2002, p. 25.

③ 分别参见 Ron E. Hassner, “Blasphemy and Violence,” *International Studies Quarterly*, Vol. 55, No. 1, 2011. pp. 23 – 45; Bronwyn Winter, “Secularism aboard the Titanic: Feminists and the Debate over the Hijab in France,” *Feminist Studies*, Vol. 32, No. 2, 2006, pp. 279 – 298; Kevin Sieff, “Afghans Protest Burning of Korans at U. S. Base,” *The Washington Post*, February 21, 2012。

的问题。从承认理论的角度来看，恐怖主义的暴力同时具有工具性（instrumental）和构成性（constitutive）两种功能。承认斗争所具有的工具性功能，意指行为体通过开展承认斗争，以使其遭到蔑视的角色身份、个体身份与类属身份重获尊重。就此而言，暴力是恐怖分子进行承认斗争的手段，而获得与其身份相称的地位、使个人与所属群体的平等与差异得到他者尤其是显著他者的尊重，则是承认斗争的目的。对于承认斗争的工具性特征，现有研究进行了大量的讨论。事实上，这几乎构成了学者们对承认斗争功能的唯一理解。正如安德雷斯·贝肯（Andreas Behnke）指出的，许多学者的“承认分析似乎取决于一个本体给定的主体，其应得的承认，或者被否定（通过羞辱）或者被给予（通过尊重），因此，羞辱与尊重是第二位的，仅仅影响给定行为体的行为。为此，无论是羞辱还是尊重，都假定了主体作为主体的地位与立场”。[①] 换言之，现有研究忽视了一个根本性的问题，即开展承认斗争的行为体的角色身份、个体身份从何而来？事实上，承认斗争还有另外一个功能，即行为体只有在与他者进行斗争的过程中，才逐渐明晰自己的角色身份与个体身份，并根据承认斗争的进展对这些身份进行调整与修正。如贝肯所说：“承认不仅仅是规制性的（regulative），而且是一种构成性的机制，据此行为体得以形成”。[②] 对承认斗争工具性与构成性功能的区分，类似于国际关系研究中理性主义与建构主义对于身份的理解。前者将行为体的身份视为给定的，据此讨论行为体如何围绕利益而展开博弈；而后者则致力于去剖析身份是如何得以通过互动构建起来的。[③]

黑格尔的承认理论可以对恐怖主义暴力的工具性与构成性功能予以一定的说明。先就承认斗争的工具性功能而言，在分析恐怖分子为承认而斗争的过程中，伊恩·哈利姆（Irm Haleem）通过反转黑格尔的主人—奴隶辩证法——主人与奴隶地位或身份的确立，均有赖于对方的存

---

① Andreas Behnke, "Recognizing the Enemy: Terrorism as Symbolic Violence," in Thomas Lindemann and Erik Ringmar, eds., *The International Politics of Recognition*, Boulder: Paradigm, 2011, p. 192.

② Andreas Behnke, "Recognizing the Enemy: Terrorism as Symbolic Violence," p. 192.

③ 亚历山大·温特：《国际政治的社会理论》，上海人民出版社 2000 年版。

在——的逻辑，认为恐怖分子对自身处于类似于奴隶的地位不满，为获得承认而通过开展暴力恐怖袭击，以实现自我认同。其逻辑过程如图2-1左栏所示。哈利姆对恐怖分子承认斗争过程的说明，实际上仅仅注意到恐怖分子承认斗争的工具性功能，即通过对其敌人——主要是“远敌”——开展承认斗争，恐怖分子收获了对其身份平等性与独特性的自我认同（而非他者的承认）。而黑格尔的主人—奴隶关系的确立过程，即如图2-1右栏所示，却涉及承认斗争的构成性功能。承认斗争的构成性功能逻辑运作过程有别于工具性过程：恐怖分子基于自身的蔑视体验，然后与敌人开展承认斗争，在此过程中逐渐意识到自身与敌人的身份差异与地位差异，并最终确立其自身的角色身份、个体身份与类属身份。承认斗争的构成性功能逻辑过程得以完成，随即可能进入承认斗争的工具性功能的逻辑中，直到行为体达至一个相互承认的状态。然而，鉴于政治生活变动不居导致行为体的身份变化不定，很难期望人类

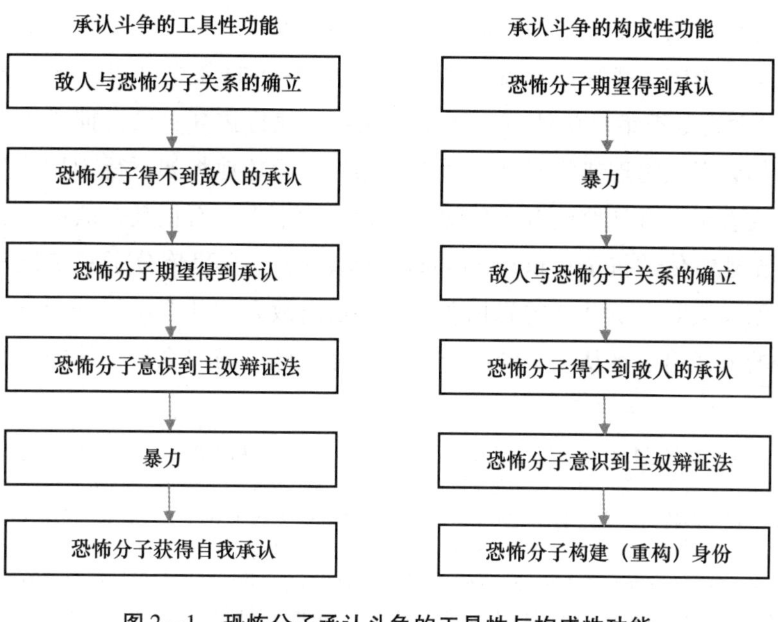

图2-1 恐怖分子承认斗争的工具性与构成性功能

注：本图根据哈利姆的图表修改而成，原图参见 Irm Haleem, *The Essence of Islamist Extremism: Recognition through Violence, Freedom through Death*, New York: Routledge, 2012, p. 45。

生活达至这样一种目的论的状态。[①] 换言之，当把主奴辩证法置入长期的历史过程中，可以发现承认斗争的工具性功能与构成性功能之间的逻辑运作过程是循环往复的。

实际上黑格尔对主人—奴隶关系结构得以确立过程的说明，内在地包括对承认斗争与身份建构之间关系的说明。如对黑格尔的承认思想进行研究的学者塔利克·科契（Tarik Kochi）认为，黑格尔就承认关系所做的论述和说明，实际上构建了一种“排斥的伦理”（ethics of exclusion）。而“排斥的伦理”具有内在的暴力倾向，因为“自我为了获得自我身份和自我肯定，通过否定他者来对此予以确认。当蔑视时刻出现，自我并不承认自我中的他性，或者自我与他者之间存在相互构成（mutual co-constitution）的关系，他自以为是，目空一切”。[②] 正是在以暴力或否定关系特征甚至内容的承认斗争的过程中，行为体之间的身份得以建立与形成。如以主奴辩证法为例，尽管主人与奴隶相互依赖，双方的身份只能存在于两者共存的关系之中，然而，主人与奴隶身份的确立，是以主人否定奴隶的主体性为代价的。换言之，在主奴关系的确立过程中，否定、排除甚至暴力内在于主奴关系的确立过程中。科契指出，“无论是拒绝承认他者，还是以他者为代价拔高自己，抑或否定他者，都会产生物理或物质性的后果。黑格尔清楚地将如下行为称之为暴力：或者千方百计致他者于死地，或者自我不惜玉石俱焚，故两个自我从事至死方休的抗争（life and death struggle）”。[③] 恐怖分子对美国等西方国家及其盟友所开展的恐怖袭击——攻击敌人，甚至不惜开展自杀性袭击的方式追求承认——同归于尽，正是这样一场“至死方休的”承认

---

① 霍纳特与温特分别展望过国内与国际社会达至圆满承认的状况。对霍纳特有关承认斗争会带来一个理想社会的批评，参见 Ciillian McBride, *Recognition*, Cambridge and Malden: Polity Press, 2013。温特则认为国家与个人在国际层面上开展的承认斗争会导致形成一个世界国家，参见 Alexander Wendt, “Why a World State is Inevitable: Teleology and the Logic of Anarchy,” *European Journal of International Relations*, Vol. 9, No. 4, 2003, pp. 491 – 542。对温特观点的评价参见 Brian Greenhill, “Recognition and Collective Identity Formation in International Politics,” *European Journal of International Relation*, Vol. 14, No. 2, 2008, pp. 343 – 368。

② Tarik Kochi, *The Other's War: Recognition and the Violence of Ethics*, New York: Routledge, 2009, p. 144.

③ Tarik Kochi, *The Other's War: Recognition and the Violence of Ethics*, p. 145.

斗争。尽管双方视对方为死敌，但它们在互动过程中的身份是通过暴力而彼此构成的。

至于承认斗争中的行为体构建什么样的身份，则取决于行为体构建的自传体叙事、行为体所选取的显著性他者、行为体希望实现的目标及其拥有的物质与象征资源等一系列因素。根据承认斗争的目标旨在实现身份的平等甚至优于显著性他者，同时致力于维护和凸显自身的独特性与差异，因此行为主体将致力于构建的身份，其地位不会低于显著性他者，而且往往具有独特界定性特征。由于本章集中讨论的是伊斯兰极端分子，而其显著性他者为西方国家，故可以推断，恐怖分子构建的身份将突出有别于西方界定其身份的基督教信仰、民主、人权、自由、物质丰裕等因素，而选择伊斯兰世界比较独特的语言、民族、宗教等因素。这主要是由于伊斯兰极端主义从根本上拒绝承认民族国家体系及其制度的合法性，① 故在选择身份建构或管理战略时，他们很自然会摈弃在现有民族国家体系内部依据既有的地位排序原则展开竞争的社会竞争（social competition）与社会流动（social mobility）战略，唯有社会创造（social creativity）这一种战略可供选择。② 即恐怖分子选定自认为有助于提高内群体地位或独特性的新特征，以“对既有的地位分配标准的有效性与合法性进行挑战”。③

在有助于突出恐怖分子所代表群体的身份独特性的民族、语言与宗教等因素中，宗教最终成为最显著的因素。尽管阿拉伯民族主义与阿拉伯语在历史上的中东国家与地区身份构建中扮演过重要角色，但自泛阿拉伯主义退潮之后，伊斯兰教自然就成为伊斯兰极端主义界定其身份的

---

① Barak Mendelsohn, “Sovereignty under Attack: The International Society Meets the Al Qaeda Network,” *Review of International Studies*, Vol. 31, No. 1, 2005, pp. 45 – 68.

② 这三种身份建构战略，详见 Henri Tajfel and John C. Turner, “The Social Identity Theory of Intergroup Behavior,” in Stephen Worchel and William G. Austin, eds., *Psychology of Intergroup Relations*, Chicago: Nelson-Hall, 1986, pp. 7 – 24; Ad Van Knippenberg, “Strategies of Identity Management,” in Jan Pieter van Oudenhoven and Tineke M. Willemsen, eds., *Ethnic Minorities: Social-Psychological Perspectives*, Amsterdam: Sets and Zeitlinger, 1989, pp. 59 – 76; Alicia D. Cast and Peter J. Burke, “A Theory of Self-Esteem,” *Social Forces*, Vol. 80, No. 3, 2002, pp. 1041 – 1068。

③ Naomi Ellemers, “Individual Upward Mobility and the Perceived Legitimacy of Intergroup Relations,” in John T. Jost and Brenda Major, eds., *The Psychology of Legitimacy: Emerging Perspectives on Ideology, Justice, and Intergroup Relations*, Cambridge: Cambridge University Press, 2001, p. 207.

突出因素。[①] 因为宗教信仰提供的教义体系，能为遭遇蔑视和面临社会巨变而身份不确定的行为体提供思想或精神上的重要慰藉。[②] 既然选择宗教而非民族、语言作为伊斯兰极端主义的界定性特征，那么，无论是为了扩大支持基础的工具性目的，还是身份界定因素的选定限定了其代言对象，恐怖分子均会宣称他们代表的是穆斯林群体或伊斯兰世界。尽管其他国家或群体同样可以以伊斯兰教信仰作为身份建构的主要依据或参考，然而，与恐怖分子不同，它们不会通过鼓吹针对平民或“异教徒”开展暴力来构建或追求身份的实现。恐怖分子与承认斗争所使用的暴力存在一种相互建构的关系。既然恐怖分子会以穆斯林群体的名义开展承认斗争，那么他们建构的身份首先是优越、独特的伊斯兰世界的代表。当然，在此框架下，不同的极端或恐怖组织因形势、致力于动员的民众等方面的不同，导致赋予自身的具体身份有所差异。而随着承认斗争的进展状况以及所处地区或国家形势的变化，也会影响恐怖分子组织身份的调整。限于篇幅，本章将着重分析伊斯兰极端组织如何构建代言群体的集体身份，即解决“为谁而战”的问题，至于恐怖分子如何选择自身的组织身份（即“我们是什么样的战士/组织”）及不同恐怖组织身份的异同及其演变，只在结语中做简要交代。

总而言之，恐怖主义的承认斗争以暴力为特征，而暴力至少具有工具性与构成性双重功能，它们分别扮演消除羞辱感、重获尊严和构建身份、为目标群体代言的角色。下文将以伊斯兰极端分子为例，具体说明承认理论视角下恐怖主义暴力的主要功能及其运行逻辑。

---

① Bassam Tibi, *The Challenge of Fundamentalism: Political Islam and the New World Disorder*, Berkeley: University of California Press, 2002; Johan Meuleman, *Islam in the Era of Globalization: Muslim Attitudes towards Modernity and Identity*, New York: Routledge, 2005; Renate Ysseldyk, Kimberly Mathesonand Hymie Anisman, "Religiosity as Identity: Toward an Understanding of Religion from a Social Identity Perspective," *Personality and Social Psychology Review*, Vol. 14, No. 1, 2010, pp. 60 - 71.

② Catarina Kinnvall, "Globalization and Religious Nationalism: Self, Identity, and the Search for Ontological Security," *Political Psychology*, Vol. 25, No. 5, 2004, pp. 741 - 767; Stuart Croft, "Constructing Ontological Insecurity: the Insecuritization of Britain's Muslims," *Contemporary Security Policy*, Vol. 33, No. 2, 2012, pp. 219 - 235; Anne Aly and Jason-Leigh Striegher, "Examining the Role of Religion in Radicalization to Violent Islamist Extremism," *Studies in Conflict & Terrorism*, Vol. 35, No. 12, 2012, pp. 849 - 862.

三　恐怖主义暴力的工具性功能

当前盛行于国际社会的恐怖分子，如“基地”“伊斯兰国”等组织的成员，在某种程度上是在为承认而斗争。他们认为穆斯林遭到了美国及其盟友，尤其是以色列真实的羞辱，他们必须通过采取暴力手段开展承认斗争，以重获穆斯林世界的尊严、自豪与荣誉。在此过程中，行为体认为自身的身份受到真实或想象的蔑视以及由此产生的羞辱、怨恨等体验，是其开展承认斗争的前提。羞辱是身份遭到蔑视后所产生的典型情感反应，它“紧密地与关于‘荣誉’和‘尊重’的观念和认知联系在一起……这是一种极大地贬低一个人的自尊（或他人对你的尊重）从而产生强烈负面情感的社会过程”①。当期望获得较高地位的一方却遭到地位贬损时，就会产生耻辱感和自尊受损。② 而当这种贬低他者地位的行为出现在公开场合，尤其得到广泛关注后，耻辱感就很容易转化为强烈的羞辱感。如美军在阿布格里卜监狱虐囚事件，在得到国际社会的广泛关注和报道后，就在伊斯兰世界产生了强烈的羞辱感。③ 除了这一广为人知的例子，美国对以色列的支持、美国在中东地区的驻军、以色列在战场上击败阿拉伯国家并占领巴勒斯坦的领土，等等，均可被穆斯林视为西方国家羞辱穆斯林的行为。而强烈和普遍的羞辱感，具有驱使被羞辱行为体使用暴力进行报复的行动倾向。④ 2001 年“基地”组织针对美国开展的伤亡惨重的恐怖袭击，就是恐怖分子试图消除美国对穆斯林的羞辱、同时羞辱美国所做的尝试。⑤ 故从情感的角度来理解伊斯

---

① Paul Saurette, “You Dissin Me? Humiliation and Post 9/11 Global Politics,” *Review of International Studies*, Vol. 32, No. 3, 2006, pp. 506 – 507.

② Daniel Statman, “Humiliation, Dignity and Self-respect,” *Philosophical Psychology*, Vol. 13, No. 4, 2000, pp. 523 – 540; Paul Saurette, *The Kantian imperative: Humiliation, Common Sense, Politics*, Toronto: University of Toronto Press, 2005, p. 12.

③ Paul Saurette, “You Dissin me? Humiliation and Post 9/11 Global Politics,” pp. 505 – 510.

④ Evelin Gerda Lindner, “Healing the Cycles of Humiliation: How to Attend to the Emotional Aspects of ‘Unsolvable’ Conflicts and the Use of ‘Humiliation Entrepreneurship’,” *Peace and Conflict: Journal of Peace Psychology*, Vol. 8, No. 2, 2002, pp. 125 – 138.

⑤ Evelin Gerda Lindner, “Humiliation as the Source of Terrorism: A New Paradigm,” *Peace Research*, Vol. 33, No. 2, 2001, pp. 59 – 68.

兰极端主义在国际社会中的肆虐，以及"9·11"事件以来美国针对"基地"等恐怖组织开展的"全球反恐战争"，实际上是一场"情感之战"（clash of emotions）。双方基于强烈的羞辱感投入战斗，希望在与对方的斗争中获胜，以收获失去或受损的荣耀与尊严。[①]

伊斯兰极端分子明确地指出他们是基于羞辱感对西方世界展开攻击的。如本·拉登指出："他们（指美国等'远敌'——引者注）攻击我们的巴勒斯坦兄弟，犹如攻击其他地方的阿拉伯人和穆斯林一样。穆斯林鲜血直流，已经血流成河……我们就像待宰羔羊，我们深感羞辱"。[②]"他们"与"我们"之间的区分，以及"我们"是"羔羊""他们"是"屠夫"的隐喻，充分说明了本·拉登等恐怖分子对自我与他者地位不平等的认知以及他者对自我身份、地位、尊严的伤害。无论这种认知是否真实，重要的是伊斯兰激进主义者或恐怖分子基于这种认知和羞辱感行事，并试图以暴力的方式修正这种自我与他者地位不平等、自我遭到他者蔑视的状况与局面。曾对本·拉登进行过专访的彼得·贝根（Peter L. Bergen）指出："本·拉登认为对美国的攻击，不过是对始自第一次世界大战以来累累羞辱记录的防御性战争……就本·拉登而言，他的战争，主要关系到羞辱和重获穆斯林的尊严"[③]。本·拉登的"基地"组织利用穆斯林蒙受的羞辱为其暴力行为进行辩护，"伊斯兰国"同样强调消除羞辱的重要性与必要性。如"伊斯兰国"的前身——"基地"组织伊拉克分支——的创始人扎卡维就指出："圣战的代价……也许是高昂和困难重重的，然而，与丧失宗教自由带来的羞辱和羞耻（humiliation and disgrace）相比微不足道。异教徒政权不只是设立定居点奴役他们那么简单，而是试图将信徒的宗教连根拔起，使他们丧失信仰宗教的自由"。[④]

① Khaled Fattah and K. M. Fierke, "A Clash of Emotions: The Politics of Humiliation and Political Violence in the Middle East," *European Journal of International Relations*, Vol. 15, No. 1, 2009, pp. 67 – 93.

② Lawrence Wright, *The Looming Tower: Al-Qaeda and the Road to 9/11*, New York: Alfred Knopf, 2006, p. 150.

③ Peter L. Bergen, *The Osama bin Laden I know: An Oral History of al Qaeda's Leader*, New York: Free Press, 2006, p. 182.

④ Irm Haleem, *The Essence of Islamist Extremism: Recognition through Violence, Freedom through Death*, p. 53.

由此可见，不管外部世界如何认识恐怖分子从事暴力恐怖活动的动机，至少从恐怖分子们自己看来，他们不过是在为承认而斗争。

伊斯兰世界存在比较普遍的羞辱情绪，甚至形成了一种影响深远的“羞辱文化”（the culture of humiliation）。除了“基地”“伊斯兰国”等当前极为活跃的恐怖组织外，其他如黎巴嫩“真主党”（Hezbollah）、巴基斯坦塔利班、英国的伊斯兰武装组织“迁徙者”（al-Muhajiroun）、巴基斯坦的穆罕默德军（Jaish-e-Mohammed）与“虔诚军”（Lashkar-e-Taiba）等伊斯兰极端组织，均大肆宣称本国或世界范围内穆斯林受到了西方国家和本国统治者蔑视所蒙受的羞辱，以此作为动员工具。有研究者通过对一系列恐怖组织或地方武装组织成员进行访谈后发现，这些恐怖分子或武装分子往往会将他们的暴力活动追溯到他们所经历的个人或集体羞辱体验中。① 而恐怖分子之所以集中在阿拉伯世界，尤其是在中东地区广为出现，又与这些地区存在比较普遍的羞辱情绪有关。无论是外部世界尤其是美国对中东事务的干涉，还是中东地区部分国家针对国民所采取的压制性措施，尤其是阿拉伯国家对以色列占领耶路撒冷等地和扩建定居点无可奈何，均给该地区的许多民众造成了强烈的挫败感和羞辱感。② 羞辱感在中东地区的普遍存在，致使该地区存在一种羞辱文化，“这种羞辱文化影响到了伊斯兰社会的所有阶层，从一贫如洗的人群，到最为富庶和西方化的人群”，其后果就是：“正是这种羞辱文化，构成许多穆斯林被恐怖主义暴力所吸引的深层原因……自我摧毁的冲动之所以应运而生，是由于心理、文化、社会—经济等方面原因的结合，导致了从羞辱到暴力的转化”③。

尽管并非产生羞辱感的个人或团体均会走上恐怖主义之路，然而，

---

① Victoria Fontan, “Polarization between Occupier and Occupied in Post-Saddam Iraq: Colonial Humiliation and the Formation of Political Violence,” *Terrorism and Political Violence*, Vol. 18, No. 2, 2006, pp. 217 – 238; Jeremy A. , Ginges and Scott Atran, “Humiliation and the Inertia Effect: Implications for Understanding Violence and Compromise in Intractable Intergroup Conflicts,” *Journal of Cognition and Culture*, Vol. 8, No. 3, 2008, pp. 281 – 294.

② Fawaz A. Gerges, *The Far Enemy: Why Jihad Went Global*, New York: Cambridge University Press, 2005.

③ Dominique Moisi, *The Geopolitics of Emotion: How Cultures of Fear, Humiliation, and Hope are Reshaping the World*, New York: Anchor Books, 2010, p. 76.

这种情绪的存在，为恐怖主义在伊斯兰社会的出现和发展提供了土壤。如根据学者2014年在埃及、巴基斯坦与印度尼西亚这三个穆斯林人口居主导地位的国家所进行的调查，尽管对美国的以色列政策、获取中东石油、削弱或分裂伊斯兰世界等问题的认知，并未带来支持对美国平民进行攻击的结果，然而，却与他们支持对攻击美国军事目标的比例呈正相关关系。不仅如此，一旦对美国的信仰自由、文化与民众持有负面看法以及认为美国对中东地区的民主持有敌意，那么，这三个国家民众支持攻击美国平民的比例将会上升。① 尽管不能从此项研究中得出穆斯林支持伊斯兰极端主义的结论，但它的确有助于说明穆斯林居主导地位的社会尤其是中东地区的民众对美国存在较为广泛的负面情绪。这种情绪的存在，尤其是穆斯林将美国的中东政策等问题联系在一起即带来支持美国军事目标的结果，对于恐怖分子而言，是极易利用的民意资源。尤其是2010年年底中东变局以来中东局势恶化造成的中东地区民众身份不确定所带来的普遍焦虑感，再加上伊斯兰极端主义极力煽动民众对西方国家及其中东政权盟友的羞辱和愤怒感，为伊斯兰极端主义势力的发展提供了肥沃的心理土壤。这或许是“伊斯兰国”能够迅速实现崛起的部分原因。②

为了赢得他者尤其是西方世界对穆斯林的尊重，恐怖分子强调通过暴力恢复穆斯林的荣誉和尊严。既然以美国为首的西方国家及其盟友（包括中东地区与美合作的政权）被视为导致穆斯林遭遇羞辱的罪魁祸首，那么，对罪魁祸首予以惨痛打击，对其进行羞辱，将有助于恢复伊斯兰世界的荣誉与尊严。这种思维方式是伊斯兰极端分子的动员逻辑，也是他们开展暴力性承认斗争的理由。这一过程的展开，是对恐怖主义暴力工具性功能的体现。俄裔法国思想家亚历山大·科耶夫（Alexander Kejev）曾明确指出，黑格尔意义上的为独特自我意识而开展的承认斗争，

---

① Lars Berger, “Foreign Policies or Culture: What Shapes Muslim Public Opinion on Political Violence against the United States?” *Journal of Peace Research*, Vol. 51, No. 6, 2014, pp. 782 – 796.

② Waleed Hazbun, “A History of Insecurity: From the Arab Uprising to ISIS,” *Middle East Policy*, Vol. 22, No. 3, 2015, pp. 55 – 65. 需要强调的是，仅仅用情感因素来解释“伊斯兰国”的崛起是远远不够的。“伊斯兰国”崛起受到一系列因素的影响，如伊拉克马利基政府边缘化逊尼派穆斯林的政策、伊拉克逊尼派部落的认可和支持、叙利亚内战造成的权力真空等。

本质上是场事关荣誉与威望的战争。[1] 这一论断，同样适用于伊斯兰极端分子的承认斗争。尽管由于语言和资料等方面的限制，人们无法对所有甚至主要的伊斯兰极端组织发布的声明、散布的册子等材料进行面面俱到的搜罗并予以分析，但当前肆虐于国际社会中的主要恐怖组织，均把恢复伊斯兰教或穆斯林的荣誉作为宣称它们开展暴力活动的主要目标。如以“基地”组织为例，本·拉登曾强调，攻击敌人的主要目的，在于重获荣誉与自豪，因为“你们占领了我们的土地，冒犯了我们的荣誉……你们伤害了我们的安全，我们将以牙还牙”。[2] 为了重获荣誉，“基地”针对美国等西方国家发动的一系列恐怖袭击，其中成功的恐怖袭击，往往被该组织鼓吹为重大胜利，认为有助于恢复伊斯兰教的荣誉。“基地”当前领导人艾曼·扎瓦赫里（Ayman al Zawahiri）甚至宣称：“我们必须给敌人造成最大限度的伤亡，杀戮尽可能多的人口，因为这是西方唯一能懂的语言”。[3] 换言之，恐怖组织将暴力作为一种传递其目标、动机、能力、决心等信息的行为信号，其目的仍在于获得期望的承认。[4]

除了攻击敌人外，恐怖分子还使用自杀式恐怖袭击的方式，这同样被视为恢复穆斯林荣誉和尊严的有效手段。在恐怖分子看来，由于十字军联盟与穆斯林目前处于一种主人与奴隶的关系状态，故穆斯林身份遭到蔑视，地位被贬低，饱受羞辱。既然生活在如此不堪的状态，那么，不如鼓起勇气，开展自杀性攻击，如此不仅可以摆脱被羞辱的不堪状态，最重要的是可以羞辱敌人，收获荣誉。如巴勒斯坦“哈马斯”

---

① ［法］亚历山大·科耶夫：《黑格尔导读》，姜志辉译，译林出版社 2005 年版。

② Quoted from Irm Haleem, *The Essence of Islamist Extremism: Recognition through Violence, Freedom through Death*, p. 60.

③ Gilles Kepel, Jean-Pierre Milelli, and Pascale Ghazaleh, eds., *Al Qaeda in its Own Words*, Cambridge: Harvard University Press, 2008, p. 203; Max Abrahms, “Al Qaeda's Miscommunication War: The Terrorism Paradox,” p. 530.

④ 可参见 Harvey E. Lapan and Todd Sandler, “Terrorism and Signaling,” *European Journal of Political Economy*, Vol. 9, No. 3, 1993, pp. 383 – 397; Per Batlzer Overgaard, “The Scale of Terrorist Attacks as a Signal of Resources,” *Journal of Conflict Resolution*, Vol. 38, No. 3, 1994, pp. 452 – 478; Bruce Hoffman and Gordon H. McCormick, “Terrorism, Signaling, and Suicide Attack,” *Studies in Conflict and Terrorism*, Vol. 27, No. 4, 2004, pp. 243 – 281; Max Abrahms, “Al Qaeda's Miscommunication War: The Terrorism Paradox,” *Terrorism and Political Violence*, Vol. 17, No. 4, 2005, pp. 529 – 549。

(Hamas，即伊斯兰抵抗运动）的一名前领导人就曾说：“因为生无可恋而杀了自己，不过是自杀。如果某人愿意为了打败敌人和出于信仰上帝的缘故而愿意献出他的灵魂，那么，他就是烈士”。[①] 恐怖分子认为，为了获得承认，穆斯林需要前仆后继，对敌人予以最大限度的打击，即使损失巨大也在所不惜。如本·拉登的精神导师阿布达拉·阿扎姆(Abdallah Azzam）曾如此宣称：“穆斯林乌玛的生活纯粹基于……烈士之血……无血不成史书，无骨难建荣誉大厦，无尸不得荣誉与尊重”。[②] 阿扎姆对烈士的推崇与扎瓦赫里对屠杀敌人的鼓吹互相呼应。尽管几乎每种文化或群体均会鼓励英雄主义，推崇烈士，因为“他们代表了通过英雄主义的行动冲破了对抗性群体之间的社会边界，故其死亡被描述为战场上的胜利。虽然英雄之身已殁，但是精神不朽”，[③] 但与其他文化或群体赞扬牺牲在战场上杀敌的烈士不同，伊斯兰极端主义鼓励的是通过自杀以伤害无辜平民为目标的烈士，其意义在于通过牺牲烈士的肉体存在，以获得穆斯林群体荣誉的承认斗争方式。这种承认追求方式，被伊恩·哈利姆称之为“自我超越的承认”(self-transcendent recognition)。[④]

综上所述，恐怖分子利用穆斯林社会内部存在的由西方国家蔑视带来的较为广泛的羞辱感，或鼓吹对西方及其盟友使用暴力，或动员穆斯林使用自杀式袭击的方式，以消除羞辱，重获尊重与荣誉。其中，对他者的平民和军人使用暴力，旨在使他者无法向其国民提供有效的保护，以削弱其公共产品提供者的能力，打击他者高于自我的身份，最终给他者带来羞辱。在恐怖分子针对西方开展的一系列恐怖袭击中，至少“9·11”事件达到了这一目的。“9·11”事件打破了美国本土固若金汤的神话，无论是恐怖分子还是美国政客或其民众，均认为该事件的确构成了对美国的深切羞辱。[⑤] 至于采取自杀式袭击的方式追求承认，在

---

① Quoted from Irm Haleem, *The Essence of Islamist Extremism*: *Recognition through Violence*, *Freedom through Death*, p. 94.

② David Cook, *Martyrdom in Islam*, New York: Cambridge University Press, 2007, p. 159.

③ Meir Hatina, *Martyrdom in Modern Islam*: *Piety*, *Power*, *and Politics*, New York: Cambridge University Press, 2014, p. 4.

④ 详见 Irm Haleem, *The Essence of Islamist Extremism*: *Recognition through Violence*, *Freedom through Death*, pp. 73 – 95。

⑤ Paul Saurette, "You Dissin Me? Humiliation and Post 9/11 Global Politics," pp. 495 – 522.

逻辑上而言，是对主奴辩证法的否定，因为主人与奴隶相互依赖，当奴隶不复存在，那么主人也就不再是主人。换言之，恐怖分子通过消灭自我成员的肉体存在，既为自我获得了精神上的不朽，也为群体获得了他们认为该得的荣誉与尊严。总而言之，无论是对他者使用暴力，还是经由自我牺牲以达到伤害他者的目的，暴力在恐怖分子的承认斗争中，首当其冲地扮演斗争工具的功能。然而，由于恐怖分子从一开始就承认自我遭到西方及其盟友的蔑视并体验到了由此带来的羞辱，这实际上意味他们不经意间承认了自我处于类似于主人——奴隶关系结构中奴隶的地位。而一旦使用暴力追求承认，其结果是：要么因其严重伤害了主人而得不到主人的真正承认和尊重，要么不得不以消灭自身的方式期望获得自我构建的承认。无论哪一种结果，均意味着恐怖分子得到的承认，并非行为体之间真正的相互承认。这不能不说是伊斯兰主义者开展承认斗争的悲剧，而通过暴力伤害无辜的斗争方式，从一开始就注定了这种悲剧。[①]

四　恐怖主义暴力的构成性功能

承认斗争中的暴力，不仅形塑了斗争双方的身份，而且维持了自我构成一个优越、独特的伦理共同体的身份与存在。如以国家为例，作为一个黑格尔意义上的伦理—政治共同体，在内部，国家全力实现对其治下领土的有效治理，通过向国民提供安全、经济福利等公共产品；针对外部，国家则倾力守御和巩固边界，防止外部邪恶势力渗透进来侵蚀和危害内部安全与稳定。如此这般，通过严格的内外区分，有时甚至通过针对他国进行否定、使用暴力甚至进行战争，国家致力于维系其作为伦理—政治共同体的存在。[②] 科契指出，国家作为“一种伦理—政治共同体，经常通过暴力式的否定与排斥有别于它的个人、内容和机构得以形成并维持自身。这种否定和排除，对于国家安置和自视为伦理—政治共

---

① 认为承认斗争很难摆脱悲剧式结果的深入研究，可参考 Patchen Markell, *Bound by Recognition*, Princeton and Oxford: Princeton University Press, 2003。

② 也可参考 Rob B. J. Walker, *Inside/Outside: International Relations as Political Theory*, New York: Cambridge University Press, 1993。

同体而言是‘必须的’”。[①] 尽管伊斯兰极端主义与民族国家之间的承认斗争，似乎有悖于国家及国家之间的承认斗争，因为国家在国际法的规范约束之下，或者基于战略考虑，会给予其他具备民族国家构成要素的政治行为体以法权承认甚至威望等承认内容，[②] 然而，作为政治行为体的伊斯兰极端组织，它们同样希望代言群体构成一个伦理—政治共同体，并以暴力手段作为构建和维系这一身份的手段。换言之，恐怖组织与国家等政治行为体一样，“通过排斥他者，划定群体（空间上的、种族上的、文化上的、法理上的、语言上的等）的界线，一些由个人组成的群体，可能被视为拥有（或者为其自身创造出假象）生成中的身份，而且这种通过制度得以组织的身份，可能视为一种能动的主体，能够施行暴力并形成制度间承认”。[③] 尽管恐怖组织或许并不一定具有类似于国家的正式制度机构，甚至为动员支持对象所建构的身份仅仅只是假象而得不到认可，然而，作为由恐怖分子组成的群体，恐怖组织不仅构建排他性的身份，而且以暴力作为主要的身份建构与维持工具，有时甚至无区别地使用暴力。至少在当前国家间战争受到诸多约束的背景下，可以认为暴力与恐怖主义存在相互构成的关系：没有暴力，恐怖主义将失去其政治显著性；没有恐怖主义，暴力所具有的分散化和国际性特征以及由此带来的普遍恐慌则会黯然失色。

而就代言群体和所建构的身份而言，跨国恐怖分子往往以穆斯林或伊斯兰群体的代表自居。尽管各种伊斯兰极端主义的具体诉求可能存在一定差别，如因活动地区和政治目标的不同而集中关注特定国家或地区的政治议题，从而建构出具有区域性或国别性的政治身份。不过，当前活跃的跨国恐怖分子具有高度的国际性特征，均会强调自己是穆斯林群体的代表。他们自认为享有的群体身份，即乌玛。在伊斯兰极端主义的叙事中，乌玛被认为是由信仰“万物非主、唯有真主”这一“认主独

---

① Tarik Kochi, *The Other's War*: *Recognition and the Violence of Ethics*, p. 159.

② 国际法意义上的国家间承认，可参考 Thomas D. Grant, *The Recognition of States*, Westport: Prager, 2000。关于基于战略考虑对于国家的承认，可参考 Bridget Coggins, *Power Politics and State Formation in the Twentieth Century*: *The Dynamics of Recognition*, New York: Cambridge University Press, 2014。

③ Tarik Kochi, *The Other's War*: *Recognition and the Violence of Ethics*, p. 158.

一”（tawheed）原则的虔诚穆斯林所组成的单一全球共同体，它超越了伊斯兰世界内部民族、国家、宗教、派别、地域、部落等的分野，是一种纯粹基于“认主独一”原则而得以形成的信仰共同体。而乌玛遭遇破坏，则是恐怖分子各种怨恨和羞辱感的主要由来。[①] 大体而言，在恐怖分子的话语体系中，乌玛是一个与基督教—犹太教截然不同的信仰群体，也是恐怖分子用以界定自身身份的集体身份。除了重建乌玛这一诉求外，伊斯兰极端主义还利用穆斯林对哈里发国家于 1924 年被土耳其共和国缔造者穆斯塔法·凯末尔·阿塔土克（Kemal Ataturk）废除后产生的羞辱感和失落感，将重建“哈里发国”作为动员穆斯林参与“圣战”的口号。[②] 许多逊尼派穆斯林对哈里发的不复存在心怀怨恨，“在他们眼中，哈里发的消失，意味着穆斯林政治权力的终结和西方的胜出，毫不夸张地说，逊尼派政治伊斯兰的兴起，就是一种重建哈里发的努力”。[③] 由于无论是乌玛的衰落还是哈里发国家的逝去，均被归咎为西方世界的阴谋与破坏，故伊斯兰极端主义构建了一个邪恶的西方他者；而将自身打造为重建乌玛或“哈里发国”的先锋或卫士。[④] 当然，这种势不两立的群体区分，以及将自身塑造为捍卫乌玛的卫士的身份，是恐怖分子与西方国家之间通过长期的暴力互动而逐渐建构起来的。只是由于斗争过程曲折，人们已经很难确切地说明这种群体身份的形成始于何时。[⑤] 演变至

---

① Olivier Roy, *Globalized Islam: The Search for a New Ummah*, New York: Columbia University Press, 2004.

② 可参见 John Turner, “From Cottage Industry to International Organisation,” pp. 542, 548。

③ William McCants, *The ISIS Apocalypse: The History, Strategy, and Doomsday Vision of the Islamic State*, New York: St. Martin's Press, 2015, p. 122.

④ 需要强调的是，并不是所有的逊尼派穆斯林均希望恢复哈里发国家。如伊斯兰改革主义的代表人物拉希德·里达（Rachid Reda）认为土耳其哈里发仅仅是形式上的哈里发，它不仅不能合法代表整个伊斯兰世界，而且其统治本身就不具合法性。此外，对哈里发制覆灭后的应对，逊尼派穆斯林世界的主张也是复杂和多元的，在较长的一个时期内，逊尼派伊斯兰激进势力采取的主流方式都是从底层采取非暴力化的方式复兴伊斯兰社会（如哈桑·班纳时期的穆斯林兄弟会和纳布哈尼·法拉斯丁尼时期的伊斯兰解放党），他们论证国家的合理性，并没有复兴哈里发的诉求，不仅如此，他们认为复兴哈里发的条件在当代还不成熟。

⑤ 关于当代“圣战”的演进过程的研究，参见 John David Carlson and Jonathan H Ebel, eds., *From Jeremiad to Jihad: Religion, Violence, and America*, London: University of California Press, 2012; Lawrence Pintak, *Seeds of Hate: How America's Flawed Middle East Policy Ignited the Jihad*, London and Sterling: Pluto Press, 2003; Mark Silinsky, *Jihad and the West: Black Flag over Babylon*, Bloomington and Indianapolis: Indiana University Press, 2016。

今，双方以敌对与“不平等”为特征的关系结构已经成为不言自明的“事实”，而恐怖分子会下意识地将自身置于奴隶的地位。

基于此，如何对待乌玛和“哈里发国”，构成恐怖分子构建它们想象中的政治—伦理共同体的纳入或排斥标准。也就是说，是否认同重建乌玛和“哈里发国”的理想并为之全力以赴，已成为恐怖分子区分自群体与他群体的标志性特征。只有那些愿意为重建乌玛做出努力甚至献出生命的人，才能被纳入斗士和烈士的行列，而乌玛则是他们的集体自我。相对于集体自我，个体自我是无关紧要的。因此，对于伊斯兰极端主义话语体系中的相关表述，如“‘伊斯兰的胜利’‘伊斯兰的荣光’，捍卫伊斯兰，最好被理解为对于复苏穆斯林集体身份的呼吁，是对黑格尔意义上渴求承认的呼吁：承认‘自我’意识的独特性和自主性，拒绝对‘自我’的否定”。[①] 为了最大限度地壮大自群体，伊斯兰极端组织不遗余力地宣扬重建乌玛的必要性同时也构建了一个必须与之殊死搏斗的他者，以激发同情者参与恐怖活动的热情。如“伊斯兰国”的“哈里发”——阿布·巴克尔·巴格达迪（Abu Bakr al-Baghdadi）——在著名的2014 年7 月4 日“摩苏尔布道”中宣称：“当前的世界已被划分为两个阵营，两个战壕，不存在第三个阵营：一个是信仰伊斯兰的信众阵营，一个是不信道者（卡菲尔，kafir）和伪信者（hypocrisy）组成的阵营；前一个阵营由全世界的穆斯林与穆贾西丁组成，后一个阵营则是由犹太人、十字军与其盟友以及其余的卡菲尔国家与宗教组成。后一个阵营由美国和俄罗斯领导，并由犹太人进行动员”。[②] 通过内群体与外群体的严格区分，“伊斯兰国”明确了自我与他者的界线，并把自身打造为“全世界的穆斯林与穆贾西丁”的代表。“伊斯兰国”这种身份建构策略并非特例，而是伊斯兰极端组织的普遍手法。如“伊斯兰国”的“先驱”和当前的竞争者“基地”组织，很早以前即将自己装扮为伊斯兰信仰共同体的乌玛的代言人和前锋。“基地”前领导人本·拉登宣

---

① Irm Haleem, *The Essence of Islamist Extremism: Recognition through Violence, Freedom through Death*, p. 25.

② Abu Bakr al-Baghdadi, “A Message to the Mujahidin and the Muslim Ummah in the Month of Ramadan,” Al Hayat Media Centre, 1 July, 2014, http://www.gatestoneinstitute.org/documents/baghdadicaliph.pdf.

称："请求万能的真主给出重建我们乌玛的指示……据此实现正义，彰显真理，高扬'圣战'之旗，我们的乌玛也得以重现光荣与荣誉"。[①]"基地"当前领导人扎瓦赫里也曾表示："美国领导的十字军联盟，不会允许任何伊斯兰力量掌握阿拉伯国家的政权……只能寄希望于伊斯兰国家恢复逝去了的哈里发，并重建其荣光"。[②]

在恐怖分子的话语体系中，作为集体自我的乌玛或"哈里发国"，被视为具有优于西方身份的特征。与主权国家或民族国家追求的承认截然不同，恐怖分子追求的承认，是构建一个截然不同的信仰体系。民族国家追求承认，尽管同样涉及角色身份（涉及地位）、个体身份（涉及差异）甚至类属身份（国家共享的群体身份），但它们对这些平等或独特身份的追求，是在民族国家体系的框架下进行的，它们无意于推翻现有以主权平等和互不干涉内政为基石的国家间秩序。而恐怖分子所期望构成的秩序，或重建后的乌玛或"哈里发国"，却是以颠覆现有的威斯特伐利亚体系为己任的。包括"基地""伊斯兰国"在内的恐怖组织及其成员，反对国家之间的边界，尤其是伊斯兰国家之间的边界，认为人为的边界，阻碍了穆斯林群体之间的团结，只不过反映了西方国家的意志，是西方破坏乌玛的阴谋；否认国家的世俗主权，认为国家之间的承认并不构成国家是否拥有主权的来源，唯有真主具有至高无上的主权，而且认为国家尤其是伊斯兰国家的主权不可让渡，如坚决反对"异教徒国家"在伊斯兰国土上驻军；否认国际法的有效性，基于"万物非主，唯有真主"的原则，认为唯有真主才有权制定法律，《古兰经》与沙里亚法等伊斯兰教法才是真正的法律，而包括国际法在内的人造法，因为将人置于与真主平等的地位，故是无效的；对于联合国等国际社会普遍认可的权威，恐怖分子认为它打着维护国际社会正义、平等与自由的旗号，掩盖着他者——西方国家——控制国际社会、削弱乌玛的邪恶目的，而且联合国及下属机构制定国际法、国际规范等，是对真主主权的

---

① Quoted from Khaled Fattah and K. M. Fierke, "A Clash of Emotions: The Politics of Humiliation and Political Violence in the Middle East," p. 76.

② Laura Mansfield, *His Own Words: Translation and Analysis of the Writings of Dr. Ayman Al Zawahiri*, Old Tappan: TLG Publications, 2006, p. 201.

明显僭越和冒犯。[①] 而作为恐怖分子自群体的乌玛，则被视为正义的、也受到真主眷顾的，自然优于他者。

然而，由于乌玛仅仅只是作为一种想象的跨国政治—伦理共同体而存在，除了重复乌玛信奉认主独一的宗旨、坚持贯彻沙里亚法、许诺复兴后的乌玛无比荣耀等原则性的表述外，恐怖分子往往无法或者无力规划这一想象共同体内部的政治和社会生活细节。如加拿大的一名激进分子在接受采访时表示：“建立伊斯兰国家的理想？毫无疑问应该。加拿大是否应该成为一个伊斯兰国家？是的。不过，如何建立？我们并不知道。”[②] 甚至对于“哈里发国”这一界定自群体身份的重要特征，以及是否需要立即建立“哈里发国”，恐怖分子之间也存在分歧。如“基地”将“哈里发国”的建立视为一个远景目标，而“伊斯兰国”则迫不及待地在其治理地域上重建“哈里发国”。换言之，尽管在与敌人开展承认斗争的过程中，恐怖分子构建了一种独特的集体身份，而且设想了一种以宗教信仰及其教义作为构建原则的替代性“国际秩序”。然而，这种集体身份的独特性，是以缺乏具体而微的设想为代价的，而且其彻底颠覆和重构国际体系的野心，决定了暴力是实现这一身份的唯一手段。这再一次说明，恐怖主义与暴力之间具有相互构成的关系。

恐怖分子不仅构建了一种独特的信仰—政治共同体用以规定自己的集体身份，而且还认为这种集体身份优先西方的信仰—政治共同体和集体身份。伊斯兰极端主义认为，西方基于政教分离原则建立起来的所谓“自由”“民主”“人权”政体，不仅是享乐主义、物质主义的，充满了腐败与堕落，而且是虚伪的。它们以“自由”“民主”“人权”的名义，行事侵犯穆斯林权利、掠夺穆斯林的资源、支持以色列压迫穆斯林等罪恶事实。或许对于恐怖分子而言更重要的是，他们认定，相对于乌玛共同体，作为他者的犹太—基督教十字军联盟一个突

---

① Barak Mendelsohn, *Combating Jihadism: American Hegemony and Interstate Cooperation in the War on Terrorism*, Chicago and London: University Of Chicago Press, 2009, pp. 63 – 88; Barak Mendelsohn, “Sovereignty under Attack: The International Society Meets the Al Qaeda Network,” *Review of International Studies*, Vol. 31, No. 1, 2005, pp. 45 – 68.

② Jamie Bartlett and Carl Miller, “The Edge of Violence: Towards Telling the Difference between Violent and Non-violent Radicalization,” *Terrorism and Political Violence*, Vol. 24, No. 1, 2012, p. 11.

出的劣势，在于他们胆小怕死。恐怖分子之所以不遗余力地鼓吹对他者实施恐怖袭击，是他们认为，自群体成员的视死如归与他群体成员的胆小懦弱，决定了乌玛的重建和“哈里发国”的恢复是确定无疑的。如路透社通过与“哈马斯”“伊斯兰圣战者”（Islamic Jihad）与“阿克萨烈士旅”（Al-Aqsa Brigades）等组织成员接触后发现：“攻击者及其支持者……了解敌人在常规武器方面非常强大，然而，他们依然相信敌人在深层次、存在性或精神性方面要虚弱。‘攻击者们相信，敌人日益软弱，他们渴望生存，而且希望能安居乐业，他们惧怕死亡’”。[①] 恐怖分子对自我与他者成员的认知和比较，颠倒了原来的主人（十字军联盟）与奴隶（恐怖分子）的关系结构，从而赋予自群体以突出的优越性，从而实现了他们渴望获得的承认。然而，恐怖分子集体身份优越性的实现，是以暴力为媒介的，因为只有通过暴力，自群体成员的勇不畏死与他群体成员的贪生怕死才能体现出来。在这一过程中，暴力不再是工具，本身就成了目的，就是自我与他者身份得以确立的方式与途径。正如贝肯指出的，除非理解暴力对于承认斗争中行为体身份的构成性功能，否则很难理解“9·11”事件一类的惨烈性事件。参与该事件的恐怖分子认为，他们用自己生命所燃放的焰火，成就了伊斯兰群体的卓越与超群。[②]

相较于其他攻击方式，自杀性攻击者因其能极大地彰显自群体身份的优势，故得到恐怖分子的推崇。为了鼓励更多的支持者参与自杀性攻击，伊斯兰极端组织在话语体系中高度褒扬烈士，许以天堂上的诸多荣誉、承诺给予烈士家属以相应褒奖。[③] 与此同时，恐怖分子也会劝诫那些心志不坚的攻击者，不能仅仅为了摆脱生活窘境等目的而去开展自杀性攻击，只有那些为了消除羞辱、帮助穆斯林重获荣誉的自

---

① Quoted from Irm Haleem, *The Essence of Islamist Extremism: Recognition through Violence, Freedom through Death*, p. 82.

② Andreas Behnke, “Recognizing the Enemy: Terrorism as Symbolic Violence,” pp. 189 – 206.

③ Samuel P. Perry and Jerry Mark Long, “ ‘Why Would Anyone Sell Paradise?’: The Islamic State in Iraq and the Making of a Martyr,” *Southern Communication Journal*, Vol. 81, No. 1, 2016, pp. 1 – 17; Yuval Neria, et. al, “The Al Qaeda 9/11 Instructions: A Study in the Construction of Religious Martyrdom,” *Religion*, Vol. 35, No. 1, 2005, pp. 1 – 11.

杀性攻击者，才是真正的穆斯林、才是真正的烈士。据此标准，即使是那些出于报复十字军联盟的攻击者，也离成为真正的烈士有一段距离。如一名巴勒斯坦自杀性攻击者表示：“如果候选的自杀性攻击者仅仅只有报复之心，那么，他的烈士身份将不被安拉接受。自杀性攻击应该是军事性的回应，而非由个人的悲壮驱动。荣誉与尊严在我们的文化中举足轻重。一旦受到羞辱，我们将奋起反抗”。[①] 根据恐怖分子构建的自群体视死如归和他群体贪生怕死的对比，自杀性攻击者成为恐怖分子自群体优越性的标志与象征。因为对于自群体而言，“烈士是形成群体或加强现有群体的有效工具。在与强大他者的对抗中，烈士能凝聚共同体，巩固内部团结，加强抵抗强度。烈士使对抗群体间的关系趋于政治化，而且使崇高意义充斥于政治对抗之中”；而对于他群体而言，自杀性攻击“这种在公共场合骇人听闻的说服方式，创建了一种信服共同体（convictional community），加强了招募更多成员的潜力，同时也非法化了其他意识形态，尤其是对抗群体的意识形态”。[②] 基于自杀式袭击对形成和维系自群体优越身份、非法化和羞辱他群体身份所具有的这种构成性功能，各种极端组织才千方百计地发展自杀性攻击成员。

综上所述，恐怖主义暴力具有重要的构成性功能。在与基督教—犹太教十字军联盟这一他群体长期开展暴力斗争的过程中，伊斯兰极端分子逐渐明晰或突出乌玛和“哈里发国”等集体身份。虽然乌玛一直处于想象的政治—伦理共同体的地位，但“伊斯兰国”却通过残酷和血腥的暴力，重建了一个“哈里发国”。无论是重建乌玛还是“哈里发国”，暴力不仅仅只扮演工具性功能的角色，它还帮助恐怖分子形成并维系他们的集体身份，以及这种身份相对于他群体的独特与优越之处。由于自群体成员勇不畏死，故相对于他群体成员的贪生怕死，伊斯兰极端组织通过暴力“证明”了自我优越于他者之处，从而收获了想象中的承认。尤其是恐怖分子鼓吹的自杀性恐怖袭击，被恐怖分子视为体现

① Quoted from Irm Haleem, *The Essence of Islamist Extremism: Recognition through Violence, Freedom through Death*, p. 58.

② Meir Hatina, *Martyrdom in Modern Islam Piety, Power, and Politics*, pp. 3 – 4.

自群体凌驾于他者之上的典型特征。尽管不同的极端组织均试图鼓动并使用尽可能多的自杀性恐怖袭击，但最耸人听闻也最为成功的是“伊斯兰国”。“伊斯兰国”的残忍程度已尽人皆知。[①] 仅以自杀性攻击为例，在 2015 年 12 月 1 日至 2016 年 11 月 30 日，“伊斯兰国”报告了不少于 1095 起自杀式炸弹袭击行动。与其他恐怖组织相比，“伊斯兰国”更为持久地使用自杀性攻击手段，其战术类似于日本帝国的“神风敢死队”飞行员。[②] 事实上，暴力与“伊斯兰国”之间的彼此构成，或许是所有伊斯兰极端组织中最为突出的。不使用暴力严苛地治理其“疆土”并歪曲地贯彻沙里亚法，并鼓动对域外国家实施独狼式恐怖袭击，“伊斯兰国”就不能宣称自身为“哈里发国”；而没有所谓的“哈里发国”，“伊斯兰国”也不能“名正言顺”地号召域外的支持者迁徙至伊拉克与叙利亚，并针对“远敌”，尤其是“近敌”使用惨绝人寰的暴力。总之，暴力的构成性功能，使暴力具有身份建构和身份维持等方面的重要意义，而不只是追求身份获得承认的手段。如此，恐怖主义的暴力本身就是目的，杀戮是自群体“独特”与“卓越”的体现。

五　结论与讨论

承认理论有助于回答恐怖主义为何而战以及为谁而战的问题。以伊斯兰极端主义为例，恐怖分子认为，穆斯林群体的角色身份、个体身份与类属身份三种身份均遭到蔑视，这一状况及其与主要敌人——西方世界及其盟友——实力分布不对称的结构性特征，导致恐怖分子不得不采取暴力这种极端的承认斗争形式。而为了构建或重建遭到蔑视的身份，恐怖分子只能选择社会创造这一种身份管理战略，并将伊斯兰教作为身份的界定性因素。如此一来，恐怖分子会宣称它代表的是整个穆斯林群

① Jessica Stern and J. M. Berger, *ISIS: The State of Terror*, New York: Ecco/HarperCollins Publishers, 2015; Michael Weiss and Hassan Hassan, *ISIS: Inside the Army of Terror*, New York: Regan Arts, 2015.

② Charlie Winter, "War by Suicide: A Statistical Analysis of the Islamic State's Martyrdom Industry," Hague: International Centre for Counter-Terrorism Research Paper, February 2017, https://icct.nl/wp-content/uploads/2017/02/ICCT-Winter-War-by-Suicide-Feb2017.pdf.

体，自视为伊斯兰世界荣誉与尊严而战的斗士。由此可见，在恐怖分子为承认而斗争的过程中，暴力不仅是恐怖分子消除身份遭到蔑视带来的羞辱感、重获尊重与荣耀的手段，而且还规定和维持恐怖分子想象的集体身份的独特性或优越性。恐怖主义暴力这两个方面的含义，分别体现了承认斗争的工具性与构成性功能。需要强调的是，尽管承认斗争的这两种功能在分析过程中需要予以区分，但在实际的斗争过程中，它们往往是同时出现、相并而行的。

从承认理论的角度来理解恐怖主义的暴力，需要承认恐怖分子开展承认斗争的特殊之处。由于恐怖主义主要通过暴力进行自我赋权，再加上当前第四波恐怖主义浪潮以宗教作为论证他们承认斗争“正义性”与“合法性”的基础，故使恐怖主义的承认斗争展示出与国家等其他政治行为体截然不同的特征。一般而言，普通的政治行为体所追求的承认，是使行为体具有独特性或优越性的身份获得他者，尤其是显著性他者的承认。在此过程中，他者的角色既至关重要，也不可或缺。而包括“基地”与“伊斯兰国”等在内的恐怖组织及其成员，由于渴望建立一种纯粹以沙里亚法系为基础的替代性秩序模式，这决定了它们并不在乎甚至反对他者给予的承认。无论是在恐怖主义暴力的工具性功能运作过程中，还是恐怖主义暴力构成性功能的运作过程中，他者均是作为斗争对象甚至致力于消灭的目标而存在的，而不是作为赋予自群体集体身份以承认的平等、合法主体而存在的。如此一来，恐怖分子追求的承认，实际上是一种宗教超越式的承认，因为赋予它们承认的，并非与之共存的现实主体，而是来自安拉的认可。由于并不以他者是否给予自己的承认程度作为承认斗争成效的评估标准，伊斯兰极端分子便可宣称他们的承认斗争始终高歌猛进、捷报频传。从这个意义上看，恐怖分子所追求的不过是自我承认，而且是虚幻的承认。然而，现实他者的存在实际上是不可或缺的，因为正是在与他者的共存或斗争中，恐怖分子才能明晰和定位自己的集体身份。这种真实性与虚幻性的共存与排斥，是恐怖分子承认斗争的吊诡之处。

由于本章主要从承认理论的角度剖析恐怖主义暴力的工具性与构成性两种功能，并着重阐述了伊斯兰极端主义的承认斗争。为避免产生不必要的误解，仍有必要对信仰不同教派的恐怖分子承认斗争之间值得注意之处做必要交代。关于逊尼派与什叶派恐怖主义之间的异同。拙作所讨论的恐怖主义，主要是逊尼派恐怖主义，较少涉及什叶派恐怖主义。然而，什叶派也存在恐怖主义行为。由于逊尼派与什叶派在意识形态上有极大差别，因此逊尼派恐怖主义与什叶派恐怖主义在目的和行为上也有不同。例如，什叶派就没有建立哈里发的冲动，因其已经成功通过教法创制解决了继承和统治的问题。不过，就追求自我承认而非他者承认而言，不同教派的恐怖主义并无重大差别。总之，宗教极端主义是非常复杂的现象，而从承认理论的角度对其开展研究，能为人们了解或治理宗教极端主义提供新的观察视角或带来新的启发。

拙作第一部分将“基地”与“伊斯兰国”纳入恐怖主义的发展浪潮中予以研究，我们能够发现两者之间的相似性。“基地”与“伊斯兰国”同属于第四波恐怖主义浪潮中的恐怖组织、都将圣战萨拉菲主义作为主要的意识形态、都将自杀性恐怖袭击作为主要的攻击手段、都以无辜平民作为主要的攻击对象。但与此同时，“基地”与“伊斯兰国”在意识形态、战略实践和组织结构等方面亦存在明显的差异。在下一章中，我们将首先考察“伊斯兰国”的意识形态，包括其对圣战萨拉菲思想的继承和改造，这或许能为比较“基地”与“伊斯兰国”在意识形态方面的差异奠定必要的基础。至于两者在其他方面的差异，则是接下来几章需要完成的任务。

第二部分

“基地”与“伊斯兰国”的异同

第三章 “伊斯兰国”与圣战萨拉菲思想

自2014年宣布建立“哈里发国”以来，“伊斯兰国”迅速扩张，成为全球破坏力最强的恐怖组织。[①] 尽管在伊拉克与叙利亚的地面作战中失利，但“伊斯兰国”依然持续不断地发动恐怖袭击，同时号召其非阿拉伯国家成员回国或就地发动恐怖袭击，[②] 因而其未来的破坏力仍不可小觑。除了“伊斯兰国”本身，受“伊斯兰国”鼓舞的恐怖袭击同样应予以重视。在2015年与“伊斯兰国”相关的独狼式恐怖袭击中，有65%的恐怖袭击是由“自我激进化”（self-radicalization）的极端分子实施的，截至2016年7月，这一比例为54%。“伊斯兰国”大部分的外部行动，是由其独立的追随者实施的。[③]

在欧洲，“伊斯兰国”更是现实且严峻的威胁。近3年来，欧盟成员国所抓捕的“圣战”分子数量激增。2016年欧盟成员国所抓捕的1002名恐怖分子中，“圣战”分子的数量达到718名。[④] 欧洲境内仍有大量“圣战”分子，仅在英国境内，确认身份的“圣战”分子就多达

---

① 参见全球恐怖主义指数，http：//economicsandpeace. org/reports/。

② Julian Robinson，“ISIS Leader admits Defeat in Iraq and Orders Militants to Flee or Kill themselves in Suicide Attacks，” http：//www. dailymail. co. uk/news/article – 4270686/ISIS-leader-Abu-Bakr-al-Baghdadi-admits-DEFEAT-Iraq. html？ ito = social-twitter_ mailonline.

③ House Homeland Security Committee Majority Staff Report（2014 – 2016），“Terror Gone Viral Overview of the 100 + ISIS-Linked Plots Against the West，” https：//homeland. house. gov/wp-content/uploads/2016/07/100-ISIS-Linked-Plots-Report-. pdf.

④ Europol，*Eu Terrorism Situation and Trend Report*（*Te-Sat*）2017，https：//www. europol. europa. eu/activities-services/main-reports/eu-terrorism-situation-and-trend-report-te-sat – 2017.

23000名。[①] 从2017年3月至7月，“伊斯兰国”曾两次号召“圣战者”对西方发动恐怖袭击。[②] 学者威廉·麦克肯特斯（William McCants）称西欧是“‘伊斯兰国’最喜欢的战场”。[③] 英国军情五处的负责人也公开发表讲话，称英国所面临的恐怖主义威胁“比我想象的更多样”，恐怖主义在英国扩展的速度是其34年职业生涯中的最高点。[④] 为了应对很大程度来自“伊斯兰国”的恐怖主义威胁，欧盟在2015年成立了一个新的欧洲反恐中心。[⑤] 由此可见，“伊斯兰国”及其意识形态的宣传对欧洲安全产生了重大影响，甚至可能随着“外籍战士”的回流进一步加大。[⑥]

未来“伊斯兰国”很难集中力量进行大规模的地面行动，但通过其意识形态的输出，“伊斯兰国”能够促使独立的个体完成激进化、极端化，就此而言，“伊斯兰国”仍将对地区与国际安全构成挑战。鉴于此，深入了解“伊斯兰国”的意识形态，并对其做出有效的应对显得十分必要。作为“圣战”萨拉菲主义运动的一部分，要了解“伊斯兰国”的意识形态，[⑦] 就需要回溯萨拉菲思想与圣战萨拉菲思想的内涵，

---

① Sean O'Neill et al.，“Huge scale of terror threat revealed：UK home to 23，000 jihadists，” https：//www. thetimes. co. uk/article/huge-scale-of-terror-threat-revealed-uk-home-to – 23 – 000 – jihadists – 3zvn58mhq.

② Zoie O'Brien，“‘Lone wolves rise up’ ISIS calls on jihadis to attack US and Europe in revenge for Mosul，” http：//www. express. co. uk/news/world/826914/ISIS-call-jihadi-attack-US-Europe-revenge-Mosul-Iraq-War-Islamic-State；Lizzie Dearden，“ISIS Calls on Supporters to Wage ‘All-Out War’ on West During Ramadan with New Terror Attacks，” http：//www. independent. co. uk/news/world/middle-east/isis-ramadan – 2017 – all-out-war-west-new-terror-attacks-manchester-suicide-bombing-islamic-state-a7758121. html.

③ William McCants，“How Western Europe Became ISIS's Favorite Battleground，” http：//time. com/4269220/how-western-europe-became-isiss-favorite-battleground/.

④ Kim Sengupta，“Britain is Facing a Terrorist Threat as Unrelenting as It is Unprecedented，MI5 Chief Warns，” http：//www. independent. co. uk/news/uk/home-news/isis-terrorist-threat-uk-britain-mi5-warning-a8005536. html.

⑤ Pierluigi Paganini，“Europol，a new EU Counter Terrorism Centre Opening This Month，” http：//securityaffairs. co/wordpress/43895/security/eu-counter-terrorism-centre. html.

⑥ “伊斯兰国”的西欧籍战士大约有5718名，约占“伊斯兰国”的“外籍战士”的20%，截至2016年4月有1200余人回国。对“伊斯兰国”的“外籍战士”统计及回流情况可参见Richard Barrett，“Beyond the Caliphate：Foreign Fighters and the Threat of Returnees，” http：//thesoufancenter. org/research/beyond-caliphate/。

⑦ Cole Bunzel，“From Paper State to Caliphate：the Ideology of the Islamic State，” The Brookings Project on U. S. Relations with the Islamic World，Analysis Paper，No. 19，2015，p. 7.

辨析“伊斯兰国”意识形态与圣战萨拉菲思想之间的关系。由于这种分析涉及大量宗教内容，解读难度较高，导致目前学术界并未就此问题开展充分的研究。基于此，本章尝试对此问题进行初步探讨。

一 圣战萨拉菲思想的含义

圣战萨拉菲思想出现于20世纪中期，圣战萨拉菲思想的实质是宣扬暴力，推行“塔克菲尔”（takfir）原则——宣布一个穆斯林是卡菲尔并对其进行惩罚——与暴力“圣战”，以实现其所追求的政治目标。通过利用萨拉菲思想的教义与教法主张，圣战萨拉菲为自身的暴力行径披上了宗教外衣。下文将首先介绍萨拉菲思想的含义及其内部的各种派别，然后再详细讨论圣战萨拉菲思想的内涵。

萨拉菲（salaf，或赛莱菲、赛莱菲耶）在阿拉伯语中的原意指“先人”或“前辈”。在伊斯兰教中萨拉菲多指伊斯兰教早期三代先人，即圣门弟子、二传弟子及三传弟子。① 在逊尼派六大圣训集中的《布哈里圣训实录》中有这样一段话：“先知穆罕穆德说‘我的教民中最优越的人是与我同时代的人（圣门弟子），其次是紧挨他们的人（二传弟子），再其次是紧挨他们的人（三传弟子）’”。② 萨拉菲思想正来源于对早期先人时代的一种向往。早期三代先人不仅见证了伊斯兰教的兴起，而且将先知的行为模式确定为正确的生活方式。③ 希冀回归先人时代的萨拉菲主义者，主张严格遵循《古兰经》及圣训，以使他们能够脱离主观以及自利的偏见，真正领悟安拉的旨意。④

萨拉菲思想可以从教义与教法主张入手进行分析。萨拉菲教义的核

---

① Ludwig W. Adamec, *Historical Dictionaries of Islam*, Plymouth: The Scarecrow Press, 2009, pp. 77 - 78; C. E. Bosworth, et al., *the Encyclopaedia of Islam*, Vol. 8, Leiden: E. J. Brill, 1995, p. 900.

② ［阿拉伯］布哈里辑录：《布哈里圣训实录全集》第二卷，祁学义译，宗教文化出版社2009年版，第347页。

③ Robert G. Rabil, *Salafism in Lebanon: Form Apoliticism to Transnational Jihadism*, Washington: Georgetown University Press, 2014, p. 22.

④ Quintan Wiktorowicz, "Anatomy of the Salafi Movement," *Studies in Conflict and Terrorism*, Vol. 29, No. 3, 2006, pp. 207 - 239.

心为认主独一，包含了“认主独一”（tawhid al-rububiyah）、“拜主独一”（tawhid al-Uluhiyah）、“名称与属性独一”（tawhid al-asma' wal-sifat）。[①] 除了从文本解读宗教经典、独特的认主独一理解以及回归前三代的信仰与实践，萨拉菲教义还主张：1. 与不信者作斗争，尤其与那些以各种形式举伴真主的人作斗争；2. 只承认《古兰经》、先知穆罕默德的圣训与先知同伴的公议为创制教法的权威；3. 驱除那些他们所谴责的、在信仰和实践上有革新的穆斯林；4. 声称一位严谨的教法权威对于经训的解释可以有效引导一切时代的所有穆斯林，而且这些经训都是清晰易懂的。[②]

在后来的发展历程中，萨拉菲思想在教法的主张上出现了分歧。伊本·泰米叶（Ibn Taymiya）面对当时的“创制之门关闭说”，[③] 在教法上提倡“伊智提哈德”（al-Ijtihad）即创制，指运用理智、判断求得结论的思维过程。近代多解释为“独立判断”，指以《古兰经》、圣训为依据，自由、变通地解释教法，不受中世纪传统的约束。[④] 当代萨拉菲思想支持者也多提倡“伊智提哈德”。而同样坚持萨拉菲教义的瓦哈比教派，则遵循了罕百里教法学派。与泰米叶所提倡的“伊智提哈德”不同，罕百里教法学派拒绝依据个人意见解释教法问题。[⑤] 萨拉菲重要思想家穆罕穆

---

① 学者们对萨拉菲思想关于“认主独一”的解读基本一致，在其思想的总结上，有着一定差异，参见 Robert G. Rabil, *Salafism in Lebanon: from Apoliticism to Transnational Jihadism*; Quintan Wiktorowicz, "Anatomy of the Salafi Movement," pp. 207 – 239; McCants, William, J. Brachman, and J. Felter, "Militant Ideology Atlas: Executive Report," https://ctc.usma.edu/wp-content/uploads/2012/04/Atlas-ExecutiveReport.pdf; 哈伊姆·马卡尔：《圣战萨拉菲主义运动的领导权危机》，刘中民译，《阿拉伯世界研究》2016 年第 5 期；杨恕、郭旭岗：《圣战派萨拉菲的缘起与现状》，《新疆大学学报》（哲学·人文社会科学版）2013 年第 6 期；包澄章：《中东剧变以来的萨拉菲主义》，《阿拉伯世界研究》2013 年第 6 期。

② 《赛莱菲耶的教义思想：论赛莱菲思想的行为与性质》，载［荷兰］罗伊·梅杰主编《伊斯兰新兴宗教运动——全球赛莱菲耶》，杨桂萍等译，民族出版社 2015 年版，第 30 页。

③ 公元 10 世纪古典伊斯兰教法时期结束，逊尼派教法学家中形成了公议不谬说、创制之门关闭说和遵循传统之说，从理论上排除了人为立法和修订法律的权利。面对社会发展的需要，伊斯兰教法通过两个途径加以调整：1. 习惯调整，即当人们社会习惯实际上已突破某一法律规定时，则有专职解释法律的穆夫提或大穆夫提就此发表一项“法特瓦”即正式法律见解，给予确认。2. 行政调整，即由封建君主颁布政令，以行政法规和统治者的王权作为沙里亚法的补充。参见吴云贵《伊斯兰教法概略》，中国社会科学出版社 1993 年版，第 214—215 页。

④ 参见金宜久《伊斯兰教辞典》，上海辞书出版社 1997 年版，第 41 页。

⑤ 马景：《伊本·罕百里的思想及其影响》，《西亚非洲》2010 年第 11 期。

德·纳赛尔·丁·阿尔巴尼（Muhammad Nasir al-Din al-Albani）曾因批判瓦哈比教派遵循罕百里教法学派，而遭到沙特政府的驱逐。[①]

时至20世纪，萨拉菲思想中的“纯洁派”（purists）、“政治派”（politicos）与“圣战派”（jihadis）出现，回到先人时代的“道路”（manhaj）即方法是区分三派的重要依据。[②] 萨拉菲三派作为当代萨拉菲思想的分支，都强调认主独一，拒绝宗教上的标新立异，认为自身教派与其他“离经叛道”的伊斯兰教派不同，并将会在末日独自获救。[③] 阿尔巴尼作为纯洁派萨拉菲的重要人物、著名的圣训学者，继承了传统萨拉菲思想，追随认主独一、反对标新立异，主张通过宣传、宗教教育净化伊斯兰。[④] 在政治上，阿尔巴尼认为除非宗教得到净化、正确的行为得到实施，否则政治行为会导致穆斯林群体产生腐败与不公。在“吉哈德”（jihad，即“圣战”）一词的使用上，阿尔巴尼及其支持者将“吉哈德”视为抽象性、精神性的活动，而非物质性活动，并且认为以“吉哈德”为名发动的暴力带来的危害大于好处。因而发动暴力的“圣战者”，哪怕是针对入侵者也被阿尔巴尼及其支持者称为“哈瓦利吉”（Khawarij）。[⑤]

---

① Stephane Lacroix, “al-Albani's Revolutionary Approach to Hadith,” *ISIM Review*, No. 21, 2008, pp. 6 – 7.

② 依“道路”的三派区分比较常见，参见 Robert G. Rabil, *Salafism in Lebanon: from Apoliticism to Transnational Jihadism*; Quintan Wiktorowicz, “Anatomy of the Salafi Movement”, pp. 207 – 239; Joas Wagemakers, “A Purist Jihadi-Salafi: the Ideology of Abu Muhammad al-Maqdisi,” *British Journal of Middle Eastern Studies*, Vol. 36, No. 2, 2009, pp. 281 – 297; 包澄章：《中东剧变以来的萨拉菲主义》，第106—118页。

③ Joas Wagemakers, “A Purist Jihadi-Salafi: the Ideology of Abu Muhammad al-Maqdisi,” p. 283.

④ Quintan Wiktorowicz, “Anatomy of the Salafi Movement,” pp. 217 – 221.

⑤ Jarret M. Brachman, *Global Jihadism: Theory and Practice*, New York: Routledge, 2009, p. 33。哈瓦利吉基本含义是“出走者”或“分离者”。公元7世纪阿里·本·阿比·塔利卜被委任为哈里发，在阿里率军与穆阿维叶征战末期，穆阿维叶在失利形势下提出停战议和要求。在和战问题上，阿里阵营发生严重分歧，约1.2万名战士离开队伍，在这次退出后他们被称为哈瓦利吉或“退出者”，形成了伊斯兰教历史上第一个政治—宗教派别。极端主张“真主主权”，暴力对待反对者，哈瓦利吉的反对的对象甚至包括了五大哈里发之一、什叶派第一代伊玛目的阿里，宣称阿里为卡菲尔。哈瓦利吉派被认为通过反对伊斯兰来脱离伊斯兰，为“地狱之狗”。参见金宜久编《当代宗教与极端主义》，中国社会科学出版社2008年版，第405页；Shiraz Maher, *Salafi-Jihadism: the History of an Idea*, King's College London Department of War Studies, 2015, pp. 155 – 156。

政治派萨拉菲与“穆斯林兄弟会”有着千丝万缕的联系。“穆斯林兄弟会”是由哈桑·班纳（Hassan al-Bannah）于1928年在埃及创立的伊斯兰组织，该组织将萨拉菲观点融入了其政治实践中。具体来说，班纳将“穆斯林兄弟会”的意识形态立于三点之上：1. 伊斯兰教是一个综合的体系；2. 伊斯兰教有两大经典，即《古兰经》与圣训；3. 伊斯兰教在何时何地都适用。对于伊斯兰教其他派别，“穆斯林兄弟会”没有敌意。它主张通过开展会谈、建立党派与建立伊斯兰世界的联盟来复兴哈里发。[①]

圣战萨拉菲思想的出现，融合了“穆斯林兄弟会”的思想与其他萨拉菲派别的主张。[②] 在20世纪90年代早期，圣战派似乎接受了政治派的观点。他们认为，纯洁派没有很好地理解当今社会，同时也对政治体制不满，但还没有完全反对沙特政府。政治派与圣战派在这一时期的界限是模糊的。但在沙特政府开始大规模打击“穆斯林兄弟会”的背景下，政治派选择与政府合作。在圣战派的眼中，圣战派是仅存的“诚实”且愿意为伊斯兰教“真理”献身的人。[③] 随着伊斯兰极端主义的兴起，出现了支撑“圣战”运动思想的独立学者之间的松散网络，这些学者对于萨拉菲思想中暴力方面的关注与运用产生了圣战萨拉菲主义。[④]

当代圣战萨拉菲有五大特征：1. 强调认主独一，主张认主独一不仅是信仰的表达，而且是一种生活方式；2. 强调神的主权，认为主是唯一的立法者，只有主能够确立对与错、善与恶、允许与禁止；3. 主张严格从字面意义理解《古兰经》与圣训，拒绝标新立异；4. 认为塔克菲尔是许可的也是必要的；5. 强调“圣战”的神圣性，主张“圣战”是对抗违背神旨意的“异端”政权的宗教义务。[⑤] 这五大特征的前三个特征为萨拉菲思想三派所共享。[⑥] 圣战萨拉菲坚持认主独一、神的主权

---

① Robert G. Rabil, *Salafism in Lebanon: form Apoliticism to Transnational Jihadism*, p. 39.

② Cole Bunzel, “From Paper State to Caliphate: the Ideology of the Islamic State,” pp. 7 - 11.

③ Quintan Wiktorowicz, “Anatomy of the Salafi Movement,” pp. 225 - 228.

④ Cole Bunzel, “From Paper State to Caliphate: the Ideology of the Islamic State,” p. 9.

⑤ Mohammed M. Hafez, *Suicide Bombers in Iraq: the Strategy and Ideology of Martyrdom*, Washington: US Institute of Peace Press, 2007, pp. 66 - 70.

⑥ 杨恕、郭旭岗：《圣战派萨拉菲的缘起与现状》，第87—88页。

以及字面意义理解《古兰经》与圣训，实质是为实践塔克菲尔与“圣战”暴力披上宗教外衣。“伊智提哈德”主张也为圣战萨拉菲思想所利用，通过歪曲解读伊斯兰教经典文本，圣战萨拉菲利用认主独一、神的主权概念服务于其暴力活动。

在圣战萨拉菲思想的实际运用中，各圣战萨拉菲恐怖组织的主张并不相同。如“基地”组织与“伊斯兰国”都追随圣战萨拉菲思想，在“圣战”运动中也体现了圣战萨拉菲特征，但两者的意识形态存在诸多不同，“基地”组织与其分支之间也有一些差异。①

不仅圣战萨拉菲思想在不同组织间有着差异，萨拉菲思想也展现出多元的景象。正如罗伊·梅杰所言：“他们（即萨拉菲运动——引者注）带着各自的教义、利益、问题及背景，创造了一个多面性的赛莱菲耶，反映了多种张力，从非政治的、非行动主义者趋向、生活方式和认同运动，到政治的、行动主义者的运动和暴力的吉哈德网络。这些运动都自认为源于赛莱菲耶，并且与瓦哈比主义分享基本的教义和术语，但他们各有自己的谱系，有其基于地方环境和全球发展而形成的关于赛莱菲耶的独特诠释”。② 萨拉菲思想在教义上强调回归经典，教法提倡“伊智提哈德”，思想传播倚重非正式的师生关系网络，这些因素促成了萨拉菲思想的多元化，也使萨拉菲思想至今始终没有统一的思想和组织领导。③ 此外，多元的思想也使萨拉菲思想支持者并不严格地遵循某一派的主张而行动，而是依据不同的利益、面临问题以及所处的背景等进行调整。④

---

① “基地”组织与其分支意识形态的差异，参见 Seth G. Jones, “A Persistent Threat: the Evolution of al Qa'ida and Other Salafi Jihadists,” RAND Corporation, pp. 7－23, http://www.rand.org/pubs/research_ reports/RR637.html; Assaf Moghadam: “The Salafi-Jihad as a Religious Ideology,” *CTC Sentinel*, Vol. 1, No. 3, 2008, https://www.ctc.usma.edu/posts/the-salafi-jihad-as-a-religious-ideology。

② ［荷兰］罗伊·梅杰主编：《伊斯兰新兴宗教运动——全球赛莱菲耶》，第7页。

③ 萨拉菲思想没有统一领导，同样萨拉菲思想中的圣战派也是一个分散状态。参见杨恕、郭旭岗《圣战派萨拉菲的缘起于现状》，第84—91页；Cole Bunzel, “From Paper State to Caliphate: the Ideology of the Islamic State”; Seth G. Jones, “A Persistent Threat: the Evolution of al Qa'ida and Other Salafi Jihadists”。

④ 这种变化可参考被认为是政治派萨拉菲的“穆斯林兄弟会”在哈桑领导时期的极端化，参见 Christine Sixta Rinehart, *Volatile Social Movements and the Origins of Terrorism: the Radicalization of Change*, Plymouth: Lexingtion Books, 2013, pp. 17－48；关于埃及伊斯兰团的转变，参见［荷兰］罗伊·梅杰《劝善戒恶的社会活动原则：埃及伊斯兰团》，载［荷兰］罗伊·梅杰主编《伊斯兰新兴宗教运动——全球赛莱菲耶》，第143—160页。

二 “伊斯兰国”对圣战萨拉菲思想的继承

作为当代“圣战”萨拉菲主义运动的一部分，“伊斯兰国”在宣传以及实践中体现了圣战萨拉菲思想的主张，践行圣战萨拉菲的“圣战”道路。从圣战萨拉菲思想的五个特征可以归纳出四个核心概念，即“认主独一”“神的主权”（hakimiyyah）、“塔克菲尔”以及“圣战”。依据字面意思解读《古兰经》与圣训，更多的是对于经典的解读方式，为三派所共享，而且它们的解读方式也无实质的区别。能够将圣战萨拉菲与纯洁派以及政治派区分开来的，是圣战派不同于其他两派对于上述四个概念的理解，以及圣战派对“效忠与绝罚”（al-wala wa-l-bara）的独特阐释。[①] 为了更好地梳理圣战萨拉菲对于这五个概念的独特理解，本章将依照“塔克菲尔”“神的主权”“认主独一”“效忠与绝罚”“圣战”的顺序，分析“伊斯兰国”对圣战萨拉菲思想的继承。

塔克菲尔即宣布一个穆斯林为“异教徒”，即判定其“叛教”，最早由哈瓦利吉派引入。这是针对穆斯林的纯真性所做的判断。当一个穆斯林被认定为卡菲尔，他在伊斯兰世界所面临的惩罚是“让他忏悔，如果忏悔；否则教法的总执行官因为他的叛教应处死他”。[②] 宣称一个穆斯林为卡菲尔，必须对他的信仰做出判断。哈乃斐教法学派创始人艾布·哈尼法（Abu Ḥanifa）主张触犯伊斯兰教中的大罪也不能否认穆斯林信仰，即“伊尔吉亚”（irja），进而认为通过内心的信念与口中的言谈就可以确定信仰，而无须通过行为来确定。[③] 显然，哈尼法所认定的信仰难以客观判定，导致宣称某一位穆斯林是卡菲尔难以实现。鉴于此，圣战萨拉菲者主张信仰不仅是内心的信念与口中的言谈，而且也包

---

① 圣战萨拉菲的五个核心概念分法，可参见 Shiraz Maher, *Salafi-Jihadism: the History of an Idea*, pp. 22 – 27。

② 本章所引用的沙特阿拉伯王国官方宗教观点，来自沙特阿拉伯王国学术研究和教法解答常务委员会网站。在引用沙特阿拉伯官方宗教观点时，出现的《古兰经》、圣训内容，为消除分歧，原引用其网站中文，其网站地址为 http://www.alifta.com。此段参见沙特阿拉伯王国学术研究和教法解答常务委员会网站，http://www.alifta.com/Fatawa/FatawaChapters.aspx?languagename=zh-CN&View=Page&PageID=10754&PageNo=1&BookID=3。

③ Shiraz Maher, *Salafi-Jihadism: the History of an Idea*, pp. 159 – 160.

括了行为。[1] 依据行为判定穆斯林的信仰，为圣战萨拉菲实行塔克菲尔原则奠定了基础。

萨拉菲纯洁派同样认为行为是信仰的一部分，[2] 但在对一个穆斯林是否是卡菲尔进行判决时，纯洁派主张“只要一个穆斯林内心有一个原子的重量的信仰，那么就不能永久停留在地狱”。[3] 与此类似，沙特阿拉伯官方宗教在“叛教”的判定方面主张：“他们不能判断任何个人或一个团体是异教徒，他们的证据就是伍萨麦·本·宰德·本·哈里萨杀害了一个念了‘万物非主，唯有安拉’的异教徒时，他对穆圣说：他这样说，只是为了害怕我手中的兵器，但是穆圣否认了这种行为，同时没接受他的道歉，穆圣对他说：难道你知道他心中的一切！他是真心说呢，还是假意说呢？即：难道你知道他念作证词时是不是诚心诚意的吗。只有当一个人否认了宗教中人所共知的原则，或违抗了穆斯林大众，并未因这个罪过而向安拉忏悔，这种明显的情况下，他们才能断定这个人是异教徒”。[4] 纯洁派对塔克菲尔的判定主张，显然继承了哈尼法的观点。而圣战萨拉菲者则依据行为给穆斯林做塔克菲尔判定，这为恐怖组织打击甚至消除异己打开了大门。如“基地”组织将行为上的反对“圣战”与联合“异教徒”定为“叛教”，[5] 运用塔克菲尔清除异己。[6]

“伊斯兰国”继承了圣战萨拉菲思想将行为纳入信仰评价中的观点。如“伊斯兰国”在其官方杂志《达比克》第 8 期《“伊尔吉亚”——最危险的创新》一文中，明确表明行为是评判信仰的标准。

---

① Shiraz Maher, *Salafi-Jihadism: the History of an Idea*, p. 160.

② 参见“Nine Rules Concerning Kufr and Takfir”, http://www.salafipublications.com/sps/downloads/pdf/MNJ090006.pdf。

③ Jamal bin Farihan al-Harithi, “The Khawarij Perform Takfir on Account of Major Sins,” http://www.salafipublications.com/sps/sp.cfm? subsecID = GSC02&articleID = GSC020002&articlePages = 1.

④ 参见沙特阿拉伯王国学术研究和教法解答常务委员会网站 http://www.alifta.com/Fatawa/FatawaChapters.aspx? languagename = zh-CN&View = Page&PageID = 598&PageNo = 1&BookID = 3。

⑤ 钱雪梅：《基地的“进化”：重新审视当代恐怖主义威胁》，《外交评论》2015 年第 1 期。

⑥ Tom Quiggin, “Understanding al-Qaeda's Ideology for Counter-Narrative Work,” *Perspectives on Terrorism*, Vol. 3, No. 2, 2009, pp. 18 – 24.

在该文中，“伊斯兰国”称“伊尔吉亚”是“削弱伊斯兰信仰的异端创新”，主张行为是穆斯林信仰的一部分。认为如果信仰仅关乎精神，最终将导致穆斯林无法分清正确与错误、信士与“叛教者”，强调穆斯林需要审视自身的行为以防偏离“正道”。[①] 基于此，“伊斯兰国”认为依据行为进行塔克菲尔判定是必须的。包含“伊斯兰国”在内的圣战派萨拉菲组织对塔克菲尔的必要性论述，以及依据行为进行塔克菲尔判别的原则与哈瓦利吉派一脉相承。在信仰方面，哈瓦利吉派同样主张信仰包括精神与行为。在塔克菲尔的判定方面，哈瓦利吉派主张严重的违背教义行为剥夺了一个穆斯林的全部信仰，使之成为“叛教者”，而消灭“叛教者”，对于哈瓦利吉派而言则是一种职责。[②] 正因圣战萨拉菲塔克菲尔思想与哈瓦利吉一脉相承，“基地”组织、“伊斯兰国”对塔克菲尔原则的运用，被纯洁派视为一种滥用，是一种“哈瓦利吉意识形态”。[③]

“神的主权”关注神权在政治中的地位以及实现方式，与“认主独一”思想中“拜主独一”密切相关。就独遵安拉的指引、践行沙里亚法[④]而言，纯洁派、政治派、圣战派并无区别。萨拉菲三派在神的主权问题上的差异，主要集中于神权的政治实现方式。纯洁派对政治并不热衷，不过这并不意味他们对现代政治是满意的。部分纯洁派认为“安拉的沙里亚法没有获得最高地位，统治机关存在的大量的罪恶，毫无疑问伊斯兰国家与土地处在一个糟糕的环境中”。[⑤] 尽管如此，纯洁派并无意去改

① 参见 Islamic State, “Irjā' the Most Dangerous Bid'ah,” *Dabiq*, No. 8, 2015, pp. 39 – 56。“伊斯兰国”官方杂志《达比克》以及《达比克》停发后发行的《罗马》均可从 https://clarionproject.org/islamic-state-isis-isil-propaganda-magazine-dabiq – 50/ 获取。

② 贾建平：《哈瓦利吉派与伊斯兰教义学》，《世界宗教研究》2005 年第 4 期。

③ Admin, “Shaikh Abdul-Muhsin al-Ubaykan to Muslims: Fear Allah and Do Not Sympathize with al-Zarqawi and the Takfiri Agenda,” http://www.ibntaymiyyah.com/articles/tsmok-shaikh-abdul-muhsin-al-ubaykan-to-muslims-fear-allah-and-do-not-sympathize-with-al-zarqawi-and-the-takfiri-agenda.cfm.

④ 伊斯兰教法即沙里亚法，指《古兰经》中启示、圣训诠释、补充的安拉诫命之总和。沙特阿拉伯官方宗教主张“合法”是“安拉的《古兰经》、穆圣的圣训中确定的两项教法律例”。参见金宜久《伊斯兰教辞典》，第 38 页；沙特阿拉伯王国学术研究和教法解答常务委员会网站“关于什么是伊斯兰教中的合法与非法事物”的解答。

⑤ “Allaah Does Not Change the Condition of A People Unless. . . ,” http://www.salafipublications.com/sps/downloads/pdf/MNJ110001.pdf.

变政治，他们认为“真主没有授权暴君统治我们，除非我们自己的行为腐化了……至高的安拉说：‘凡你们所遭遇的灾难，都是由于你们所做的罪恶’（《古兰经》第四十二章第三十条）……所以，如果人民想要从暴虐统治者的压迫中解救自己，那么必须首先放弃压迫本身”。[①] 由此可见，尽管纯洁派认同沙里亚法的最高权威，赞同沙里亚法的实行，但在实际政治生活中，他们更多地关注自身的改变。在政治派眼中，神的主权的实现无疑需要现代政治手段。如 1991 年沙特觉醒运动在“五月信件”（或称“乌里玛信件”）中对沙特王室提出了 12 点政治改革要求，要求在沙里亚法内保障公正与平等、司法独立，保护个人权利等。[②] 总之，在坚守神权的基础上，政治派主张参与现代政治。

与纯洁派不参与政治的姿态和政治派倡导的政治改良路径不同，圣战派不仅拒绝走改良的道路，而且还宣扬通过暴力方式改变政治现状。“全球伊斯兰极端主义教父”赛义德·库特卜（Sayyid Qutb）[③] 将世界分为“伊斯兰世界”和“蒙昧主义统治的世界”，进而将国家划分为“神圣的、真正的”伊斯兰国家和侵害“真主主权”的“非法政府”。[④] 此处“蒙昧主义”指的是把人的理性作为最高标准与生活价值。库特卜认为人的理性与“神的主权”对立，实质是对现代政治改良的拒绝。而且基于他对世界的理解，库特卜不承认民族国家存在的合法性，也不承认在民族国家基础上建立的现代国际体系及规范，主张伊斯兰的总原则是恢复真主统治权。库特卜认为实现这一目标，“圣战”是永久必要的，进而呼吁穆斯林主动参加“圣战”。[⑤] 阿布·穆罕默德·马克迪西（Abu Muhammad al-Maqdisi）进一步把“人为的法律”等同于“非伊斯

---

① Ibn Abil-Izz al-Hanafi, “Allaah Empowers Tyrannical, Oppressive Rulers Over the Subjects Due to Their Own Oppression and Corruption,” http://www.manhaj.com/manhaj/articles/aqpld-ibn-abil-izz-al-hanafi-the-oppression-of-a-tyrannical-ruler-results-from-the-oppression-in-the-actions-of-the-subjects.cfm。除沙特阿拉伯王国学术研究和教法解答常务委员会原引其《古兰经》中文，其余《古兰经》内容源自马坚译《古兰经》，中国社会科学出版社 1981 年版。

② Mansoor Jassem Alshamsi, *Islam and Political Reform in Saudi Arabia: The Quest for Political Change and Reform*, New York: Routledge, pp. 100 – 101.

③ John L. Esposito, *Unholy War: Terror in the Name of Islam*, Oxford: Oxford University Press, 2002, p. 8.

④ 金宜久编：《当代宗教与极端主义》，第 405 页。

⑤ 吴冰冰：《圣战观念与当代伊斯兰恐怖主义》，《阿拉伯世界研究》2006 年第 1 期。

兰崇拜”，宣称当代伊斯兰世界领导人为卡菲尔。①

圣战萨拉菲思想对改良路径的拒绝，以及暴力实现“神的主权”被“伊斯兰国”所继承。在“伊斯兰国”官方杂志《达比克》第10期《安拉的法律或者人的法律》一文中，“伊斯兰国”称自己为世界上唯一统治独归真主、实行沙里亚法的地方。② 而民族主义、现代政治在“伊斯兰国”的眼中遵循人的律法，就是一种“叛教”与异端行为，③ 而只要“异教”与“伪信”存在，“圣战”就将一直进行下去。④ 由此可见，圣战萨拉菲思想结合“神的主权”概念将塔克菲尔政治化的做法，被“伊斯兰国”所继承，为其通过暴力手段实现政治诉求提供合法性辩护。

“认主独一”是萨拉菲思想的核心，包括了认主独一、拜主独一、名称与属性独一三个方面。对于“认主独一”的内容理解以及地位判断，圣战派基本也持上述观点。“伊斯兰国”继承了圣战萨拉菲主义对“认主独一”的重视以及阐释，在其官方杂志《罗马》第1期《伊斯兰宗教》一文中，“伊斯兰国”明确将“认主独一”作为伊斯兰教最重要的信仰支柱，同时将“认主独一”阐释为认主独一、拜主独一、名称与属性独一。⑤ 将行为纳入信仰评判之中的主张，使得“认主独一”对于圣战萨拉菲思想而言，不仅作为一种精神而存在，而且融入了生活方式等具体行为，由此成为圣战萨拉菲派实施塔克菲尔的依据。“伊斯兰国”对什叶派塔克菲尔判定，依据正是什叶派陵墓崇拜、背弃圣门弟子、将神性赋予伊玛目等行为，⑥ 实际是将“认主独一”行为化而进行的塔克菲尔判定。

---

① ［德］约阿斯·瓦格马克斯：《激进观念的变化：阿布·穆罕默德·马克迪西的“效忠与拒绝”思想》，载罗伊·梅杰主编《伊斯兰新兴宗教运动——全球赛莱菲耶》，第67—68页。

② Islamic State, “The Law of Allah or the Laws of Men,” *Dabiq*, No. 10, 2015, pp. 50 – 66.

③ 参见 Islamic State, “Irjā’ the Most Dangerous Bid’ah,” pp. 52 – 56; Islamic State, “The Murtadd Brotherhood,” *Dabiq*, No. 14, 2016, pp. 28 – 43。

④ Islamic State, “Islam is the Religion of the Sword not Pacifism,” *Dabiq*, No. 7, 2015, p. 23.

⑤ Islamic State, “The Religion of Islam and the Jama’ah of the Muslims,” *Rumiyah*, No. 1, 2016, pp. 4 – 9.

⑥ Islamic State, “The Rafidah: From Ibn Saba’ to the Dajjal,” *Dabiq*, No. 13, 2016, pp. 32 – 45.

“效忠与绝罚”概念在伊斯兰教产生之前就已存在，原指一个部落将某个成员驱除。① 这一概念在伊斯兰世界中有着不同含义，曾被认为是一种创新而受到谴责。在沙特阿拉伯，“效忠与绝罚”意味忠于王室以对抗反抗，还曾有拒绝穆斯林寻求非穆斯林帮助的内涵。② 后来，“效忠与绝罚”逐渐演化为忠诚于穆斯林群体以保卫伊斯兰信仰，允许暴力对抗穆斯林群体的敌人。③ 在伊斯兰教发展历史上，首次将“效忠与绝罚”作为思想核心的是哈瓦利吉派。哈瓦利吉信徒对本派成员“效忠”而对其他人“绝罚”，构建了一个“非黑即白”的世界。④ 马克迪西将“效忠与绝罚”纳入信仰体系中，并据此认为沙特王室未能正确地“效忠”真主与沙里亚法，“绝罚”非穆斯林而与美国签订条约，裁定沙特王室是卡菲尔，主张暴力反抗“叛教”的伊斯兰政权。⑤

“基地”组织第一次将“效忠”的对象从国家转向组织，要求穆斯林效忠于它。对于没能“正确”实施“效忠与绝罚”的穆斯林，“基地”组织认为他们直接或间接地帮助了伊斯兰的敌人，走向了“叛教”，因而要被消灭。⑥ 由此，圣战萨拉菲基于“效忠与绝罚”思想，引申出不效忠于他们的主张就是“叛教”。“伊斯兰国”继承了圣战萨拉菲的“效忠与绝罚”思想。在《达比克》第 7 期《灰色地带消亡》一文中，“伊斯兰国”宣称没有灰色地带或中间地带，由此将反对者直接定位为“叛教者”。⑦ 实际上，“伊斯兰国”所谓的“叛教者”，仅是未能“效忠”“伊斯兰国”并“绝罚”被其视为“异端”的穆斯林。在“伊斯兰国”的意识形态体系中，世界早已是穆斯林与“异教徒”的战争，保持中立即意味“叛教”。

---

① ［荷兰］罗伊·梅杰主编：《伊斯兰新兴宗教运动——全球赛莱菲耶》，第 59—60 页。

② 参见［荷兰］罗伊·梅杰主编《伊斯兰新兴宗教运动——全球赛莱菲耶》，第 61 页；Shiraz Maher, *Salafi-Jihadism: the History of An Idea*, pp. 208, 218。

③ Shiraz Maher, *Salafi-Jihadism: the History of an Idea*, p. 201.

④ ［荷兰］罗伊·梅杰主编：《伊斯兰新兴宗教运动——全球赛莱菲耶》，第 60 页。

⑤ Joas Wagemakers, "A Purist Jihadi-Salafi: the Ideology of Abu Muhammad al-Maqdisi," pp. 288 – 289.

⑥ Shiraz Maher, *Salafi-Jihadism: the History of an Idea*, pp. 235 – 246.

⑦ Islamic State, "The Extinction of Grayzone," *Dabiq*, No. 7, 2015, pp. 54 – 67.

伊斯兰教中的“圣战”或“吉哈德”，在阿拉伯语中意为“奋斗、尽力”，“圣战”即为主奋斗。[①]“圣战”分为“大圣战”与“小圣战”，“大圣战”是指内心的“圣战”，包含苦修、履行宗教义务、实践伊斯兰所倡导的道德要求，抑制各类欲望、随时随地传播伊斯兰原则等；“小圣战”是指为真主而战，即战场上对抗不信仰伊斯兰教者。[②] 极端分子或恐怖分子口中的“圣战”多为“小圣战”。“小圣战”的实质是维护和传播伊斯兰教，它针对的是不信道者与压迫穆斯林者，具有进攻与防御的双重属性。[③] 随着历史的演变，大多数穆斯林学者认为“圣战”这一行为虽然是神圣的义务，但已进入休眠状态，即默认作为一种永久战争状态的“圣战”已经失效，不再符合穆斯林的利益。[④] 与不采取暴力“圣战”方式的纯洁派萨拉菲与政治派萨拉菲不同，圣战派萨拉菲将“圣战”从休眠中复活，如马克迪西主张“圣战”是“效忠与绝罚”的自然结果，是“绝罚”的最高形式；[⑤]“基地”组织把“圣战”作为信仰的一部分，主张“圣战”的目标是践行认主独一，恢复伊斯兰荣耀的重要手段。[⑥]“伊斯兰国”继承了圣战萨拉菲将“圣战”视为必要，且是信仰应有之义的观点。如在《达比克》第7期中，直接称伊斯兰教是“执剑而非和平的宗教”。[⑦]

由五个核心概念组成的圣战萨拉菲思想，构成了“伊斯兰国”开展极度残暴行为的理念基础。通过信仰与行为相连，圣战萨拉菲思想提出了塔克菲尔原则的必要性。基于对“神的主权”的理解，圣战萨拉菲学者将当代伊斯兰统治者以及其他政治力量认定为“叛教”。“认主独一”的行为化，服务于塔克菲尔的判定以及暴力行径。“效忠与绝罚”

---

① 张雪峰：《伊斯兰“圣战”——观点比较及分析》，《现代国际关系》2007年第9期；尚劝余：《伊斯兰圣战的理论渊源与实质》，《西亚非洲》2003年第2期。

② 吴冰冰：《圣战观念与当代伊斯兰恐怖主义》，第37页。

③ 尚劝余：《伊斯兰圣战的理论渊源与实质》，第12页。

④ 吴冰冰：《圣战观念与当代伊斯兰恐怖主义》，第39页。

⑤ Joas Wagemakers, "A Purist Jihadi-Salafi: the Ideology of Abu Muhammad al-Maqdisi," p. 293.

⑥ Bruce Lawrence eds., *Messages to the world The Statements of Osama Bin Laden*, London: Verso, 2005, pp. 14 – 18.

⑦ Islamic State, "Islam is the Religion of the Sword not Pacifism," *Dabiq*, No. 7, 2015, p. 20.

则为圣战萨拉菲的行动提供了一种简洁的判别标准，倘若穆斯林没能“正确”地“效忠与绝罚”就是“叛教”。“圣战”地位的抬高，将暴力作为宗教义务以及维护宗教的手段。圣战萨拉菲由五个核心概念形成的一套诊断与行动的体系，被“伊斯兰国”继承。

三 “伊斯兰国”对圣战萨拉菲思想的改造

“伊斯兰国”既继承了圣战萨拉菲思想，又对其进行了改造。就其意识形态与圣战萨拉菲五个核心概念之间的关系而言，很难说“伊斯兰国”有较大的发展。从对现状的诊断到行动的方式而言，“伊斯兰国”并没有突破圣战萨拉菲中已有的理解。不过，作为后来居上的恐怖主义势力，“伊斯兰国”在继承既有圣战萨拉菲思想的基础上，引入了其他伊斯兰教思想，具有自身的特色。

“伊斯兰国”的意识形态，有学者总结为：认主独一，宣扬“圣战”，实行“真正”的伊斯兰教法，以自身领导下的穆斯林团结代替民族主义，强调天启末日论以及极端的教派主义主张。[①] 其中前三点比较显著地来源于圣战萨拉菲思想。被认为是“伊斯兰国”意识形态体系的核心与显著特征的教派主义思想，特别是将什叶派视为“叛教者”的主张，[②] 实际上并没有脱离圣战萨拉菲思想将行为纳入信仰评价与认主独一行为化的观点。在为自身主张做辩护时，“伊斯兰国”选择性地解读《古兰经》、圣训的做法，[③] 一定程度上来源于被圣战萨拉菲思想所利用的“伊智提哈德”主张。“伊斯兰国”通过对圣战萨拉菲思想的改造，展现了三大特色：1. 建立“哈里发国”，实现全方位“圣战”，而不仅是防御性“圣战”；2. 更为极端地开展塔克菲尔实践；3. 浓烈的天启末日论色彩。

首先，“伊斯兰国”通过扩大“圣战”针对的目标，建立“哈里发国”，走向全方位“圣战”。其一，“伊斯兰国”扩大了“圣战”所针对

---

① Daniel Byma, “Understanding the Islamic State: A Review Essay,” *International Security*, Vol. 40, No. 4, 2016, pp. 127 – 165.

② Fawaz A. Gerges, *ISIS a History*, Princeton: Princeton University Press, 2016, p. 24.

③ Ibid., pp. 32 – 34.

的目标。在《达比克》第7期《伊斯兰是执剑而非和平的宗教》一文中，“伊斯兰国”称先知穆罕穆德降下四把剑，分别是：针对以物配主者的剑，针对不信者的剑，针对“伪信者”与“叛教者”的剑，针对“反叛者”的剑，并分别引用《古兰经》文本作为依据（《古兰经》第九章第五条、第九章第二十九条，第九章第七十三条，第四十九章第九条）。[①] 同在《达比克》第7期中，“伊斯兰国”撰文《灰色地带消亡》，将与它主张对立的学者、宣教者、教派以及“叛教”的政权和“十字军”等“异教徒”视为敌人。[②]《达比克》第5期发布的《保持与扩张》一文中，“伊斯兰国”更声称“即便所有的基督徒、犹太教徒、偶像崇拜者与无信仰者不屑，‘伊斯兰国’都将会扩展到地球的每个角落”。[③] 在“伊斯兰国”看来，“圣战”将一直持续进行，直到“异教”与“伪信”的消亡，最终“信仰独归安拉”。可见“伊斯兰国”的“圣战”目标是全方位的，除了自身之外都是其“圣战”的对象。

其二，“伊斯兰国”通过建立“哈里发国”，为开展全方位“圣战”提供“合法性”。在伊斯兰教中，允许发生战争的情况有三种：1. 信士们遭受侵犯；2. 拜主的场所遭到破坏；3. 在真主的援助下，扩展伊斯兰教。[④] 但不是这三种战争都需要每个穆斯林参与。在伊斯兰教中，向伊斯兰世界之外扩展伊斯兰教是进攻性“圣战”，是一种集体义务，在保证胜利的前提下，不需要每一位穆斯林的参与；在伊斯兰世界抵御外部攻击的防御性“圣战”，属于个体义务，即每个穆斯林须尽到的义务。[⑤]“基地”组织通过将犹太人以及美国“十字军”塑造为伊斯兰世界的侵略者，从而宣称对“十字军”开展“圣战”是每位穆斯林的个体义务外，[⑥] 以防御性“圣战”作为合法性来源。显然，对于“伊斯兰国”的全面“圣战”而言，仅开展防御性“圣战”是不够的。伊斯兰

---

① Islamic State, “Islam is the Religion of the Sword not Pacifism,” *Dabiq*, No. 7, 2015, pp. 20 – 21.

② Islamic State, “The Extinction of Grayzone,” *Dabiq*, No. 7, 2015, p. 55.

③ Islamic State, “Remaining and Expeanding,” *Dabiq*, No. 5, 2014, p. 33.

④ ［埃及］散伊德·萨比格：《伊斯兰教法》，穆斯林青年翻译组译，和平书局有限公司出版2011年版，第818页。

⑤ 吴冰冰：《圣战观念与当代伊斯兰恐怖主义》，第38页。

⑥ Shiraz Maher, *Salafi-Jihadism: the History of an Idea*, pp. 102 – 109.

教中，除了遭到进攻时"圣战"构成每一个穆斯林的个体义务外，还有两种情况使"圣战"成为穆斯林应尽的个体义务，一种是穆斯林参战，另一种是领袖要求成年公民出征。[①] 通过建立"哈里发国"自称"哈里发"，"伊斯兰国"获得了以"领袖"身份命令穆斯林个体参与"圣战"的"正当性"，而且从伊斯兰教的历史来看，"伊斯兰国"的"哈里发国"建立也并非完全不合理。[②]

其次，"伊斯兰国"极端运用塔克菲尔原则，这一特征突出表现在其秉持的教派主义观点上。"伊斯兰国"前领袖扎卡维认为"十字军"终究会被驱逐，而什叶派则是逊尼派"眼前与危险的敌人"，较之于美国，什叶派的危险与危害性也更大。[③] 在《达比克》第 13 期中，"伊斯兰国"直接宣称什叶派为"叛教者"。[④] 除了什叶派，在"伊斯兰国"的叙述中，反对者以及不支持者都是"叛教者"。如在《达比克》第 1 期《伊玛目的概念》一文中，"伊斯兰国"引用圣训"你们中谁喜悦脱离火狱进入天堂，就让他笃信安拉和末日地归真，就让他对待人们就像他喜悦人们对待他那样。谁向伊玛目宣誓并表示矢志效忠，就让他尽力服从。如果有人出来和伊玛目争权，你们应当砍断他的脖子"，[⑤] 实质将反对者摆向叛教的地位。同时在《达比克》第 7 期"灰色地带消亡"一文中，"伊斯兰国"认为不支持它的"伪信者"会"将他们的头埋进沙里，不敢暴露出来……直到大部分阿拉伯人背叛伊斯兰，与叛教者的战争发生时，伪信者蜂拥加入错误的阵营"，[⑥] 进一步将不支持者视为"叛教者"。"伊斯兰国"无差别地将不支持其主张的人判定为卡菲尔的

---

① 一般情况发起"圣战"的领袖为哈里发或伊玛目，即穆斯林团体的首领。参见吴冰冰《圣战观念与当代伊斯兰恐怖主义》，第 38 页；吴云贵：《伊斯兰教法的泛化、极化与工具化》，《世界宗教研究》2000 年第 4 期。"圣战"成为穆斯林个体义务的情况，参见散伊德·萨比格《伊斯兰教法》，第 818 页。

② Hugh Kennedy, *Caliphate: The History of an Idea*, New York: Basic Books, 2016, pp. 267 – 276.

③ William McCants, *The ISIS Apocalypse: The History, Strategy, and Doomsday Vision of The Islamic State*, New York: St. Martin's Press, 2015, pp. 13 – 14.

④ Islamic State, "The Rafidah: From Ibn Saba' to the Dajjal," *Dabiq*, No. 13, 2016, pp. 36 – 43.

⑤ Islamic State, "The Concept of of Imamah," *Dabiq*, No. 1, 2014, p. 28.

⑥ Islamic State, "The Extinction of Grayzone," *Dabiq*, No. 7, 2015, p. 56.

观点，被称为“扎卡维教义”。[①] 这一判定方式，与萨拉菲纯洁派所继承的哈尼法思想截然不同。[②] 相较“基地”组织，“伊斯兰国”对于塔克菲尔的使用也更为极端。尽管“基地”组织同样使用塔克菲尔作为清除异己的手段，但在塔克菲尔的裁定与处罚的严厉性方面并不如“伊斯兰国”极端。这是因为“基地”组织始终将团结穆斯林大众视为重要目标，如在写给扎卡维的信中，艾曼·扎瓦赫里反对扎卡维对于什叶派的攻击，要求他团结广大穆斯林，同时告诫扎卡维“大部分穆斯林不能理解甚至不能想象这种行为”。[③]

最后，浓烈的天启末日思想，是“伊斯兰国”又一醒目特征。天启思想一方面影响“伊斯兰国”战略的选择，另一方面为其“哈里发国”建立提供思想来源。“伊斯兰国”不遗余力地攻击伊拉克与叙利亚，就深受天启末日思想的影响。叙利亚阿勒颇地区是圣训中的末日决战之地，“末日来临之前，鲁姆人将驻扎在埃尔玛格（一说是达毕格），[④] 当时麦地那的一支大地上最优秀的军队出城阻截……当他们抵达沙姆时，旦札里出世。排好阵列，正准备厮杀，突然有人宣礼，尔撒圣人下降，率领他们礼拜”。[⑤] 这段圣训描写的末日来临前的决战，也正是“伊斯兰国”所说的与“十字军”的决战。受这一段圣训启发，扎卡维首次将美国军队描述为末日决战中的罗马人，认为自己代表全部穆斯林在末日决战中参战。[⑥] 扎卡维所说的“星火已经在伊拉克点燃，而它会在安拉的允许下旺盛，直至在达比克烧掉十字军异

---

① ［荷兰］罗伊·梅杰主编：《伊斯兰新兴宗教运动——全球赛莱菲耶》，第204—219页。

② 需要注意的是，萨拉菲各派系本身对什叶派的主张并非支持。2007年，前沙特阿拉伯学术研究和教法解答常务委员会成员 Abdullah Ibn Jibreen 宣称什叶派是“叛教者”，而非穆斯林，参见“Top Saudi Cleric Declares Shiites To Be Infidels,” http://www.jpost.com/Middle-East/Top-Saudi-cleric-declares-Shiites-to-be-infidels。

③ “Zawahiri's Letter to Zarqawi (English Translation),” https://www.ctc.usma.edu/posts/zawahiris-letter-to-zarqawi-english-translation-2.

④ 埃尔玛格、达毕格（即达比克）都是地名，位于沙姆（Sham），叙利亚阿勒颇附近。鲁姆人即罗马人。

⑤ ［阿拉伯］穆斯林·本·哈查吉辑录：《穆斯林圣训实录全集》，穆萨·余崇仁译，宗教文化出版社2009年版，第740页。

⑥ David Cook, “Iraq as the Focus for Apocalyptic Scenarios,” *CTC Sentinel*, Vol. 1, No. 11, 2008, https://ctc.usma.edu/posts/iraq-as-the-focus-for-apocalyptic-scenarios.

教徒”,[①] 已经成为“伊斯兰国”官方杂志《达比克》的引言。而《达比克》以及《罗马》的名称,显然也与这段末日决战圣训密切相关。

“伊斯兰国”的崛起地——伊拉克,同样在伊斯兰教的末日思想中有着一定地位。“伊斯兰国”头目阿布·阿尤布·马斯里(Abu Ayyub al-Masri)深信末日即将到来,他的许多决策被认为是源于对天启思想的笃信。为了准备末日决战,马斯里在上任几个月便建立“伊拉克伊斯兰国”。[②] 马斯里对天启的笃信,甚至引起了内部成员的反对。早在2007年,“伊斯兰国”首席教法学家向阿富汗的“基地”组织头目抱怨,“对于末日迹象的错误理解是‘伊斯兰国’的错误之一。如果问题仅限于此将会很好处理,但这个问题已经扩散到我们相关领域的‘圣战’工作中。例如,他们宣称马赫迪将会在一年内出现,因而扬言在三个月内占领美索不达米亚,并且发布命令直到末日来临,战士不准从战场撤退。这对于我们的兄弟而言是危险的”。[③]

“伊斯兰国”建立“哈里发国”,也与天启思想紧密相连。被诸多逊尼派“圣战者”与天启信徒解读为哈里发将会在末日重建的圣训是:“先知穆罕穆德说:‘只要安拉愿意,先知将会在你们中间。然后安拉将带走他,如果安拉意愿如此。之后将会出现依从先知道路的哈里发,只要安拉愿意,它将存在于你们中间。然后安拉将带走它,如果安拉意愿如此。之后将会出现刻薄的君主统治,只要安拉愿意,它将存在于你们中间。然后安拉将带走它,如果安拉意愿如此。之后将会出现残暴的君主统治,只要安拉的愿意,它将存在于你们中间。然后安拉将带走它,如果安拉意愿如此。之后将会出现残暴的君主统治,只要安拉愿意,它将存在于你们中间。然后安拉将带走它,如果安拉意愿如此。之后将会出现依从先知道路的哈里发。’语后,先知沉默。”[④]

---

① 穆斯林·本·哈查吉辑录:《穆斯林圣训实录全集》,第740页。

② William McCants, *The ISIS Apocalypse: the History, Strategy, and Doomsday Vision of The Islamic State*, p. 32; “Mapping Militant Organizations: The Islamic State,” http://web.stanford.edu/group/mappingmilitants/cgi-bin/groups/view/1.

③ James Fromson and Steven Simon, “ISIS: The Dubious Paradise of Apocalypse Now,” *Survival*, Vol. 57, No. 3, 2015, pp. 7–56.

④ Sayyid Rami al Rifai, “The Syrian Uprising and Signs of the Hour,” p. 48, https://ghayb.com/wp-content/uploads/2015/09/2nd. Edition-The-Syrian-Uprising-and-Signs-Of-The-Hour. pdf.

“伊斯兰国”充分利用这一段圣训，在反驳“基地”组织斥责其过于极端时，“伊斯兰国”称“依据经典与先知道路的伊斯兰国度在与你们的敌人战斗，你们要在大地上加强它、荣耀它、援助它、建设它。使它成为依从先知道路的哈里发”。“伊斯兰国”宣称建立“哈里发国”之后，叫嚣“在那些屈辱的边界被移除，民族主义的偶像被打破之后，除了依从先知道路的哈里发，一切都不会留下”。[①]“伊斯兰国”所说的“依从经典与先知道路的伊斯兰国度”“依从先知道路的哈里发”，显然受到了末日哈里发圣训的启示。通过对伊斯兰经典中关于天启末日相关文本的利用，“伊斯兰国”为自身的暴力行径以及“哈里发国”的建立披上宗教合法外衣。与此相对，“基地”组织则对天启末日观点无动于衷。[②] 末日信仰的确是伊斯兰教信仰的重要组成部分，然而末日的信仰更多的是使道德具有绝对性和神圣性，主旨在于劝善戒恶。[③] 而“伊斯兰国”则试图构建末日即将来临的图景，赋予建立“哈里发国”的合法性以加强号召力。

“伊斯兰国”在继承圣战萨拉菲思想之余，引入其他伊斯兰教思想，试图将“伊斯兰国”打造成为末日决战中穆斯林的引领者。通过极端的暴力手段、不妥协的行事风格，“伊斯兰国”强化了与其他圣战萨拉菲团体的区分，增强了自身的“正统性”，为其进行国际动员能力提供了话语资源和动员工具。

四 “伊斯兰国”极端化动因以及对“圣战”运动的影响

圣战萨拉菲思想所形成的对现实问题完整的诊断与行动的体系被

---

① William McCants, “Islamic State Invokes Prophecy to Justify its Claim to Caliphate,” https://www.brookings.edu/blog/markaz/2014/11/05/islamic-state-invokes-prophecy-to-justify-its-claim-to-caliphate/.

② William McCants, *the ISIS Apocalypse: the History, Strategy, and Doomsday Vision of The Islamic State*, p. 28.

③ 王广大、曹一俊：《伊斯兰教末世论的思想沿革探析》，《阿拉伯世界研究》2016 年第 6 期。

"伊斯兰国" 继承。萨拉菲思想的教义、教法主张，特别是后者，为"伊斯兰国" 所利用，某种程度上赋予了其解读宗教文本的权力，以做出符合自身利益的解读。对圣战萨拉菲思想的继承与对其他伊斯兰教思想的利用，构成了"伊斯兰国" 的意识形态。

"伊斯兰国" 与萨拉菲思想所展现的恐怖主义与宗教思想之间的联系，在学术界已产生丰富的研究成果。依据西方学者提出的演变理论，《古兰经》本身包含与暴力内容相关的叙述。① 世界上现存宗教的经典文本中也大多包含着诸多关于战争与暴力的象征与隐喻，这些内容的存在，成为包括恐怖分子在内的暴力实施者寻求合法性的重要来源。然而，这并不意味某种宗教与恐怖主义行为具有必然联系。② 如马克·朱根迈尔（Mark Juergensmeyer）所言："宗教不是无辜的，但一般情况下它并不导致暴力的产生。只有在政治、社会、意识形态等特定环境因素的结合下，宗教才融入社会愿望、个人自尊以及政治变革的暴力表达"。③ 诸多学者也从社会运动理论角度对恐怖主义的社会环境因素进行了解释。④

在"伊斯兰国" 的崛起中，社会环境因素也被认为是重要因素。⑤ 萨拉菲思想在伊斯兰教中较为流行，中东动荡的政治环境以及大国的介入，也给予"伊斯兰国" 兴起的政治机会结构。⑥ 在"伊斯兰国" 的中

---

① Reuven Firestone, *Jihad*: *The Origin of Holy War in Islam*, Oxford: Oxford University Press, 1999, pp. 51 – 65.

② James W. Jones, *Blood That Cries Out from the Earth*: *the Psychology of Religious Terrorism*, New York: Oxford University Press, 2008, pp. 142 – 144.

③ Mark Juergensmeyer, *Terror in the Mind of God*, Berkeley and Los Angeles: University of California Press, 2000, p. 10.

④ 参见王逸舟等《恐怖主义溯源》，社会科学文献出版社 2010 年版；张家栋：《恐怖主义与反恐怖——历史、理论与实践》，上海人民出版社 2012 年版；中国现代关系研究所反恐怖研究中心编：《恐怖主义与反恐怖斗争理论探索》，时事出版社 2002 年版；杨隽、梅建明：《恐怖主义概论》，法律出版社 2013 年版；范明强：《社会学视野中的恐怖主义》，解放军出版社 2005 年版；Fathali M. Moghaddam, *From the Terrorists' Point of View*: *What They Experience and Why They Come to Destroy*, London: Praeger Security International, 2006; Quintan Wiktorowicz ed., *Islam Activism*: *a Social Movement Theory Approach*, Bloomington: Indiana University Press, 2004。

⑤ 参见 Fawaz A. Gerges, *ISIS a History*, pp. 1 – 23。

⑥ 张吉军：《解读"伊斯兰国" 的政治伊斯兰生成之路——以社会运动理论为视角的分析》，《当代世界与社会主义》2016 年第 3 期；曾向红：《恐怖主义的整合性治理——基于社会运动理论的视角》，《世界经济与政治》2017 年第 1 期。

心地区伊拉克，根据皮尤调查中心2012年的调查，教派主义的思想颇有市场，93%的受访伊拉克人认为伊斯兰教是唯一通往天堂的信仰，相应地认为沙里亚法只有一种正确解读以及宗教教义只有一种正确解读的人分别为46%与47%。天启思想同样也有广泛支持，98%的伊拉克受访者认为天堂是永久的奖赏，而且相信末日审判将在有生之年来临的受访者达到了64%。对叛离伊斯兰宗教者实行死刑惩罚的支持率也达到了41%。[①]“伊斯兰国”的崛起以及对圣战萨拉菲思想的改造与上述社会环境因素息息相关。

同时，“伊斯兰国”提出了一个替代性国际秩序，是现代民族国家体系秩序的挑战者或者说“革命者”。[②]依据雷蒙·阿隆（Raymond Aron）的观点，在与保守方的对抗中，作为相对弱势的“革命者”，要通过极端化来维系力量以与保守方相抗衡。[③]“伊斯兰国”作为“革命者”，采取更加极端暴力的方式，似乎是一种“革命者”的必然。除了“革命者”的身份外，获取同情群体的支持、与“基地”组织等开展竞争，也是“伊斯兰国”提出极端主张的重要原因。在支持群体可接受的范围内，极端化的主张，可以在支持群体中赢得更多的支持。[④]加之极端化组织的运作，甚至可以创造出利于它生存的社会环境。[⑤]通过极端化增强动员能力，原因在于满足了目标群体的分化性需求。分化性需求是群体的最佳区分理论提出的人的两大社会动机之一，这两大社会动机分别是通过自身吸纳进大的团体得到满足的包容性需求与通过区分自身与他人得到满足的分化性需求。[⑥]相对“基地”组织，“伊斯兰国”

---

① 上述数据来自皮尤调查中心2012年调查数据，参见http：//www.pewforum.org/datasets/the-worlds-muslims/。

② 李捷、杨恕：《“伊斯兰国”的意识形态：叙事结构及其影响》，《世界政治与经济》2015年第12期。

③ ［法］雷蒙·阿隆：《和平与战争：国际关系理论》，朱孔彦译，中央编译出版社2013年版。

④ Clark McCauley and Sophia Moskalenko，“Mechanisms of Political Radicalization：Pathways Toward Terrorism，” *Terrorism and Political Violence*，Vol. 20，No. 3，2008，pp. 415－533.

⑤ Donatella Della Porta，*Social Movements*，*Political Violence*，*and the State*，Cambridge：Cambridge University Press，1995，pp. 110－112.

⑥ ［美］玛莉莲·布鲁尔：《我们，你们，他们：群际心理学揭秘》，李卫华译，机械工业出版社2016年版。

推崇更极端的暴力、秉持更分明的二元世界观。尽管在包容性需求满足上“伊斯兰国”不如“基地”组织，但在分化性需求满足上“伊斯兰国”较强。“伊斯兰国”支持群体的分化性需求在更深层次上源自伊斯兰世界普遍存在的本体不安全感，即在全球化冲击下，穆斯林个体对于“我是怎样的人”产生的疑惑。[①]“伊斯兰国”利用穆斯林群体的本体不安全感，通过对圣战萨拉菲思想的继承与改造，实现了自群体与他群体更清晰的区分，从而为缺乏本体安全的穆斯林提供了更强的群体身份认同，展现了更高的国际动员能力。

“伊斯兰国”不仅通过极端化获取了更强的动员能力，从在互联网上引起的关注来看，“伊斯兰国”取得了更显著的成功。“伊斯兰国”不仅在利用社交网络进行恐怖主义宣传上表现突出，[②] 而且在网络上引发了超越以往恐怖组织的关注度。在较长的一段时间内，全球网民对“伊斯兰国”关注甚至远超对恐怖主义的关注，尽管在此期间恐怖主义在互联网上引起的关注达到了有记录以来的峰值。同时，相较“如何加入‘基地’组织、‘博科圣地’或塔利班”，以“如何加入‘伊斯兰国’”为关键词的搜索也创造了纪录。[③] 尽管“伊斯兰国”在地面受挫，但它在网络世界中掀起的关注热潮仍未完全冷却，甚至已成为恐怖主义的象征。“伊斯兰国”所激发的全球网民对恐怖主义关注热潮以及自身的巨大影响力，为独狼式恐怖分子的扩散提供了理想的环境与群体身份。[④] 展望未来，在“伊斯兰国”激励下的独狼式以及小规模的恐怖袭

---

① Fathali M. Moghaddam, *From the Terrorists' Point of View: What They Experience and Why They Come to Destroy*, pp. 38 – 44.

② Jytte Klausen, "Tweeting the Jihad: Social Media Networks of Western Foreign Fighters in Syria and Iraq," *Studies in Conflict and Terrorism*, Vol. 38, No. 1, 2015, pp. 1 – 22.

③ 网络关注度来自谷歌趋势，其网址为 https://trends. google. com/trends/。本章共比较两组，年代均从 2004 年至 2017 年 9 月 3 日。第一组为“‘伊斯兰国’”“‘基地’组织”“塔利班”“恐怖主义”，前 3 个词条类型为“主题”，恐怖主义词条类型为“犯罪组织类型”。第二组为“how to join isis”“how to join al qaeda”“how to join boko haram”“how to join taliban”，词条类型统一为“搜索字词”。

④ 关于独狼式恐怖分子与社会运动的关系，参见 Jose Pedro Zuquete, "Men in Black: Dynamics, Violence, and Lone Wolf Potential," *Terrorism and Political Violence*, Vol. 26, No. 1, 2013, pp. 95 – 109。关于恐怖分子的行动动力与群体身份的论述，参见 Sophia Moskalenko and Clark McCauley, "The Psychology of Lone-wolf Terrorism," *Counselling Psychology Quarterly*, Vol. 24, No. 2, 2011, pp. 115 – 126。

击仍不容小觑，其意识形态也可能持续扩散。

但“伊斯兰国”这种极端的意识形态以及实践，对于整个圣战萨拉菲激励下的恐怖主义的发展而言并非全是利好。作为第一个从“基地”组织脱离、第一个对“基地”组织在“圣战”运动中领导地位形成挑战的组织，“伊斯兰国”的极端化使其获益颇丰，[①] 但这种受益很难说会促进恐怖主义的继续发展。社会运动理论中的“竞争升级”（competitive escalation）理论认为，群体的竞争将导致竞争各方的极端化。竞争中一方的获益将会导致另一方的反制，因而开启“对抗循环”（protest cycles），使竞争各方走向极端，导致冲突升级。德拉·波塔（Donatella della Porta）进一步指出，“竞争升级”将会使宗教恐怖组织陷入派系冲突。[②] 与“竞争升级”相类似，“出价更高”（outbidding）机制表明竞争中的恐怖组织为了获取领导力与影响力，展现自身的能力，将会升级暴力行为。[③] 史蒂芬·尼默斯（Stephen Nemeth）的研究认为，宗教恐怖主义与民族主义恐怖主义更可能发生“出价更高”现象。[④] 而无论恐怖组织走向派系冲突，还是“出价更高”实行更极端的暴力，两者都可能使恐怖组织走向灭亡。[⑤]

尽管“基地”组织高层在应对“伊斯兰国”的挑战中谨小慎微，哪怕在其分支与“伊斯兰国”发生暴力冲突时，也仅是在口头上对“伊斯兰国”进行批评，而没有开展全面的对抗，没有出现双方显著的“竞争升级”或“出价更高”的现象。但“基地”组织内部在应对

---

① Tore Refslund Hamming, “The Al Qaeda-Islamic State Rivalry: Competition Yes, but No Competitive Escalation,” *Terrorism and Political Violence*, 2017, pp. 1 – 6.

② Donatella della Porta, “Competitive Escalation During Protest Cycles: Comparing Left-wing and Religious Conflicts,” in Lorenzo Bosi et al., *Dynamics of Political Violence*, Burlington and Farnham: ASHGATE, 2014, pp. 93 – 114.

③ Mia Bloom, *Dying to Kill: The Allure of Suicide Terror*, New York: Columbia University Press, 2005, pp. 19 – 44.

④ Stephen Nemeth, “The Effect of Competition on Terrorist Group Operations,” *Journal of Conflict Resolution*, Vol. 58, No. 2, 2014, pp. 336 – 362.

⑤ 有学者提出了恐怖组织消亡的六个机制，并基于此提出了终结“基地”组织的五个要素，而恐怖组织出现派系冲突与走向更加极端都是其中内容。参见 Cronin A K, *Ending Terrorism: Lessons for Defeating al-Qaeda*, Routledge for the International Institute for Strategic Studies, 2008, pp. 23 – 72。

“伊斯兰国”上已经出现部分裂痕，部分高层学者对“伊斯兰国”持有敌对态度，而“基地”组织的部分分支也与“伊斯兰国”有过武装冲突。[①] 现今，“伊斯兰国”一方面积极寻求向外扩张；[②] 另一方面与“基地”组织保持联系，双方甚至进行了关于联合的讨论。[③] 在“伊斯兰国”失利的过程中，“基地”组织也接纳了部分“伊斯兰国”人员。[④] 但“伊斯兰国”是否会与“基地”组织联合，其极端化倾向是否会趋于温和，更多地取决于“伊斯兰国”未来的发展。

然而，因“伊斯兰国”所开启的圣战萨拉菲恐怖组织之间明朗化的竞争，对于整个圣战萨拉菲恐怖主义而言可能是一种削弱。被认为有望取代“伊斯兰国”现有地位的“征服沙姆阵线”（Jabhat Fateh al-Sham，原“努斯拉阵线”，Jabhat al-Nusra）的发展路线与“伊斯兰国”有一定相似性，也是脱离“基地”组织自我发展。[⑤] 如果“伊斯兰国”在未来的演变中，展现出较好的发展态势，“伊斯兰国”与“基地”组织双方的关系也可能出现“竞争升级”或“出价更高”的现象。而无论是“征服战线”成为恐怖组织中的“佼佼者”，还是“伊斯兰国”再度“崛起”，圣战萨拉菲恐怖主义在未来可能走向派系斗争或过于极端，从而带来自身的毁灭。但近期来看，需要关注的是“伊斯兰国”的“外籍战士”回流状况及其对国际安全与稳定带来的严峻挑战，在此过

---

① Tore Refslund Hamming, “The Al Qaeda-Islamic State Rivalry: Competition Yes, but No Competitive Escalation,” pp. 6 – 18.

② “伊斯兰国”一方面寻求扩张，如其向阿富汗、东南亚等的扩张，参见朱永彪《伊斯兰国在阿富汗的现状和前景》，《南亚研究季刊》2017 年第 2 期；卢光盛、周洪旭：《“伊斯兰国”对东南亚的渗透：态势、影响及应对》，《南洋问题研究》2017 年第 3 期。另一方面“伊斯兰国”试图在各国建立地下网络，参见 Tom Michael, “Sleeper Cells Ready: ISIS Trains Kids as Young as Nine to Unleash Terror on UK as ex-Jihadi Warns ‘Sleeper Cells’ in Europe are ‘Ready to Attack’,” https://www.thesun.co.uk/news/4683739/isis-children-sleeper-cells-terror-uk-europe/。

③ “Islamic State Seeking Alliance with al Qaeda, Iraqi Vice President says,” https://www.reuters.com/article/us-mideast-crisis-iraq-islamic-state/islamic-state-seeking-alliance-with-al-qaeda-iraqi-vice-president-says-idUSKBN17J1DT.

④ Bassem Mroue and Qassim Abdul-Zahra, “Al-Qaida Set to Gain as Islamic State Disintegrates,” http://www.foxnews.com/world/2017/10/18/al-qaida-set-to-gain-as-islamic-state-disintegrates.html.

⑤ 李伟：《“伊斯兰国”溃败对国际恐怖主义生态的影响》，《现代国际关系》2017 年第 8 期。

程中，圣战萨拉菲如何演变，也值得做更深入细致的探讨。

在下一章中，我们将运用社会运动理论中的“架构视角”（framing perspective）来分析具有圣战萨拉菲主义内涵的“基地”与“伊斯兰国”在意识形态上的差异。事实上，本章第三节“‘伊斯兰国’对圣战萨拉菲思想的改造”已经或多或少地涉及了这些差异，如“伊斯兰国”要求立即建立“哈里发国”，具有浓烈的天启末日思想等，但“基地”与“伊斯兰国”在意识形态上的差异还需要更为具体和深入的分析。

第四章 “基地”与“伊斯兰国”的架构叙事及其差异

“基地”与“伊斯兰国”是当前国际社会中影响和破坏力最大的恐怖组织，而且两者之间存在明显的竞争。[①] 这种竞争，不仅影响两个恐怖组织的战略战术和叙事体系及其发展演变，而且将继续对中东局势和全球反恐战争产生深远影响。不过在研究这种竞争所带来的复杂影响之前，有必要对两者的异同进行深入的比较。这种比较之所以必要，除了可以借此探索国际恐怖主义与极端主义的发展趋势外，还可以通过了解两个组织间的异同以对它们实施具有针对性的打击提供相应的建议。诚如格雷姆·伍德（Graeme Wood）指出的：“我们未能预见到‘伊斯兰国’与‘基地’之间的裂缝，尤其是两者之间的实质性差异，以致带来了危险的决策”。[②] 而就现有研究成果而言，学术界有关“基地”的成果相当丰富，[③] 但对“伊斯兰国”的了解还比较有限。如自“伊斯兰国”2014 年 6 月 29 日宣布建立“哈里发国”以来，“伊斯兰国”的演变历程、行动战略与策略、意识形态的源流与特征、国际社会的应对等问题，得到了国内外学术界的较多关注，也产生了一定的成果。不过，

---

① 可参考 Daveed Gartenstein-Ross, Nathaniel Barr and Bridget Moreng, “The Islamic State vs. Al-Qaeda: The War within the Jihadist Movement,” January 13, 2016, http: //warontherocks. com/2016/01/the-islamic-state-vs-al-qaeda-the-war-within-the-jihadist-movement/; Daniel Byman Jennifer Williams, “ISIS vs. Al Qaeda: Jihadism's Global Civil War,” February 24, 2015, http: //nationalinterest. org/feature/isis-vs-al-qaeda-jihadism's-global-civil-war – 12304? page = show。

② Graeme Wood, “What ISIS Really Wants,” *The Atlantic*, March 2015, http: //www. theatlantic. com/features/archive/2015/02/what-isis-really-wants/384980/。

③ 可参考钱雪梅《基地的“进化”：重新审视当代恐怖主义威胁》，《外交评论》2015 年第 1 期。

现有的大多数成果只是集中研究该组织，较少涉及与其他恐怖组织（如“基地”）进行比较。① 这类成果对于了解“伊斯兰国”必不可少，而且的确为人们了解该组织提供了诸多洞见；不过，由于缺乏比较对象，有可能导致关于该组织的部分观点或结论存在一定偏差。例如，认为“伊斯兰国”的政治目标在于建立“哈里发国”、对现存国际秩序提出了重要挑战、依赖于社交网络开展活动等观点，在不经意间忽视了“基地”及其下属机构或多或少也具有这些特征，只是程度上有异而已。因此，将“伊斯兰国”与“基地”进行比较研究，是对两者进行较为准确认识的一种有效方式，进而可为国际社会更为有效打击它们提供更具针对性或前瞻性的建议。

本章将集中对“基地”与“伊斯兰国”公开叙事及其差异进行研究。“基地”与“伊斯兰国”的差异和竞争体现在多个方面，本章只选择公开叙事（public narrative）进行比较，这涉及它们在“适当性逻辑”（logic of appropriateness）上的竞争。由于“基地”与“伊斯兰国”的公开叙事极其繁杂，为了研究的方便和保证结论的科学性，本章通过运用社会运动理论中的架构视角进行研究，归纳出两者对伊斯兰世界所面临的问题、可行的解决方案、如何动员潜在支持者支持或参与其鼓吹的“圣战”事业等方面观点的差异。从架构视角来看，提出并完成这三个方面的主要内容，是两个恐怖组织在公开叙事过程中需要完成的三项主

---

① 不多的例外参见杨增光《关于“基地”组织和“伊斯兰国”（IS）比较研究》，《云南警官学院学报》2015 年第 5 期；杨凯：《伊斯兰国与基地组织在东南亚、南亚的扩张比较》，《东南亚研究》2015 年第 5 期；郭强：《“基地”组织与“伊斯兰国”比较研究》，《国际研究参考》2016 年第 4 期；刘乐：《“伊斯兰国”组织与“基地”组织关系探析》，《阿拉伯世界研究》2017 年第 2 期；Carter Andress, *Victory Undone: The Defeat of al-Qaeda in Iraq and Its Resurrection as ISIS*, Washington: Regnery Publishing, October 20, 2014; Daniel Byman, *Al Qaeda, the Islamic State, and the Global Jihadist Movement: What Everyone Needs to Know*, Oxford: Oxford University Press, July 29, 2015; Glenn Beck, *It Is About Islam: Exposing the Truth About ISIS, Al Qaeda, Iran, and the Caliphate*, New York: Threshold Editions, August 18, 2015; Charles R. Lister, *The Syrian Jihad: Al-Qaeda, the Islamic State and the Evolution of an Insurgency*, Oxford: Oxford University Press, February 1, 2016; Lawrence Wright, *The Terror Years: From al-Qaeda to the Islamic State*, New York: Knopf, August 23, 2016; Ali Soufan, *Anatomy of Terror: From the Death of Bin Laden to the Rise of the Islamic State*, New York: WW Norton, May 2, 2017; Charles River, eds., *The Most Infamous Terrorist Groups in the World: The History and Legacy of al-Qaeda, the Islamic State, the Nusra Front, and Boko Haram*, Middletown: CreateSpace Independent Publishing Platform, November 17, 2017。

要工作——“诊断式架构”（diagnostic framing）、“处方式架构”（prognostic framing）与“促发式架构”（motivational framing）。通过对“基地”与“伊斯兰国”的这三种架构工作进行较为深入比较，大致可以发现它们在公开叙事上的重要差异。本章的结构安排如下：首先阐述从架构视角研究恐怖组织公开叙事的可行性；其次对“基地”与“伊斯兰国”所建构的三种框架——“诊断式框架”（diagnostic frame）、“处方式框架”（prognostic frame）与“促发式框架”（motivational frame）——的主要内容进行梳理；再次对两个恐怖组织在三种框架上的主要差异进行总结；最后对本章的发现及其启示进行简要讨论。

一 恐怖组织的公开叙事与架构视角

作为恐怖组织，无论是“基地”组织还是“伊斯兰国”，都希望自身的奋斗目标得到目标群体的认同，并积极支持甚至参与它们所鼓吹的“圣战”事业。因此，对于恐怖组织而言，它们的一项重要工作在于将它们的理念、意识形态、战略目标等信息传递给支持者、同情者乃至对手，以塑造自身行动与所追求政治目标的正当性和合法性，同时威慑、警告或胁迫对手。就此而言，与其他政治行为体相似，恐怖组织遵循并致力于重塑“适当性逻辑”。这种逻辑与恐怖组织试图通过其战略战术和具体的恐怖活动以扩大其影响力或实现其政治目标时所遵循的“后果性逻辑”（logic of consequentiality）有所不同，其主要目的在于使恐怖组织所推动的事业得到支持，并为其暴力行为提供论证。[①] 按照詹姆斯·G. 马奇（James G. March）和约翰·奥尔森（John Olsen）的观点：“适当性无须专注于后果，但有着认知和道德的特征，也包含目标和志向。作为一种认知问题，适当行为是对特定自我概念至关重要的行为。作为一个道德问题，适当行为是合乎伦理的行为”。[②] 对于恐怖组织而

① 两种逻辑的区分，可参见 James G. March, *A Primer on Decision Making: How Decisions Happen*, New York: Free Press, 1994, pp. 1 - 102。

② ［美］詹姆斯·G. 马奇、［英］约翰·奥尔森：《国际政治秩序的制度动力》，载［美］彼得·卡赞斯坦、罗伯特·基欧汉、斯蒂芬·克拉斯纳编《世界政治理论的探索与争鸣》，秦亚青等译，上海人民出版社 2016 年版，第 369 页。

言，由于其实现政治目标的手段主要在于通过指使其成员或潜在支持者袭击无辜平民，而这需要克服道德、伦理、法律、心理、情感等方面的诸多障碍。[①] 因此，恐怖组织的发展前景，在很大程度上取决于其能否有效“削减参与恐怖活动的心理成本”。[②] 而要实现这一目标，恐怖组织须通过重构关于暴力恐怖活动的话语系统，以突破日常生活中的“适当性逻辑”——如不许伤害他人等，重塑有关从事恐怖活动的新的“适当性逻辑”。

恐怖组织重构有关暴力恐怖活动的“适当性逻辑”主要是通过公开叙事进行的。叙事往往源自特定的信念体系，并以这种信念体系作为参照，不过，为了取得最大程度的动员效果，它们往往用一种简化和线性化的方式解读世界。[③] 具体而言，一种有效的叙事，不仅要构建一种具有可信性的故事，而且要为这一故事提供具有可行性的行动计划。前者意味公开叙事不只是提供某些基本事实，而且需要以一种简化和具有说服力的方式提供对一种或某些政治、社会、经济或文化现象的诊断，如不平等、不正义现象的存在及其产生的根源；而后者需要为根治这些现象提供具有一定可行性的解决方案，以此激励潜在的听众或观众为实现替代性的社会秩序采取行动。[④] 作为恐怖组织，无论是“基地”还是“伊斯兰国”，都非常重视将其各种理念成分整合在一起，并将其具有内在连贯性、可行性和简明性的“故事”和“解决方法”兜售给潜在的支持者，同时对对手构成话语上的牵制甚至反击。换言之，恐怖组织试图通过公开叙事实现三个方面的目的，

---

① 可参考 Bert Klandermans and Dirk Oegema, “Potentials, Networks, Motivations, and Barriers: Steps Towards Participation in Social Movements,” *American Sociological Review*, Vol. 52, No. 4, 1987, p. 520。

② Donatella Della Porta, “Left-Wing Terrorism in Italy,” in Martha Crenshaw, ed. *Terrorism in Context*, University Park, PA: Pennsylvania State University Press, 1995, p. 149.

③ Milebna Uhlmann, “Challenges and Possible Opportunities for Developing Effective Counter-Narrative Measures vis-à-vis the ‘Islamic State’ Movement,” in Jean-Luc Marret and Gonul Tol, eds., *Understanding Deradicalisation: Pathways to Enhance Transatlantic Common Perception and Practices*, Washington DC: Middle East Institute, 2015.

④ Jennifer Jeffris, “A Fight for Narratives in the Battle Against Extremism,” *Small Wars Journal*, August 1, 2014, http://smallwarsjournal.com/jrnl/art/a-fight-for-narratives-in-the-battle-against-extremism? utm_ source =.

其一，为自身的暴力行动提供合法性；其二，吸引潜在同情者的支持并投身到暴力行为中；其三，胁迫对手并使其暴力恐怖活动获得最大程度的影响。[①]

社会运动研究中的架构视角可为研究“基地”和“伊斯兰国”的公开叙事提供一种具有启发性的思路。“基地”与“伊斯兰国”与其他社会运动组织一样，在提出、建构并阐发其公开叙事的过程中，不只是挪用既有的社会或宗教观念，而是在此基础上根据事态的演变、自身的发展状况及不同恐怖组织之间的竞合关系，积极构建自身的话语体系。在此过程中，它们有选择性地对事务进行解读，以构建契合自身政治目标、资源基础、思想理念、发展方向的叙事内容。这种密切涉及观念、意义、信念重组和完善的过程，在社会运动研究中可被称为“架构”过程，而其产生的成果即为社会运动“框架”。[②] 不过，架构还具有更具体的内涵。按照架构视角的主要提出者戴维·A. 斯诺（David A. Snow）与罗伯特·D. 本福德（Robert D. Benford）的观点，社会运动组织主要通过框架“就某些需要加以变革的特定状况或情势达成共识、对谁或由什么对这些形势负责进行归因，并提出一种替代性的安排，劝导他人协调行动以促成改变”。[③] 根据上述界定可以发现，架构工作至少需要涵盖三个方面的内容，其一是诊断问题，其二是提出替代性的方案，其三是动员潜在支持者（或同情者）与旁观者参与到社会运动中来。围绕这三个方面内容而建构起来的框架，架构视角研究者分别将其称为“诊断式框架”“处方式框架”与“促发式框架”。

不同的框架所承担的功能有所不同。如诊断式框架的任务在于

---

① Alex P. Schmid, “Terrorism and the Media: The Ethics of Publicity,” *Terrorism and Political Violence*, Vol. 1, No. 4, 1989, pp. 539 – 565; Alex P. Schmid, “Terrorism as Psychological Warfare,” *Democracy and Security*, Vol. 1, No. 2, 2005, pp. 137 – 146; Thomas H. Johnson, “The Taliban Insurgency and an Analysis of Shabnamah,” *Small Wars & Insurgencies*, Vol. 18, No. 3, 2007, pp. 317 – 344.

② 可参见曾向红《美国对埃及变局的应对及其效应——基于架构视角的考察》，《国际安全研究》2013 年第 3 期。

③ Robert D. Benford and David A. Snow, “Framing Processes and Social Movements: An Overview and Assessment,” *Annual Review of Sociology*, Vol. 26, 2000, p. 613.

“通过确定某些事件、社会生活的某些方面、政府体系内部的某些系统是存在问题和需要修补或变革的，并找出失误方或责任方”。换句话说，诊断式框架需要回答“问题出在哪里，谁应该为此负责”这一问题。[①] 通过该框架，社会运动组织者试图向其听者传达这种信息，即原本视为理所当然或不可变革的现状，实际上是不可忍受或不公正的，从而为人们尝试改变现状奠定基础，至少为实现人们的“认知解放”提供条件。[②] 而处方式框架在诊断式框架的基础上，就“所诊断的问题提出可能的解决方案，并指出具体的需要完成的行动”，这些行动涉及社会运动组织尝试贯彻的战略、策略与目标等内容。[③] 根据处方式框架的内容与特征，可以发现该框架的主要功能在于回答“怎么办”的问题。[④] 在回答上述问题后，还需进一步解决社会运动动员中的另一个关键问题，即“怎样使人们行动起来”，而解决这一问题的任务是由促发式框架承担的。如何诱导社会运动参与者或潜在支持者克服恐惧与风险参与集体行动，是非常关键的一项任务。通过提供各种激励、警示拒绝参与的后果，促发式框架试图尽可能多地动员潜在支持者与旁观者参与社会运动，以维持运动的持续或推进其政治目标。[⑤]

因架构视角注意到恐怖主义公开叙事内部的矛盾与多样性、强调社会运动组织在面对内外部形势时进行诠释并建构意义的过程、关注话语体系的延续与变革等，这些特点有助于较为准确把握恐怖主义叙事的发展脉络及恐怖活动参与者在其中的能动性。[⑥] 正因如此，近年来国外学术界不乏从架构视角对恐怖组织（尤其是“基地”组织及其分支机构）

---

① David A. Snow and Scott C. Byrd, “Ideology, Framing Processes, and Islamic Terrorist Movements,” *Mobilization: A International Quarterly Review*, Vol. 12, No. 1, 2007, p. 124.

② Doug McAdam, *Political Process and the Development of Black Insurgency, 1930 – 1970*, Chicago: University of Chicago Press, 1982, p. 51.

③ David A. Snow and Richard D. Benford, “Ideology, Frame Resonance, and Participant Mobilization,” *International Social Movement Research*, Vol. 1, No. 1, 1988, p. 199.

④ David A. Snow and Scott C. Byrd, “Ideology, Framing Processes, and Islamic Terrorist Movements,” pp. 216 – 127.

⑤ Ibid., p. 128.

⑥ Donald Holbrook, *The Al-Qaeda Doctrine: The Framing and Evolution of the Leadership's Public Discourse*, pp. 36 – 49.

的叙事进行研究的成果。[①] 不过，运用该视角对“基地”与“伊斯兰国”的公开叙事进行比较研究的成果则相对较少。[②] 本章在借鉴现有成果的基础上，尝试运用该视角对“基地”和“伊斯兰国”的架构叙事及其差异进行分析。

二 “重建乌玛的圣战先锋”——“基地”组织的架构叙事

自20世纪80年代形成以来至今，[③] “基地”组织通过其公开叙事已建构起一套较为完整的架构叙事。作为一种社会运动的“基地”，它致力于改变伊斯兰世界的现状，以建立一种新的社会、宗教与政治秩序。而这种理想中的秩序是基于“基地”领导人——如本·拉登、艾曼·扎瓦赫里等人——通过对伊斯兰教经典文本（如《古兰经》《圣训》等）的选择性解读构建起来的，其中的核心概念为乌玛——意指“伊斯兰世界”或“伊斯兰共同体”“吉哈德”——意指“圣战”“塔维德”——意指“认主独一”“希吉拉”（hijra）——意指“迁徙”等。[④]

---

① 相关成果可参见 David A. Snow and Scott C. Byrd, “Ideology, Framing Processes, and Islamic Terrorist Movements,” pp. 119 - 136; Donald Holbrook, *The Al-Qaeda Doctrine: The Framing and Evolution of the Leadership's Public Discourse*; Quintan Wiktorowicz, “Framing Jihad: Intramovement Framing Contests and Al-Qaeda's Struggle for Sacred Authority,” *International Review of Social History*, Vol. 49, No. Supplement S12, 2004, pp. 159 - 177。

② 相关研究成果参见 Arjun Swami Persaud, “Frame Wars: The Effects of Fame Alignment Processes on al-Qaeda's and Islamic State's Contest for Resonance, A Comparative Frame Analysis,” August 2016, pp. 1 - 77, https://dspace.library.uu.nl/bitstream/handle/1874/338217/superfinal%20thesis.pdf?sequence=2&isAllowed=y。

③ “基地”的前身源自于20世纪80年代在阿富汗参与抗苏战争的“圣战者”所组建的“阿拉伯服务局”。一开始领导人为阿卜杜拉·阿萨姆（Abdullah Azzam），本·拉登为其副手。1998年11月，阿萨姆遇刺身亡，本·拉登随即成为“基地”领导人。可参见钱雪梅《基地的“进化”：重新审视当代恐怖主义威胁》，第117页；Donald Holbrook, *The Al-Qaeda Doctrine: The Framing and Evolution of the Leadership's Public Discourse*, pp. 11 - 12。

④ 关于这些核心概念的内涵，可参考钱雪梅《基地的“进化”：重新审视当代恐怖主义威胁》，第113—135页；John Turner, “From Cottage Industry to International Organisation: The Evolution of Salafi-Jihadism and the Emergence of the Al Qaeda Ideology,” *Terrorism and Political Violence*, Vol. 22, No. 4, 2010, pp. 541 - 558。

在下文的讨论中，我们将结合“基地”组织领导人的论述和学术界的相关研究，[①] 对“基地”架构叙事做一简要的梳理。这种梳理不可避免会以线性论述为特征，而且有可能对其叙事中的断裂和矛盾关注不够，这是需要加以注意的。

（一）“基地”叙事中的诊断式框架

“基地”的诊断式框架始终围绕其建构的怨恨叙事而展开。这种怨恨既指伊斯兰世界所遭受的具体苦难和蒙受的羞辱，也指“基地”基于自身规范期待遭遇挫折衍生的怨恨。“基地”表达或提及的一些具体怨恨包括：以美国为首的西方国家支持沙特、也门、埃及等伊斯兰国家，以压迫各国的穆斯林；西方帝国主义在殖民主义时代通过各种手段征服伊斯兰世界、随意划分边界，如迫使中东国家签署《赛克斯——皮科协定》（*Sykes-Picot agreement*），破坏了乌玛的完整；以低廉的价格购买伊斯兰国家的石油，窃取了穆斯林世界的财富；某些中东国家（如巴基斯坦、埃及等）的政府与西方国家合作，对捍卫乌玛的“圣战者”进行打击与迫害；西方国家支持以色列的建立，并通过戴维营协议、奥斯陆协议等所谓的“条约”侵犯巴勒斯坦的土地并迫害穆斯林；以维护人权为理由攻击伊斯兰世界，如进攻阿富汗、伊拉克，干预达尔富尔等；鼓吹人权、提倡选举，试图以人造法凌驾在沙里亚法之上，侵蚀真主的权威，伊斯兰世界已经堕落到了类似先知出现前的“宗教无知”或“愚昧”的状态；人为创立的法律替代了沙里亚法，严重亵渎了真主的权威；缺乏一个“哈里发国”，偏离了先知的道路；在“两圣城（即麦加、麦地那）之地”（the Land of two Holy Places）驻扎有“异教徒”的军队；外来思想观念的渗透和传播，使穆斯林不再虔诚，反而追求物质享受，以致堕落成为非真正的穆斯林，

① 为了尽量避免出现误读，本章对“基地”架构叙事的研究参考了唐纳德·霍尔布洛克（Donald Holbrook）的著作，该书从架构角度对“基地”叙事的内容及其演变做了较为全面的研究，可资借鉴。参见 Donald Holbrook, *The Al-Qaeda Doctrine: The Framing and Evolution of the Leadership's Public Discourse*。

等等。[①] 总而言之，在“基地”的怨恨叙事中，乌玛是一个核心概念。而乌玛被认为是由信仰“万物非主、唯有真主”这一“认主独一”原则的虔诚穆斯林所组成的单一全球共同体，它超越了伊斯兰世界内部民族、国家、宗教派别、地域、部落等的分野，是一种纯粹基于“认主独一”原则而得以形成的信仰共同体。而乌玛遭遇破坏，则是“基地”各种怨恨的主要由来。

“基地”领导人之所以强调伊斯兰世界面临的上述问题，主要目的在于希望通过表达普通穆斯林对伊斯兰世界所面临问题的关切，以期引发穆斯林对其诊断式框架的共鸣。毫无疑问，由于国际局势始终在变化，而且怨恨事由繁杂，“基地”的诊断式框架并不是一以贯之的，而是随着事态的发展而进行调整。如在 1998 年 2 月宣布创建“反犹太人和十字军圣战国际阵线”（International Front for Jihad Against Jews and Crusaders，下称“圣战国际阵线”）时，本·拉登着重论述了伊斯兰世界存在的三种怨恨：“犹太人复国运动者——十字军联盟”占领了阿拉伯半岛、伊拉克人民因遭遇该联盟的制裁而蒙受苦难、耶路撒冷与巴勒斯坦的穆斯林未获解放。[②] 基于此，本·拉登宣布“圣战国际阵线”将作为阿拉伯地区所有穆斯林的先锋，号召各国穆斯林对“犹太人复国运动者——十字军联盟”进行反击。在此之后，随着伊斯兰世界和国际形势的变化，“基地”扩大了关注的范围，并将其诊断式框架的关注对象延伸到包括巴基斯坦的克什米尔地区、俄罗斯的车臣等地区的事务上。随着“9·11”事件后美国入侵阿富汗，“基地”诊断式框架对问题的诊断，进一步扩大到世界范围内的各种不公正现象。

在对伊斯兰世界存在的各种问题进行梳理后，诊断式框架在逻辑上自然需要找出导致这些问题出现或持久存在的原因，即寻找责任方。在

① 这些或具体、或抽象的怨恨，可参见 Thomas R. Mockaitis, *Osama bin Laden: A Biography*, Santa Barbara, CA: Greenwood, 2010; Peter L. Bergen, *Holy War Inc.: Inside the Secret World of bin Laden*, New York: Free Press, 2000; Peter L. Bergen, *The Osama bin Laden I Know: An Oral History of Al-Qaeda's Leader*, New York: Free Press, 2006; Steve Coll, *The Bin Ladens: An Arabian Family in the American Century*, New York: Penguin Press, 2008; Gilles Kepel and Jean-Pierre Milelli, *Al-Qaeda in Its Own Words*, Cambridge: The Belknap Press of Harvard University Press, 2008。

② Osama bin Laden, "Osama bin Laden's World Islamic Front Statement Against Jews and Crusaders," February 23, 1998, http://www.fas.org/irp/world/para/docs/980223-fatwa.htm.

此方面，“基地”认为以美国为首的西方国家（如犹太人复国运动者——十字军联盟）以及得到西方国家支持的世俗阿拉伯国家应该对此负责。其中，“基地”更多地强调西方国家是导致乌玛遭到破坏、伊斯兰世界无法建立虔诚“哈里发国”的罪魁祸首。在“基地”领导人看来，乌玛正在遭遇的各类危机，包括领土、经济、信仰和价值观上的，最主要的原因都源自西方世界的压迫和侵略，其中美国扮演的角色尤为险恶。如 1997 年 3 月本·拉登如此评价美国：“美国想占领我们的国家，偷窃我们的资源，扶持那些用人造之法统治我们的合作者，希望我们对所有问题都表示同意。如果我们拒绝服从，美国就说我们是恐怖分子”。[①] 1998 年成立“圣战国际阵线”时，本·拉登等人控诉美国：“过去 7 年，美国占领了圣城之地的伊斯兰土地——阿拉伯半岛，掠夺其财富，支配其统治者、羞辱其人民、恐吓其邻人、利用在阿拉伯半岛的基地作为打击临近穆斯林的先锋……尽管犹太人复国运动者——十字军联盟给伊拉克人民造成了巨大的破坏，屠杀了上百万人，美国仍在重复这样恐怖的屠杀”。[②] 基于对美国与犹太人复国运动者——十字军联盟的仇视，“基地”不仅将打击美国等西方国家作为其主要的目标，而且还对西方国家主导建立的国际组织（如联合国、世界贸易组织）、资本主义生产方式、民主和人权等规范标准均大加鞭挞。[③]

当然，除了将矛头对准“异教徒”外，“基地”同样强调“叛教者”在导致乌玛衰落过程中的责任。在“基地”领导人看来，美国对伊斯兰世界和乌玛之所以能造成深切的伤害，离不开阿拉伯国家的为虎作伥。在“基地”的公开叙事中，腐朽的阿拉伯政府不再是真正的穆斯林，而是卡菲尔的代理人或“叛教者”，是需要打击或推翻的对象。如在 2006 年公布的一个视频中，扎瓦赫里号召“圣战者”推翻伊斯兰

① Osama Bin Laden, “From Somalia to Afghanistan,” in Osama Bin Laden, *Messages to the World: The Statements of Osama Bin Laden* (edited by Bruce Lawrence and translated by James Howarth), London: Verso, 2005, p. 51.

② Osama bin Laden, “Osama bin Laden's World Islamic Front Statement Against Jews and Crusaders.”

③ 更详细的讨论，可参见 Barak Mendelsohn, “Al Qaeda and Global Governance: When Ideology Clashes With Political Expediency,” *Terrorism and Political Violence*, Vol. 26, No. 3, 2014, pp. 470 – 487。

世界的政府，指出：“致力于改革是乌玛先锋的义务，因为消灭这些傀儡是实现拯救的切入口，也是抵抗十字军联盟入侵的开端”。[①] 在批判阿拉伯政权罔顾民众诉求的过程中，“基地”领导人也对服务于政权的宗教学者——乌里玛、穆夫提（Mufti）等——进行了大量的批判，认为他们服从当局的意志，无视现代伊斯兰社会面临的道德堕落，对西方价值观对伊斯兰原则的侵蚀视而不见，无意向穆斯林宣讲真正的伊斯兰教义，因此，他们必须为伊斯兰世界坠入“宗教愚昧”负责。[②] 不过，虽然都主张向与西方合作的伊斯兰政权及其爪牙宣战，但因为出生地和经历的不同，导致本·拉登和扎瓦赫里的关注点有所差异。本·拉登更关注阿拉伯半岛地区（尤其是沙特阿拉伯）的发展形势，而扎瓦赫里则强调在埃及推翻世俗政府并建立伊斯兰国家的必要性。不仅如此，由于国际和地区形势的变化，导致“基地”领导人虽然在话语上一贯强调打击腐败的阿拉伯政权的必要性，但在行动上，自 20 世纪 90 年代末开始，其斗争重点和首要敌人始终是美国等西方国家。[③]

（二）“基地”叙事中的处方式框架

在其诊断式框架的基础上，“基地”领导人构建了相应的处方式框架。“基地”认为，由于现有伊斯兰世界的问题在于乌玛遭到破坏、并陷入了“宗教无知”状态，那么伊斯兰世界当前的迫切任务，在于通过对“异教徒”或卡菲尔进行“圣战”以摆脱外来的影响，并通过实施沙里亚法以摆脱当前这种宗教无知的状态，最终重建乌玛。换言之，乌玛的重建构成“基地”构想中的理想状态，[④] 而“圣战”与严格贯彻沙里亚法构成达至这种状态的途径。“基地”领导人对当前伊斯兰世界

---

① Donald Holbrook, *The Al-Qaeda Doctrine: The Framing and Evolution of the Leadership's Public Discourse*, p. 72.

② Osama Bin Laden, "The Invasion of Arabia," in Osama Bin Laden, *Messages to the World*, p. 15; Osama Bin Laden, "The Betrayal of Palestine," in Osama Bin Laden, *Messages to the World*, pp. 3 – 14.

③ Fawaz A. Gerges, *The Far Enemy: Why Jihad Went Global* (*Second Edition*), Cambridge: Cambridge University Press, 2009.

④ 关于乌玛在“基地”叙事中的重要地位，可参见 Fred Halliday, "The Politics of the Umma: States and Community in Islamic Movements," *Mediterranean Politics*, Vol. 7, No. 3, 2002, pp. 20 – 41。

不复先知时代的荣光痛心疾首，致力于虔诚和严格地践行先知时期的宗教教义与习惯，尤其是《古兰经》和《圣训》，以恢复先知时代尤其是先知及其后的前三代哈里发时代的伟大。正因如此，“基地”为这种构想进行辩护的话语体系，被视为具有“萨拉菲主义”的内涵，[①] 而由于其暴力取向，更具体地视为“萨拉菲主义”的分支——“圣战萨拉菲主义”的一部分。[②]“基地”领导人认为，一旦恢复到伊斯兰世界的辉煌，乌玛才能有效地得以重建。

由此不难理解，“基地”领导人为何在其公共叙事体系中投入大量的精力强调建立乌玛和实施沙里亚法的必要性。由于认定所有的穆斯林均属于同一个乌玛，“基地”的公共叙事从根本上否定了民族国家存在的必要性和合法性，从而对构成威斯特伐利亚体系基础的民族国家彼此独立这一基本原则提出了挑战。不仅如此，“基地”还否认世俗权威，认为真主是最高也是唯一的权威。基于这一原则，“基地”领导人认为，为了重建乌玛，需要严格执行沙里亚法。如本·拉登2004年时曾表示：“伊斯兰法涵盖了所有的生活领域，包括宗教的和世俗的领域，比如经济、军事和政治事务，同时也涵盖了我们权衡人们——如统治者、乌里玛及其他人——行动的各种尺度，以及根据真主为统治者确立的、不能违背的规则对其进行处理。”[③] 按照这一逻辑，无论是重建乌玛，还是恢复伊斯兰世界的伟大，其根本途径在于严格遵循先知及其亲密追随者的道路，严格按照沙里亚法治理伊斯兰世界的事务。

针对横亘在重建乌玛道路上的障碍或敌人——犹太人复国运动者—十字军联盟与腐败的阿拉伯政权，“基地”领导人提供的处方是对前者

---

① Salaf一词原为阿拉伯文，其意为“祖先”，具体指先知穆罕默德及其追随者时期。参见Christina Hellmich, “Creating the Ideology of Al Qaeda: From Hypocrites to Salafi-Jihadists,” p. 115。

② 关于萨拉菲主义的分类，可参见Quintan Wiktorowicz, “Anatomy of the Salafi Movement,” *Studies in Conflict and Terrorism*, Vol. 29, No. 3, 2006, pp. 207 - 239；关于圣战萨拉菲主义及其与“基地”之间实践的研究，可参见Frazer Egerton, *Jihad in the West: The Rise of Militant Salafism*, Cambridge: Cambridge University Press, 2011；Jeevan Deol and Zaheer Kazmi, eds., *Contextualising Jihadi Thought*, London: Hurst and Company, 2011；Mitchell D. Silber, *The Al Qaeda Factor: Plots Against the West*, Philadelphia: University of Pennsylvania Press, 2011。

③ Donald Holbrook, *The Al-Qaeda Doctrine: The Framing and Evolution of the Leadership's Public Discourse*, p. 78.

开展“圣战”，而对后者实施塔克菲尔原则。在对“异教徒”进行“圣战”方面，美国是“基地”开展“圣战”的首要对象。在“基地”的叙事体系中，美国是造成伊斯兰世界诸多问题的主要根源，也是破坏乌玛的主要力量，因此，对美国进行“圣战”，是对其罪恶进行反击的一种适当方式。如在 1998 年 2 月成立“圣战国际阵线”时，本·拉登宣称：“我们，在真主的帮助下，呼吁每位真主的信徒和期望因遵循真主的命令而获得恩宠的人，去杀死美国人并掠夺其财物，无论美国人身在何处。我们也呼唤穆斯林乌里玛、领导人、年轻人、士兵，对撒旦的美国军队与恶魔的支持者展开攻击，并驱逐他们背后的追随者，以给他们一个教训。”[①] 2001 年 11 月 9 日，在接受记者采访时，本·拉登如此解释选择攻击美国的原因：“美国及其盟友正在巴勒斯坦、克什米尔与伊拉克屠杀我们。作为报复，我们有权利攻击美国人。‘9·11’的攻击，并非针对妇女与儿童。真正的攻击目标是美国军事和经济权力的象征”。[②] 需要注意的是，“基地”鼓吹的“圣战”不局限于军事攻击一途，而是涵盖了经济抵制、践行信仰、抵御西方文化渗透、拒绝参与世俗选举等多种方式，这是一种立体而非单一的“圣战”。[③]

在进攻西方的同时，“基地”认为，要重建乌玛，同样需要对腐化堕落的阿拉伯政权展开攻击。[④] 对于这些偏离了先知道路的政权及其追随者、不重视履行伊斯兰信仰和实践的人，“基地”宣布他们为卡菲尔，可以对其适用塔克菲尔原则，即他们不受乌玛的保护，可以根据沙里亚法实施死刑。[⑤] 埃及穆斯林兄弟会政治活动家、当代伊斯兰运动理

---

① Osama bin Laden, “Osama bin Laden’s World Islamic Front Statement Against Jews and Crusaders.”

② Hamid Mir, “Interview with Osama bin Laden,” *Dawn*, November 9, 2001, quoted in John Turner, “From Cottage Industry to International Organisation,” pp. 544 – 545.

③ Donald Holbrook, *The Al-Qaeda Doctrine*: *The Framing and Evolution of the Leadership’s Public Discourse*, pp. 103 – 104；钱雪梅：《基地的“进化”：重新审视当代恐怖主义威胁》，第 126 页。

④ Donald Holbrook, *The Al-Qaeda Doctrine*: *The Framing and Evolution of the Leadership’s Public Discourse*, p. 72.

⑤ 相关讨论参见 Alia Brahimi, “Crushed in the Shadows: Why Al Qaeda Will Lose the War of Ideas,” *Studies in Conflict & Terrorism*, Vol. 33, No. 2, 2010, pp. 101 – 104。据称，七世纪中叶的哈瓦利吉派是伊斯兰历史上第一个大规模适用塔克菲尔原则的宗教派别。参见 Emmanuel Karagiannis, “Defining and Understanding the Jihadi-Salafi Movement,” *Asian Security*, Vol. 10, No. 2, 2014, p. 198。

论家萨伊迪·库特布（Sayyid Qutb）曾对塔克菲尔原则做过系统的论述。[①] 库特布认为，由于现代的集权主义国家通过强力机关维持伊斯兰世界的"宗教无知"状态，因此虔诚的信教者应该通过诉诸暴力以捍卫伊斯兰信仰，并对这些伊斯兰国家进行攻击，以恢复一种"伊斯兰秩序"。受到库特布上述思想的影响，"基地"领导人坚信对卡菲尔实现塔克菲尔原则的必要性和正当性。换言之，塔克菲尔原则构成"基地"组织及其他恐怖主义团体针对穆斯林平民进行攻击的论证理由。[②] 在"基地"领导人的公开叙事中，可以适用塔克菲尔原则的卡菲尔包括四类人：不赞成"基地"世界观的穆斯林；不执行伊斯兰教法的阿拉伯政权；与犹太复国主义者—十字军联盟合作的穆斯林；质疑"圣战"重要性与必要性的人。[③] 通过选择性地借鉴伊斯兰教的经文和不同时代伊斯兰运动理论家的阐释，"基地"领导人就如何解决伊斯兰世界面临的问题及重建乌玛做出了替代性的社会秩序方案，以及实现这种秩序的途径。这种针对西方、伊斯兰政权甚至普通穆斯林实施暴力—恐怖行为的论述，构成"基地"叙事中的处方式框架。

（三）"基地"叙事中的促发式框架

"基地"领导人清醒地意识到，也许其主要围绕怨恨叙事而展开的诊断式框架和主要围绕辩护叙事展开的处方式框架，能够在伊斯兰世界产生一定的共鸣，但"圣战"的成败和乌玛重建的前景，最终取决于其促发式框架能否产生良好的效果。在"异教徒"势力仍然强大、卡菲尔控制伊斯兰政权的背景下，"基地"主张全面实施沙里亚法的建议与呼吁缺乏现实性。故实施"圣战"构成了"基地"加以强调和鼓吹

---

① 库特布曾是埃及穆斯林兄弟会的高级成员。因筹谋刺杀埃及萨达特而被捕入狱期间，库特布在一系列信件中集中阐述了塔克菲尔原则，后被收录在其于1964年出版的《路标》一书中（*Ma'alim fi'l-Tariq*，*Milestones*）一书中。参见 Shireen K. Burki，"Jihad or Qatal? Examining Al Qaeda's Modus Operandi，" *Defense & Security Analysis*，Vol. 29，No. 3，2013，p. 241。除了库特布，伊本·塔米叶（Ibn Taymiyyah）等人也对此做过论述。

② 可参见 Mohammad Hafez，"Takfir and Violence against Muslims，" in Assaf Moghadem and Brian Fishman，eds.，*Fault Lines in the Global Jihad*：*Organizational*，*Strategic*，*and Ideological Fissures*，New York：Routledge，2011，pp. 25 –46。

③ 钱雪梅：《基地的"进化"：重新审视当代恐怖主义威胁》，第128页。

的首要斗争方式。因此，在“基地”的叙事中，有关“圣战”必要性、可行性、实施“圣战”的方式与策略等问题，耗费了“基地”领导人的许多精力，此类叙事也非常丰富。大体而言，“基地”领导人的架构叙事主要通过重组宗教话语、提供思想激励、进行宗教或道德谴责、诉求伊斯兰教义中的“迁徙”等方式来建构促发式框架。

首先是激发普通穆斯林的危机感，鼓吹履行“圣战”是每个穆斯林应尽的义务。在传统的伊斯兰教法中，穆斯林必须履行的神圣义务和功修课程为念功、拜功、课功、斋功与朝功，也即通常所说的“五功”。通过重组宗教话语，“基地”把向“异教徒”发动“圣战”，构建为穆斯林需要履行的“第六功”。其理由在于：如果穆斯林不为重建乌玛贡献力量，那么乌玛将永失荣光。通过强调伊斯兰世界正在遭遇的危机，“基地”领导人希望以此激发普通穆斯林献身“圣战”的意愿和热情。本·拉登强调：“在任何国家杀死美国人及其盟友——无论是平民还是军人，是每个能如此行事的穆斯林的义务……这也是符合全能的真主的指示的”[①]。本·拉登不断强调，向全球的“异教徒”进行“圣战”，是“我们当前整个乌玛的义务，对乌玛而言，如果要战胜罪恶，那么整个乌玛需要献出她的孩子、财物、精力以开展圣战，以抵御异教徒施加的罪恶，避免他们伤害巴勒斯坦以及其他地方的穆斯林”。[②] 在“基地”领导人看来，开展“圣战”是实现乌玛这一崇高目标的唯一和光荣的途径，不仅仅因为包括“布道”（da'wa）在内的其他路径被证明是行不通的——一方面是因为精英们受到玷污，另一方面也因为犹太复国—十字军联盟过于强大；更重要的是因为“关于圣战的学说是在遵循真主之路，因为真主的指示和信仰至高无上。”[③] 当把“圣战”比附为真主的指示和先知之路，“基地”领导人尝试引导穆斯林基于对乌玛的信仰和对真主的虔诚而去履行“圣战”的义务。

---

① Osama bin Laden, “Osama bin Laden's World Islamic Front Statement Against Jews and Crusaders.”

② Osama Bin Laden, “Among a Band of Knights,” (February 14, 2003) in Osama Bin Laden, *Messages to the World*, p. 202.

③ Osama Bin Laden, “A Muslim Bomb,” (December 1998) in Osama Bin Laden, *Messages to the World*, p. 69.

其次是承诺精神和部分物质激励。仅仅诉诸宗教或道德上的义务，往往不足以吸引普通人参与暴力行动。因为根据伊斯兰教义，袭击无辜者或实施自杀性行为，均是伊斯兰经典明令禁止的。为了突破这些禁忌，除了篡改或重组教义外，“基地”领导人还鼓吹参与“圣战”能带来精神和物质激励，以吸引穆斯林献身“圣战”。[①] 在精神方面，“基地”叙事鼓吹“殉道者永居乐园”，甚至诱以“殉道者”在天堂可享受“72 位美目的处女”（72 black-eyed virgins）之类的话语。[②] 在“基地”构建的话语体系中，以自杀的方式发动“圣战”而“殉道”的战士被称为“烈士”，享有崇高的地位。为“圣战”而死，不仅被塑造为最荣耀的死亡，而且也是进入“永生天堂”的一种门径。[③] 这种在挪用相关宗教教义的基础上构建出来的“烈士”叙事，“讲述了英雄般的行动，实现了对现实生活的超越，而且经常与具有众多象征性权力（symbolic power）的特定地方相联系，如天堂、地狱或耶路撒冷；或与被赋予了神圣意义的特定时代相联系，如处于重大危机的文化或时代的开端与结束，从而为自杀性攻击赋予一种‘超验基础’（transcendent grounding）。”[④] 就“基地”的叙事而言，这个时代就是乌玛的衰落。如“基地”领导人强调，那些对当前乌玛所面临的危机视而不见的人，“将会受到真主最严厉的惩罚”。[⑤] 当然，除了精神和思想领域的激励外，“基地”也会向那些参加“圣战”的战士提供一定的尘世激励。有幸生还，可以提高社会地位，获得一份好的工作或娶得配偶；[⑥] 一旦“殉道”，

---

① Akil Awan, “Spurning This Worldly Life: Martyrdom in Contemporary Britain,” in Dominic Janes and Alex Houen, eds. , *Martyrdom and Terrorism: Pre-Modern to Contemporary Perspectives*, Oxford: Oxford University Press, 2014, pp. 223 – 225.

② David A. Snow and Scott C. Byrd, “Ideology, Framing Processes, and Islamic Terrorist Movements,” p. 129.

③ Samuel P. Perry and Jerry Mark Long, “ ‘Why Would Anyone Sell Paradise?’: The Islamic State in Iraq and the Making of a Martyr,” *Southern Communication Journal*, Vol. 81, No. 1, 2016, pp. 1 – 17; Yuval Neria, et. al, “The Al Qaeda 9/11 instructions: A study in the Construction of Religious Martyrdom,” *Religion*, Vol. 35, No. 1, pp. 1 – 11.

④ Robert Rowland and Kirsten Theye, “The Symbolic DNA of Terrorism,” *Communication Monographs*, Vol. 75, No. 1, 2008, p. 58.

⑤ 钱雪梅：《基地的“进化”：重新审视当代恐怖主义威胁》，第 127 页。

⑥ Daniel Byman, “The Homecomings: What Happens When Arab Foreign Fighters in Iraq and Syria Return?” *Studies in Conflict & Terrorism*, Vol. 38, No. 8, 2015, p. 584.

将会给家庭带来荣光，从而提升其亲属在社区中的地位；将其肖像描绘在墙壁上或公布在媒体和出版物上，以庆祝其荣升天堂；有时会向家属提供抚恤金、关照其子女，等等。①

最后，对于拒不响应号召开展“圣战”的穆斯林，“基地”领导人则会提出警告，甚至威胁对他们实施塔克菲尔原则。“基地”领导人一开始对普通穆斯林响应号召攻击“异教徒”和反抗腐败的阿拉伯政权寄予厚望，然而，响应号召的穆斯林远低于预期的事实，侵蚀“基地”领导人对普通穆斯林履行其宗教义务的耐心。“基地”领导人认为，普通穆斯林过于在乎自己的安全和福利，并受到阿拉伯政权精英的误导，导致他们对乌玛面临的危机视而不见。“基地”领导人担心，穆斯林对“圣战”事业的冷漠和误解，将导致驱逐外敌、重建乌玛的神圣事业获胜希望渺茫。大约自 2005 年开始，“基地”领导人严重不满于穆斯林对“圣战”表现出来的冷漠。如扎瓦赫里 2008 年以严厉的口气批评穆斯林：“我提醒伊斯兰国家的民众，他们需要对当真主问起他们为何不对穆贾西丁兄弟提供支持这一问题感到担心……穆斯林有朝一日会为未向塔利班提供支持感到懊悔，他们会醒悟到，真主终会问及他们为何不支持塔利班”。② 事实上，按照扎瓦赫里的观点，穆斯林的问题不仅在于他们对“圣战”事业无动于衷，而且是因为他们充满了“失败主义情绪、犹豫不决、沉迷于自身安全，以致独裁者攻击我们、取悦他们，导致我们的事业停滞不前”；再比如，在批评巴基斯坦民众未对巴政府打击“基地”做出有力反应时，扎瓦赫里直言巴基斯坦人民“没有了荣誉感，泯灭了神圣性，缺乏自豪感，丧失了其价值”。③ 按照这种叙事，扎瓦赫里已将普通穆斯林视为难以动员的外群体，而且是导致其“圣战”事业举步维艰的障碍。如此严厉的言辞，一方面反映了“基地”领导人对穆斯林未积极响应“圣战”号召的挫败感，另一方面也

① David A. Snow and Scott C. Byrd, “Ideology, Framing Processes, and Islamic Terrorist Movements,” p. 129.

② Donald Holbrook, *The Al-Qaeda Doctrine: The Framing and Evolution of the Leadership's Public Discourse*, pp. 131 – 132.

③ 引言分别见 Donald Holbrook, *The Al-Qaeda Doctrine: The Framing and Evolution of the Leadership's Public Discourse*, pp. 132, 133。

为其警示乃至攻击穆斯林提供了理由。

三 “恢复哈里发的逊尼派卫士”——“伊斯兰国”的架构叙事

相对于“基地”组织，“伊斯兰国”是一个相对晚近的恐怖组织。即使从“伊斯兰国”最早的组织形态——阿布·穆萨布·扎卡维 1999 年创立的“沙姆战士”——开始算起，其历史将近二十年。不过，在这段时间里，“伊斯兰国”的名称却几经变化。为了论述的方便，下文涉及“伊斯兰国”及其前身时，除非必要，均使用“伊斯兰国”这一名称。虽然出现时间不长，但“伊斯兰国”非常重视建构架构叙事。有论者如此评价媒体宣传对于“伊斯兰国”发展过程中的重要性：“如果没有相应的媒体内容与之伴随，‘伊斯兰国’在其控制的领土上只会一事无成”。[①] 在发展过程中，“伊斯兰国”同样构建起了一套涵盖诊断式框架、处方式框架与促发式框架的叙事体系。由于“伊斯兰国”部分衍生于“基地”，且其公开叙事体系的主要创立者扎卡维自称受到“基地”第一任领导人阿卜杜拉·阿萨姆的影响，[②] 因此，“基地”与“伊斯兰国”的架构叙事具有一定的相似性。

（一）“伊斯兰国”叙事中的诊断式框架

毫无疑问，作为一个挑战现有国际体系、并致力于恢复自 1924 年已不复存在的哈里发国家的恐怖组织和“类国家”政治实体，“伊斯兰国”对当前的国际体系尤其是伊斯兰世界的现状存在诸多不满。而这种不满，也就构成了“伊斯兰国”构建其诊断式框架的基础。由于“伊斯兰国”与“基地”一样同属于圣战萨拉菲主义，均属于伊斯兰教义中的逊尼派，而且“伊斯兰国”曾作为“基地”的分支机构存在，因

---

① Dan Milton, “The Islamic State: An Adaptive Organization Facing Increasing Challenges,” Bryan Price, et al., eds., *The Group That Calls Itself A State: Understanding the Evolution and Challenges of the Islamic State*, West Point: Combating Terrorism Center, 2014, p. 75.

② Quotedfrom Ahmed S. Hashim, “The Islamic State: From al-Qaeda Affiliate to Caliphate, *Middle East Policy*,” Vol. 21, No. 4, 2014, p. 70.

此，对于伊斯兰世界所面临问题的诊断，“伊斯兰国”沿袭了“基地”的主要观点。如“伊斯兰国”的“哈里发”——阿布·巴克尔·巴格达迪曾对伊斯兰世界的悲惨处境做了详细的论述，指出乌玛的穆斯林“正遭遇最为糟糕的迫害：他们的荣誉受损；他们的鲜血直流；被囚之人悲泣求助；孤儿寡母处境艰难；失去儿女的母亲悲伤垂泪；清真寺（Masājid）被弃，家园被毁……”① 相对于巴格达迪的怨恨叙事相对抽象，“伊斯兰国”所掌握的宣传机器的怨恨叙事则更为具体。如“伊斯兰国”发行的电子刊物《达比克》、建立的中央媒体中心（Al Hayat Media Centre）以及各省媒体分支机构，大量散布有关伊斯兰世界所面临的迫害、遭遇不公正的具体事例，试图以此引发普通穆斯林对其诊断式框架的共鸣。②

在“伊斯兰国”领导人看来，穆斯林所遭遇的不幸并非自然形成的，而是敌视穆斯林的势力和“伊斯兰国”的敌人造成的。这种敌人并非特定的单个行为体，而是由犹太复国主义者—十字军联盟及其支持者组成的。如此一来，“伊斯兰国”的叙事构建了截然对立的二元化世界，乌玛是内群体，而敌人则是外群体，两者处于不懈斗争的状态与过程中。如巴格达迪曾表示：“当前的世界已被划分为两个阵营，两个战壕，不存在第三个阵营：一个是信仰伊斯兰的信众阵营，另一个是不信道者和伪信者组成的阵营；前一个阵营由全世界的穆斯林与穆贾西丁组成，后一个阵营则是由犹太人、十字军与其盟友以及其余的卡菲尔国家与宗教组成。后一个阵营由美国和俄罗斯领导，并由犹太人进行动员”。③ 按照这种叙事，由美国和俄罗斯所领导的他群体是造成乌玛种

---

① Abu Bakr al-Baghdadi, “A Message to the Mujahidin and the Muslim Ummah in the Month of Ramadan,” Al Hayat Media Centre, July 1, 2014, http://www.gatestoneinstitute.org/documents/baghdadicaliph.pdf.

② 如研究者指出，在2015年7月17日至8月15日一个月时间内“伊斯兰国”的中央媒体办公室及各省媒体办公室共发布的1146件事件（包括图片新闻、电视录像、音频声明、新闻公告、海报、神学短论等）中，描述穆斯林所遭遇困难的事件比例占其中的6.84%。参见Charlie Winter, “Documenting the Virtual ‘Caliphate’,” *The Quilliam Foundation*, October 2015, http://www.quilliamfoundation.org/wp/wp-content/uploads/2015/10/FINAL-documenting-the-virtual-caliphate.pdf。该研究者所使用的术语为“受害者叙事”（victimhood narrative）。

③ Abu Bakr al-Baghdadi, “A Message to the Mujahidin and the Muslim Ummah in the Month of Ramadan.”

种危机和不幸的罪魁祸首，也是“伊斯兰国”致力摧毁的世界。① 如巴格达迪指出的，乌玛面临的困难，就是上述他群体造成的：“不信道者削弱并羞辱穆斯林，在世界各地区宰制他们，掠夺其财富与资源，剥夺其权利”。② 从这种表述可以看出，“伊斯兰国”不仅对各种敌对势力充满愤懑，而且从根本上拒绝现代国际体系及其理念。

“伊斯兰国”诊断式框架的另一个特征，在于将什叶派穆斯林视为非真正的穆斯林。“伊斯兰国”架构叙事的特征，自扎卡维时期即已形成，“伊斯兰国”在其发展过程中始终承续了这一观点。如在 2004 年 2 月，扎卡维宣称，什叶派穆斯林是“不可逾越的障碍，是潜伏爬行的毒蛇、是狡诈邪恶的毒蝎、是刺探情报的敌人”。③ 扎卡维坚持认为，什叶派穆斯林是“拒绝信教者”（rejectionists）和“叛教者”，相对于打击犹太复国主义者—十字军联盟，打击什叶派穆斯林是更为紧迫的任务。他在 2006 年时指出，“什叶派首先开启了敌对，因为他们夺走了逊尼派的家园和清真寺，并在大街上对他们进行攻击”。④ “伊斯兰国”宣告成立后，该组织对什叶派的敌对态度并未有所变化，且变本加厉地渲染并刻意挑起中东地区逊尼派与什叶派穆斯林之间的矛盾，试图从中渔利。如在 2016 年 1 月 19 日发行的《达比克》第 13 期中，“伊斯兰国”长篇引用扎卡维关于什叶派的论述并加以阐发，以号召逊尼派穆斯林全力攻击什叶派。⑤ “伊斯兰国”认同扎卡维的判断：“什叶派是背叛者和

---

① 也可参考 Haroro J. Ingram, “The Strategic Logic of Islamic State Information Operations,” *Australian* Journal *of International Affairs*, Vol. 69, No. 6, 2015, pp. 741 – 743。

② Abu Bakr al-Baghdadi, “A Message to the Mujahidin and the Muslim Ummah in the Month of Ramadan.”

③ Ahmed S. Hashim, “The Islamic State: From al-Qaeda Affiliate to Caliphate,” *Middle East Policy*, Vol. 21, No. 4, 2014, p. 70.

④ Isaac Kfir, “Social Identity Group and Human (In) Security: The Case of Islamic State in Iraq and the Levant (ISIL),” *Studies in Conflict & Terrorism*, Vol. 38, No. 4, 2015, p. 241.

⑤ 如《达比克》表示：“在本政府（即指‘伊斯兰国’——引者注）成立之前，什叶派针对逊尼派犯下了诸多罪行，不过往往是以偷偷摸摸的方式进行。他们杀害了许多穆贾西丁、学者、知识分子、医生、工程师。不像明火执仗的美国人，什叶派说阿拉伯语，看似伊拉克人，熟知伊拉克领土。这使得他们构成比美国人还要巨大的障碍，也是更为危险的敌人……因为其阴谋诡计，许多在美国入侵之初被杀害的穆贾西丁，实际上是被什叶派杀害的。”引言见 Islamic State, “The Rafidah: From Ibn Saba' to The Dajjal,” *Dabiq*, No. 13, January 19, 2016, p. 41。

胆小鬼，他们只会恃强凌弱，只会攻击无依无靠者”。[①] 由此可见，在延续“基地”话语框架的基础上，“伊斯兰国”构建的诊断式框架结合形势的发展也做了一些调整，以反映并操纵伊拉克和叙利亚的教派冲突，这体现了其架构叙事的“在地化”趋势，其目的在于试图推进并巩固其在伊拉克和叙利亚所获得的据点。

（二）“伊斯兰国”叙事中的处方式框架

在诊断式框架的基础上，“伊斯兰国”构建了相应的处方式框架。由于将伊斯兰世界存在的非正义和苦难归咎于美国、俄罗斯等犹太复国主义者—十字军联盟等卡菲尔，以及伊斯兰世界腐败的国家政权等“叛教者”——尤其是中东地区的什叶派穆斯林，“伊斯兰国”顺理成章要求对这些敌对力量发动“圣战”或实施塔克菲尔原则。不过，“伊斯兰国”脱离“基地”的历程，从一个侧面说明了前者在处方式架构上有其特别之处。这种特别在很大程度上受到“伊斯兰国”的生存和崛起背景——美国入侵伊拉克后的动荡局势和叙利亚内战——的影响，而且与“伊斯兰国”的发起人扎卡维的思维和行事方式有密切的关系。前者令“伊斯兰国”在提供替代性社会秩序时，主要着眼的是中东地区的发展局势，而扎卡维的“前瞻性”眼光，直接影响到“伊斯兰国”处方式框架的关注重点和“圣战”方向。相较之下，扎卡维对“伊斯兰国”处方式框架所产生的影响似乎更为显著和深远。[②]

需要追问的是，扎卡维到底为“伊斯兰国”应对伊斯兰世界存在的问题提供了什么样的处方呢？早在2006年，扎卡维如此描绘该组织的战略目标和恢复伊斯兰世界荣光的途径：“我们将战斗不止，直到真主的沙里亚法所向披靡。第一步是驱逐敌人（系指入侵伊拉克的美国等西方国家——引者注）并建立一个伊斯兰国家。然后，我们将重新征服穆

---

① Islamic State, “The Rafidah: From Ibn Saba' to The Dajjal,” p. 42.

② 关于扎卡维对“伊斯兰国”的发展所产生的影响，可用一个例子做出较为生动的说明：在其发行的每一期《达比克》电子刊物的目录页，均会记下扎卡维的一句话，即“火星已在伊拉克燃起，其烈焰将持续加强——在真主的许可下，直至在达比克将全部十字军烧成灰烬”。参见 Islamic State, “From Hijrah to Khilafah,” *Dabiq*, No. 1, July 5, 2014, p. 2。也可参考 Haroro J. Ingram, “The Strategic Logic of Islamic State Information Operations,” p. 737。

斯林土地，并将它们收归穆斯林治下……直到万能真主的沙里亚法盛行于全世界……我们将全力在整个世界实现伊斯兰正义并摧毁不信教者的非正义以及其他宗教的邪恶，这并非秘密。”[①] 按照扎卡维的设想，“伊斯兰国”的目标在于：对伊斯兰的敌人实施“圣战”，是所有穆斯林的义务，是仅次于遵循沙里亚法的义务；而拒绝“认主独一”原则的力量，均是“异教徒”，是实施塔克菲尔原则的对象；除了什叶派外的穆斯林共属一个国家，不分阿拉伯人与非阿拉伯人；在世界范围内普及“认主独一”的精神并消除多神论、建设“哈里发国”、全面实施沙里亚法。[②] 从“伊斯兰国”后来的发展轨迹和行事方式来看，扎卡维的处方式框架很大程度上得到了遵循。

扎卡维另一个应对伊斯兰世界问题、恢复乌玛荣光的必要条件，同样得到了“伊斯兰国”的认同和继承，即攻击什叶派穆斯林。扎卡维曾言：“我们要进行两个层面的战争：第一场战争是公开的，即与侵略者敌人公开作战，以清除卡菲尔；第二场战争与扮成朋友的诡计多端的敌人作战，这种战争困难而且尖锐，他们展示同意，呼吁团结，但不断地掩盖其邪恶与阴谋”,[③] 从而给战争制造了诸多障碍。而第二场战争的敌人就是什叶派穆斯林。扎卡维甚至认为，对于乌玛来说，什叶派是比美国更为严重、危险和残暴的敌人。[④] 基于这种认识，无论是扎卡维还是后来的“伊斯兰国”，都将攻击什叶派穆斯林、挑起中东地区的教派冲突作为增强组织影响力的重要方式。扎卡维如此规划通过利用教派冲突以推进“圣战”事业的方式：“什叶派是促成改变的关键。我的意思是，我们应该将他们作为攻击目标，而且对其宗教、政治与军事核心进行打击。这将挑衅他们将怨恨的矛头指向逊尼派，从而暴露出他们的内部矛盾并引发内讧。一旦成功，我们将能唤醒那些无动于衷的逊尼派，使他们意识到近在咫尺的危险和迫在眉睫的死亡”。[⑤] “伊斯兰国”不断在什叶派人群密集区域发动恐怖袭击，目的非常明显，那就是激发

---

① Ahmed S. Hashim, “The Islamic State: From al-Qaeda Affiliate to Caliphate,” p. 70.

② Ibid., p. 71.

③ Islamic State, “The Rafidah: From Ibn Saba' to The Dajjal,” p. 41.

④ Islamic State, “From Hijrah to Khilafah,” *Dabiq*, No. 13, p. 42.

⑤ Islamic State, “The Rafidah: From Ibn Saba' to The Dajjal,” pp. 41 – 42.

教派矛盾，并从中牟利。

当然，“伊斯兰国”领导人在继承了扎卡维处方式框架主要内容的基础上，也根据形势的变化对其做出了一些调整。其中，最为典型的变化是规划了建立“哈里发国”的五个具体阶段。这五个阶段分别为“迁徙”“集合”（Jama'ah）、“摧毁非法统治者”（Destabilize Taghut）、“巩固”（Tamkin）、“建立哈里发”。按照“伊斯兰国”的规划，这五个前后相继的阶段具有各自不同的任务：“迁徙”在于将世界各国的穆斯林召集到特定的“圣战”据点，以扩充力量；“集合”在于将这些迁徙者进行“圣战”前的培训，以提高他们从事“圣战”的技能；“摧毁非法统治者”的主要目的在于向“叛教者”和卡菲尔发动暴力攻击，尤其是能造成大量人员伤亡的攻击，以制造尽可能严重的无政府状态；“巩固”则力图填补暴恐活动留下的权力和秩序真空，以巩固其治下领土、扩充支持基础；“建立哈里发”是最后一个阶段也是最高阶段，此时，可以严格执行沙里亚法，贯彻“认主独一”的原则。[①] 相对于扎卡维较为模糊的规划，“伊斯兰国”的处方式框架更为具体，也更具可操作性。其建立“伊斯兰国”的过程，在很大程度上是按照上述路径加以推进的。

（三）“伊斯兰国”叙事中的促发式框架

与“基地”一样，“伊斯兰国”同样需要解决如何动员穆斯林（逊尼派）支持“圣战”和建立“哈里发国”事业的问题。在此方面，“伊斯兰国”与“基地”一样，首先强调穆斯林参与“圣战”的必要性与重要意义，这一点是“伊斯兰国”对“基地”促发式框架的继承。如阿布·巴克尔·巴格达迪强调：“真主接受我们作为烈士的举动，并迅速医治我们的创伤，真主将穆斯林从囚笼中释放出来，并为流离失所者提供避难所”。[②] 与“基地”一样，“伊斯兰国”通过篡改伊斯兰教义，认为穆斯林通过自杀性袭击针对无辜者发动“圣战”不仅无罪，而且是穆斯林的一种神圣义务，甚至是一种得到真主祝福的事业。如巴格达

① 参见 Islamic State，“From Hijrah to Khilafah，” pp. 34 – 41。

② Abu Bakr al-Baghdadi，“A Message to the Mujahidin and the Muslim Ummah in the Month of Ramadan.”

迪宣称，“圣战”团体事业的兴衰，均由真主决定，“圣战组织从虚弱走向兴盛，受到了真主的赐福；而它们趋于衰落和溃败，则是它们出现了病症的证据，我们须向真主寻求庇护”。[①] 既然“圣战”的胜利是真主早就设定了的、无法更改，那么，对于穆斯林来说，参与“圣战”不仅可以赎罪，而且还可以因此而获得荣光。[②] 穆贾西丁只要遵循真主的指示，不眷恋自己的生命和财富，他们不仅能收获胜利，而且还能进入天堂，得享彼岸的荣耀和辉煌。

为了进一步激发穆斯林献身“圣战”，“伊斯兰国”还号召他们进行迁徙，并将之改造为普通穆斯林应为真主履行的义务。“迁徙”同样是“基地”处方式框架的重要内容。[③] “基地”领导人构建的迁徙叙事强调，当代穆斯林应效仿先知穆罕默德于公元622年从麦加迁往麦地那，以摆脱困境，实现斗争事业的逆转。在本·拉登等人的操纵下，迁徙与服从真主及其使者、进行“圣战”，构成虔诚穆斯林的三大标准。[④] 而且，按照极端宗教主义者的阐释，迁徙是为“圣战”所做的准备，因为只有逃离“宗教无知”之地，才能为开展“圣战”提供条件。[⑤] 不过，与“基地”不同，“伊斯兰国”甚至将“迁徙”提升至高于“圣战”的地位。如“伊斯兰国”强调：“迁徙是内在于圣战的一个支柱，在缺乏一个伊斯兰世界的时代尤其如此。真主的使者曾说：‘只要还有圣战，迁徙就不能停止’。他还说：‘只要仍在与卡菲尔作战，迁徙就不能停止’。因为在地球上不存在穆贾西丁的容身之所，故理想的迁徙之地只能是不存在强有力警察国家之处”。[⑥] 毫无疑问，在“伊斯兰国”看来，

---

① Abu Bakr al-Baghdadi, “Announcement of the Islamic State of Iraq and al-Sham.”

② 巴格达迪劝诫穆斯林：“你们只有一个灵魂，死亡时间前定，既不会提前也不能延后。不过，其间有天堂与地狱之火、平安喜乐和惨不堪言之别。对于真主的信徒，那将是大获全胜……真主的礼物是天堂。就灵魂而言，如果不明白真主并支持其宗教，那么只能是低贱的、痛苦不堪的、惨不忍睹的灵魂。”参见 Abu Bakr al-Baghdadi, “A Message to the Mujahidin and the Muslim Ummah in the Month of Ramadan。”

③ 无论是在阿富汗抗苏期间，还是在与塔利班勾结和以美国为首的盟军对抗，“基地”招募人员、保持战斗力的一个重要方式，就是号召世界其他地方的穆斯林迁徙到阿富汗参加“圣战”。

④ 可参考钱雪梅《基地的“进化”：重新审视当代恐怖主义威胁》，第129页。

⑤ 参见 John Turner, “From Cottage Industry to International Organisation,” pp. 545 – 547。

⑥ Islamic State, “From Hijrah to Khilafah,” p. 36.

穆斯林最为理想的迁徙之地，自然是伊拉克与叙利亚。

除了阐发迁徙的重要性，“伊斯兰国”的宣传机构还详细说明了迁徙的必要性与目的。如“伊斯兰国”指出，迁徙具有多重目的：其一是逃避苦难，并避免与非信道者同流合污；其二，避免被“异教徒”或“叛教者”所玷污，以致认识不到自己的信仰和同胞；其三，对“伊斯兰国”而言自然也是最重要的，加入“圣战者”的队伍中，“支持他们，加强他们的力量，并对真主的敌人及他们自己的敌人发动圣战”。[①] 为了吸引更多的穆斯林迁徙至“伊斯兰国”，该组织还提供了具体的指南，以指导他们完成迁徙之旅。[②] 而对那些身处“十字军”或卡菲尔掌权国度的穆斯林，即使他们支持“圣战”事业，但由于他们对迁徙号召无动于衷，“伊斯兰国”严厉加以警告，指控他们是“失败分子”，“违背了真主的最高指示”，“毫无疑问，他们的信仰已被玷污，并且往往是在穆贾西丁打击十字军时最先跳出来予以批评的人，他们试图以维护伊斯兰教形象为由，掩饰他们对穆贾西丁的批评。”[③] 按照“伊斯兰国”的理解，这类穆斯林并非虔诚的穆斯林，针对他们可以实施塔克菲尔原则。由此，通过提供激励或惩罚，“伊斯兰国”试图最大限度地动员穆斯林参加“圣战”，而且是希望他们到“伊斯兰国”土地上进行“圣战”。

“伊斯兰国”宣布建立“哈里发国”并对此大肆宣传，则是其促发式框架的另一个主要内容。2014 年 6 月 29 日“伊斯兰国”正式宣布成立。事实上，该组织此前的名字，无论是“伊拉克伊斯兰国”还是“伊拉克与沙姆伊斯兰国”，均模糊地含有该组织构成一个“哈里发国”的含义。“伊斯兰国”希望利用名字上的含混之处，以期实现最大限度的动员效果。这主要是基于普通穆斯林怀念哈里发时代的心理。自从土耳其共和国缔造者穆斯塔法·凯末尔·阿塔土克 1924 年宣布废除哈里发制、并将土耳其最后一代哈里发驱逐出境后，许多穆斯林对于源自西方的主权概念并不认同，而且期望重新恢复哈里发制度。[④] 而宣布“哈里发国”

---

① Islamic State, “To Our Sisters: The Twin Halves of the Muhajirin,” *Dabiq*, No. 8, March 30, 2015, p. 32.

② Islamic State, “Foreward,” *Dabiq*, No. 2, July 27, 2014, p. 3.

③ Islamic State, “The Burning of the Murtadd Pilot,” *Dabiq*, No. 7, February 12, 2015, p. 6.

④ 可参见 John Turner, “From Cottage Industry to International Organisation,” pp. 542, 548。

重又出现，“伊斯兰国”可以宣称他可以成为整个伊斯兰世界的代表，并带领全世界的穆斯林重获伊斯兰世界的荣光。[①] 巴格达迪认为，“伊斯兰国”的成立，重新实现了乌玛的团结和统一，因为“叙利亚人不再是叙利亚人，伊拉克不再是伊拉克人。地球是真主的……这是一个属于所有穆斯林的国家。”而有了自己的“哈里发”，履行迁徙义务自然也就成为每个穆斯林必须完成的使命：“所有的穆斯林，无论身处何处，只要有能力迁徙，那么就应该这么做，因为迁徙至伊斯兰之地是义务”。[②]

四 “基地”组织与“伊斯兰国”架构叙事的差异

通过上文的分析可以发现，“伊斯兰国”与“基地”组织的架构叙事具有诸多相似之处。无论是从时间上还是从逻辑上而言，这种现象是正常的。从时间上而言，“伊斯兰国”曾作为“基地”的分支机构存在过一段时间，它继承了“基地”的部分话语体系，包括对西方势力的仇视、观察世界的二元对立世界观、对构成现有国际体系的基本制度和原则提出根本挑战等；从逻辑上而言，“伊斯兰国”与“基地”均是恐怖主义势力，且主要为逊尼派极端主义势力，都受到圣战萨拉菲主义的深刻影响，它们对外部和内部敌对势力的认知存在公约数。正因如此，对它们架构叙事之间的差异进行比较尤为必要，这是对它们进行有效打击的前提。故下文将对它们在架构叙事上的差异进行简要分析。

（一）优先关注“远敌”还是“近敌”——诊断式框架的差异

“基地”与“伊斯兰国”的诊断式框架对于伊斯兰世界存在的屈辱和苦难的归因对象相同，即以美国为首的犹太复国主义者—十字军联盟，以及与之合作的腐败阿拉伯政权及其他“叛教者”。这两种敌人，被极端宗教主义者区分为“远敌”与“近敌”。[③] “基地”与“伊斯兰国”的诊断式

① Abu Bakr al-Baghdadi，“A Message to the Mujahidin and the Muslim Ummah in the Month of Ramadan.”

② Ibid..

③ 关于这种区分的起源，可参考 Donald Holbrook，*The Al-Qaeda Doctrine：The Framing and Evolution of the Leadership's Public Discourse*，pp. 15 – 16。

框架均关注“近敌”和“远敌”。不过，两者重点关注的对象有所不同。

“基地”优先关注的是“远敌”。“基地”领导人认为，伊斯兰世界腐败的统治者固然需要推翻，但更为根本的是必须打击和消灭它们的支持者——以美国为首的犹太复国主义者—十字军联盟。不消灭后者，那么严格实施沙里亚法、建立“哈里发国”等就无法实现。鉴于此，“基地”致力于在美国及其盟国发动恐怖袭击，试图迫使它们改变对伊斯兰世界的政策。[①] 如扎瓦赫里2002年鼓励穆斯林对美国发动自杀性恐怖袭击，“这是遵循真主路上对死亡的热爱，也是用以毁灭美国的武器”。[②] 由于美国及其盟友遍布全球，因此，在“基地”的架构叙事中，其活动范围也是全球性的。它宣称不仅希望解放中东，而且还希望解放高加索地区、阿富汗、克什米尔、东帝汶、达尔富尔等一系列地区。换言之，“基地”领导人对自身的定位是一个全球性而非地区性的“圣战”团体，其优先目标在于打击西方。至于与美国等西方国家合作的阿拉伯政权，虽然也是需要斗争的对象，但不是“基地”当前的主要斗争目标。[③] 当然，需要注意的是，长期以来，“基地”的架构叙事优先关注“远敌”，但这一特征有时会有所变化。在此方面，本·拉登的立场只是偶尔有所游移，但扎瓦赫里的观点就有相当的模糊之处。扎瓦赫里总体认同“基地”应优先关注“远敌”，不过，由于对攻击“近敌”念念不忘，以致他有时不愿在“远敌”与“近敌”之间做出优先等级上的区分。[④]

---

① 对这种战略的效果的评估，可参见 Max Abrahms, “Al Qaeda's Miscommunication War: The Terrorism Paradox,” *Terrorism and Political Violence*, Vol. 17, No. 4, 2005, pp. 529 – 549。

② Brian Whitaker, “Egyptian Doctor Who Laid Foundations of Global Islamist Offensive,” Guardian, March 20, 2004, quoted in Jeffrey Haynes, “Al Qaeda: Ideology and Action,” *Critical Review of International Social and Political Philosophy*, Vol. 8, No. 2, 2005, p. 183.

③ Daniel Byman, “The Homecomings: What Happens When Arab Foreign Fighters in Iraq and Syria Return?” p. 589.

④ 虽然扎瓦赫里的许多讲话明确地将伊斯兰世界出现的问题归咎为美国及其他西方国家，并认为阿拉伯国家的掌权者离不开美国的支持，故打击美国是“基地”的重要目标。但与此同时，扎瓦赫里有时又会将这些问题归因为伊斯兰世界内部的发展状况。如埃及作为扎瓦赫里的故乡，他始终关注埃及的国内局势发展及其国内敌人，并认为除非由穆贾西丁在埃及建立一个伊斯兰国家，那么解放巴勒斯坦和其他穆斯林的土地、取消伊斯兰世界的腐败、恢复埃及在历史上的重要地位等问题，就无法得到圆满的解决。可参见 Donald Holbrook, *The Al-Qaeda Doctrine: The Framing and Evolution of the Leadership's Public Discourse*, pp. 38, 70 – 72, 146, 150。

与“基地”不同，“伊斯兰国”的诊断式框架优先关注“近敌”，而非“远敌”。“伊斯兰国”的前身之一为“基地”组织伊拉克分支。与“基地”的其他分支一样，“基地”组织伊拉克分支起初为获得“基地”这一品牌带来的人员招募、资金筹措等方面的便利，名义上表示愿意采纳“基地”中央及其领导人优先关注“远敌”的叙事。不过在实际上，“基地”组织伊拉克分支及后来“伊斯兰国”的重点关注方向始终是“近敌”。如从扎卡维开始，“伊斯兰国”一方面主张打击以美国为首的驻伊拉克盟军，另一方面则竭力煽动伊拉克内部教派冲突，希望扩大逊尼派与什叶派之间的矛盾和斗争，进而为其攻城略地、扩充实力提供机会。[①] 对于扎卡维肆意攻击穆斯林（主要是什叶派），扎瓦赫里曾表达过严重不满。扎瓦赫里先承认什叶派穆斯林的确不可信任，不过，他随后质疑攻击什叶派的效果和由此带来的道德问题：“鉴于什叶派的无知情有可原，为何要杀害普通的什叶派信徒呢？即使我们不攻击什叶派，又会遭遇什么损失呢？”[②] 扎瓦赫里认为，屠杀什叶派不利于乌玛内部的团结，分散了本应一致针对美国的“圣战”力量，无助于“圣战”事业的推进。[③] 扎瓦赫里对扎卡维的质疑，不仅暴露了“基地”与“伊斯兰国”在诊断式框架上存在的分歧，而且也佐证了“基地”优先关注“远敌”的叙事特征。

“伊斯兰国”继承了扎卡维优先关注“近敌”的架构叙事。如在2009年12月至2010年1月间，在伊斯兰“圣战者”内部流传的一份题为《加强“伊拉克伊斯兰国”政治地位的战略计划》的文件。该文件的作者认为，“伊斯兰国”攻击美国纯属浪费时间，因为美军正准备从伊拉克撤军。在此背景下，“伊斯兰国”应采取的战略是全力攻击伊拉克的强力部门，包括警察、军队、情报机构等，因为美国指望这些力量维

---

① Daniel Byman, “The Homecomings: What Happens When Arab Foreign Fighters in Iraq and Syria Return?” pp. 588 – 589.

② William McCants, *The ISIS Apocalypse: The History, Strategy, and Doomsday Vision of the Islamic State*, p. 13.

③ 也可参见 Donald Holbrook, *The Al-Qaeda Doctrine: The Framing and Evolution of the Leadership's Public Discourse*, p. 121; Ahmed S. Hashim, “The Islamic State: From al-Qaeda Affiliate to Caliphate,” *Middle East Policy*, Vol. 21, No. 4, 2014, p. 72。

持撤军后伊拉克的稳定与安全。攻击它们，更有利于“伊斯兰国”应对危机，拓展实力。[①] 尽管这份文件是否得到“伊斯兰国”的采用不得而知，但“伊斯兰国”的叙事体系和战略行为的确在很大程度上符合该文件的精神。如阿布·巴布尔·巴格达迪 2014 年 11 月表示，“伊斯兰国”的行动顺序为：“首先打击什叶派……然后再针对支持沙特王室的逊尼派……最后才轮到十字军及其基地”。[②] 很显然，在“伊斯兰国”诊断式框架中，美国等“远敌”并不居于前列，伊拉克和叙利亚的什叶派以及雅迪兹人、库尔德人等，才是“伊斯兰国”最应关注的敌人。

事实上，“伊斯兰国”优先关注“近敌”并在行动上实践这一理念，是构成其与“基地”分道扬镳的重要原因。为了以示区别，“基地”与“伊斯兰国”在当前的叙事体系和实践行动中均强化自身的特征。如“基地”长期以来主要在西方国家发动攻击，即使是在伊斯兰世界发起恐怖袭击，其目标主要也是针对西方国家的“异教徒”；而“伊斯兰国”则主要在伊拉克和叙利亚等中东国家（尤其是什叶派穆斯林聚集区）制造大规模恐怖袭击。如此带来的实践结果是：“基地”在打击穆斯林时有所顾忌，担心恐怖活动伤害穆斯林，进而引发伊斯兰世界的强烈反弹，故“基地”尽量避免在发动恐怖袭击时伤害无辜穆斯林，并在话语上为这种行为进行大量论证；[③] 而“伊斯兰国”则无此顾忌，由此能看到“伊斯兰国”不仅大肆攻击什叶派和雅迪兹派等穆斯林，而且手段极为残酷。当然，出于战略上维持和扩大自身影响的考虑，“基地”和“伊斯兰国”也不排斥分别攻击“近敌”或“远敌”。如“伊斯兰国”于 2015 年 11 月 13 日在法国发动的恐怖袭击，就是其攻击“远敌”的一种体现。至少在诊断式框架的叙事上，对“基地”优先关注“远敌”、“伊斯兰国”优先关注“近敌”的区分是没有问题的。至于在行动中，

---

① 参见 William McCants, *The ISIS Apocalypse: The History, Strategy, and Doomsday Vision of the Islamic State*, pp. 79 - 80。

② Graeme Wood, "What ISIS Really Wants," *The Atlantic*, March 2015, http://www.theatlantic.com/features/archive/2015/02/what-isis-really-wants/384980/.

③ 据统计，本·拉登和扎瓦赫里所发表的声明中，有六分之一的声明在于说明为了获得普通穆斯林支持的重要性，以及使用暴力的局限性和风险。参见 Donald Holbrook, *The Al-Qaeda Doctrine: The Framing and Evolution of the Leadership's Public Discourse*, p. 92。

它们是否实践这一特征，则需要结合两者能力的变化和形势的发展做出判断，不能一概而论。

（二）立即还是延迟建立“哈里发国”——处方式框架的差异

在诊断式框架上对“远敌”与“近敌”赋予不同的优先性，影响到“基地”与“伊斯兰国”对于处方式框架的构建。在此方面，两个恐怖组织的区别集中体现在它们对于是否需要立即建立“哈里发国”这一问题上所产生的争议。虽然“基地”和“伊斯兰国”都认为，建立“哈里发国”是“圣战”的终极目标，不过，对于是否需要立即建立“哈里发国”，两个恐怖组织存在重大差别。

“基地”领导人在公开叙事中较少提及建立“哈里发国”这一问题。在“基地”的叙事中，“哈里发国”是“基地”长期奋斗以追求的目标，“基地”领导人并未进行大量阐释并特别予以强调。如在2001年年初时发布的一封题为“建立一个全球伊斯兰国家的呼吁”（*Calling for a Global Islamic State*）的公开信中，本·拉登表示：“今天，穆斯林世界的每位成员都同意，目前被各种边界——基于民族、地理、宗教差异、肤色和种族——分割的世界所有伊斯兰国家应该合并为一个伊斯兰国家，那时将不再是人治人。整个国家只有一个哈里发，其首都应设在麦加……这个庞大国家的名字应为全球伊斯兰国”。[①] 不过，本·拉登并不认为建立“哈里发国”是“基地”迫在眉睫的任务。如在2010年回答“基地”组织阿拉伯半岛分支领导人纳西尔·乌哈什（Nasir al-Wuhayshi）有关是否需要在也门首都萨那（Sana'a）建立一个国家时，本·拉登如此回答，只要“美国还有能力摧毁任何我们建立的国家”，那么就没有必要如此做。他提醒乌哈什：“我们必须记住，美国这一敌人推翻了塔利班和萨达姆政府”。[②] 在本·拉登看来，只要未战胜美国，那么建立“哈里发国”是没有必要的，因为它无法避免被美国颠覆或消灭的命运。故在本·拉登看来，只有当普通穆斯林对美国的怨恨达到

① Donald Holbrook, *The Al-Qaeda Doctrine: The Framing and Evolution of the Leadership's Public Discourse*, p. 82.

② William McCants, *The ISIS Apocalypse: The History, Strategy, and Doomsday Vision of the* Islamic *State*, p. 52.

一定的程度和“圣战”事业获得足够普遍的支持时，才是讨论建立“哈里发国”的恰当时机。扎瓦赫里也认为，建立“哈里发国”并非“基地”当前的工作重点。[①] 如在“9·11”事件后发表的一份公报中，扎瓦赫里承诺复兴哈里发，因为“正如本·拉登所说，这是真主的旨意”，不过，这项工作“需要数代人的努力才能实现”。[②] 由于本·拉登与扎瓦赫里在对何时建立“哈里发国”以及如何实现这一目标等重大问题上含糊其辞，以致“基地”的处方式框架中有关替代性秩序的设计被认为也是相当模糊的。[③]

与“基地”不同，“伊斯兰国”认为建立“哈里发国”是解决现有伊斯兰世界问题的现实途径。扎卡维对于“圣战”能否获得普通穆斯林的充分支持并不十分关心，而“基地”的两位领导人始终强调建立“哈里发国”必不可少的前提是获得普通穆斯林的支持。为此，扎卡维坚持认为，不管其治下的民众如何看待，他都可以建立“哈里发国”。[④] 扎卡维对于建立“哈里发国”的执着，构成他与“基地”领导人在架构叙事上存在的两个重大差别（另一个为反什叶派）之一。[⑤] 受扎卡维的影响，“伊斯兰国”的领导人也继承了这种狂热。如在2014年7月巴格达迪强调建立“哈里发国”具有重要历史意义，认为这是一种公共义务，“是穆斯林的责任——是一种已被遗弃几个世纪的责任……穆斯林因遗弃哈里发而获罪，必须竭力重建哈里发”。[⑥]

在宣布“哈里发国”正式成立之后，“伊斯兰国”更是开足马力宣传“哈里发国”的相关信息，以吸引更多的穆斯林迁徙至这一“哈里发国”之中。如“伊斯兰国”发行的电子刊物《达比克》第1期的封面文章题目即为“哈里发的回归”，这从一个侧面说明了建立“哈里发

---

① Donald Holbrook, *The Al-Qaeda Doctrine*: *The Framing and Evolution of the* Leadership's *Public Discourse*, p. 150.

② Ibid. , p. 67.

③ John Turner, “From Cottage Industry to International Organisation,” p. 553.

④ William McCants, *The ISIS Apocalypse*: *The History*, *Strategy*, *and Doomsday Vision of the* Islamic *State*, p. 11.

⑤ Cole Bunzel, *From Paper State to Caliphate*: *The Ideology of the Islamic State*, p. 13.

⑥ James Kitfield, “How to Stop Islamic State's Escalation Dominance,” December 23, 2015, http: //breakingdefense. com/2015/12/how-to-stop-islamic-states-escalation-dominance/.

国”是“伊斯兰国”非常倚重的处方式叙事。另据学者统计，在2015年7月17日至8月15日“伊斯兰国”官方机构公布的1146件事件中，关于描述“哈里发国”的叙事占到总事件的52.57%。超过了其对“仁慈”（0.45%）、“战士的休闲生活”（0.89%）、“苦难”（6.84%）、“残暴”（2.13%）、“战争”（37.12%）其他五个方面描述的总和，“伊斯兰国”对于“哈里发国”的重视由此可见一斑。[①] 很显然，巴格达迪宣布建立“哈里发国”的行为，违背了传统“圣战”组织有关“哈里发国”的建立应该延后、并获得全体穆斯林的支持、乌里玛的同意等条件，自然引发了“基地”领导人的不满，双方就此展开了激烈的争辩。[②]“基地”对“伊斯兰国”这一“哈里发国”持严厉谴责的态度，这意味它又回到了建立“哈里发国”是一项长远事业的立场上。[③]

（三）是否渲染世界末日论——促发式框架的差异

“基地”与“伊斯兰国”诊断式和处方式框架的重大差异，进而影响到两者促发式框架的不同。在此方面，是否鼓吹“天启”（apocalypse）中的末日决战理念，并以此吸引潜在支持者甚至旁观者参与“圣战”事业，是构成“基地”与“伊斯兰国”促发式框架的最大差别。

对于类似于末日决战之类的天启式话语，“基地”即使不是敬而远之，至少也是相当冷漠。“基地”组织的促发式框架主要诉诸的是动员对象的认知性和情感性需求，偶尔也会提供工具性的激励；即使使用天堂之类的话语，也很少征用天启式的象征。“基地”组织促发式框架的这些特征，受到该组织领导人的重要影响。如有学者指出：“本·拉登很少谈论天启，即使偶尔提及，也倾向于认定在神的惩罚（divine comeuppance）这一壮丽时刻到来之前，他早已命丧黄泉”。[④] 另一位对伊斯

---

① 参见 Charlie Winter, “Documenting the Virtual ‘Caliphate’,” *The Quilliam Foundation*。

② 相关情况的介绍可参见 Cole Bunzel, *From Paper State to Caliphate*: *The Ideology of the Islamic State*, pp. 32 – 34。

③ William McCants, *The ISIS Apocalypse*: *The History*, *Strategy*, *and Doomsday Vision of* the *Islamic State*, p. 129.

④ Graeme Wood, “What ISIS Really Wants.”

兰教中天启叙事做过研究的学者也注意到：“就所能获得的内部通信来判断，‘基地’长期以来对天启式诱惑（apocalyptic temptation）无动于衷”。[①] 虽然“基地”与“伊斯兰国”一样构建了一个善恶对决的世界，不过，“基地”似乎并未看到末日决战的迹象，似乎也不相信真主预先决定了“圣战”事业会在短期内成功，否则本·拉登和扎瓦赫里也不会对穆斯林不积极参与或支持“圣战”事业气急败坏。

除此之外，本·拉登和扎瓦赫里的经历也影响了他们对于天启式叙事的态度。[②] 本·拉登与扎瓦赫里均出生于精英穆斯林家庭，尽管本·拉登获得的是工商管理学位，扎瓦赫里不过是牙医出身，他们的宗教学素养有限，[③] 但他们均认为沉溺于弥赛亚式的沉思，不过是市井小民的无聊之举。此外，本·拉登与扎瓦赫里属于逊尼派，而什叶派热衷于天启叙事，这进一步使本·拉登与扎瓦赫里对天启叙事心生厌恶。尽管出于对“圣战”大业的考虑，本·拉登与扎瓦赫里往往不突出强调与什叶派之间的教派冲突，以尽可能维系伊斯兰世界内部的团结。但长期的教派冲突史，影响到他们对天启叙事的认知。而本·拉登的个人经历，则进一步使其对天启叙事和末日决战之类的理念充满警惕。1979 年，一群逊尼派激进分子攻占了麦加大清真寺，并在其中卡巴神殿（Kaba）进行仪式，称其中一名激进分子为“救世主马赫迪”。结果，在沙特士兵经过数周的围攻并最终攻入麦加大清真寺后发现，那位“救世主马赫迪”已一命呜呼。本·拉登对天启叙事敬而远之，或许与这位“救世主马赫迪”的屈辱之死有一定关系。虽然本·拉登与扎瓦赫里的部分手下也接受了末日决战或救世主之类的说法，但这些声音在“基地”的叙事中可以忽略不计。“基地”的态度非常明确：“许多穆斯林认为，只有当马赫迪出现，伊斯兰国家才能建立。这不过是纸上谈兵，以为举

---

① Jean-Pierre Tiliu, *Apocalypse in Islam*, Berkeley: University of California Press, 2011, p. 186, quoted in William McCants, *The ISIS Apocalypse: The History, Strategy, and Doomsday Vision of the Islamic State*, p. 28.

② 这里的讨论主要参考了威廉·马凯茨的研究成果，参见 William McCants, *The ISIS Apocalypse: The History, Strategy, and Doomsday Vision of the Islamic State*, pp. 28 – 29。

③ Christina Hellmich, "Creating the Ideology of Al Qaeda: From Hypocrites to Salafi-Jihadists," p. 120.

起双手向真主祷告，就会加速马赫迪的来临。”①

与“基地”不同，“伊斯兰国”大肆挪用并鼓吹伊斯兰教中有关天启和末日决战的相关象征，以此吸引追随者实现自己的野心。“伊斯兰国”较为系统地重构了《古兰经》和圣训中有关末日决战的天启叙事。由于圣训中有一段末日审判之前将在一处名为“达比克”的地方发生穆斯林与罗马军队进行末日决战的经文，所以“伊斯兰国”不仅竭力攻取了叙利亚西北部的城镇达比克，而且将其官方杂志命名为《达比克》。根据“伊斯兰国”的叙事，真主已经预设了所有的“异教徒”和“叛教者”均会在末日决战时被消灭，故“伊斯兰国”在占领了达比克后，只需等待“罗马军队”的到来，并接受末日决战的胜利。②“伊斯兰国”对于天启叙事的狂热，超越了他们对经典文本与形势变化之间错位的关注，也导致他们有意无意地忽视叙事内部存在的逻辑或事实错误。③

“伊斯兰国”对末日决战叙事的热衷在很大程度上也源自扎卡维。扎卡维较早地在“哈里发国”的建立和天启之间建立起联系，并认为建立“哈里发国”是在遵循真主的启示。如在2004年7月，扎卡维表示：“预示古兰经式的国家（Qur'anic state）的迹象已经出现”；在向本·拉登宣誓效忠时，扎卡维再次强调“哈里发国”即将出现，并表示它“需要通过我们的双手加以创立”。④ 从上述表述来看，“伊斯兰国”的处方式框架与促发式框架之间存在相互构成的关系：建立“哈里发国”是天启预定的；而其建立则证明了天启正确无误。由此带来的逻辑后果是：既然天启正确无误，那么天启中有关大决战和末日审判的内容应是毋庸置疑的。上述逻辑关系一旦确立并被接受，也就成为“伊斯兰国”独特的叙事体系，并使之与其他恐怖组织区分开来。

从2014年开始，扎卡维的天启叙事被“伊斯兰国”系统加以利用，

---

① William McCants, *The ISIS Apocalypse: The History, Strategy, and Doomsday Vision of the Islamic State*, p. 28.

② 关于“伊斯兰国家”“末日决战”叙事的内容、演变与存在的问题等的深入研究，可参见 William McCants, *The ISIS Apocalypse: The History, Strategy, and Doomsday Vision of the Islamic State*。也可参考李捷、杨恕《“伊斯兰国”的意识形态：叙事结构及其影响》，第16—17页。

③ 对此的解释，可参见 William McCants, *The ISIS Apocalypse: The History, Strategy, and Doomsday Vision of the Islamic State*, pp. 105, 142－144。

④ Cole Bunzel, *From Paper State to Caliphate: The Ideology of the Islamic State*, p. 15.

并成为其吸引穆斯林与“外籍战士”迁徙至“哈里发国”参战的重要方式。如“伊斯兰国”发言人 2014 年 4 月利用天启叙事宣称：“你们已被许诺了巴格达、大马士革、耶路撒冷、麦加与麦地那，也被许诺了达比克、古塔（Ghouta，大马士革东部郊区——引者注）与罗马”。[①] 巴格达迪为了吸引更多人“迁徙”至“伊斯兰国”参战，同样以末日决战的话语蛊惑穆斯林：“伊斯兰教的青年们，去往应许的沙姆之地”，“来到你们自己的国家，托起你们的家园……因为大决战即将展开”。[②] 总之，在选择性地继承“基地”叙事体系的基础上，“伊斯兰国”的架构叙事又糅合了教派主义、许诺“哈里发国”、天启主义等因素，使之成为一个颇为另类同时又具有一定创新性的恐怖组织。

五 结论与启示

本章从社会运动理论中的架构视角出发，对“基地”组织和“伊斯兰国”的架构叙事及其异同做了简要的研究。由于两者在组织上存在过联系，且同属于第四波恐怖主义浪潮，这决定了它们在架构叙事上存在一定的继承性和相似性。如在诊断式框架上，两者均将伊斯兰世界的问题归咎于西方国家等“异教徒”以及专制的阿拉伯国家等“叛教者”；在处方式框架上，均主张建立“哈里发国”、并对“异教徒”和“叛教者”们开展“圣战”、实施塔克菲尔原则；在促发式框架上，都强调穆斯林参与“圣战”的必要性，并认为“迁徙”至特定的“圣战”据点是一种义务。不过，由于组织演变路径与领导人理念的差异，导致它们的架构叙事也存在明显不同。如在诊断式框架上，“基地”组织优先关注西方国家等“远敌”，认为“远敌”是导致乌玛不复历史荣光的主要敌人；而“伊斯兰国”则优先关注什叶派穆斯林等“近敌”，认为它们是建立“哈里发国”最主要的障碍。在处方式框架上，“基地”虽然坚持建立“哈里发国”，但认为这是一项长远的事业，在此之前“圣

① William McCants, *The ISIS Apocalypse: The History, Strategy, and Doomsday Vision of the Islamic State*, p. 103.

② Ibid., p. 100.

战”的主要任务是获得穆斯林大众的支持；而“伊斯兰国”则认为可立即建立“哈里发国”，这是确立认主独一原则和重建乌玛的有效途径。在促发式框架上，“基地”主要诉诸潜在支持者的认知、情感乃至工具性等层面，较少涉及天启叙事和末日决战的理念；而“伊斯兰国”则系统重构了伊斯兰经典文本中的天启叙事，并大肆鼓吹末日决战，以此作为动员世界逊尼派穆斯林参与“圣战”的主要话语手段。

对“基地”组织与“伊斯兰国”的架构叙事及其差异进行研究，至少能带给我们三点启示。其一，需要意识到反击恐怖组织的架构叙事是一项长期工作。① 恐怖主义有自身的行动逻辑，而架构叙事就是了解其活动逻辑的一种方式。虽然恐怖组织的叙事体系与其行动往往存在一定的差距，或者滞后于具体行动；但叙事体系毕竟是了解恐怖组织行动的重要指南或线索。如以“伊斯兰国”为例，自从扎卡维时期开始，该组织就极端仇视什叶派穆斯林、具有建立“哈里发国”的野心，并使用伊斯兰经典文本中的天启叙事来为行为提供论证。不仅如此，扎卡维等人的想法在该组织的公开叙事中得以表达。后来的事态发展证明，“伊斯兰国”的行动，在很大程度上的确是按照其架构叙事构建的框架在执行。如果国际社会能较早地对“伊斯兰国”的架构叙事形成较为深入的研究，或许能通过拟定更富针对性的措施对其予以打击。此外，即使“基地”和“伊斯兰国”的组织形态不复存在，它们的架构叙事仍将对国际恐怖主义运动产生持久和深远的影响。如以“基地”为例，经过多年的演变，“基地”已成为一个“品牌”、一种“意识形态”，即使组织本身消亡，其理念仍对宗教极端主义、国际恐怖主义运动的观念和行动带来启发。② 事实上，这也是“基地”领导人尤其是扎瓦赫里极力追求的。③ 再如“伊斯兰国”，即使其在伊拉克与叙利亚两地所占的领土被攻陷，但无法保证其天启理念和末日决战论也会随风飘散。不排

① 可参考 Christina Hellmich, “Creating the Ideology of Al Qaeda: From Hypocrites to Salafi-Jihadists,” p. 121。

② Olivier Roy, “Al-Qaeda Brand Name Ready for Franchise: The Business of Terror,” *Le Monde Diplomatique*, September 1, 2004.

③ 参见 Donald Holbrook, *The Al-Qaeda Doctrine: The Framing and* Evolution *of the Leadership's Public Discourse*, pp. 164 – 166。

除将来某种势力借尸还魂，重拾这套架构叙事并建立起类似的组织。鉴于此，国际社会需尽快发动广大的穆斯林和学者构建反击“基地”和“伊斯兰国”架构叙事的反叙事，澄清它们的反人类、反文明特征，进而削弱它们叙事的吸引力和动员能力。[①]

其二，通过了解恐怖组织在适当性逻辑上的竞争历程，可以展望它们的演变趋势。“基地”和“伊斯兰国”的架构叙事在逻辑上相对连贯，而且具有不同的特征。这一现象，部分原因在于它们之间的竞争促使它们不得不完善各自的架构叙事，以争取与对手区分开来并在竞争中胜出。对于国际社会而言，两个恐怖组织在叙事体系上的竞争是一种可资利用的条件。相较于“基地”，“伊斯兰国”的残酷、狂热和处心积虑挑起教派冲突并在话语上系统加以论证，使其比前者更为激进，对国际社会构成的威胁也更大。虽然国际社会不可能与“基地”合作打击“伊斯兰国”，但关注“基地”在叙事体系和行动上对“伊斯兰国”所做的反击及其叙事体系是否会与“伊斯兰国”趋同，是国际社会需要密切关注的问题。从当前的形势来看，“基地”虽然尝试在组织与叙事层面上实现与“伊斯兰国”的切割，但其分支机构与部分追随者开始采用“伊斯兰国”叙事体系中的象征——如“伊斯兰国”设计的黑旗、末日决战的理念等。[②] 这也从一个侧面说明“伊斯兰国”叙事的动员能力，尤其是吸引“外籍战士”参战的能力，要强于“基地”组织。无论是吸引“外籍战士”前往所谓的“哈里发国”参战，还是激励极端分子在西方国家等地开展独狼式恐怖袭击，均说明“伊斯兰国”架构叙事所产生的广泛影响。再加上有部分原本效忠“基地”的分支机构转向“伊斯兰国”效忠，为了扭转颓势，不排除“基地”借鉴甚至向“伊斯兰国”的架构叙事靠拢。

---

① 关于构建针对恐怖组织的反叙事体系的重要性，可参见 Daniel Byman, “The Homecomings: What Happens When Arab Foreign Fighters in Iraq and Syria Return?,” p. 596; Donald Holbrook, *The Al-Qaeda Doctrine: The Framing and Evolution of the Leadership's Public Discourse*, p. 69。

② 可参见 William McCants, *The ISIS Apocalypse: The History, Strategy, and Doomsday Vision of the Islamic State*, p. 49。关于“伊斯兰国”所设计的黑旗的含义，见 p. 70。也可参考陶短房：《“伊斯兰国”黑旗的来龙去脉》，2015 年 6 月 2 日，http://www.mzread.com/posts/s/2krgrezyk6kt。

其三，需对“伊斯兰国”的“外籍战士”回流给各国安全和去极端化工作带来的危险和挑战有所预见，并尽早设计预案。随着“伊斯兰国”在战场上的失利，许多“外籍战士”很可能通过各种渠道回流原籍国。虽然此前“伊斯兰国”架构叙事中的诊断式框架优先关注“近敌”，然而，战场上的失利带来的必然结果是促使它将转变进攻方向，将更多的精力和更多的人员投入到筹划在“远敌”领土上发动恐怖袭击上。当前遭遇严重难民危机困扰的西欧，因此发生此类恐怖袭击的风险最大，因为据称有不少“伊斯兰国”的参战人员混在难民之中，试图进入欧洲开展暴恐行动。① 对于这一趋势，首先，国际社会应该加强对“伊斯兰国”的“外籍战士”回流的管理，并深化在情报、反恐等领域上的真诚合作，尽可能截断这些“外籍战士”回流的渠道。其次，需要加快研究更有效的“去激进化”（de-radicalization）或去极端化的措施。② 由于部分回流的“外籍战士”接受了“伊斯兰国”的架构叙事，这对将他们拘捕后开展的去激进化或去极端化工作提出了严峻挑战。因为“伊斯兰国”架构叙事的超残暴性、超保守性，导致各国对现有的去极端化措施有效程度如何存在诸多疑问。为此，国际社会应尽早就此开展研究，以探索更为有效的应对措施。无论是哪一个方面，中国均不能置身事外。因为不仅有不少中国籍的人员出现在“伊斯兰国”的战场上，③ 而且“伊斯兰国”是首个把新疆列入其“哈里发国”范围

---

① Aaron Brown, “‘Just wait...’ Islamic State Reveals it has Smuggled Thousands of Extremists into Europe,” November 18, 2015, http://www.express.co.uk/news/world/555434/Islamic-State-ISIS-Smuggler-THOUSANDS-Extremists-into-Europe-Refugees.

② 关于激进化（极端化）、去激进化（去极端化）问题的研究，是国内学术界一个亟待加以跟进和深入探索的研究领域。现有成果可参见胡雨《国际反恐斗争中的去极端化研究——以沙特 PRAC 战略为个案分析》，《国际论坛》2012 年第 5 期；沈晓晨、杨恕：《当代西方恐怖主义激进化研究主要路径述评》，《兰州大学学报》（社会科学版）2014 年第 3 期；沈晓晨、杨恕：《试析“反恐怖主义激进化”的三个关键维度——基于英国“预防战略”的案例分析》，《欧洲研究》2014 年第 3 期；沈晓晨、史志钦：《反恐怖主义极端化的“欧洲模式”及其政策困境》，《当代世界与社会主义》2017 年第 4 期；李捷：《极端主义组织与认同政治的建构》，《世界经济与政治》2017 年第 4 期。

③ Alessandria Msai and Michelle Florcruz, “ISIS Executes Three Chinese Uighur Fighters Accused of Defection,” May 2, 2015, http://www.ibtimes.com/isis-executes-three-chinese-uighur-fighters-accused-defection-1806564.

内的极端恐怖组织。[①] 因此，在官方层面，中国需要与包括中东国家在内的国际社会加强反恐合作；在学术层面，国内学术界需要尽快研究世界各国的去激进化或去极端化措施及其成效，并向有关部门提供具有前瞻性的政策建议，而系统研究“伊斯兰国”的公开叙事和思想理念是其中的重要部分。

在下一章中，我们将从资源动员能力和策略选择能力两个方面分析“伊斯兰国”迅速崛起的原因，同时指出国际社会在应对“伊斯兰国”时所表现出的不足。虽然当前“伊斯兰国”被国际反恐联盟所击溃，但了解其崛起的原因和国际社会应对措施的不足，一方面有助于我们深入认识中东恐怖主义产生的原因，另一方面也可为遏制恐怖主义提供部分政策参考。

① Abu Bakr al-Baghdadi, “A Message to the Mujahidin and the Muslim Ummah in the Month of Ramadan.”

第五章 “伊斯兰国”的资源动员和策略选择

近年来，中东恐怖主义的发展出现了很多新特点。各种恐怖组织活动能力日趋增强，中东恐怖主义呈现强劲反弹的趋势。[①] 其中，最具代表性的是“伊斯兰国”，它已成为全球实力最强、影响最大的恐怖组织。[②] 不过，直到2014年6月10日伊拉克北部尼尼微省（Nineveh）首府、伊拉克第二大城市摩苏尔（Mosul）被武装分子迅速占领后，“伊拉克和叙利亚伊斯兰国”才被世人所知。该组织狂热地攻城略地，其凶悍的战斗力曾一度让伊拉克安全部队溃不成军。6月29日，该组织宣布“建国”。虽然中东恐怖主义一直是世人关注的焦点，但“伊斯兰国”的迅速壮大使那些即使长期关注该地区的人们也始料未及。其在中东地区的突然崛起，不仅让伊拉克和叙利亚的局势骤然紧张，也为中东安全局势增加了诸多不确定因素。

目前，国内学术界对“伊斯兰国”的认识还不够深入。鉴于此，本章拟考察“伊斯兰国”由小变大、由弱变强的发展过程，具体考察其招募成员、筹措资金的能力和制定战略战术的能力。本章借鉴了社会运动理论的分析方式，认为“伊斯兰国”迅速崛起的原因在于其具备较强的资源动员能力和策略选择能力。以往，学者们在分析中东恐怖主义产生的原因时，多集中在国际体系（中东地区局势、美国中东政策和反恐政策）和国家层面（该地区各国的宗教冲突、民族矛盾、经济低迷、政治腐败、民生问题等），而较少关注恐怖组织自身的发展。结构层次

---

① 刘中民：《恐怖主义缘何在中东强劲反弹?》，《社会观察》2014年第8期。

② 董漫远：《“伊斯兰国”崛起的影响及前景》，《国际问题研究》2014年第5期。

的分析虽为我们认识恐怖主义的产生原因提供了一种视角，但也容易忽视恐怖组织自身的能动性。21世纪以来动荡的中东局势是“伊斯兰国”产生和发展的结构性因素，然而，“伊斯兰国”自身的能动性却使其迅速实现了崛起。因此，从资源动员和策略选择两个方面分析“伊斯兰国”崛起的原因，除了有助于我们深入认识中东恐怖主义产生的原因外，还能为遏制恐怖主义提供部分政策参考。

按照上述思路，本章安排如下：第一节主要考察“伊斯兰国”的崛起过程；第二节分析“伊斯兰国”的资源动员能力，具体分析其在成员招募、资金获取两个方面采取的策略；第三节分析“伊斯兰国”的策略选择能力，包括军事战略、管理战略以及宣传策略；最后总结全文，分析国际社会应对措施的不足，从而为遏制恐怖主义提供部分政策参考。

一 “伊斯兰国”的崛起过程

“伊斯兰国”的发展过程贯穿了21世纪初至今的十几年间，其产生与发展与中东局势的发展变化息息相关。2014年6月初，攻占摩苏尔标志“伊斯兰国”的正式崛起，也标志“伊斯兰国”作为一支独立的极端力量开始影响中东政局和全球安全。自1999年出现了“伊斯兰国”的雏形至今，可大体将其发展历程划分为六个阶段：初步发展阶段、依托“基地”组织发展阶段、缓慢发展阶段、发展壮大阶段、发展成熟阶段和衰落阶段。下文将对“伊斯兰国”的崛起过程分阶段做具体介绍。①

（一）“伊斯兰国”的初步发展阶段（1999—2003年）

“伊斯兰国”的雏形可追溯到阿布·穆萨布·扎卡维1999年开始创立的“沙姆战士”。1999年扎卡维从约旦监狱被释放后，带着其早期导师阿布·卡塔达·菲利斯蒂尼（Abu Qatadah Filistini）的介绍信来到阿

---

① 下文对“伊斯兰国”崛起过程的介绍不包含其衰落阶段（或称“伊斯兰国”的“基地化”阶段），详见第十章。

富汗的坎大哈（Kandahar）省。在与“基地”领导层接触后，本·拉登和扎瓦赫里同意让扎卡维在阿富汗西部的赫拉特（Herat）附近操办武装分子训练营，并获得了20万美元的启动资金（small seed money）。最初，扎卡维将这个组织称为“沙姆战士”。数月后，将其更名为“认主独一与圣战”。[①] 需要指出的是，这个时候本·拉登和扎瓦赫里刻意与扎卡维保持一定的距离[②]，扎卡维既不是“基地”组织的成员，其创立的“认主独一与圣战”也不是“基地”组织的下属或分支机构，两者往往是独立发展的，但存在一定程度的合作关系。“认主独一与圣战”依赖马蒂斯（Abu Mohammed al Maqdisi 或 Isam Mohammad Tahir al Barqawi）[③] 的教义，采取暴力方式反对约旦政府和什叶派穆斯林，如1999年11月该组织策划袭击安曼的拉迪逊酒店（Radisson Hotel in Amman）和约旦的其他两处旅游景点，但约旦情报部门和美国中央情报局挫败了这起“新千年袭击未遂案”（Millennium Plots）[④]，使该组织的活动转至地下。

---

① Bruce Riedel, *The Search for Al Qaeda: Its Leadership, Ideology, and Future*, Washington: Brookings Institution Press, 2010, p. 94；［英］查尔斯·利斯特：《“伊斯兰国”简论》，姜奕晖译，中信出版社2016年版，第30页。

② 乔比·沃里克（Joby Warrick）认为本·拉登同意让扎卡维创办武装分子训练营的原因在于，1999年末“基地”组织的恐怖网络覆盖了阿富汗、北非和波斯湾沿岸诸国，但黎凡特地区在其控制范围之外。帮助扎卡维操办武装分子训练营或许有助于“基地”组织扩展势力范围。而本·拉登刻意与扎卡维保持一定距离的原因有两点：其一，由于本·拉登策划袭击了美国两家大使馆，随后美国联邦调查局将其列为头号缉捕对象。本·拉登起初怀疑扎卡维是美国人的间谍。其二，扎卡维与马克迪西一度过从甚密，后者鼓吹暴力起义推翻阿拉伯诸国的当权者。虽与本国统治阶层颇有旧怨，但本·拉登不想和马克迪西公开扯上关系，致使事态更加不可收拾。参见乔比·沃里克《黑旗：ISIS的崛起》，钟鹰翔译，中信出版社2017年版，第71—73页。

③ 马蒂斯是当时最著名的萨拉菲主义鼓吹者，卡扎维和马蒂斯在90年代相识，参见Richard Barrett, *The Islamic State*, New York: Soufan Group, 2014, p. 11。

④ 事实上，关于扎卡维操办武装分子训练营和参与“新千年袭击未遂案”的时间先后存在争议。乔比·沃里克认为扎卡维在巴基斯坦涉嫌“新千年袭击未遂案”在先，去往阿富汗操办武装分子训练营在后。参见乔比·沃里克《黑旗：ISIS的崛起》，第67—74页。但鉴于“新千年袭击未遂案”是由“基地”组织策划的，袭击约旦仅是“新千年袭击未遂案”的一部分（还包括袭击美国、也门和劫持印度航班），且扎卡维从约旦监狱释放后势单力薄，无法单独策划实施针对约旦的大规模恐怖袭击，故作者认为扎卡维操办武装分子训练营在先，策划“新千年袭击未遂案”在后。详见Bruce Riedel, *The Search for Al Qaeda: Its Leadership, Ideology, and Future*, pp. 94-96。

2001 年美国入侵阿富汗后，扎卡维等人先是逃往伊朗，后是逃到了伊拉克东北部的库尔德自治区。在当地极端武装“伊斯兰护卫军”(Ansar al-Islam) 的帮助下，扎卡维开始在萨迦特（Sargat）重建武装分子训练营，并在中东、欧洲等地建立恐怖网络。2003 年美国入侵伊拉克后，扎卡维的训练营成为美军的首轮空袭目标，但该组织的高层领导已逃到了巴格达。查尔斯·利斯特认为，这被证明是扎卡维揭开冲突的序幕。[①] 2003 年 8 月，扎卡维组织发动了对位于巴格达的约旦大使馆、联合国驻伊拉克办事处、纳杰夫（Najaf）的伊玛目·阿里（Imam Ali）清真寺的袭击活动。整体而言，从 1999—2003 年，“伊斯兰国”尚处于初步发展阶段，力量十分有限。其主要活动区域从阿富汗转到伊朗再到伊拉克，攻击目标包括约旦政府、什叶派穆斯林和美国领导的联军部队。

（二）“伊斯兰国”依附“基地”组织发展阶段（2004—2005 年）

2004 年 9 月，经过与“基地”组织展开近八个月的谈判，扎卡维宣誓效忠“基地”组织和本·拉登，并将“认主独一与圣战”更名为“基地”组织伊拉克分支。这标志“伊斯兰国”进入了依附“基地”组织发展的阶段。“基地”组织伊拉克分支的成员大多是激进的伊拉克人，他们的目标和“基地”组织一样是将美军赶出伊拉克。“认主独一与圣战”之所以能实现与“基地”组织的联合，除了共同目标一致外，主要原因在于：第一，对于“认主独一与圣战”而言，如何募集更多的资源以维持组织的运作成为关系到该组织生存和发展的关键问题。扎卡维认为，与“基地”组织联合，有助于为“认主独一与圣战”招募到更多的人员和资金。第二，对“基地”组织来说，本·拉登迫于美国的军事压力，想在躲避美国打击的同时继续领导伊拉克“圣战”运动以保持其影响力，他想将“基地”组织打造成伊拉克最活跃的“圣战”阵线。在此背景下，“基地”组织同意了“认主独一与圣战”的加入。由此可见，“认主独一与圣战”和“基地”组织的联合是形势使然，两者均认为与对方联合对自己有利，且都想借助对方的力量发展和

---

① ［英］查尔斯·利斯特：《“伊斯兰国”简论》，第 32 页。

壮大自己。

不过，这种权宜的关系维系了不到两年时间便开始出现裂痕。导致裂痕出现的一个重要原因在于“基地”组织并不认同“基地”组织伊拉克分支的行动策略。后者经常针对行动目标采取残忍的斩首行为并利用自杀式炸弹袭击什叶派宗教目标、什叶派信众等。扎卡维认为，如此行为好处有三：其一，破坏伊拉克的局势；其二，消灭一批“叛教人员”；其三，恐怖活动会裹挟大量的逊尼派信众，迫使他们拿起武器，为了“解放”而斗争。[①] 尽管这使扎卡维“声名鹊起”，甚至许多外国人也受其“感召”加入“基地”组织伊拉克分支。[②] 不过，“基地”组织伊拉克分支的行动策略导致“基地”组织对其排斥。2005 年扎瓦赫里和拉赫曼（Atiyah Abd al-Rahman）先后写信给扎卡维，质疑“基地”组织伊拉克分支采取的行动会削弱“基地”组织的支持基础。在扎卡维不顾“基地”组织的屡次劝告继续袭击什叶派文化遗址后，扎卡维与“基地”组织之间的关系开始破裂。[③] 但是，这并未导致双方之间彻底的决裂，它们的关系一直维系到了 2014 年。

（三）“伊斯兰国”的缓慢发展阶段（2006—2010 年）

2006 年 1 月，扎卡维将其他几个伊拉克叛乱派系和“基地”组织伊拉克分支合并在一起，建立了“圣战舒拉会议”。[④] 2006 年 6 月，扎卡维被美军的空袭炸死后，“圣战舒拉会议”选举阿布·阿尤布·马斯里为新的领导人。2006 年 10 月 15 日“圣战舒拉会议”宣布“伊拉克伊斯兰国”成立，同年 11 月 10 日马斯里向“伊拉克伊斯兰国”领导人阿布·奥马尔·巴格达迪（Abu Omar al-Baghdadi）效忠，但“伊拉

---

① ［美］乔比·沃里克：《黑旗：ISIS 的崛起》，第 143 页。

② Aaron Y. Zelin, “The War between ISIS and al-Qaeda for Supremacy of the Global Jihadist Movement,” p. 2.

③ Zachary Laub and Jonathan Masters, “Islamic State in Iraq and Greater Syria,” *Backgrounders*, June 12, 2014, p. 2.

④ 这五个组织是“胜利教派军”（Jaysh al-Ta'ifa al-Mansura）、“一神教支持者旅”（Saraya'Ansar al-Tawhid）、“伊斯兰圣战旅”（Saraya al-Jihad al-Islami）、“外来人旅”（Saraya al-Ghuraba）和“精神境界旅”（Kataib al-Ahwal）。参见［英］查尔斯·利斯特《“伊斯兰国”简论》，第 36—37 页。

克伊斯兰国”并未向“基地”组织效忠。事实上，直到21世纪的第一个十年末，“基地”组织仍将“伊拉克伊斯兰国”视为其分支机构，还会命令后者攻击特定的目标。[①]“伊拉克伊斯兰国”在反对美国的基础上，将其斗争目标扩展至推翻中东地区亲美的“傀儡政权”，并致力于在包括伊拉克在内的地域范围内建立一个政教合一的伊斯兰国家。[②]

但在2007—2011年叙利亚内战爆发之前，“伊拉克伊斯兰国”因受到诸多因素的影响处于被压制的状态。随着大多数伊拉克逊尼派穆斯林接受马利基（Nuri al-Maliki）政府和美国领导的联盟对他们提供的承诺和保护，“伊拉克伊斯兰国”逐渐失去了逊尼派伊拉克人的支持，“安巴尔觉醒”（Anbar Awakening）以及逊尼派部落自发结成武装组织“伊拉克之子”（sons of Iraq）反抗“伊拉克伊斯兰国”，村落中的宗教极端分子逐渐被驱逐。同时，2007年美国总统布什（George Walker Bush）决定向伊拉克增兵，美国情报部门和特种部队针对伊拉克境内恐怖分子开展的“熔炉行动”（fusion cell）提升了他们对宗教极端分子的猎杀准确率。[③]加之什叶派的反击和“基地”组织的猜疑等，使“伊拉克伊斯兰国”已经到了山穷水尽的地步。虽然从2008年初该组织对其武装力量、领导结构和组织目标进行了部分调整，并获得了一定程度的恢复，但“伊拉克伊斯兰国”承受的压力一直持续到2011年。事实上，2010年4月巴格达迪与马斯里死后，包括“基地”组织在内的中东恐怖主义力量均处于低迷状态。从这一时期开始，阿布·巴克尔·巴格达迪被选为“伊拉克伊斯兰国”新的领导者，他试图通过发动残酷的汽车炸弹袭击和自杀式炸弹袭击等极端方式重振“伊拉克伊斯兰国”。

（四）“伊斯兰国”的发展壮大阶段（2011—2013年）

2011年叙利亚国内乱局为“伊拉克伊斯兰国”搭建了施展拳脚的舞台。通过参与叙利亚内战，“伊拉克伊斯兰国”逐渐摆脱了低迷状

---

① 参见［英］查尔斯·利斯特《“伊斯兰国”简论》，第37—38页。

② 董漫远：《“伊斯兰国”崛起的影响及前景》，《国际问题研究》2014年第5期。

③ ［美］乔比·沃里克：《黑旗：ISIS的崛起》，第206—208、270—271页。

态，不断发展壮大。不过，“伊拉克伊斯兰国”在叙利亚内战初期持观望的态度，它将叙利亚内战视为对其以伊拉克为中心的关注焦点的分散，为此甚至阻止其成员参与叙利亚内战。但随着叙利亚内战愈演愈烈并变得更为暴力，“伊拉克伊斯兰国”决定派遣阿布·穆罕默德·祖拉尼（Abu Mohammed al-Jolani）和其他六名成员赴叙利亚建立前线武装，为“伊拉克伊斯兰国”的扩张铺路。2011 年 8 月，祖拉尼抵达叙利亚东北部哈塞克省，开始联络各地的极端组织，很快建立起了有效的作战力量。同年 9 月和 10 月，祖拉尼领导了一系列秘密会议，同意组建“努斯拉阵线”。2012 年 1 月 23 日，“努斯拉阵线”在与“基地”组织有关的网络论坛上发布视频宣布了自己的成立。[①] 这也标志着“基地”组织叙利亚分部的正式开张。[②] 实际上，“伊拉克伊斯兰国”仍将“努斯拉阵线”视为自己的叙利亚分支（Syrian wing），后者收入的 50% 也的确来自伊拉克。[③]

一方面，通过介入叙利亚内战，“伊拉克伊斯兰国”成为了叙利亚反对派中的一支主导性力量，其势力范围扩展至叙利亚北部。另一方面，叙利亚内战吸引了世界上数以千计的战斗人员，其声势掩盖了巴格达迪在伊拉克的活动，包括进行行政改革、强化炸弹袭击、袭击监狱等。巴格达迪在重新评估其地区影响力的基础上，于 2013 年 4 月 8 日宣布祖拉尼是其下属，并要求“努斯拉阵线”与“伊拉克伊斯兰国”合并组成“伊拉克和沙姆伊斯兰国”。然而，祖拉尼拒绝承认“努斯拉阵线”是“伊拉克和沙姆伊斯兰国”的分支，转而对“基地”组织领导人扎瓦赫里表示效忠。这种龃龉持续了数月。最后，扎瓦赫里发表公开信指责巴格达迪恣意妄为，决定让其停职一年，同时拒绝“伊拉克和沙姆伊斯兰国”与“努斯拉阵线”合并，委任祖拉尼为“基地”组织在叙利亚的代理人。为缓和二者的矛盾，扎瓦赫里派出私人信使阿布·哈立德·苏里（Abu Khalid al-Suri）居中调停，但苏里因遭受自杀式恐怖袭击而死。虽然没有组织认领这起事件，但经过此事，“基地”组织

---

① Charles Lister, “Profiling Jabhat al-Nusra,” No. 24, 2016, pp. 9 - 10, https://www.brookings.edu/wp-content/uploads/2016/07/iwr_20160728_profiling_nusra.pdf.

② ［美］乔比·沃里克：《黑旗：ISIS 的崛起》，第 291 页。

③ Charles Lister, “Profiling Jabhat al-Nusra,” p. 12.

在2014年2月明确表示要与“伊拉克和沙姆伊斯兰国”划清界限。[①]总之，2011—2013年是“伊斯兰国”至关重要的三年，在这三年时间里，该组织已经转变为一个有能力征服领土和统治领土的组织。[②]如2014年1月“伊拉克和沙姆伊斯兰国”彻底控制了拉卡（Raqqa），并统治着城中22万名居民。

（五）“伊斯兰国”的发展成熟阶段（2014—2017年）

“伊拉克和沙姆伊斯兰国”在叙利亚的长期经营使其实力大增，然而到2013年年底，该组织成为其他叙利亚反对派的主要敌人。积极活跃于叙利亚境内的多个极端组织合并为“圣战军”（Mujahedeen Army），它们要求“伊拉克和沙姆伊斯兰国”放弃叙利亚的领土并离开叙利亚。[③]在“圣战军”和其他反对派的打击下，“伊拉克和沙姆伊斯兰国”在2014年3月退出叙利亚的四个半省，[④]向东撤回到拉卡。尽管该组织在叙利亚失去了大片领土，但“伊拉克和沙姆伊斯兰国”开始整合伊叙两国的资源，并在伊拉克大肆活动，通过攻城略地，“伊拉克和沙姆伊斯兰国”极大地扩展了其影响。2014年6月10日，“伊拉克和沙姆伊斯兰国”攻陷了摩苏尔。2014年6月29日，“伊拉克和沙姆伊斯兰国”公开的一段录音用五种语言宣布成立“哈里发国”[⑤]，巴格达迪自称为“哈里发”。2014年7月4日，在摩苏尔的努里（al-Nuri）大清真寺，巴格达迪作为“哈里发”发表了第一次演说，即摩苏尔布道。攻占摩苏尔以及巴格达迪自称“哈里发”，为“伊斯兰国”带来了一段短暂的招募高潮，同时也引起了国际社会的广泛关注。2014年9月以来，在国际反恐联盟、中东多个国家的库尔德武装以及伊叙安全部队的共同打击下，“伊斯兰国”的发展势头得到遏制。自2015年开始，“伊斯兰国”在伊叙两地逐渐丧失领土，2017年7月10日，伊拉克总理阿巴迪

---

① ［美］乔比·沃里克：《黑旗：ISIS的崛起》，第307—311页。

② ［英］查尔斯·利斯特：《“伊斯兰国”简论》，第47页。

③ Zachary Laub and Jonathan Masters, “Islamic State in Iraq and Greater Syria,” *Backgrounders*, June 12, 2014, p. 3.

④ Charles Lister, “Profiling Jabhat al-Nusra,” p. 14.

⑤ ［英］查尔斯·利斯特：《“伊斯兰国”简论》，第51页。

宣布收复摩苏尔，这标志“伊斯兰国”在伊叙的控制区域大大缩减。2017 年 11 月 21 日伊朗和伊拉克两国同时宣布“伊斯兰国”已被剿灭。至国际社会击溃“伊斯兰国”之前，“伊斯兰国”已具备“类国家”结构，在其实际控制的地区按国家的方式实行管理。

“伊斯兰国”的崛起过程可划分为初步发展阶段、依托“基地”组织发展阶段、缓慢发展阶段、发展壮大阶段和发展成熟阶段。其由小变大、由弱变强的发展过程表明，中东地区的动荡局势为“伊斯兰国”的产生和发展提供了重要的结构性因素。更重要的是，“伊斯兰国”从与“基地”组织的联合中得到了一定的支持（包括物质、人员和影响上的），然后又通过参加叙利亚内战得到了人员上的扩充，并使其初步具备了组织、军事、管理等各方面的能力。等重返伊拉克，在与伊拉克安全部队对抗的过程中，“伊斯兰国”已发展为一个具有极强进攻能力的极端组织。由于巴以冲突、叙利亚内战的持续，国际社会与观察者们很大程度上忽视了“伊斯兰国”的发展动向。下文将从资源动员能力和策略选择能力入手，剖析“伊斯兰国”能够实现迅速崛起的原因。

二 “伊斯兰国”的资源动员能力

“伊斯兰国”迅速崛起的原因之一是具备较强的资源动员能力。对于任何一个组织而言，要在短时间内实现崛起，首先需要具备人、财、物等资源。资源是社会冲突展开的必要准备，就此而言，资源的集合体是理解“伊斯兰国”崛起的关键。① 具体而言，“伊斯兰国”在成员招募、资金筹措等方面做了大量的工作，从而确保资源不断地流入该组织，同时也实现了该组织的强劲发展。

第一，成员招募。就“伊斯兰国”的成员结构而言，“伊斯兰国”并不是一个本土的恐怖组织。其战斗人员主要由国内战斗人员和国外（除伊叙两国）战斗人员构成。其中，“伊斯兰国”的国内战斗人员是

---

① John D. McCarthy and Mayer N. Zald, “Resource Mobilization and Social Movements: A Partial Theory,” *American Journal of Sociology*, Vol. 82, No. 6, 1977, p. 1216.

其骨干成员，主要来自原“基地”组织伊拉克分支和车臣伊斯兰武装。同时，“伊斯兰国”也吸纳了来自120多个国家的至少4万名“外籍战士”。[①] 与其国内战斗人员相比，“伊斯兰国”的外国战斗人员数量远远高于其国内战斗人员。外国战斗人员已经成为“伊斯兰国”战斗人员中的主导力量。就其外国战斗人员的地区分布而言，中东并没有排在首位，前苏联共和国所在的地区提供了数量最多的“外籍战士”（8717名），其次是中东地区（7054名）、西欧（5778名）、马格里布（5356名）、南亚和东南亚（1568名）、巴尔干地区（845名）、北美（444名）。[②] 可见，“伊斯兰国”战斗人员的招募是一个全球现象。

如此庞大的战斗人员数量反映了“伊斯兰国”高超的动员能力，其招募成员的方式多种多样。就招募本国战斗人员而言，“伊斯兰国”发现，在伊拉克，逊尼派穆斯林相较于其他宗教派别的信徒更容易被吸纳进该组织。因为逊尼派穆斯林不满马利基政府的政策，将其政策视为什叶派对逊尼派的压制。许多逊尼派穆斯林初期反对加入“伊斯兰国”，不过，由于马利基政府压制逊尼派穆斯林的政策一直在持续，以及逊尼派穆斯林认为“伊斯兰国”是可信任的，这些因素结合在一起驱使越来越多的逊尼派穆斯林参与或支持“伊斯兰国”。此外，劫狱也是“伊斯兰国”招募成员的一种方式。2013年7月21日，“伊斯兰国”同时袭击了巴格达以西和以北的两处监狱，放走了包括“基地”组织成员在内的500多名囚犯；2014年6月11日，“伊斯兰国”攻占提克里特市后也放走了数百名囚犯。这些囚犯或被迫或自愿地为“伊斯兰国”作战。

就招募外国战斗人员而言，“伊斯兰国”综合运用线上、线下两种方式。一方面，“伊斯兰国”非常善于利用英文社交媒体发布各种宣传材料招募成员，甚至为此配备了专门的“网络营销”专家。远在欧美

---

① Radicalization Awareness Network, *RAN Manual Responses to returnees: Foreign terrorist fighters and their families*, July 2017, https://ec.europa.eu/home-affairs/sites/homeaffairs/files/ran_br_a4_m10_en.pdf, p. 15.

② The Soufan Center, *Beyond the Caliphate: Foreign Fighters and the Threat of Returnees*, October 24, 2017, http://thesoufancenter.org/wp-content/uploads/2017/10/Beyond-the-Caliphate-Foreign-Fighters-and-the-Threat-of-Returnees-TSC-Report-October-2017.pdf.

国家的一些人员就是通过在线社交网站加入“伊斯兰国”的。占领摩苏尔之后，“伊斯兰国”在推特等社交媒体上上传视频、发布声明，大力宣扬“伊斯兰国”如何实现建立一个持久“哈里发国”的目标。广泛的宣扬让“伊斯兰国”“名声远扬”，吸引了不少“慕名而来”的成员。另一方面，“伊斯兰国”在各地设立秘密组织网络，召集并引导外国战斗人员前往伊叙两国。例如在东南亚，“伊斯兰国”秘密组织的成员为不少东南亚国家和我国新疆籍极端分子提供伪造证件，以方便甚至带领他们到达土耳其；在中亚，“伊斯兰国”逐渐活跃，不少中亚人或为了“圣战”，或为了谋生等加入“伊斯兰国”。不过，更多人是被“伊斯兰国”在当地的招募小组所宣传的意识形态所引诱而加入“伊斯兰国”的。

第二，资金筹措。“伊斯兰国”需要庞大的经费维持组织的正常运转。按照资金需要的轻重缓急，“伊斯兰国”能够合理支配其资金用途。首先，“伊斯兰国”必须保证战斗所需的大量武器装备、弹药、后勤供应、通信设备和实战培训等所需资金；其次，为战斗人员提供充足的生活必需品，尤其对其控制区内结婚的成员更是一切从优。[①] 此外，“伊斯兰国”奖励表现出色的成员、发放薪水、向死亡成员的家属发放抚恤金等。根据家庭成员的数量和国籍，“伊斯兰国”为其战斗人员每月发放 200 美元到 600 美元不等的工资。“伊斯兰国”还为他们提供免费住房。“伊斯兰国”为其成员提供了丰厚的福利，也吸引更多的人加入“伊斯兰国”。再次，“伊斯兰国”要为已占领城镇和乡村的民用设施和管理人员支付费用，以赢得他们的支持。在其控制区，“伊斯兰国”为当地民众兴建和改造整套的城乡生活设施。特别对边境地区和有重要战略意义的地区，为了达到有效管控这些地区的目的，“伊斯兰国”更是不惜重金投入。不仅如此，“伊斯兰国”还要为这些地方的管理人员支付管理费用，高级管理人员每月可得到 300—2000 美元不等的收入。最后，“伊斯兰国”为能更有效地开展宣传，资助新闻媒体使用高科技为其宣传服务。尽管开销巨大，“伊斯兰国”仍被认为是目前最

① 《“伊斯兰国”缘何“剿而不灭”》，新华网，2015 年 2 月 27 日，http：//news. xinhuanet. com/world/2015 -02/27/c_ 127523414. htm。

富有的恐怖组织。据来自“伊斯兰国”成员住所的一份文档显示，占领摩苏尔之前，“伊斯兰国”拥有大约8.7亿美元的现金和资产。占领摩苏尔后，“伊斯兰国”袭击了摩苏尔的伊拉克中央银行，获得了4亿美元的资金。①

“伊斯兰国”的资金来源分为外部支援和内部筹措。过去，“伊斯兰国”的大部分资金来自约旦、叙利亚、沙特阿拉伯等国政府的外部支援。伊朗政府也曾通过秘密渠道为“基地”组织伊拉克分支提供资金以反对美国在该地区的存在。不过，近年来，“伊斯兰国”外部资金的来源已经由上述各国政府逐渐转移到海湾国家的个人和慈善组织。“天课”（Zakat）是穆斯林每年一次的慈善捐款方式，主要扶助对象是贫困的穆斯林群体。然而，出于对“伊斯兰国”的同情与认同，他们将部分捐款用于资助“伊斯兰国”。尽管慈善组织受到当地和国际社会的严格监控，但是他们组织隐蔽的人员网络，以支持“圣战”的名义向富人索要捐款。另据华盛顿布鲁金斯学会（the Washington Brookings Institution）的消息，“伊斯兰国”主动利用海外国家相对开放的银行系统为其转移资金。当存入这些银行的资金被“伊斯兰国”提走时，银行的监控系统并不会向银行发出报警。“伊斯兰国”正是利用海湾国家银行的系统漏洞，并在这些银行与伊拉克和叙利亚结算业务之际，采用迂回方式取走资金。②

不过，“伊斯兰国”的大部分资金主要通过内部筹措获得，③ 大致可分为石油收入、犯罪收入和强征强收三种收入。其中，石油收入是“伊斯兰国”最主要的收入方式。“伊斯兰国”控制了大批伊拉克和叙利亚重要油田，其中控制了60% 的叙利亚石油，为其提供了巨大石油财富。④ 据估计，叙利亚和伊拉克被占领区的石油产出为每天3万—8

---

① Lina Khatib, “What the Takeover of Mosul Means for ISIS,” Carnegie Endowment for International Peace, June12, 2014, http: //carnegieendowment. org/2014/06/12/what-takeover-of-mosul-means-for-isis/hdng.

② Haytham Mouzahem, “How Islamic State gets its cash,” March19, 2015, http: //www. middleeasteye. net/column-s/how-isis-gets-cash – 39592257.

③ Ibid. .

④ Zachary Laub and Jonathan Masters, “Islamic State in Iraq and Greater Syria,” p. 2.

万桶，如果以每桶20—50美元的价格出售，“伊斯兰国”为此每天获得200万—400万美元的收入。其次，“伊斯兰国”也通过走私、勒索、倒卖文物、绑架等犯罪手段获得部分收入。随着全球油价的下跌，“伊斯兰国”加大了对历史古迹和文物的搜刮，将其走私到文物黑市倒卖，甚至直接与国际军火走私商联系，将文物换成自行火炮（self-propelled gun）、轻重机枪等。另据联合国公布的一份材料显示，仅2014年，“伊斯兰国”就通过绑架等方式获取了4500万美元的赎金。① “伊斯兰国”还洗劫什叶派、基督徒、政府支持者等与“伊斯兰国”为敌的个人和团体的财物。再次，强征强收。“伊斯兰国”掠夺杂货铺、工厂和牧场，向大型能源公司、通信公司、水利公司等收取“保护费”。在其所控制的地区，“伊斯兰国”向每个成年男子征收720美元的人头税。此外，据报道，每一辆进入摩苏尔的大卡车必须缴纳400美元，小型货车交50或100美元。在伊拉克和叙利亚，“伊斯兰国”通过占领主要的交通干线来敲诈过往的司机。② 最后，战利品所得。“伊斯兰国”从被控制地区的国营或私营厂矿企业、银行、博物馆等获得大量的珠宝文物以及农田作物和畜牧资源等。③

根据以上考察可以发现，与其他恐怖组织相比，“伊斯兰国”突出的特点是成员较多，资金充裕。这表明“伊斯兰国”具有较强的资源动员能力，这是“伊斯兰国”迅速崛起的重要原因之一。但是，“伊斯兰国”在人员招募和资金筹措方面均有诸多不足之处。在人员招募上，以外国战斗人员为主体的人员构成潜藏一定风险。各国普遍担心“伊斯兰国”回流人员会对本国安全造成威胁，因此也加大了对参加“伊斯兰国”的本国人员的监控和拦截。进入伊叙两国的外国恐怖主义战斗人员的数量得到一定程度的遏制。同时，石油生产设备需要常规的技术维护，且易成为国际反恐联盟的空袭目标。

---

① 《“伊斯兰国”渗透中亚：中国战略后方变前线?》，西陆网，2015年2月12日，http://www.xilu.com/20150212/1000010000742056_3.html。

② 董漫远：《“伊斯兰国”崛起的影响及前景》，第55页。

③ 《“伊斯兰国”渗透中亚：中国战略后方变前线?》，西陆网，2015年2月12日，http://www.xilu.com/20150212/1000010000742056_3.html。

三 “伊斯兰国”的策略选择能力

“伊斯兰国”不仅具备较强的资源动员能力，而且拥有一定的策略选择能力。“伊斯兰国”将伊斯兰宗教极端主义和伊斯兰复兴主义作为意识形态，旨在建立单一的伊斯兰国家。① 为此，“伊斯兰国”制定了“两步走”战略：第一步，通过军事征服控制一定面积的领土；第二步，通过建立“国家”进一步扩大影响。在“两步走”战略之下，“伊斯兰国”还在军事征服、管理“国家”、扩大宣传等方面制定了许多具体的策略。

军事征服方面，“伊斯兰国”将其控制下的叙利亚和伊拉克的领土视为“国家”领土的一部分。它们是通过持续的军事扩张取得的，扩张逐渐变成“伊斯兰国”最重要的原则、目标和战略。② 因此，“伊斯兰国”将“持续和扩大”（baqiya wa tatamaddad）作为其进行军事征服的动员口号。从2014年开始，“伊斯兰国”在军事“扩张战略”的指引下继续“开疆辟土”。2014年1月，“伊斯兰国”占领伊拉克安巴尔省拉马迪、费卢杰、卡尔马；6月10日，攻占伊拉克北部尼尼微省首府摩苏尔；6月11日，攻陷萨拉赫丁省首府提克里特市；到2014年7月，“伊斯兰国”完全控制了叙利亚的阿勒颇，并直接管控其司法、教育、救助、宗教和基础设施。同时，还不同程度地控制哈塞克省、胡姆斯省和代尔祖尔省。③ 在一系列的军事行动中，“伊斯兰国”表现出了高度的灵活性和协调性，特别是其仅用800多人就攻占了摩苏尔，足以证明其高效的军事能力。

“伊斯兰国”取得一系列军事胜利的原因在于其能熟练运用战略战术。从2014年“伊斯兰国”进攻的方向来看，“伊斯兰国”先深入伊拉克中部，占领了巴格达北部的几个城市，然后沿着底格里斯河一路

---

① Richard Barrett, *The Islamic State*, p. 18.

② “ISIS on offense in Iraq,” *AlMonitor*, http: //www. al-monitor. com/pulse/security/2014/06/syria-iraq-isisinvasio-ns-strength. html.

③ Charles C. Caris and Samuel Reynolds, *ISIS Governance in Syria*, Washington, DC: the Institute for the Study of War, 2014.

北上攻占摩苏尔。此后，着手攻占底格里斯河与幼发拉底河之间的部分区域，紧接着又沿着幼发拉底河向北前进，大肆在叙利亚境内扩张。从其控制领土的地理范围来看，“伊斯兰国”实际控制着底格里斯河和幼发拉底河沿岸地区及两河之间的部分地区，但并未完全控制整个两河流域。整体而言，“伊斯兰国”控制的领土呈条带状，因此，《纽约时报》2014 年 8 月 20 日称，“伊斯兰国”看起来更像一条条道路网络。[①] 从进攻的策略来看，“伊斯兰国”在具体操作中会灵活选择和运用恐怖主义、叛乱、袭击、斩首、集体处死、种族清洗等军事策略。一般情况下，“伊斯兰国”首先通过恐怖主义“软化”其目标；其次，向目标地的居民和防卫力量重点渗透，以在进攻之前就能控制一部分地区；最后，尽可能地争取到当地部落武装的支持对其余部分发动进攻。[②] 尽管“伊斯兰国”扬言要占领西亚、北非、中非和中国新疆等地，但其军事扩张的重点是攻占伊拉克和叙利亚更多的领土。虽然约旦和黎巴嫩也都有“伊斯兰国”的支持者，但“伊斯兰国”并未直接进入这些地区。

“伊斯兰国”的管理战略是在其占领的领土上，致力于树立其完美的形象以赢得民众的支持。为实现上述目标，“伊斯兰国”在叙利亚宣称，要提供一种与腐败无能的阿萨德政权不同的替代方案。在伊拉克，“伊斯兰国”利用逊尼派伊拉克人对什叶派主导的政府的不满，依靠逊尼派部落的支持，设立部落事务机构处理所占领土内的安全问题、财产纠纷、资源分配等。在所有占领的领土上，“伊斯兰国”以省为单位委任人员进行管理。对于那些对其世界观有异议的人和反对派，“伊斯兰国”则执行“零容忍”政策，并构建非正式网络和安全机构以确保其权威不受到任何挑战。[③] 然而，“伊斯兰国”扰乱正常生活秩序、强推着装和行为规范、粗暴惩罚犯罪等行为使人们更多出于害怕而非自愿选择服从。

---

① Kathy Gilsinan, “The Many Ways to Map the Islamic ‘State’,” August 27, 2014, http://www.theatlantic.com/inte-rnational/archive/2014/08/the-many-ways-to-map-the-islamic-state/379196/.

② Richard Barrett, *The Islamic State*, p. 36.

③ Ibid., pp. 41 – 42.

拉卡是“伊斯兰国”的“首都”，因此拉卡的治理状况最能直接反映“伊斯兰国”的“治国之策”。“伊斯兰国”在拉卡建立了一套较完整的治理系统，涵盖宗教、教育、司法、安全、慈善、基础设施项目等各个领域。“伊斯兰国”一般将治理系统分为管理系统和服务系统。管理系统主要负责维护安全、宣传和执行宗教政策、执行法律、制定教育计划、处理公共关系和部落事务。服务系统负责维持卫生、人道主义援助、食物供给、道路清洁、维护水管和电线等基础设施。“伊斯兰国”对其领土的治理遵循循序渐进的方式。首先建立宣传中心和初级法院，在军事上巩固之后，“伊斯兰国”一般会制定宗教政策、严格的惩罚制度和教育体制，并配备专职人员和投入一定的资金。当“伊斯兰国”完全控制领土的时候，通常扩大提供服务的范围，扩展至修复下水道、水管和电路等。“伊斯兰国”也尝试接管诸如阿勒颇省的大坝和火力发电厂等较大的工业设施。此外，“伊斯兰国”还出版英文杂志《达比克》，宣传其在管理穆斯林的宗教事务和政治生活方面取得的成就。总之，“伊斯兰国”自视为一个无所不包的管理者。①

除军事战略和管理战略之外，“伊斯兰国”还将扩大宣传作为一个重要的策略，以提升自身的影响力。与其他极端组织相比，“伊斯兰国”另一个显著的不同是非常善于利用社交媒体。早在2012年，“伊斯兰国”就在推特上创立了自己的账户——“喜讯的黎明”（The Dawn of Glad Tidings），用阿拉伯语在该平台上宣传和发布相关信息。当用户申请成为“喜讯的黎明”的好友时，就默许“伊斯兰国”向自己的账户发布推特信息。这使“伊斯兰国”的推特账户好友多达数百甚至数千个，为“伊斯兰国”营造一种受欢迎的氛围。此外，包括脸书在内的多个社交网站都有“伊斯兰国”的存在。这些活动都是有组织、有计划地开展的，这就需要“伊斯兰国”具备较强的舆论塑造能力。为此，“伊斯兰国”任命了一名负责媒体宣传的专职人员——阿布·埃米尔·沙米（Abu Amr al Shami），他控制着一支由作家、博客主和社交媒体监督者组成的信息工作队伍。他们一方面雇用市场营销、公关和视频制作领域的专家以确保上传信息的合法性；另一方面，也告诉人们避开

① Charles C. Caris and Samuel Reynolds, *ISIS Governance in Syria*, p. 4.

政府网络审查的方法等。[①] 经过在诸多社交网站上的长期经营，“伊斯兰国”最终建立起了广泛、有效的网络宣传平台，进一步提高了组织的宣传能力。

“伊斯兰国”的社交网络直接为其军事目标和资源获取服务，其社会效应主要表现在以下三个方面。一是树立“伊斯兰国”值得信赖的信念。“伊斯兰国”每次在叙利亚占领村庄后，都会利用社交网络宣传和鼓吹其胜利，以展现“伊斯兰国”的强大力量。二是招募成员。一个典型的例子是占领摩苏尔之后，“伊斯兰国”通过社交媒体发布了大量的视频、声明，大力宣扬“伊斯兰国”建立“哈里发国”的目标，不少人在其煽动下加入了“伊斯兰国”。[②] 三是塑造自我形象。“伊斯兰国”社交专家的手段非常高明。他们既能够利用网络技术获取推特用户的电子邮箱向他们发送宣传资料，也善于利用温情攻势，在社交平台上努力营造人畜无害的形象，比如发布“圣战”士兵与小动物的温馨合影，消除潜在支持者的抗拒感。[③] 此外，“伊斯兰国”还上传血腥的视频以引起普通民众的恐慌情绪。2014 年 9 月 2 日，“伊斯兰国”公布了杀死美国记者史蒂文·索特洛夫（Steven Sotloff）的视频；10 月 3 日，发布了斩首英国人阿兰·亨宁（Alan Henning）的视频；11 月 16 日又上传了处死美国人彼得·爱德华·卡西格（Peter Edward Kassig）和斩首 15 名叙利亚军事人员的视频。此举意在使叙利亚和伊拉克的本地居民和武装人员产生恐惧心理，迫使他们放弃抵抗。另一方面，也向西方国家传递其坚持抵抗到底的决心。

无论是军事战略、管理战略还是宣传策略，“伊斯兰国”都通过其高度集权化的、具有严格等级制的组织制定和实施。[④] 其具体管理层级如下图所示：

---

① David Wallace, “ISIS: Terror Has Gone Social,” Infographic Journal, August 21, 2014, http: //infographicjour-nal. com/isis-terror-has-gone-social/.

② Lina Khatib, “What the Takeover of Mosul Means for ISIS,” Carnegie Endowment for International Peace, June 12, 2014, http: //carnegieendowment. org/2014/06/12/what-takeover-of-mosul-means-for-isis/hdng.

③ 叶敖：《社交网络上的恐怖阴影》，和讯网，2014 年 9 月 25 日，http: //news. hexun. com/2014 - 09 - 25/168844680. html。

④ Richard Barrett, *The Islamic State*, pp. 24 - 34.

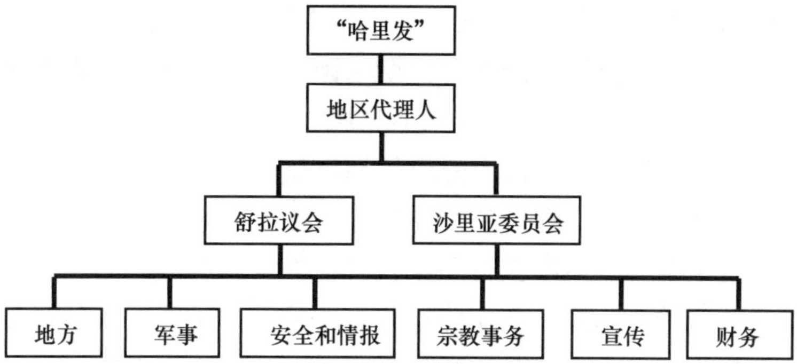

图 5－1 “伊斯兰国”的组织结构

注：本图根据巴雷特的图表修改而成，原图参见 Richard Barrett, *The Islamic State*, New York: Soufan Group, 2014, pp. 23－24。

“伊斯兰国”的组织结构可分为四个层级。第一领导层是“哈里发”，由 1971 年出生于伊拉克萨马拉（Samarra）的巴格达迪担任。他宣称，“哈里发”不仅仅是“伊斯兰国”的“哈里发”，也是世界上任何萨拉菲主义者的“哈里发”。第二领导层是巴格达迪的地区代理人，分别是“伊斯兰国”伊拉克头目阿布·穆斯利姆·图尔克马尼（Abu Muslim al-Turkmani）和叙利亚头目阿布·阿里·安巴里（Abu Ali al Anbari）。两人都是前伊拉克复兴党的成员。第一和第二领导层也是“伊斯兰国”的决策层，巴格达迪和他的两名高级顾问制定组织的战略目标，决定何时何地发起行动。第三层级由舒拉议会（The Shura Council）和沙里亚委员会（The Sharia Council）构成。舒拉议会以阿梅利（Abu Arkan al Ameri）为首，有 9—11 名成员，其主要任务是将决策层的命令传达至具体的指挥官，以确保任务的完成。沙里亚委员会由巴格达迪亲自监管，是“伊斯兰国”最有权力的机构。它的职责是在宗教事务委员会的协助下选举“哈里发”、执行伊斯兰教法、制定宗教政策和奖罚措施、监督意识形态等。“伊斯兰国”特别重视伊斯兰法学者，因为后者可以赋予“伊斯兰国”以合法性。在舒拉议会和沙里亚委员会之下又根据职能划分为 6 个具体事务委员会，包括安全与情报委员会、军事委员会、地方委员会、财务委员会、宗教事务委员会和媒体委员会。安全与情报委员会负责巴格达迪的人身安全，消灭任何反对巴格达迪的企图，以确保其生命安全和统治地位；军事委员会发动战役夺取领土和保卫已占领土；地方委员会监管“伊斯兰国”各省的民众；财务委员会和媒体委员会共同照顾战斗人员及其家属。

总之，“伊斯兰国”在严密的领导体制下，制定了明确的军事战略、管理战略和宣传策略。在这些战略、策略的指导下，“伊斯兰国”一方面通过军事征服不断获得领土，另一方面，通过建立“国家”进一步扩大其影响。但是，在实际运作过程中，“伊斯兰国”的军事战略、管理战略和宣传策略都暴露出一些问题。军事战略过于残忍血腥，对其形象造成诸多负面影响；管理战略严密但事实上是为了防止反叛。凡是参加“伊斯兰国”的战斗人员，必须宣誓效忠“伊斯兰国”。一旦被发现想要离开，他们就会被“伊斯兰国”视为叛徒，面临“伊斯兰国”监禁、拷打和斩首的威胁。“伊斯兰国”处死的外逃人员达数百人，而且“伊斯兰国”成立了一支“宪兵队”，专门搜捕想要逃跑的外国战斗人员。[①] 宣传策略欺骗性强但教义吸引力不高，部分外国战斗人员一度被“伊斯兰国”的宣传所诱导。但参加“伊斯兰国”后，他们发现，自己面对的现实与其参加的初衷存在较大反差，因此试图逃离伊叙两国。

四 余论：国际社会应对措施的不足

本章梳理了“伊斯兰国”的崛起过程，重点考察了“伊斯兰国”的资源动员能力和策略选择能力。作者认为，中东地区的动荡局势是“伊斯兰国”产生的重要结构性原因，而“伊斯兰国”迅速崛起的主要原因在于其较强的资源动员能力和策略选择能力。“伊斯兰国”崛起后，对中东政局造成了重大的冲击，也促使中东地区的恐怖活动进入了新的活跃期。[②]

为了遏制与消灭“伊斯兰国”，从 2014 年 9 月起，以美国为首的反

① 《“外媒：‘伊斯兰国’组织处决百名外国‘变节者’”》，新华网，2014 年 12 月 22 日，http：//news. xinhuanet. com/world/2014 – 12/22/c_ 127324183. htm。

② 王雷：《“伊斯兰国”极端组织兴起与中东政治变迁》，《亚非纵横》2014 年第 6 期。

“伊斯兰国”联盟开始打击“伊斯兰国”。尽管美国早就意识到应对外国恐怖主义战斗人员的流动和切断“伊斯兰国”的资金链至关重要，[①]但是在行动初期，以军事打击为主的策略一定程度上放松了对“伊斯兰国”资源动员能力的削弱。不过，西方各国很快意识到了这一问题。特别是从2015年开始，西方国家将应对“伊斯兰国”的策略已由军事打击为主转变为军事手段与经济手段并举。为此，西方国家将空袭的重点放在“伊斯兰国”的石油设施上，同时加强对“伊斯兰国”金融交易的监管，取缔其非法资金流动，并清查与“伊斯兰国”有牵扯的国际金融往来等。此外，2014年9月24日，联合国安理会通过了一项决议，号召各国采取措施，以应对外国恐怖主义战斗人员构成的威胁。在此号召下，各国均采取了积极的应对措施，加强了对出入境人员的监管，以应对“伊斯兰国”外国战斗人员的流动。尽管“伊斯兰国”遭受国际社会的持续打击，但国际社会并未彻底摧毁其资源动员能力和策略选择能力。主要原因如下：

第一，未能有效应对外国恐怖主义战斗人员的流动。事实上，“伊斯兰国”对世界各地的极端分子仍有较强的吸引力。为了招募更多的成员，“伊斯兰国”放宽了成员招募的程序，并建立更多的训练营。此外，随着“伊斯兰国”在战场上的失利，许多外国战斗人员可能经由各种渠道回流本国，策划实施针对原籍国的恐怖袭击。就此而言，“伊斯兰国”将继续对地区以及全球安全构成重要挑战。第二，“伊斯兰国”筹措资金的渠道隐蔽化。石油收入不再是“伊斯兰国”的主要收入来源。[②]这是因为军事打击摧毁了“伊斯兰国”在伊叙两国的石油生产设施，且全球石油价格下跌也让黑市油价下降。在此背景下，“伊斯兰国”将筹措资金的渠道转移至灰色收入、现金交易和非常规银行体系。其资金来源更加多元，仅凭借传统的金融手段无法渗透到

---

① The White House, Office of the Press Secretary, "Statement by the President on ISIL," September 10, 2014, http://www.whitehouse.gov/the-press-office/2014/09/10/remarks-president-barack-obama-address-nation.

② "Pentagon: Oil is no longer ISIS'main source of income," February 5, 2015, http://english.alarabiya.net/en/news/middle-east/2015/02/05/Pentagon-oil-is-no-longer-ISIS-main-source-of-income-.html.

该系统中。[①] 第三，在持续的战斗中，“伊斯兰国”的军事战略与管理战略均得到一定的提高。“伊斯兰国”在面临国际反恐联盟的压力时，采取了诸多风险规避措施，因而快速地适应了新形势。例如尽可能避免其武装人员大规模的集结在一起，遭遇进攻时让车队分散而行，且面临空袭时能快速分散战斗人员躲避战机等。随着时间的推移，“伊斯兰国”的组织结构也由原来的等级制结构演变为松散、扁平化的网络式结构，增强了其应对国际反恐联盟打击的能力。

鉴于此，除了继续军事打击外，西方国家应着力继续削弱“伊斯兰国”的资源动员能力和策略选择能力，尤其是其资源动员能力，因为资源是“伊斯兰国”实施军事战略、管理战略和宣传策略的物质基础。一方面，投入更多的资源以监控、跟踪外国恐怖主义战斗人员的活动及其发展趋势。各国政府不仅要组织多重拦截防线以切断潜在的战斗人员外流出境，而且还要应对外国恐怖主义战斗人员的回流，即有针对性地采取“反激进化”和去激进化措施。另一方面，国际社会应开展广泛的国际合作，各国政府应继续加大力度，禁止一切与“伊斯兰国”有关的国际金融业务；加强情报收集，发动伊叙两国群众的力量，鼓励他们举报“伊斯兰国”的非法交易活动；在“伊斯兰国”非法交易活动频繁的地区，广泛部署快速反应人员，及时挫败其交易活动。未来，如果不能彻底摧毁“伊斯兰国”的资源动员能力和策略选择能力，那么“伊斯兰国”无疑将继续成为全球“圣战”运动的重要力量。

在下一章中，我们将分析“基地”与“伊斯兰国”战略实践的具体内容及其差异。从思想—行为的逻辑来看，第四章对“基地”与“伊斯兰国”架构叙事的比较研究已或多或少地涉及两者在战略目标和行动战略上的差异，如“基地”优先关注“远敌”而“伊斯兰国”优先关注“近敌”，“基地”推迟建立“哈里发国”而“伊斯兰国”要求立即建立“哈里发国”，“基地”热衷扩大其支持基础而“伊斯兰国”则严格实施沙里亚法、大肆贯彻“塔克菲尔”原则等，但“基地”与“伊斯兰国”在战略实践上的差异还需要更为具体和深入的分析。

---

① 董春岭：《切断“伊斯兰国”的资金链：美国的金融“暗战”》，《世界知识》2015年第1期。

第六章　“基地”与“伊斯兰国”的战略实践及其差异

与“伊斯兰国”作战，是当前国际社会面临的一个重大而又紧迫的问题。自2014年6月29日宣布建立“哈里发国”以来，“伊斯兰国”通过在叙利亚和伊拉克攻城略地，并在法国、比利时、土耳其、黎巴嫩、突尼斯、菲律宾等地发动恐怖袭击，该组织以其残暴和强大的行动能力得到国际社会的广泛关注。尽管国际社会对“伊斯兰国”进行了持续的打击，且这种行动仍在继续，但“伊斯兰国”的资源动员能力和策略选择能力似乎并未遭到致命的削弱。如在2016年2月28日这一天，“伊斯兰国”就在巴格达附近制造了至少2起恐怖袭击事件，并造成大量人员伤亡；2016年3月22日，“伊斯兰国”在比利时首都布鲁塞尔制造了连环爆炸恐怖袭击事件，造成至少35人死亡，170多人受伤。作为一个控制叙利亚与伊拉克部分领土，并自称为“哈里发国”的政治实体，“伊斯兰国”在很大程度上已成为一个“类国家”的政治实体，从而与“基地”组织等传统的恐怖组织有别。无论其性质如何，“伊斯兰国”对中东地区乃至整个国际社会构成的严峻威胁已引起了人们的广泛关注。[①] 这

① 参见 Marco Marsili, “The Islamic State: A Clash within the Muslim Civilization for the New Caliphate,” *Studies in Conflict & Terrorism*, Vol. 39, No. 2, 2016, pp. 85 – 105; Thomas Juneau, “Containing the Islamic State,” *Middle East Policy*, Vol. 22, No. 3, 2015, pp. 36 – 43; Andrew Phillips, “The Islamic State's Challenge to International Order,” *Australian Journal of International Affairs*, Vol. 68, No. 5, 2014, pp. 495 – 498; David L. Phillips, “ISIS Crisis,” *American Foreign Policy Interests*, Vol. 36, No. 6, 2014, pp. 351 – 360; Noriyuki Katagiri, “ISIL, Insurgent Strategies for Statehood, and the Challenge for Security Studies,” *Small Wars & Insurgencies*, Vol. 26, No. 3, 2015, pp. 542 – 556; Mohammed Nuruzzaman, “The Challenge of the Islamic State,” *Global Affairs*, Vol. 1, No. 3, 2015, pp. 297 – 304。

在一定程度上意味着，世界再一次面临如何才能有效地应对国际恐怖主义的威胁这一老问题。

相较于国际社会对“伊斯兰国”的重视，“基地”在当前得到的关注较少。“基地”当前领导人艾曼·扎瓦赫里曾对“基地”组织伊拉克分支领导人阿布·穆萨布·扎卡维说：“我们处于战斗之中，而且这种战斗的大部分战场位于媒体上”。[①] 扎瓦赫里对扎卡维的劝诫发生在“基地”与西方开展媒体竞争的背景下，他料想不到的是，这种涉及媒体注意力、支持人群、国际影响力等方面的竞争，目前正在“基地”与“伊斯兰国”之间展开。尽管“基地”与“伊斯兰国”及其前身之间的关系一直存在或多或少的问题，但自2014年2月2日“基地”组织发表声明宣布“基地”与“伊斯兰国”不存在组织间的联系后，两者之间的关系正式破裂。此后，双方在争夺人心、下属组织、对“圣战”的诠释权等方面展开激烈的竞争。[②] 如“伊斯兰国”在2014年12月30日发行的电子刊物《达比克》第6期上发表了一篇“基地”叛逃者的长篇自述，批评扎瓦赫里迟迟不建立“哈里发国”、拒绝严格执行沙里亚法，甚至还直陈“基地”采取的“圣战”模式偏离了先知的道路。不仅如此，该叛逃者还指责扎瓦赫里高高在上、战略拙劣等，这表明“伊斯兰国”与“基地”在争夺人员上的竞争已白热化。[③] 另如在2015年11月发动巴黎恐怖袭击之后，“伊斯兰国”针对“基地”组织阿拉伯半岛分支开展魅力攻势，发布了两段视频，号召“基地”组织阿拉伯半岛分支的成员转向“伊斯兰国”效忠，而该分支实际上是“基地”最为倚重的分支机构。[④]

---

① Jessica Stern and John M. Berge, *ISIS: The State of Terror*, New York: Harper Collins Publishers, 2015, p. 103.

② 两者之间的竞争可参见 John Turner, "Strategic Differences: Al Qaeda's Split with the Islamic State of Iraq and al-Sham," *Small Wars & Insurgencies*, Vol. 26, No. 2, 2015, pp. 208 – 225; Daniel Byman and Jennifer Williams, "Jihadism's Civil War: The Islamic State Versus Al Qaeda," *The National Interest*, 2015, pp. 10 – 18。

③ Islamic State, "Al-Qa'idah of Waziristan: A Testimony from Within By Abū Jarīr ash-Shamālī," *Dabiq*, No. 6, December 30, 2014, pp. 40 – 55.

④ Daveed Gartenstein-Ros, Jason Fritz, Bridget Moreng and Nathaniel Barr, *Islamic State vs. al-Qaeda: Strategic Dimensions of a Patricidal Conflict*, New America Report, December 2015, p. 3. https://static.newamerica.org/attachments/12103 – islamic-state-vs-al-qaeda/ISISvAQ_Final.e68fdd22a90e49c4af1d4cd0dc9e3651.pdf.

在官方层面，“伊斯兰国”也对“基地”展现了明显的敌意。“伊斯兰国”的发言人阿布·穆罕默德·阿德纳尼（Abu Muhammad Al-Adnani）曾从四个方面对“基地”组织展开系统的批判，以此说明“伊斯兰国”的“圣战”路径才是正确的。[①]“基地”与“伊斯兰国”之间的激烈竞争，不仅影响它们之间的关系及发展演变，而且将对国际反恐形势带来难以预料的影响。

本章拟对“基地”与“伊斯兰国”在战略实践方面的差异进行研究。当前，“基地”与“伊斯兰国”除了在话语空间上开展争夺外，也在战略实践的层面上进行竞争。这种竞争，主要涉及“后果性逻辑”或“工具性逻辑”的竞争，[②] 即两者通过各自的政治—军事行动战略以追求自身的战略目标，以扩大影响并希望在与对方的竞争中胜出。由于“基地”与“伊斯兰国”当前追求的战略目标有明显差异，导致两个恐怖组织在实践行动中采取的政治—军事战略迥然有别。本章将选择“基地”和“伊斯兰国”对于占领领土、获得大众（普通穆斯林）支持、对待其他“圣战”组织或下属机构这三个主要方面的差异进行比较，以展示当前这两个恐怖组织在后果性逻辑上的竞争态势。本章结构安排如下：首先梳理恐怖组织的战略目标与行动战略之间的关系，以及“基地”与“伊斯兰国”所追求的战略目标与主导性战略的差异；然后就两者在对待领土、支持基础、下属机构与其他“圣战”组织这三个主要战略层面上的差异进行分析；最后总结本章的发现并讨论这种差异对国际社会有效打击恐怖组织所能提供的启示。

一　恐怖组织的战略目标及行动战略

恐怖组织是否具有自己的战略？从工具理性的角度出发，对这一问

① 参见 Haroro J Ingram, “Three Traits of the Islamic State's Information Warfare,” *The RUSI Journal*, Vol. 159, No. 6, 2014, pp. 6 - 7。

② 关于这两种逻辑的划分，可参见 James G. March and Johan P. Olsen, “Institutional Perspectives on Political Institutions,” *Governance*, Vol. 9, No. 3, 1996, pp. 247 - 264；［美］詹姆斯·G. 马奇、约翰·奥尔森：《国际政治秩序的制度动力》，载［美］彼得·卡赞斯坦、罗伯特·基欧汉、斯蒂芬·克拉斯纳编《世界政治理论的探索与争鸣》，秦亚青等译，上海人民出版社 2016 年版，第 361—389 页。

题的回答是肯定的。恐怖组织往往有明确的战略来指导自身的恐怖活动，而且对战略的选择符合工具理性的行为逻辑。按照界定，所谓战略，“简单而言，就是目的与手段、实力与意愿、目标与资源相结合的过程”,[①] 战略具有长期性、原则性、整体性等特征，“政治战略，不论是地区的、国家的，还是国际的，无非是一种共识，即在确定现实与特定目标的思想之上对行动的指导”。[②] 在恐怖主义的实力与其针对的目标国政府实力相差悬殊的情况下，对战略的恰当使用，无疑增强了恐怖主义的影响力和破坏力，这也符合工具理性有关成本—收益对比最大化的逻辑。恐怖主义不仅在目标国或普通民众中引起恐慌情绪，而且还希望激发目标国政府以恐怖组织希望看到的方式做出反应，以促进其政策或战略目标的实现。例如，北爱尔兰共和军在公园、商场等公共场所实施爆炸，致力于让英国放弃北爱尔兰；“基地”组织在“9·11”事件中劫机撞击世贸中心与五角大楼，是希望美国停止支持以色列、沙特和其他阿拉伯政权，并引诱美国做出军事反应以激发世界各地穆斯林的反美情绪。诸如此类的恐怖活动，虽然效果各异，但都给目标国政府带来了诸多的困扰。因此，理解恐怖主义追求的战略目标，以及为此通常采取的战略与策略，对于有效应对恐怖主义具有非常重要的意义。

恐怖组织所追求的战略目标，对它们所采取的行动战略有直接影响。驱动恐怖组织的目标往往是政治性或战略性的，正是这些目标决定了它们是否以及如何发动恐怖袭击。恐怖分子追求的具体目标虽然多种多样，但五个方面的战略目标尤为普遍：政权更迭、领土变迁、政策改变、社会控制、维持现状。[③] 具体来说，所谓政权更迭是指推翻一个既定的政府，代之以恐怖分子领导的政府，如秘鲁的“光辉道路党”就属于这一类型。领土变迁是指将部分领土从一个主权国家分裂出去，或者是建立一个新的国家［如斯里兰卡的“猛虎组织”、土耳其的“库尔

---

① John Lewis Gaddis, *Strategies of Containment*, New York: Oxford University Press, 1982, p. viii.

② James A. Baker III, *The Politics of Diplomacy*, New York: G. P Putnam' Sons, 1995, pp. 39 - 40.

③ 可参见 Andrew H. Kydd and Barbara F. Walter, “The Strategies of Terrorism,” *International Security*, Vol. 31, No. 1, 2006, p. 52。

德工人党”（Partiya Karkerên Kurdistanê）等恐怖组织就属于这一类型］，或者是加入另外一个国家［如巴控克什米尔的“虔诚军”（Lashkar-e-Taiba）就属于这一类型］。政策改变的目标涵盖了一系列比较广泛的要求，如“基地”要求美国改变对巴以问题的政策，撤销对沙特阿拉伯等腐败的阿拉伯国家的支持等。社会控制则是要求对个体行为进行限制，如美国的“三 K 党”（Ku Klux Klan）在美国内战后要求继续对非洲裔美国人的权利进行限制，以及美国反堕胎组织暗杀那些执行堕胎手术的医生。维持现状是指通过恐怖手段要求政府维持既有的政策，以反对顺应那些寻求政策改变的团体的要求，比如拉美一些右翼民兵组织如哥伦比亚的“联合自卫军”（Autodefensas Unidas de Colombia）就属于这一类型。

恐怖组织可以采取多种战略以实现自身的目标。根据安德鲁·基德（Andrew H. Kydd）和芭芭拉·瓦尔特（Barbara F. Walter）的研究，恐怖主义为实现其所追求的战略目标，往往会采取五种战略：消耗（attrition）、胁迫（intimidation）、挑衅（provocation）、破坏（spoiling）、竞争（outbidding）。其中，消耗战略主要针对的是目标国政府承受打击的能力，旨在让敌人相信，恐怖组织有实力和决心采取成本高昂的行动；胁迫战略的主要目标，在于通过恐怖袭击向政府的支持者或恐怖分子希望争取的民众发出信号：如果与政府进行合作，那么他们将面临打击；恐怖分子实施挑衅战略的主要目标，在于引发敌对政府不智尤其是过分的行动反应，从而削弱敌对势力的合法性；破坏战略主要是恐怖分子希望通过攻击行动，破坏温和派与敌对势力达成和解的可能性，并显示温和分子是无效和不值得信任的；竞争战略主要针对与该组织竞争的其他组织，通过展示自身的能力和决心，避免其他组织垄断为此事业奋斗的合法性，在削弱对手支持基础的同时扩大自身的支持基础。① 在追求政权更迭、领土变迁、政策改变、社会控制、维持现状等目标的过程中，一个恐怖组织往往不会只运用一种战略，而是同时采用多种战略。如“基地”对美国的攻击，同时采用了消耗与挑衅战略，新疆恐怖分子则采取了消耗、胁迫、挑衅等战略，而车臣武装分子在俄罗斯则采取了消

① Andrew H. Kydd and Barbara F. Walter, “The Strategies of Terrorism,” p. 51.

耗、胁迫、挑衅与破坏等战略。

“基地”与“伊斯兰国”所追求的战略目标具有明显差异。“基地”追求的战略目标是迫使美国、欧洲等被伊斯兰极端主义者称为“远敌”的国家改变针对阿拉伯世界的政策，以维护和巩固伊斯兰世界的荣光；而“伊斯兰国”追求的目标是开疆拓土，打破第一次世界大战后殖民主义国家缔结的《赛克斯—皮科协定》所划分的中东国家边界，重建“哈里发国”。[①] 换言之，“基地”追求的战略目标是政策改变，而“伊斯兰国”追求的是领土扩张。不过，需要注意的是，“基地”的终极目标同样是建立“哈里发国”，只不过就当前的战略目标而言，“基地”强调进攻“远敌”，而非立即建立“哈里发国”。根据“基地”领导人扎瓦赫里2002—2003年提出的全球“圣战”战略规划，作为“圣战”先锋的“基地”将通过执行包含七个阶段的行动，以在2020年建立一个全球“哈里发国”。不仅如此，扎瓦赫里还明确规定了每个阶段的时间段、该时间段内应该实现的战略和战术目标等。[②] 不过，由于坚持认为并无必要立即建立“哈里发国”，所以当“伊斯兰国”于2014年6月29日宣布成立所谓的“哈里发国”时，“基地”组织对此大加抨击。[③] 大体而言，追求战略目标的不同，是导致“基地”与“伊斯兰国”分道扬镳的重要原因。

“基地”与“伊斯兰国”追求的战略目标的不同，也影响了它们优先采用的政治—军事战略。在行动过程中，“基地”与“伊斯兰国”综合运用了上述消耗、胁迫、挑衅、破坏、竞争五种战略。但是两者偏好的战略迥然有异。如席琳·诺文纳若（Celine Marie I. Novenario）使用基德和瓦尔特提出的恐怖组织五种行动战略这一分析框架，对“基地”及其分支机构和“伊斯兰国”公开发行的电子刊物进行全面的内容分

---

① 可参考李捷、杨恕《“伊斯兰国”的意识形态：叙事结构及其影响》，《世界经济与政治》2015年第12期。

② Martin Rudner, “Al Qaeda's Twenty-Year Strategic Plan: The Current Phase of Global Terror,” *Studies in Conflict & Terrorism*, Vol. 36, No. 12, 2013, pp. 953 – 980; John Turner, “Strategic Differences: Al Qaeda's Split with the Islamic State of Iraq and al-Sham,” *Small Wars & Insurgencies*, Vol. 26, No. 2, 2015, p. 209.

③ William McCants, *The ISIS Apocalypse: The History, Strategy, and Doomsday Vision of the Islamic State*, p. 129.

析，以展现两个恐怖组织所采用的主导战略的差异。[①] 通过对“基地”分支机构发行的《启迪》与《复兴》[②] 及“伊斯兰国”的《达比克》自发刊以来的所有文章进行编码后发现，“基地”偏爱的战略是消耗战略；而“伊斯兰国”所采取的主导行动战略是胁迫和竞争。“基地”与“伊斯兰国”所采取的主导战略的差异，反映了两者所追求的战略目标不同，而且也是服务于各自的战略目标的。因为“基地”希望最大限度地对美国等西方国家造成打击破坏，以达到迫使“远敌”改变对乌玛的政策，故消耗战略被视为优先战略；而“伊斯兰国”的战略目标在于巩固和扩大其建立的“哈里发国”，故它倾向于采取胁迫和竞争战略。截至目前，诺文纳若的成果是对“基地”和“伊斯兰国”战略差异所做的较为全面的研究。不过，她的成果主要通过文本探讨“基地”与“伊斯兰国”偏好战略的差异，几乎没有涉及它们的具体战略，故本章将对此予以深入的研究。

除了上述研究，也有学者从优先攻击方向、人员招募的方式、军事战略的审慎性、对待下属组织的态度入手，对“基地”与“伊斯兰国”在战略层面上的差异进行了研究。[③] 本章将在汲取这些研究成果的基础上，选择“基地”和“伊斯兰国”对于攻取领土、大众支持、下属组织和其他“圣战”组织的态度这三个主要方面的差异进行研究。之所以选择这三个方面，而不是采纳基德和瓦尔特的战略类型分析框架，一方面是这五种战略之间存在明显的重叠，如消耗与挑衅之间、破坏与竞争之间的界限并非泾渭分明；另一方面也因较难对“基地”与“伊斯兰国”复杂的战略行动进行如此清晰的归类。而如何对待领土、对待大

---

① Celine Marie I. Novenario, “Differentiating Al Qaeda and the Islamic State through Strategies Publicized in Jihadist Magazines,” *Studies in Conflict & Terrorism*, 2016, DOI: 10. 1080/1057610X. 2016. 1151679.

② 有关《启迪》的相关情况，可参见 William McCants, *The ISIS Apocalypse: The History, Strategy, and Doomsday Vision of the Islamic State*, New York: St. Martin's Press, 2015, pp. 47 – 52. 这些杂志的电子版，可查阅 http: //jihadology. net。

③ 尤其见 Daveed Gartenstein-Ros, Jason Fritz, Bridget Moreng and Nathaniel Barr, *Islamic State vs. al-Qaeda: Strategic Dimensions of a Patricidal Conflict*, New America Report, December 2015, https: //static. newamerica. org/attachments/12103 – islamic-state-vs-al-qaeda/ISISvAQ_ Final. e68fdd22a90e49c4af1d4cd0dc9e3651. pdf。

众、对待下属机构和可能的盟友，是恐怖组织均需面对的问题。从这三个维度入手，或许有助于揭示不同恐怖组织在涉及战略问题上的独特特征。当然，“基地”与“伊斯兰国”在战略实践上的竞争不限于以上三个方面，而且也体现在组织机构、人员招募和管理、攻击战术、[①] 资金筹措、信息行动等方面。不过，限于篇幅和资料，再加上某些内容已经获得了较多关注，本章选择性地对两者的部分战略实践进行讨论，希望借此管中窥豹，有助于明晰两者在战略实践方面的明显差异。

二 “基地”与“伊斯兰国”对待领土的态度有异

“基地”与“伊斯兰国”在战略实践上的差别，较为明显地体现在两者对于占领和控制领土的不同立场和行动上。在全球开展“圣战”的恐怖组织中，至少存在着五种不同的斗争模式：第一种为优先攻击“非法”“腐败”“叛教”的本国政府，这种模式主要存在于20世纪90年代的埃及与阿尔及利亚；第二种模式为优先攻击苏联、美国、以色列等外来侵略者，“基地”的前身——20世纪80年代在阿富汗参与抗苏战争的穆斯林抵抗者所组建的“阿拉伯服务局”——属于这种模式；第三种模式则受到著名激进伊斯兰学者约旦人阿布·穆罕默德·马克迪西思想的影响，致力于在控制领土后通过提供社会公共服务以赢得民众支持；第四种是“伊斯兰国”的模式，推崇攻城略地，并通过实施残暴统治，以促进治下人口的激进化或极端化，进而达到巩固和扩大自身影响的战略目标；第五种模式即为“基地”模式，即同时攻击“远敌”与“近敌”，但以攻击“远敌”作为主要目标，致力于将自身打造为一种全球性的“圣战”运动，以捍卫乌玛。[②] 上述五种“圣战”模式的划

---

① 关于“基地”与“伊斯兰国”攻击战术的研究成果，分别见 Shireen K. Burki, “Jihad or Qatal? Examining Al Qaeda's Modus Operandi,” *Defense & Security Analysis*, Vol. 29, No. 3, 2013, pp. 234 - 252；陈家瑛：《“伊斯兰国”军事行动战术特点及招募策略》，《军事文摘》2016年第7期。

② 这几种“圣战”模式的划分，参见 Daniel Byman, “The Homecomings: What Happens When Arab Foreign Fighters in Iraq and Syria Return?” *Studies in Conflict & Terrorism*, Vol. 38, No. 8, 2015, pp. 588 - 589。

分，在很大程度上是以它们对待领土和战争对象的不同态度所确定的。就“基地”与“伊斯兰国”而言，前者将自身定位为“重建乌玛的圣战先锋”，希望通过自身的恐袭活动激发普通穆斯林的抗争意识，因为该组织具有明显的“去领土化”特征；而“伊斯兰国”将建立和巩固“哈里发国”视为战略目标，故攻城略地、控制领土就成为其极为倚重的战略。

（一）“基地”的“去领土化”战略

“基地”自视为一个跨国或全球性的“圣战”组织，对于领土控制并不是特别热衷。这与“基地”领导人的“圣战”经历有密切的关系。自始至终，“基地”并未长期占领和控制一片相对稳定的领土。正因如此，本·拉登、扎瓦赫里等人在开展“圣战”运动的过程中，始终在寻找避难所。“基地”最初起家于阿富汗，苏联从阿富汗撤军后，本·拉登等穆贾西丁返回原籍国（主要是阿拉伯半岛国家）；随着与母国关系的恶化，本·拉登不得不前往苏丹寻求庇护；随着苏丹统治者与西方关系的改善以及塔利班控制阿富汗，本·拉登最终在阿富汗寻找到了一个相对安全和稳定的庇护所。不过，“9·11”事件后美国对阿富汗的入侵，“基地”的据点被压缩，其势力和发动恐怖袭击的能力也遭到严重削弱。惶惶如丧家之犬的经历，留给“基地”领导人的教训是：只要美国等西方国家的力量未遭到严重削弱，它们就有能力将“圣战”组织寻求占有和控制领土、启动“建国”尝试的努力摧毁。基于这种认识或“惨痛的教训”，“基地”自20世纪90年代后期以来所追求的战略目标就是打击美国等“远敌”，希望以此消耗“远敌”的力量，从而为恢复乌玛的荣光和以后建立“哈里发国”奠定基础。经历塑造了“基地”对其战略目标的规划，进而影响其采取的主要战略，即通过发动恐怖活动以消耗“远敌”。由于“基地”着眼的是整个伊斯兰信仰共同体——乌玛，因此其赋予自身的使命首先也是跨国性或全球性的，而不是局限于特定的民族国家，也不受某国民众的具体需要所驱动。这构成“基地”行动的一个重要特征，即“去领土化”（de-territorialisation）。诚如知名伊斯兰问题研究者奥列维·罗伊（Olivier Roy）指出的：“‘基地’成员对于他们的国籍显得冷漠……他们自视为穆斯林跨国主义者，并认为自己的军事行动与特定的国家事业无关”。①

由于不热衷也未能有效占领和控制领土，故“基地”发展出地方化、分散化的组织结构。尽管学术界对赋予“基地”的组织结构以何种称谓更为贴切这一问题众说纷纭，但大家形成的基本共识是：“基地”并不具备等级制、集中化、科层制的组织结构，“基地”中央与分支机构之间只存在有限的、松散的联系，这种联系具有地方化、扁平化、网络化等特征。② 这种结构特征具有显而易见的劣势，如“基地”始终缺乏自己的根据地，不得不在世界各地寻求庇护所；由于未占领和控制领土，严重制约了“基地”军事能力的发展；由于分支机构并不直接接受“基地”中央的指挥与控制，分支机构成员开展恐怖活动的专业化水平受到影响，进而导致“基地”的行动能力受限；“基地”的分支机构可以设定自己的战略目标和行动战略，导致“基地”缺乏凝聚力，等等。③ 不过，避免攻占和据有领土，虽然给“基地”带来了诸多困扰，但也正是其优势所在。由于缺乏明确的据点，“基地”成员不得不东躲西藏，这给“远敌”对攻击“基地”造成了极大的困扰。其一，“远敌”较难准确对“基地”组织成员进行精确打击，从而须耗费大量资源进行情报搜集；其二，一旦在攻击过程中出现定位失误，造成大量平民伤亡，将为“基地”通过话语削弱“远敌”的合法性和煽动

---

① Olivier Roy, “Fundamentalists without a Common Cause,” *Le Monde Diplomatique*, October 2, 1998, quoted in Christina Hellmich, “Creating the Ideology of Al Qaeda: From Hypocrites to Salafi-Jihadists,” *Studies in Conflict & Terrorism*, Vol. 31, No. 2, 2008, p. 113.

② 相关研究成果颇为丰富，参见 Brad Mcallister, “Al Qaeda and the Innovative Firm: Demythologizing the Network,” *Studies in Conflict & Terrorism*, Vol. 27, No. 4, 2004, pp. 297 – 319; Shaul Mishal and Maoz Rosenthal, “Al Qaeda as a Dune Organization: Toward a Typology of Islamic Terrorist Organizations,” *Studies in Conflict & Terrorism*, Vol. 28, No. 4, 2005, pp. 275 – 293; Rohan Gunaratna and Aviv Oreg, “Al Qaeda's Organizational Structure and its Evolution,” *Studies in Conflict & Terrorism*, Vol. 33, No. 12, 2010, pp. 1043 – 1078; Barak Mendelsohn, “Al-Qaeda's Franchising Strategy,” *Survival*, Vol. 53, No. 3, 2011, pp. 29 – 50; Daniel Byman, “Buddies or Burdens? Understanding the Al Qaeda Relationship with Its Affiliate Organizations,” *Security Studies*, Vol. 23, No. 3, 2014, pp. 431 – 470。

③ John Turner, “From Cottage Industry to International Organisation: The Evolution of Salafi-Jihadism and the Emergence of the Al Qaeda Ideology,” *Terrorism and Political Violence*, Vol. 22, No. 4, 2010, p. 554; Ahmed S. Hashim, “The Islamic State: From al-Qaeda Affiliate to Caliphate,” *Middle East Policy*, Vol. 21, No. 4, 2014, p. 76.

平民对“远敌”的不满提供了口实。正因如此，有学者认为，相对“伊斯兰国”占据领土后建立“哈里发国”，“基地”松散的组织结构和不占据领土的战略，从长期来看，可能更有助于维持“基地”的存续和影响力的进一步扩大。①

虽然与其分支机构的联系松散，但“基地”中央依旧给各分支机构提供了“品牌”、意识形态与战略上的指导。② 事实上，“基地”领导核心目前主要作为一种行动模式、一种“品牌”、一种意识形态力量而存在，这也是“基地”领导人尤其是扎瓦赫里刻意加以强调和推动的。③ 尤其是在“伊斯兰国”崛起后，“基地”领导人开始有意识地强化不占领领土、仅向分支机构提供意识形态或战略指导这一方面的特征。此前，对于外界有关“基地”与其分支机构之间是一种地方化、分散化的实体之类的话语和观点，“基地”领导人不置可否，甚至加以抵制，但在“伊斯兰国”建立“哈里发国”后，“基地”领导人已经开始主动接受并宣布这类观点，以应对“伊斯兰国”的崛起。④ 基于对占领领土持怀疑立场，“基地”领导人对其分支机构的攻城略地和“建国”尝试，往往持一种非常谨慎有时甚至是反对的态度。如本·拉登在世时，就多次对其分支机构攻击当地政府或“建国”尝试进行批评，规劝它们不要急于建立“哈里发国”，因为这会招致美国等“远敌”的攻击，以致招致失败。⑤

除了避免受到攻击，“基地”消极对待领土扩张还有其他方面的考虑。这一点，主要体现在“基地”并不主张建立“哈里发国”上。“基地”领导人很少讨论建立“哈里发国”的问题。之所以如此，除了担

---

① Donald Holbrook, "Al-Qaeda and the Rise of ISIS," *Survival*, Vol. 57, No. 2, 2015, p. 101; Graeme Wood, "What ISIS Really Wants," *The Atlantic*, March 2015, http://www.theatlantic.com/features/archive/2015/02/what-isis-really-wants/384980/.

② Calvert Jones, "Al-Qaeda's Innovative Improvisers: Learning in a Diffuse Transnational Network," *Cambridge Review of International Affairs*, Vol. 19, No. 4, 2006, pp. 555 – 469; Martin Rudner, "Al Qaeda's Twenty-Year Strategic Plan: The Current Phase of Global Terror," p. 962.

③ 参见 Donald Holbrook, *The Al-Qaeda Doctrine: The Framing and Evolution of the Leadership's Public Discourse*, pp. 164 – 166。

④ Donald Holbrook, "Al-Qaeda and the Rise of ISIS," *Survival*, Vol. 57, No. 2, 2015, p. 100.

⑤ William McCants, *The ISIS Apocalypse: The History, Strategy, and Doomsday Vision of the Islamic State*, pp. 52 – 60.

心遭到打击，至少还有三个方面的顾虑：其一，意识到即使启动"建国"尝试，也很难提供稳定、有效的公共服务，无法确保民众的持久支持并保证领土的持续；[①] 其二，刻意保持模糊，以吸引"圣战者"攻击美国等"远敌"作为第一要务；[②] 其三，恢复"哈里发国"是一个重大问题，"基地"试图避免这一举动可能在伊斯兰世界内部引发的巨大争议，正如"伊斯兰国"宣称恢复了"哈里发国"所引发的复杂反应所显示的。[③] 由此可见，"基地"采取的"去领土化"战略，是为其战略目标服务的。"基地"意识到自身力量的局限性以及相对于"远敌"力量分配的不均衡，因此避免控制领土以尽可能规避敌人的攻击，同时以进攻作为主要的防御手段。这反映了"基地"对成本—收益进行仔细权衡的工具理性思维。由此也不难理解，为何"基地"优先倚重的战略是消耗。尽管"基地"缺乏稳定的控制地域始终是其面临的一种存在性的挑战（an existential struggle），但缺乏领土也赋予了"基地"灵活、机动的诸多优势，从而加大了国际社会对其进行有效打击的难度。[④]

（二）"伊斯兰国"推崇攻城略地

与"基地"截然不同，"伊斯兰国"热衷于攻城略地。这种战略实践，是"伊斯兰国"企图建立并巩固"哈里发国"所决定的。早在"伊斯兰国"较早的组织形态——"认主独一与圣战"——时期，该组织就将建立"哈里发国"视为一项战略目标。如扎卡维在2004年5月就表示，"我与兄弟们正在伊拉克发动圣战，在于为穆斯林建立一个祖国，并遵循《古兰经》的路径建立这样的国家"，这表明扎卡维早已有在伊拉克建立一个"哈里发国"的野心；当年8月，扎卡维又说："我

① William McCants, *The ISIS Apocalypse: The History, Strategy, and Doomsday Vision of the Islamic State*, p. 53.

② Donald Holbrook, *The Al-Qaeda Doctrine: The Framing and Evolution of the Leadership's Public Discourse*, pp. 78, 158.

③ William McCants, *The ISIS Apocalypse: The History, Strategy, and Doomsday Vision of the Islamic State*, p. 130.

④ John Turner, "From Cottage Industry to International Organisation: The Evolution of Salafi-Jihadism and the Emergence of the Al Qaeda Ideology," *Terrorism and Political Violence*, Vol. 22, No. 4, 2010, p. 555.

们的认主独一与圣战组织正在攻击敌人，并与非正义作战，目的是恢复哈里发国家，并实施沙里亚法、确立亚伯拉罕诸教（the Abrahamic religion）。”[①] 后来的“伊斯兰国”受到扎卡维观点的重要影响，自更名为“伊拉克伊斯兰国”伊始，“伊斯兰国”领导人就试图通过模糊的策略，开始恢复“哈里发国”的尝试。“伊斯兰国”热衷于恢复“哈里发国”，主要是利用了伊斯兰世界中的许多穆斯林对于哈里发国家自第一次世界大战后不复存在所产生的失落心理，以及渴望恢复这一制度的期盼。

不过，在建立一个“哈里发国”之前，“伊斯兰国”首先需要控制一定范围的领土。因为“要树立起在支持者眼中的权威，控制领土是‘伊斯兰国’必须满足的一种实质性条件”。[②] 正是基于这种考虑，“伊斯兰国”热衷于攻城略地，不断扩充自己的地盘。由此出现的一个现象，就是“领土控制是‘伊斯兰国’整体战略的一个基本面向，这让其能扩大伊斯兰式的统治（Islamic rule），并能获得更多的收入。后者对于前者而言至关重要，因为‘伊斯兰国’有赖于各种收入来证明其存在的必要性”。[③] 部分得益于美国撤军伊拉克后该国政局的日益极化以及 2011 年以来中东剧变后叙利亚内战的爆发，“伊斯兰国”在攻取和控制伊拉克与叙利亚部分领土的进展出乎意料的顺利。美国推翻萨达姆政府之后扶持的马利基政府由什叶派穆斯林所主导，使原本在政治舞台居于主导地位的逊尼派被排挤并被边缘化，且马利基政府排斥逊尼派政治家，并大量驱逐军方和情报系统中的逊尼派人士，这激发了伊拉克逊尼派人士的不满和反抗。“伊斯兰国”的崛起，离不开对这种情绪的操纵和利用。[④] 而叙利亚内战爆发后不同政治派别之间的征战，也为“伊斯兰国”的乘虚而入提供了难得的机会。

---

① Cole Bunzel, *From Paper State to Caliphate*: *The Ideology of the Islamic State*, The Brookings Project on U. S. Relations with the Islamic World Analysis Paper, No. 19, March 2015, p. 15.

② Graeme Wood, "What ISIS Really Wants," *The Atlantic*, March 2015, http://www.theatlantic.com/features/archive/2015/02/what-isis-really-wants/384980/.

③ Charles Lister, "Assessing Syria's Jihad," *Survival*, Vol. 56, No. 6, 2014, p. 94.

④ 相关背景可参考 Daniel R. Green and William F. Mullen II, *The Anbar Awakening and the Struggle with al-Qaeda*, Annapolis: Naval Institute Press, 2014; Toby Dodge, "State and Society in Iraq Ten Years after Regime Change: The Rise of New Authoritarianism," *International Affairs*, Vol. 89, No. 2, 2013, pp. 241 - 257。

事实上，“伊斯兰国”建立“哈里发国”的历程，是大致按照其规划的五个战略阶段进行的。这五个阶段分别为“迁徙”“集合”“摧毁非法统治者”“巩固”“建立哈里发”。其中，对于“伊斯兰国”而言，重点战略任务为第三阶段——“摧毁非法统治者”和第四阶段——“巩固”。第三阶段的主要目的在于向“叛教者”和卡菲尔发动暴力攻击，尤其是能造成大量人员伤亡的攻击，以制造尽可能严重的无政府状态；而第四阶段则力图填补暴恐活动留下的权力和秩序真空，以巩固其治下领土、扩充支持基础。① 制造并巩固尽可能多的无政府状态，是“伊斯兰国”能否建立“哈里发国”以及建立后能否有效维持的核心。而“伊斯兰国”这种将攻城略地作为优先战略任务的战略思维，受到伊斯兰学者阿布·巴克尔·纳吉（Abu Bakr Naji）的《野性管理》（*The Management of Savagery*）一书的重要启发。《野性管理》与“伊斯兰国”的战略实践至少有两点密切相关：其一是《野性管理》主张“圣战者”应该尽可能对敌人的敏感和脆弱目标——如石油管线、旅游胜地等——进行攻击，以牵制敌人主要的安全和军事力量，这为“圣战者”在国家的边缘地带打开更多的安全缺口或“野性区域”提供了条件。通过控制越来越多的安全真空地带，“圣战者”可以逐步扩大自己的领土或疆域。其二，纳吉宣扬，为了开疆拓土，“圣战者”应该毫不停歇、毫不妥协地使用暴力，因为“圣战”的性质本来就“不是小孩子过家家，而是暴力的、残酷的、恐怖的、与他人搏杀以及屠杀。”② 从纳吉的这种主张来看，“圣战”的性质和战略非常类似于霍布斯所描述的“自然状态”中国家之间的互动。无论“伊斯兰国”在多大程度上受到了纳吉《野性管理》一书的影响，其行动战略和策略与后者相契合，并无太多疑问。

事实证明，热衷于开疆拓土、毫不犹豫使用暴力的“伊斯兰国”，是伊拉克和叙利亚混乱局势中极富战斗力的势力。尽管活跃于伊拉克和叙利亚的反叛组织众多，但“伊斯兰国”的攻击能力和所控制的地

① 参见 Islamic State, “From Hijrah to Khilafah,” pp. 34 - 41。

② William McCants, *The ISIS Apocalypse: The History, Strategy, and Doomsday Vision of the Islamic State*, pp. 82 - 84.

域是最大的，这得益于其残暴的统治方式和开疆拓土的战略。这一现象符合革命研究者有关处于同样的革命形势下，更为暴力和极端的势力相较于温和派势力适应能力更强的观察。[①] 在众多国际恐怖组织中，“伊斯兰国”占领和控制领土的激进战略与其大张旗鼓地建立“哈里发国”的实践，在很大程度上已成为一种相互建构的关系。这种有别于“基地”的战略实践，给“伊斯兰国”带来的效果是好坏参半的。通过建立所谓的“哈里发国”，“伊斯兰国”收获了诸多好处。尤其是使其在国际恐怖组织中特点鲜明，极大地扩大其动员能力。[②] 无论是中东地区还是世界其他地区的众多穆斯林之所以奔赴“伊斯兰国”参与作战，部分原因是受到了“哈里发国”得以恢复的激励，认为这是恢复伊斯兰世界荣光的前奏，也有助于实现自身身为穆斯林的荣耀与尊严。[③] 然而，从长期来看，“伊斯兰国”由于建立了自己的“国家”，也就为“远敌”和“近敌”对其开展攻击提供了一个显而易见的标靶。

由于“伊斯兰国”的吸引力来自不断地获取新的领土，并以此吸引中东和世界各国穆斯林加入其战斗行列，因此，一旦“伊斯兰国”控制的地域缩小，那么“伊斯兰国”的吸引力也会随之下降。正如格林姆·伍德（Graeme Wood）预言的：“如果‘伊斯兰国’丧失了在叙利亚与伊拉克的领土，那么它将不再是一个‘哈里发国’。‘哈里发国’不能以一个地下运动的形式而存在，因为领土权威是其基本要求；褫夺其对领土的控制，那么所有对‘伊斯兰国’的效忠也将烟消云散”。[④] 原本将优先打击目标放在进攻“近敌”上的“伊斯兰国”之所以先后在巴黎和布鲁塞尔等地发动恐怖袭击，与国际社会对其开展了更为有效的打击密切相关。因为“哈里发国”承受着敌人越来越大的压力，故

---

① Crane Brinton, *The Anatomy of Revolution*, London: Vintage, 1965, pp. 148 – 160.

② Ahmed S. Hashim, “The Islamic State: From al-Qaeda Affiliate to Caliphate,” *Middle East Policy*, Vol. 21, No. 4, 2014, p. 73; William McCants, *The ISIS Apocalypse: The History, Strategy, and Doomsday Vision of the Islamic State*, New York: St. Martin's Press, 2015, p. 130.

③ Isaac Kfir, “Social Identity Group and Human (In) Security: The Case of Islamic State in Iraq and the Levant (ISIL),” *Studies in Conflict & Terrorism*, Vol. 38, No. 4, 2015, pp. 233 – 252.

④ Graeme Wood, “What ISIS Really Wants.”

“伊斯兰国”不得不在“远敌”的领土发动更多袭击，希望以此缓解这种压力。从战略层面上考虑，“伊斯兰国”的这种攻击方向的转变，依旧是为建立和巩固“哈里发国”这一战略目标服务的。

三 “基地”与“伊斯兰国”对待大众支持的态度不同

“基地”与“伊斯兰国”所追求的战略目标不同，也影响到它们对待普通穆斯林的态度以及治理所属地域的方式。由于“基地”面对的敌人力量强大，故“基地”尽可能地团结普通穆斯林，并在实施伊斯兰教法或沙里亚法问题上较为灵活，而且在针对所谓的“异教徒”或“叛教者”实施塔克菲尔原则时较为谨慎；而“伊斯兰国”以建立和巩固“哈里发国”作为首要战略任务，因此处心积虑地利用并挑起伊斯兰世界的教派冲突，以扩大自己的领地并对治下民众实施严格的伊斯兰教法或沙里亚法，并大肆贯彻塔克菲尔原则。基于两者对待和治理民众的方式截然有别，以致“基地”与“伊斯兰国”分属极端宗教势力连续谱上的两端。大致可以认为，“基地”属于“左派”，而“伊斯兰国”属于“右派”。① 在战略实践上体现为：“基地”虽然在攻击敌人时非常残暴，但至少会有意识地避免造成大量普通穆斯林的伤亡；而“伊斯兰国”在开展攻击时则无所顾忌，不仅手段残暴，而且会刻意选择伤害什叶派、雅兹迪人等穆斯林群体。

（一）“基地”强调需要赢得大众支持

“基地”构成了一个二元对立的世界，即以“异教徒”和“叛教者”组成的世界及与之对立的乌玛。“基地”主张尽可能地打击非伊斯兰世界，以恢复并捍卫乌玛的完整和纯洁。因为意识到迫使“远敌”和属于“叛教者”的腐败的伊斯兰政权改变政策非常困难，因而“基地”自视为“重建乌玛的圣战先锋”，而非“圣战”的“主力”，而真

---

① Cole Bunzel, *From Paper State to Caliphate: The Ideology of the Islamic State*, The Brookings Project on U. S. Relations with the Islamic World Analysis Paper, No. 19, March 2015, p. 9.

正的主力是伊斯兰世界虔诚的穆斯林。为了增加胜算，“基地”在话语上屡屡呼吁伊斯兰世界的团结，在行动上则尽可能避免伤害普通穆斯林。如针对伊斯兰世界内部错综复杂的教派冲突，“基地”往往会对其进行淡化处理。虽然“基地”成员属于逊尼派，对于什叶派，“基地”偶尔也会予以批评，有时甚至比较严厉，如指责什叶派穆斯林无知、对伊朗政府具有敌意等，但“基地”并不刻意渲染与什叶派之间的差异及对后者肆意展开攻击。[①] 很显然，“基地”淡化伊斯兰世界内部教派冲突的立场，符合其优先攻击“远敌”的战略目标。

“基地”在需要赢得大众支持的问题上有明确的意识。相对于宗教素养有限的本·拉登，扎瓦赫里作为“基地”意识形态和公开叙事的主要提炼者和整合者，[②] 对此有诸多论述。如扎瓦赫里曾明确表示，如果没有“大众支持的动员”，“圣战者”将一事无成，因此，赢得普通穆斯林对于穆贾西丁的支持，是“圣战者”的首要任务；而对普通穆斯林过度使用暴力，结果将是灾难性的，因为“圣战者”将无法使它们想要传递给乌玛的信息得到穆斯林的认同，最终使其努力徒劳无功。[③] 在其于 2001 年左右出版的回忆录——《先知旗下的骑士》（*Knights under the Banner of the Prophet*）中，扎瓦赫里如此论述赢得大众支持的重要性：“我们必须赢得人民的信任、尊重与情感。除非让他们感觉到我们爱他们、关心他们、准备保卫他们，他们才会爱我们……我们不应该责备伊斯兰国家不对我们的斗争做出回应或未满足我们的期待，我们应该为自己未能传递信息、展示同情、做出牺牲承担责任”。[④] 又如在 2005 年规劝扎卡维不要针对什叶派开展攻击时，扎瓦赫里如此强调大

---

① “基地”领导人对什叶派的态度，参见 Donald Holbrook, *The Al-Qaeda Doctrine: The Framing and Evolution of the Leadership's Public Discourse*, pp. 119 – 123。

② 对于扎瓦赫里在“基地”意识形态演变过程中所扮演角色的评价，可参见 John Turner, "From Cottage Industry to International Organisation: The Evolution of Salafi-Jihadism and the Emergence of the Al Qaeda Ideology," *Terrorism and Political Violence*, Vol. 22, No. 4, 2010, p. 551。

③ Donald Holbrook, *The Al-Qaeda Doctrine: The Framing and Evolution of the Leadership's Public Discourse*, p. 98.

④ Ayman Al-Zawahiri, *Knights under the Banner of the Prophet*, Quoted in Donald Holbrook, "Alienating the Grassroots: Looking Back at Al Qaeda's Communicative Approach Toward Muslim Audiences," *Studies in Conflict & Terrorism*, Vol. 36, No. 11, 2013, p. 893.

众支持对于“圣战”事业的重要性：“如果圣战运动必须遵循其他的路径，如人民圣战或大众抵抗运动（popular intifadah），那么，它们的成败系于大众支持。缺乏大众支持，伊斯兰圣战和穆贾西丁运动将会偃旗息鼓”。[①] 正因为在话语上如此重视大众支持，“基地”往往会将其发动袭击行动的成功归因为得到了大众的支持。如在2006年躲过了美国对其展开的空袭后，扎瓦赫里如此嘲弄美国：“你们是否想知道我是谁？我是穆斯林”。[②] 从这种嘲弄中，可以看出扎瓦赫里对大众支持的重视以及获得了这种支持的自豪。

对于获得普通大众支持重要性的意识，促使“基地”不愿意在其治下的地域内严格地执行沙里亚法。基于这种实用主义的考虑，“基地”规劝其管理了部分领土的分支机构，不要严格地贯彻沙里亚法、避免对普通穆斯林动辄实施严厉的哈杜德（hdud）惩罚，以避免疏远普通穆斯林。如“基地”组织马格里布分支（al-Qaeda in the Islamic Maghreb，AQIM，或称“基地”组织北非分支、“伊斯兰马格里布基地组织”）在其治下出现了部分激进的“圣战”分子急切地实施沙里亚法的例子，对抽烟的穆斯林、未披戴穆斯林头巾走出家门的妇女、小偷、捣毁圣地或神庙的行为进行严厉惩罚，为了避免此类行为疏远当地人对“圣战”事业的支持，该分支的领导人阿布杜·瓦杜德（Abd al-Wadud）曾发表一系列的“指令和建议”，劝阻这类行为。瓦杜德要求对严格实施沙里亚法的行为进行严惩，“因为你们迅速实施沙里亚法，并未考虑到具体的环境，这种环境下民众对宗教无知，而且人们数世纪以来都没有适用沙里亚法，因此只能渐进地实施沙里亚法”；而与此背道而行，不可避免地“会招致人们对穆贾西丁的怨恨”。[③] “基地”组织马格里布分支的这种策略，同样体现在“努斯拉阵线”在叙

---

① “Zawahiri letter to Zarqawi,” July 2005, Quoted in Daveed Gartenstein-Ros, Jason Fritz, Bridget Moreng and Nathaniel Barr, *Islamic State vs. al-Qaeda*: *Strategic Dimensions of a Patricidal Conflict*, p. 8.

② “Zawahiri Video Blasts US Strike,” BBC, January 30, 2006, quoted in Alia Brahimi, “Crushed in the Shadows: Why Al Qaeda Will Lose the War of Ideas,” *Studies in Conflict & Terrorism*, Vol. 33, No. 2, 2010, p. 94.

③ William McCants, *The ISIS Apocalypse*: *The History*, *Strategy*, *and Doomsday Vision of the Islamic State*, p. 62.

利亚的实践上。“努斯拉阵线”受到“基地”知名意识形态吹鼓手、叙利亚裔“圣战”理论专家阿布·穆萨卜·苏里（Abu Musab al-Suri）[①] 与阿布杜·瓦杜德的影响，在其控制下的地域并未严格贯彻沙里亚法。如在争夺叙利亚阿勒颇的战斗中，“努斯拉阵线”设法维持面包店的营业、补贴面包价格、有限度地实施沙里亚法，因此获得了不少阿勒颇民众的支持。[②] “努斯拉阵线”如此行事的理由与瓦杜德的考虑相近。如“努斯拉阵线”的领导人祖拉尼在2012年曾告诫属下：“日复一日，你们将获得民心，并得到他们的信任”“无须苛求民众”“应该从优先事项和伊斯兰的基本教义入手，在无涉大局的宗教问题上灵活机动”。[③] 不过，因受到“伊斯兰国”严苛实施沙里亚法取得成功以及在叙利亚战场进展顺利的影响，“努斯拉阵线”后来在其控制的叙利亚伊德利卜省更为严格地实施沙里亚法。

此外，虽然也强调需要针对“异教徒”和“叛教者”实施塔克菲尔原则，但“基地”在此问题上相对谨慎。塔克菲尔是指根据伊斯兰教义对“异教徒”和“叛教者”实施死刑。不过，在萨拉菲主义思想中，塔克菲尔是个颇具争议的概念。如有人指出：“塔克菲尔是一个恶魔，主流萨拉菲主义想方设法将其关入牢笼，而其他派别则千方百计使其脱离囚牢”。[④] 对于“基地”而言，塔克菲尔原则是一个很好的工具，这为其攻击与“远敌”进行合作的穆斯林“近敌”赋予了学理和教义依据。大体而言，在适用塔克菲尔原则时，“基地”的立场经过了一个从相对谨慎到相对宽松的转变过程。在20世纪90年代，“基地”对“叛教者”的定位，主要是支持“远敌”的伊斯兰政权（主要是沙特政府）以及支持政府的精英人士（包括部分士兵、乌里玛、教师、律师、记者等）；到了“9·11”事件后，“基地”话语中所谓的“叛教者”

---

① 苏里对“基地”的影响，参见 Paul Cruickshank and Mohannad Hage Ali, “Abu Musab Al Suri: Architect of the New Al Qaeda,” *Studies in Conflict & Terrorism*, Vol. 30, No. 1, 2007, pp. 1 – 14。

② John Turner, “Strategic Differences: Al Qaeda's Split with the Islamic State of Iraq and al-Sham,” pp. 217 – 218.

③ Quoted in Charles Lister, “Assessing Syria's Jihad,” p. 103.

④ Roel Meijer, “Introduction,” in Roel Meijer, ed., *Global Salafism: Islam's New Religious Movement*, London: Hurst and Company, 2009, p. 19.

所涵盖的群体明显扩大，而且用词变得更为宽泛、模糊。[①] 如在2003年，扎瓦赫里将所有那些认可和支持美国、阿拉伯国家统治者的人均称为"叛教者"，"无论与他们并肩作战还是提供基地，抑或是提供管理支持或其他形式的支持"。[②] "基地"话语中的"叛教者"数量和论述"叛教者"话语数量增多的转变，与其在阿富汗和巴基斯坦等地遭遇的斗争形势密切相关。2001年美国入侵阿富汗导致其蒙受严重损失后，"基地"急剧地扩大了"叛教者"的涵盖范围，这反映了"基地"对丧失避难所和支持基础的焦虑及由此产生对部分普通穆斯林的怨恨。不过，在实践中，"基地"似乎并未显著扩大适用塔克菲尔原则的范围。这符合"基地"渴望得到大众支持的战略考虑，因为一旦大规模地适用塔克菲尔原则，其结果只能导致普通穆斯林对其疏远甚至抵抗。事实上，据统计，在本·拉登和扎瓦赫里所发表的260份（截至2013年9月）声明中，有六分之一的声明在于说明针对平民过分使用暴力的局限和风险。[③] 这也从一个侧面说明，作为恐怖组织的"基地"对疏远普通穆斯林的警惕和担心，以及对塑造自身行为合理性的重视。[④]

（二）"伊斯兰国"挑起并利用教派冲突

相较于"基地"，"伊斯兰国"在意识形态上更为顽固、更不具妥协性，在战略实践上则更为极端、更为残暴。"伊斯兰国"也构建了一个二元对立的世界观，不过，与"基地"构建的世界观不同，"伊斯兰国"世界观中的自群体是虔诚的逊尼派穆斯林，而他群体则包括"远敌"、什叶派穆斯林及受到"玷污"的逊尼派穆斯林。换言之，相较于"基地"试图淡化伊斯兰世界内部的教派冲突，"伊斯兰国"则是反其

---

① 参见 Donald Holbrook, *The Al-Qaeda Doctrine*: *The Framing and Evolution of the Leadership's Public Discourse*, pp. 115 – 119。

② Donald Holbrook, "Alienating the Grassroots: Looking Back at Al Qaeda's Communicative Approach Toward Muslim Audiences," *Studies in Conflict & Terrorism*, Vol. 36, No. 11, 2013, p. 892.

③ Donald Holbrook, *The Al-Qaeda Doctrine*: *The Framing and Evolution of the Leadership's Public Discourse*, p. 92.

④ 关于"基地"为攻击平民给出的理由，参见 Alia Brahimi, "Crushed in the Shadows: Why Al Qaeda Will Lose the War of Ideas," pp. 98 – 99; Donald Holbrook, *The Al-Qaeda Doctrine*: *The Framing and Evolution of the Leadership's Public Discourse*, pp. 85 – 89。

道而行之，即突出并利用这种教派冲突。至于“基地”视为首要斗争对象的美国、欧洲国家等“远敌”，则被“伊斯兰国”视为非第一位的敌人。在建立和巩固“哈里发国”这一战略目标的引导下，“伊斯兰国”将“近敌”尤其是什叶派穆斯林作为优先攻击的对象变得顺理成章。无论是伊拉克此前的努里·马利基政府或当前的海德尔·阿巴迪政府，还是叙利亚的巴沙尔·阿萨德政府，都是什叶派主导的政权。通过凸显两国的逊尼派穆斯林遭到迫害并挑唆逊尼派与什叶派之间的矛盾，“伊斯兰国”将自身塑造为“恢复哈里发的逊尼派卫士”，以逊尼派穆斯林的保护者自居，借机浑水摸鱼，为其赢得逊尼派部落和穆斯林的支持提供条件，进而为其攻城略地、扩充实力奠定基础。从工具理性的角度来看，“伊斯兰国”的算盘不失为一种高明的战略。

利用并挑拨教派冲突和优先进攻“近敌”，并不意味“伊斯兰国”完全无视获得大众支持。只不过在“伊斯兰国”的战略视野中，所谓的“大众”，主要是指那些承认其权威、接受其统治的逊尼派穆斯林罢了，其涵盖范围比“基地”界定的大众内涵要狭隘得多。为了追求获得领土和巩固“哈里发国”这一战略目标，“伊斯兰国”首先将进攻的矛头指向“近敌”，即那些妨碍“伊斯兰国”拓展疆域的力量，如什叶派、库尔德人、雅兹迪人、犹太人、基督徒等。通过宣称他们是“叛教者”，“伊斯兰国”对他们展开残酷攻击，为自身扩大地盘。与此同时，由于攻击“叛教者”进而导致逊尼派穆斯林面临什叶派穆斯林的报复，“伊斯兰国”再以“逊尼派穆斯林保护者”的面貌出现，以期获得逊尼派的支持。[①]“伊斯兰国”的这种战略思维，仍是对扎卡维处心积虑地激发和挑拨逊尼派—什叶派之间矛盾以推进“圣战”事业方式思路的继承。[②] 按照扎卡维的设想，通过攻击什叶派并引发他们的报复，终究会使温和逊尼派穆斯林和逊尼派部落意识到“认主独一与圣战”组织是他们的保护者，并认同和接受该组织的意识形态和战

① Haroro J. Ingram, “The Strategic Logic of Islamic State Information Operations,” *Australian Journal of International Affairs*, Vol. 69, No. 6, 2015, p. 744.

② Islamic State, “The Rafidah: From Ibn Saba' to The Dajjal,” *Dabiq*, No. 13, January 19, 2016, pp. 41 – 42; Vicken Cheterian, “ISIS and the Killing Fields of the Middle East,” *Survival*, Vol. 57, No. 2, 2015, p. 116.

略战术。[①]

与“基地”在攻击穆斯林时较为谨慎、并以赢得普通穆斯林的支持为第一要务截然不同，“伊斯兰国”将严格实施沙里亚法、不加区分地使用暴力作为主要动员手段和行动策略。事实上，“伊斯兰国”与严格实施沙里亚法之间业已存在一种相互建构的关系。“伊斯兰国”建立了“哈里发国”，自然需要严格实施沙里亚法；而只有严格贯彻沙里亚法，“伊斯兰国”才能宣称自身已是真正的“哈里发国”。基于这种相互建构的关系，“伊斯兰国”早在2007年3月13日就宣布了其治下地域内穆斯林群体所应遵循的九条教义。其中的主要内容包括：认定所有的什叶派穆斯林以及那些支持美国占领伊拉克的逊尼派穆斯林均为“异教徒”，可以适用塔克菲尔原则；而基督徒和犹太教徒或者上缴保护税或者被处决；任何形式的世俗主义（包括主流政治伊斯兰力量和阿拉伯社会主义）均不得容忍；沙里亚法是普适之法，任何偏离沙里亚法的行为如收看卫星电视、妇女不戴面纱等行为均严令禁止，等等。[②] 在贯彻沙里亚法的实践中，“伊斯兰国”最为倚重的是实施哈杜德惩罚。这些惩罚主要包括：对杀人越货之徒斩首或将其钉死；对通奸者实施石刑；对窃贼砍去一手或一脚；对私通、饮酒、诬告他人私通或饮酒之人实施鞭刑，等等。[③] 由于“伊斯兰国”掌控了诠释沙里亚法的权力，故在实施哈杜德惩罚的过程中，“伊斯兰国”可以在未掌握充分证据的情况下随意实施死刑。此外，“伊斯兰国”的独特性还体现在：它不仅不加区分地使用暴力，而且还对暴力行为进行欢呼并公开宣扬，以此作为胁迫民众和吸引媒体注意的一种武器。[④]

与“基地”较为谨慎地实施塔克菲尔原则不同，“伊斯兰国”不加区分地实施塔克菲尔原则。虽然“伊斯兰国”曾作为“基地”组织伊拉克分支存在过一段时间，但两者之间的联合只是一种权宜联姻，并

---

① Brian Fishman, “After Zarqawi: The Dilemmas and Future of Al Qaeda in Iraq,” p. 23.

② William McCants, *The ISIS Apocalypse: The History, Strategy, and Doomsday Vision of the Islamic State*, p. 37.

③ Ibid., p. 38.

④ Vicken Cheterian, “ISIS and the Killing Fields of the Middle East,” *Survival*, Vol. 57, No. 2, 2015, p. 116.

未消除双方在优先攻击方向和塔克菲尔原则适用范围上的分歧。[①] 如“伊斯兰国”领导者承认：“‘基地’与扎卡维之间最为关键的争议，是关于沙特政权的立场和如何贯彻沙里亚法中有关绝罚与信仰的问题”。[②] 其中，关于沙特王室的立场涉及优先进攻“远敌”还是“近敌”的问题，而关于“绝罚与信仰”的问题，则是指塔克菲尔原则的适用范围。在优先攻击对象问题上，“伊斯兰国”始终将攻击矛头针对“近敌”。通过利用伊拉克民众对马利基政府排斥和打压逊尼派穆斯林所产生的怨恨情绪，“伊斯兰国”成功地煽动和加剧了伊拉克内部的教派冲突，进而实现了自身的发展。在适用塔克菲尔原则的问题上，“伊斯兰国”从一开始就试图将这一“恶魔”从牢笼中释放出来。“伊斯兰国”宽泛地界定“叛教者”，为其广泛和不加区分地使用暴力提供辩护。如据曾担任过扎卡维时期“舒拉议会”领导人的阿布·哈姆扎·巴格达迪（Abu Hamzah al-Baghdadi）于2005年5月表示：“叛教是比一开始就不信教更为严重的罪行，因此叛教者是更大的敌人……这种与穆斯林近在咫尺的敌人更加危险……如果穆斯林一味地与远敌作战，近敌就瞅准机会伤害穆斯林”。[③] 巴格达迪的上述论断，较为典型地体现了“伊斯兰国”为何选择攻击“近敌”和宽泛地适用塔克菲尔原则的战略立场。对于试图淡化伊斯兰世界内部教派冲突的“基地”而言，“伊斯兰国”基于上述认知而采取的战略行动是令其难以接受的。因此，在这些战略问题上的分歧，最终导致“基地”和“伊斯兰国”分道扬镳。[④]

总之，尽管“伊斯兰国”将与其合作的逊尼派视为“大众”并通

---

① 通过这种联合，“伊斯兰国”可以借助本·拉登提供的资金、武器和“基地”品牌带来的动员效应，而“基地”可以扩大在伊拉克这一重要的中东国家的存在，并展示其在全球“圣战”运动中的地位。参见 Andrew Phillips, “How al Qaeda lost Iraq,” p. 69; Haroro J Ingram, “Three Traits of the Islamic State's Information Warfare,” p. 8。

② Abu Hamzah al-Baghdadi, “Why Do We Fight, and Whom Do We Fight?” June 2005, quoted in Brian Fishman, “After Zarqawi: The Dilemmas and Future of Al Qaeda in Iraq,” *The Washington Quarterly*, Vol. 29, No. 4, 2006, p. 20.

③ Brian Fishman, “After Zarqawi: The Dilemmas and Future of Al Qaeda in Iraq,” p. 21.

④ Ahmed S. Hashim, “The Islamic State: From al-Qaeda Affiliate to Caliphate,” *Middle East Policy*, Vol. 21, No. 4, 2014, p. 72; Donald Holbrook, *The Al-Qaeda Doctrine: The Framing and Evolution of the Leadership's Public Discourse*, p. 121.

过媒体大肆宣扬其向“大众”提供的各种公共服务，但“伊斯兰国”统治方式的残暴和严格实施沙里亚法，依旧疏远了不少穆斯林。如在2006—2009年，由于其过于残暴，导致与之合作的逊尼派部落与盟军共同打击“伊斯兰国”，即所谓的“安巴尔觉醒”，致使其遭遇几近毁灭性的打击，陷入有名无实的境地。① 对于这段经历和自身残暴给民众带来的不满，“伊斯兰国”也有过一定的反思。如“伊斯兰国”的发言人阿德纳尼于2013年承认：“对于我们所犯的错误，我们并不否认。只要我们是人类，我们仍将犯错。真主只是禁止处心积虑地犯错。”② 不过，除了建立起更为严密的指挥—控制结构、加大对自身战略行动和意识形态的宣传力度，这种反思并未带来“伊斯兰国”行事方式的改变。③“伊斯兰国”始终未放弃严厉实施沙里亚法和宽泛地贯彻塔克菲尔原则的战略实践，并认为这些行动仅仅会给民众造成一定的不便，无伤大雅，并引用《古兰经》的经文“除了会使你恼怒，并不会伤害你”来为自己的行动辩护。④ 然而，“伊斯兰国”治下的穆斯林大众民怨沸腾，其提供公共服务的能力也被夸大，这对于“哈里发国”的存续而言并无太多益处。

四 “基地”与“伊斯兰国”对待下属机构与盟友的态度有别

“基地”与“伊斯兰国”追求战略目标的差异，也影响了它们对待其他“圣战”组织和政治伊斯兰势力的态度。“基地”优先进攻“远敌”，而“远敌”力量强大，故“基地”将扩大力量的重心放在了获取

---

① 更详细的讨论可参考 Austin Long, “The Anbar Awakening,” *Survival*, Vol. 50, No. 2, 2008, pp. 67 – 94；Najm Abed Al-Jabouri and Sterling Jensen, “The Iraqi and AQI Roles in the Sunni Awakening,” *Prism*, Vol. 2, No. 1, 2010, pp. 3 – 18；Andrew Phillips, “How al Qaeda lost Iraq,” *Australian Journal of International Affairs*, Vol. 63, No. 1, 2009, pp. 64 – 84。

② John Turner, “Strategic Differences: Al Qaeda's Split with the Islamic State of Iraq and al-Sham,” p. 218.

③ Haroro J. Ingram, “The Strategic Logic of Islamic State Information Operations,” p. 737.

④ John Turner, “Strategic Differences: Al Qaeda's Split with the Islamic State of Iraq and al-Sham,” p. 218.

其他“圣战”组织甚至并不认同圣战萨拉菲主义思想的政治伊斯兰力量对其事业的支持上，同时尽可能掩饰这种效忠或合作关系，在扩大“圣战”民众支持基础的同时规避敌人的打击。而“伊斯兰国”的战略目标在于建立和巩固“哈里发国”，而“哈里发国”是唯一的，因此，“伊斯兰国”一方面极力争取其他“圣战”组织对其效忠，另一方面则对那些拒绝效忠的“圣战”组织、拒绝认同其理念的政治伊斯兰力量进行攻击，以确保自身的合法性和宗教权威。可以预料，这种对待下属组织和其他政治力量的不同态度，将导致这两个恐怖组织具有不同的前景。

（一）“基地”掩饰与其下属机构之间的关系并支持与其他组织的合作

在军事方面，“基地”一般采取隐秘的作战策略。如“基地”领导人虽然经常就战略战术和思想理念问题发表讲话，但这些讲话往往是在恐怖袭击成功之后；不仅如此，即使在行动成功后，“基地”也不一定认领这些袭击。“基地”的这种策略，往往导致分析家们低估“基地”的作战和破坏能力。之所以采取这种策略，与“基地”对“远敌”和“近敌”强大力量的清醒认识密不可分。“基地”希望通过隐藏实力甚至公开示弱，能有效避免敌人对其进行破坏，并加大对手刺探相关情报的难度。这一策略，同样体现在“基地”发展分支机构上。“基地”虽不排斥发展新的分支机构，但为了积蓄力量和避免打击，往往会掩饰与分支机构之间的隶属关系。

一般情况下，“基地”对公开与分支机构之间的关系持非常谨慎的态度。一个非常典型的例子是，本·拉登于2010年给索马里“青年党”领导人写信，拒绝该党要求公开其向“基地”效忠的请求，而实际上这种效忠关系早已存在。“基地”之所以拒绝公开这种关系，其主要考虑在于：其一，一旦公开这种关系，“青年党”将吸引敌对势力的关注甚至打击，不利于其存续；其二，将会导致原本对其提供资助等方面支持的沙特和也门等中东国家的富商撤销支持，以免受到国际社会的制裁；其三，隐瞒这种关系，有助于“青年党”获得大众支持，并通过努力使大众认同“圣战”的事业。基于此，本·拉登建议该党领导人宣布与“基地”之间的关系仅限于“兄弟般的伊斯兰联系，此外没有更多关联”。不过，对于索马里“青年党”而言，拒绝公布这种信息，无法获得“基地”品牌效应带来的动员效果，故在本·拉登死后不久，“青年党”就正式公布了其与“基地”之间的效忠关系。再如，叙利亚“努斯拉阵线”在2013年4月之前一段时间就已向“基地”宣誓效忠，并以其分支机构的身份活动，但在2013年5月写给“努斯拉阵线”领导人祖拉尼的信中，扎瓦赫里对祖拉尼未与其磋商就公开这种关系严加斥责。[①] 诸如此类的例子，充分说明了“基地”刻意掩藏实力和活动网络的战略考虑，这是为其攻击实力强大的“远敌”和“近敌”这一战略目标服务的。

不仅如此，“基地”还鼓励其分支机构秘密参加常规政治活动。如在中东变局过去多年之后，“基地”领导人承认，“基地”及其分支机构实际上秘密介入了中东变局中，尤其在突尼斯、利比亚的剧变中发挥了一系列作用。[②] 尽管中东变局一开始给“基地”等极端主义势力造成了明显的困扰和冲击，但通过秘密介入其中，它们依旧利用这种局势扩大了自身的影响。[③] 为了在纷乱的局势中扩大影响、拓展实力，“基地”甚至鼓励“圣战”分子参与组建政党、参与选举等世俗政治进程，而这种行为原本被“基地”视为一种需要禁止的“什尔克”（shirk，多信仰、多神教）行为。由此可见，与根据形势的变化灵活机动地适用沙里亚法一样，“基地”具有浓厚的实用主义特征。如在中东剧变后的突尼斯，突尼斯国内的萨拉菲政治力量——如“觉醒与改革温和协会”（Moderate Association for Awareness and Reform）、“安萨尔伊斯兰教义组织”（Ansar al-Sharia）等——曾一度参与突尼斯的政治转型进程，只因

---

① 这里的讨论参考了 Daveed Gartenstein-Ros, Jason Fritz, Bridget Moreng and Nathaniel Barr, *Islamic State vs. al-Qaeda: Strategic Dimensions of a Patricidal Conflict*, pp. 20, 22。

② 参见 Daveed Gartenstein-Ros, Jason Fritz, Bridget Moreng and Nathaniel Barr, *Islamic State vs. al-Qaeda: Strategic Dimensions of a Patricidal Conflict*, pp. 21 – 22。

③ 可参见 Margaret Scott, “Al-Qaeda to Arab Spring: Islamist Terrorism and Democracy,” *Public Administration Review*, Vol. 72, No. 2, 2012, pp. 314 – 316; Yehudit Ronen, “The effects of the ‘Arab Spring’ on Israel's Geostrategic and Security Environment: The Escalating Jihadist Terror in the Sinai Peninsula,” *Israel Affairs*, Vol. 20, No. 3, 2014, pp. 302 – 317; Donald Holbrook, *The Al-Qaeda Doctrine: The Framing and Evolution of the Leadership's Public Discourse*, pp. 25 – 26。

过早地展现了暴力倾向，以致它们遭到突尼斯当局的打压。[①] 但这一现象至少说明，出于机会主义的动机，“基地”等圣战萨拉菲势力并不完全排斥参与常规政治进程。按照“基地”的规划，这种以“潜伏”的形式参与常规政治进程的战略属于“政治游击战”（political guerilla warfare），其目的在于借此扩大支持基础和影响。[②] 不过，自“伊斯兰国”崛起后千方百计地争取“基地”分支机构的效忠，面临巨大压力的“基地”似乎在改变此前掩饰与其分支机构的策略。如 2014 年 9 月 3 日，扎瓦赫里发布视频，高调宣布建立“基地”组织印度次大陆分支（al-Qaeda in the Indian Subcontinent，AQIS），此举明显具有与“伊斯兰国”抗衡和展示自身实力的意图。[③]

对于其他“圣战者”，“基地”往往鼓励其分支机构与之合作，以扩大“圣战”事业的影响。为了淡化伊斯兰世界内部的教派冲突，“基地”不鼓励自身与其他“圣战”组织开展针锋相对的竞争，而是尽可能寻找彼此之间的共同点。这种战略部分源自借助其他力量为“基地”提供掩护，尽可能减少“基地”的暴露程度，同时也是为了扩大“圣战”事业的力量，增大对敌人的破坏力度。“基地”甚至不排除与非圣战萨拉菲力量进行合作，尽管彼此之间的目标并不完全相同、在理念上也没有太多交集。如在美国入侵伊拉克后，“基地”甚至鼓励“圣战者”与伊拉克前阿拉伯复兴党成员（Baathist）进行合作，尽管“基地”认为后者是“信仰社会主义的异教徒”。扎瓦赫里认为，在“圣战”战场上，“圣战者”没有必要拘泥于组织或基础等方面的局限，而应共同推进“圣战”目标，为此，他还专门向扎卡维发出指示，要求他与伊拉克所有逊尼派叛乱组织进行合作，即使其中某些组织“不听号令或不可一世”。[④] “伊

---

① Ann M. Lesch, “Troubled Political Transitions: Tunisia, Egypt and Libya,” *Middle East Policy*, Vol. 21, No. 1, 2014, pp. 70 – 71; Amel Grami, “The Debate on Religion, Law and Gender in Post-Revolution Tunisia,” *Philosophy and Social Criticism*, Vol. 40, No. 4 – 5, 2014, pp. 393 – 394.

② Daveed Gartenstein-Ros, Jason Fritz, Bridget Moreng and Nathaniel Barr, *Islamic State vs. al-Qaeda: Strategic Dimensions of a Patricidal Conflict*, p. 22.

③ 新浪网：《“基地”成立“印度次大陆分支”》，2014 年 09 月 05 日，http://news.sina.com.cn/o/2014 – 09 – 05/020030796923.shtml。

④ Daveed Gartenstein-Ros, Jason Fritz, Bridget Moreng and Nathaniel Barr, *Islamic State vs. al-Qaeda: Strategic Dimensions of a Patricidal Conflict*, p. 30.

斯兰国”的确吸收了不少阿拉伯复兴党成员到其队伍中，但这主要是一种机会主义的策略考虑，与“基地”从战略层面主张包容“圣战”力量甚至其他伊斯兰政治势力截然不同。“基地”的这种战略包容性，较为典型地体现在其叙利亚分支机构“努斯拉阵线”的战略实践中。“努斯拉阵线”不仅参与了叙利亚实力最强的叛军组织——“伊斯兰军”(Jaysh al-Islam)，而且还与其他反叛力量一起协调攻击行动。由于“努斯拉阵线”拥有较好的武器和快速机动的作战能力，士兵也因受到极端主义意识形态的高度激励，愿意在攻势开始之初采取自杀性袭击等策略对敌人开战攻击，从而极大地帮助了与之合作的叙利亚温和反叛力量。[①] 而“努斯拉阵线”所获的收益，则是在与温和反对派合作的过程中扩大了自身的影响、占据了部分重要据点、较广地传播了其意识形态，而且由于与温和派结成了联盟，从而加大了美国等盟军将其分割开来进行打击的难度。[②] 总之，“基地”对待其分支机构与其他盟友之间关系的策略，有助于“基地”的存续，甚至不排除其影响继续扩大的可能。

(二) “伊斯兰国”大肆宣扬分支机构的增多且排斥与其他组织的合作

不同于“基地”相对隐秘和低调的行事方式，“伊斯兰国”行事高调，且在使用暴力时肆无忌惮。“伊斯兰国”以手段残忍著称，而且将之作为自身吸引追随者、扩大影响的一种策略。正如有学者指出的：“‘伊斯兰国’依赖于将自身塑造为一种残忍的战斗力量，愿意实施骇人听闻的暴恐行动。通过以大规模处决和强制驱逐少数族群等形式展示暴力，‘伊斯兰国’致力于胁迫敌人并削弱他们的斗志”。[③] 基于这种思路，“伊斯兰国”通过其掌握的宣传机器和借助脸书、推特等公共平台，尝试将自身的暴力形象尽可能地宣传出去。除了在其掌控的地域内严苛地实施沙里亚法，“伊斯兰国”还着重打造自身毫不妥协地对待非

---

① Charles Lister, “Assessing Syria's Jihad,” *Survival*, Vol. 56, No. 6, 2014, p. 101.

② Daveed Gartenstein-Ros, Jason Fritz, Bridget Moreng and Nathaniel Barr, *Islamic State vs. al-Qaeda: Strategic Dimensions of a Patricidal Conflict*, pp. 30 - 31.

③ Charles Lister, “Assessing Syria's Jihad,” p. 93.

逊尼派穆斯林的形象。如公开斩首西方人质、大规模屠杀“异教徒”等。在“伊斯兰国”实施的众多骇人听闻的罪行中，最为典型的是“伊斯兰国”2015 年 1 月将俘虏的约旦飞行员莫亚兹·卡萨斯贝（Moaz al-Kasasbeh）活活烧死的场面。[①] 为了最大限度地利用此事带来的宣传效果，“伊斯兰国”作了许多工作。如先是在《达比克》上发布了对该飞行员的采访，事后又公开了有关处决该飞行员的视频，并在视频中花了 18 分钟的时间阐述对其实施火刑的法律、道德、意识形态与政治等方面的理由。[②] 如此推崇公开展示暴力，使“伊斯兰国”与“基地”有明显不同。如“基地”试图掩饰自身的实力，有时并不愿认领自身实施的暴恐行动，由此衍生的一个结果是，熟悉“基地”特征的“伊斯兰国”可能冒领由“基地”实施的行动，从而打造了一种“伊斯兰国”行动有效、影响巨大的形象。[③]

“伊斯兰国”追求塑造一种残暴的公开形象，同样是由其战略目标决定的。由于将重心放在了开疆拓土和巩固“哈里发国”上，“伊斯兰国”首先需要胁迫域下民众服从其统治，其次需要吸引尽可能多的域外穆斯林或年轻人奔赴“哈里发国”，以充实其战斗人员和后勤人员。而公开展示和宣扬暴力，可以吸引数量众多、动机各异的年轻人加入到“伊斯兰国”的队伍中。不过，问题在于，“伊斯兰国”的残暴并不仅仅针对敌人，而且还针对共享圣战萨拉菲主义意识形态的同道。“伊斯兰国”拒不承认“基地”等“圣战”组织的合法性。如“伊斯兰国”发言人阿布·穆罕默德·阿德纳尼宣称：“所有的埃米尔（emirate）、团体、国家和组织的合法性，由于‘哈里发国’权威的拓展，而变得不复存在”。[④] 换言之，在“伊斯兰国”看来，“哈里发国”是全球唯一享有合法性的权威，除此之外的其他政治实体均不具有合法性。毫无疑问，这种世界观从根本上对“基地”等恐怖组织的地位和合法性构成存在性意义上的挑战，同时也决定了“伊斯兰国”不可能与其他恐怖

---

① 杨恕：《2015 年伊斯兰极端主义新特点》，《人民论坛》2016 年第 1 期。

② Haroro J. Ingram, “The Strategic Logic of Islamic State Information Operations,” p. 745.

③ Daveed Gartenstein-Ros, Jason Fritz, Bridget Moreng and Nathaniel Barr, *Islamic State vs. al-Qaeda: Strategic Dimensions of a Patricidal Conflict*, p. 28.

④ Ibid. , p. 24.

组织开展合作。如在 2015 年 2 月 12 日出版的《达比克》第 7 期杂志上，“伊斯兰国”发表了一篇题为《灰色地带不复存在》的文章，借用美国前总统小布什“要么与我们一起、要么与恐怖分子在一起”的名言，表达了是否认同并效忠于“伊斯兰国”建立的“哈里发国”，是判断其他政治实体是友是敌的标准。① 而对于那些拒绝宣誓效忠的恐怖组织，“伊斯兰国”会毫不犹豫地展开话语和军事攻击，以维护其作为唯一“哈里发国”的地位。② 由此看来，“伊斯兰国”已经把“认主独一”，篡改成了“认‘伊斯兰国’独一”。

“伊斯兰国”需要的不是“圣战者”之间的团结，而是要求它们的效忠。由于拒绝与其他“圣战”组织进行合作，并对否认其全球权威的“圣战”组织进行攻击，以致其他“圣战”组织往往只剩三个选择：其一，宣布向“伊斯兰国”效忠，以寻求庇护，并获得部分支持；其二，寻求“基地”的庇护，以维持自身的存续；其三，维持自身的独立地位，拒绝向以上两个恐怖组织宣誓效忠。由于活跃于伊拉克或叙利亚的“圣战”组织或反政府武装面临严峻的被攻击威胁，除非实力较为雄厚，否则只能依赖于前两个选择；而选择第三条道路的恐怖组织，往往是远离中东，不存在遭到“伊斯兰国”攻击的现实危险。③ 基于此，目前全球“圣战”运动大体出现了以“基地”和“伊斯兰国”各为一极的二元格局。在中东，选择第一条道路的组织有 2014 年 7 月向“伊斯兰国”效忠的叙利亚“达奥德旅”（Daoud Brigade），这是一个原本与温和的叙利亚反派组织——“叙利亚自由军”（Free Syrian Amy）——结盟的伊斯兰极端势力；再如，原属于“叙利亚自由军”、活跃于叙利亚东北的一支由叙利亚前上校马尼尔 · 马塔尔（Munir al-Matar）领导的武装也转向“伊斯兰国”效忠。④ 而坚持向“基地”效

---

① Islamic States：“The Extinction of the Grayzone，” *Dabiq*，February 12，2015，pp. 54 - 66.

② “伊斯兰国”在话语上针对其他“圣战”组织所采取的竞争战略，参见 Celine Marie I. Novenario，“Differentiating Al Qaeda and the Islamic State through Strategies Publicized in Jihadist Magazines。”

③ 不过选择第三条道路的恐怖组织往往实力较弱，而且无法借助“基地”或“伊斯兰国”的品牌效应实现动员效果的扩大和得到它们在武器、人员等方面的支持，故多在国际“圣战”运动中处于边缘地位。

④ James Fromson and Steven Simon，“ISIS：The Dubious Paradise of Apocalypse Now，” p. 11.

忠的中东恐怖组织，主要是在叙利亚具有较大影响的“努斯拉阵线”。为了加强“基地”在伊拉克—叙利亚战场上的影响，“基地”加快了从阿富汗和巴基斯坦向“努斯拉阵线”输送人员和资源的力度，因为中东是“基地”与“伊斯兰国”竞争的一个重要阵地。[①]

“伊斯兰国”将向其宣誓效忠的组织称之为“省”，以显示其“哈里发国”的全球权威。例如，“伊斯兰国”就将伊拉克和叙利亚划分为多个省。[②] 而对于那些宣誓效忠的域外组织，“伊斯兰国”同样按地域将这些地区划归其“省”。如活跃于尼日利亚的“博科圣地”于2015年3月7日宣誓向“伊斯兰国”效忠后，“伊斯兰国”于3月12日宣布成立“西非省”（Wilaya Gharb Afriqiyah）、在2015年6月13日“高加索埃米尔反叛者”（Defectors from Caucasus Emirate）宣布效忠后，“伊斯兰国”又于6月21日宣布成立“高加索省”（Willaya Qawqaz）。除此之后，“伊斯兰国”还成立了“加扎利省（阿尔及利亚）”“西奈半岛省”“费赞省（南部利比亚）”“的黎波里省（西北部利比亚）”“两圣城省（沙特阿拉伯）”“也门省”“呼罗珊省”等。设置这些省份的地域，均有相应的恐怖组织向其效忠。而未宣布成立省份的地域但有恐怖组织向其效忠的包括菲律宾的“哈里发辅士组织”（Ansar al-Khilafah），突尼斯的“哈里发战士”（Jund al-Khilafah），在阿富汗和巴基斯坦活动的“乌兹别克斯坦伊斯兰运动”（Islamic Movement of Uzbekistan）等。[③] 通过高调在伊斯兰世界设立多个省份，该组织在很大程度上塑造了一种异军突起、急速扩张的形象。

“伊斯兰国”表面上的急剧扩张难掩其虚弱之处。众所周知，“伊斯兰国”的主要活动地域和控制的绝大多数领土均位于伊拉克和叙利亚境内。高调宣布接受域外其他恐怖组织的效忠，是“伊斯兰国”与“基地”竞争的一种策略。通过展示自身的力量，“伊斯兰国”试图以此佐证自己才是国际“圣战”运动中的旗手和真正的“哈里发国”，而“基地”则是一种处于衰落过程中的“圣战”力量，行动无力、活动低

① Charles Lister, “Assessing Syria’s Jihad,” p. 104.

② 王晋：《“伊斯兰国”与恐怖主义的变形》，《外交评论》2015年第2期。

③ Daveed Gartenstein-Ros, Jason Fritz, Bridget Moreng and Nathaniel Barr, *Islamic State vs. al-Qaeda: Strategic Dimensions of a Patricidal Conflict*, pp. 25 – 26.

效，无力与之竞争。虽然向“伊斯兰国”宣誓效忠的恐怖组织繁多，但它们主要是出于机会主义的动机才向“伊斯兰国”效忠，希望借助后者的声势实现自身的发展。犹如此前“伊斯兰国”向“基地”效忠一样。如包括尼日利亚“博科圣地”、菲律宾“阿布沙耶夫”等组织与“伊斯兰国”的“合作主要体现在话语上和网络空间中，并未涉及后勤、情报共享、行动或财政等实质性领域”。[①] 这种主要出于机会主义考虑的合作或效忠能维持多久，是一个需要观察的问题。“伊斯兰国”接受机会主义的效忠或合作的另一个表现在于，对在2006—2009年与美国、伊拉克政府合作打击“伊斯兰国”的逊尼派部落，“伊斯兰国”又重新选择与之合作。[②] 来自逊尼派部落的支持虽助长了其崛起，然而，“伊斯兰国”残暴的行事方式很难保证其会得到这些逊尼派部落的真诚支持，而如果丧失这种支持，再加上“伊斯兰国”拒绝与其他恐怖组织合作，一旦攻势受挫，“伊斯兰国”又将陷入遍地是敌的境地，所谓的“哈里发国”终究会因缺乏大众和“同道”的支持而轰然倒塌。

五 结论与讨论

本章主要考察了“基地”与“伊斯兰国”这两个恐怖组织的主要战略实践及其差异。“基地”与“伊斯兰国”追求明显不同的战略目标，前者致力于通过打击以美国为首的“远敌”并希望以此激发普通穆斯林对“远敌”和“叛教者”的抵抗意识，以恢复伊斯兰世界的荣光；而“伊斯兰国”追求的战略目标是建立和巩固“哈里发国”，并扩大自身在国际“圣战”运动中的影响。战略目标的不同，衍生出两个恐怖组织具有明显不同的战略实践。这种差异至少体现在三个方面：其一，对于攻取领土的态度不同。“基地”虽然也期盼控制部分领土，但其更为看重的是为下属组织提供理念和意识形态的指导；而“伊斯兰国”则热衷于攻城略地，企图最大限度地控制和巩固地域；其二，对于

① Noriyuki Katagiri, “ISIL, Insurgent Strategies for Statehood, and the Challenge for Security Studies,” p. 548.

② James Fromson and Steven Simon, “ISIS: The Dubious Paradise of Apocalypse Now,” p. 11.

大众支持的态度不同。“基地”热衷扩大其支持基础，为此主张暂缓实施沙里亚法，谨慎针对“叛教者”实施塔克菲尔原则，而“伊斯兰国”则严苛地贯彻沙里亚法，大规模地实施塔克菲尔原则。其三，对于下属组织和其他“圣战”组织的态度有明显差异。“基地”为减少伤亡，会尽力掩饰下属组织与“基地”领导核心之间的关系，并愿意与其他“圣战”组织甚至温和的政治伊斯兰势力合作，而“伊斯兰国”只愿意接受其他恐怖组织对其效忠，拒绝真正意义上的组织间合作，并对那些拒绝向其宣誓效忠的“圣战”组织展开攻击。

“基地”与“伊斯兰国”在战略实践方面的差异，将导致两个恐怖组织具有不同的发展前景。尽管“伊斯兰国”以其崛起的速度、吸引众多域外激进分子去往其控制地域参战的强大动员能力、开展军事行动的残暴性著称于世，但目前已处于崩溃状态。而当前的“基地”虽然没有控制大面积的领土、缺乏“伊斯兰国”的国际曝光度，但“基地”成员 2015 年初袭击《查理周刊》的行动，显示了“基地”依旧具有一定的行动力，仍然是国际“圣战”运动中的一支重要力量。而且，就长期而言，“基地”似乎具有比“伊斯兰国”更强的存续能力和更好的发展前景。对于“基地”而言，其劣势正是其优势；而对“伊斯兰国”而言，其优势恰恰会成为劣势。“基地”不追求占据大片领土、根据分支机构所处的内外部环境灵活地实施沙里亚法、避免挑起教派冲突等策略，在有助于其赢得普通穆斯林支持的同时能较好地规避“远敌”与“近敌”对其展开的有效攻击，从而为其保存实力奠定了一定的基础。与此相反，“伊斯兰国”占据领土和对“建国”的尝试、不加区分地使用暴力、严格地执行沙里亚法、大规模实施塔克菲尔原则、拒绝与其他恐怖组织建立真正的合作关系、高调接受其他恐怖组织的机会主义效忠等战略实践，为自己树立了众多的敌人，加大了“伊斯兰国”被对手攻击的概率、削弱了普通穆斯林对其认同和支持，这些特征构成了“伊斯兰国”的致命缺陷。只要其对手的打击措施得当，“伊斯兰国”将陷入四面受敌的境地，很难长期持续，而且不排除其治下的民众从内部将其颠覆的可能。

针对“基地”与“伊斯兰国”不同的战略实践，国际社会需要拟定具有差异的应对战略。根据本章的讨论，由于“基地”发展出了分散化的组织结构、不注重领土控制、强调获得大众支持、寻求与其他“圣战”组织的合作、甚至鼓励分支机构的成员参与常规政治进程等特点，这给国际社会对其开展有效打击提出了诸多的挑战。不过，依旧可以找出一些相应的应对措施：第一，“基地”活动具有隐蔽性，国际社会加大情报搜集能力和推进情报合作，从中辨别“基地”与不同政治力量之间的隐秘关系，是打击“基地”及其分支机构的基本前提和首要任务。第二，由于“基地”依赖于分散化的管理，所以是否具有克里斯玛型（charismatic）的领导人物，是影响“基地”行动能力和动员能力的重要条件（如本·拉登死后“基地”的影响力明显下降），故在依靠准确情报的基础上清除其领导人，也是打击“基地”的有效方式。第三，由于“基地”注重大众支持，而贫困、不公正、腐败等问题是导致许多普通穆斯林支持“基地”及其分支机构的原因，故国际社会需要帮助特定国家提高公共服务的提供能力，消除恐怖主义滋生的深层土壤。[①] 第四，“基地”一贯将西方的中东（包括巴以）政策视为导致伊斯兰世界堕落的主要原因，因此将之作为攻击“远敌”的主要理由。尽管西方国家的领导人认为“基地”攻击和憎恨的并非美国等国的中东政策，而是攻击和憎恨西方的文明。[②] 但避免以政权更迭、消除大规模杀伤性武器等为由颠覆中东政权、推动巴以问题的和平解决、避免在反恐问题上实施双重标准，将有助于消除普通穆斯林对西方的怨恨，进而消除“基地”攻击西方的重要理由。国际社会与“基地”斗争多年依旧无法根除该组织的事实说明，在打击“基地”时，希望毕其功于一役是不现实的，而需要做好长期斗争的准备，并为此拟定长期战略。

基于“伊斯兰国”战略实践的特征，在对其打击时，国际社会需要拟定与打击“基地”时不同的战略。一，由于“伊斯兰国”热衷于

---

① Steven Simon and Jeff Martini, “Terrorism: Denying Al Qaeda Its Popular Support,” *The Washington Quarterly*, Vol. 28, No. 1, 2004 - 2005, pp. 131 - 145.

② Max Abrahms, “Al Qaeda's Miscommunication War: The Terrorism Paradox,” pp. 530 - 531. 与之不同，斯蒂芬·M. 沃尔特（Stephen M. Walt）认为，尽管本·拉登有时候批判美国的文化，但他采取的所有行动主要都是出于对于特定政府的特定政策的反对。参见［美］斯蒂芬·M. 沃尔特《驯服美国权力：对美国首要地位的全球回应》，郭盛、王颖译，上海人民出版社2008年版，第64—66页。

攻城略地，将建立与巩固“哈里发国”作为其战略目标，国际社会首先需要针对“伊斯兰国”的“哈里发国”实施针对性的打击，以摧毁其对领土的控制。随着“哈里发国”控制的领土越来越少，“伊斯兰国”的合法性将逐渐丧失，也会使“哈里发国”丧失国际动员能力。夺取“伊斯兰国”的领土，是打击甚至消灭“伊斯兰国”的最有效途径。二，“伊斯兰国”崛起的重要背景和条件是伊拉克内部的政治斗争和叙利亚内战，因此，重建这两个国家的国内秩序，是打击“伊斯兰国”的有效途径。在伊拉克，国际社会需要督促并帮助伊拉克政府修正其倾向什叶派的政策，建立能有效反映逊尼派诉求的联合政府，以消除逊尼派穆斯林对政府政策的怨恨。在叙利亚，需要加紧落实叙利亚内战各方达成的和平协议，加速叙利亚的和平转型，以结束叙利亚国内混乱的局势，尽可能减少“野性区域”的存在，这是摧毁“伊斯兰国”最根本的途径。三，鉴于“伊斯兰国”热衷通过虚拟社交网络传播信息、展示战绩，国际社会需要加强对“伊斯兰国”网络战，以削弱“伊斯兰国”的动员能力。此外，对“伊斯兰国”开展网络战的另一个目的在于：国际社会可以通过分析整理其官方和追随者发布的相关信息，尤其是战况简报，从中提炼出相关军事等方面的情报，以对其实施更为有效的打击提供基础。在这一过程中，情报分析能力的高低是影响打击“伊斯兰国”最为关键的能力。四，由于“伊斯兰国”排斥与其他恐怖组织的合作，而向其效忠的恐怖组织在很大程度上只是出于机会主义的目的才与之合作，因此，分化“伊斯兰国”内部的各种势力，也是削弱“伊斯兰国”的有效方式。对于与之合作的逊尼派部落，亟待伊拉克、叙利亚建立民族团结政府，并提高公共产品的提供能力，必要时实施大赦，这将导致它们在内部撤销对“伊斯兰国”的支持。至于对那些向“伊斯兰国”宣誓效忠的域外组织，则须切断它们之间的沟通和联系渠道，最根本的是在中东削弱甚至消灭“伊斯兰国”。一旦“伊斯兰国”不复存在，这些域外组织的效忠也将不复任何意义。总之，由于与“基地”的组织结构和战略实践有异，所以在打击“伊斯兰国”时，国际社会必须采取与之相对应的战略。唯有如此，才能彻底铲除“伊斯兰国”。

拙作第二部分比较了“基地”与“伊斯兰国”的意识形态和战略

实践，我们能够发现两者在适当性逻辑与后果性逻辑上存在明显的差异和竞争。“基地”为争夺更多穆斯林的支持以对抗实力强大的“远敌”，故其公开叙事和行动战略都围绕这一目的而展开。与此不同，“伊斯兰国”为吸引更多逊尼派穆斯林参与到建设“哈里发国”的事业中来，其公开叙事和行动战略都比“基地”更为激进、残酷。除了在意识形态与战略实践上有明显差异，“基地”与“伊斯兰国”之间的另一个显著不同在于它们的组织结构，“基地”的组织结构具有分散化、扁平化的特征，而上升和全盛时期的“伊斯兰国”，其组织结构具有集中化、科层制的特征。在下一章中，我们将对恐怖组织的结构类型及其影响做具体介绍，至于“伊斯兰国”为何在上升和全盛时期采取与“基地”不同的组织结构，在衰落之后又不得不采取“基地化”的运作方式则是接下来几章需要完成的任务。

第 三 部 分

从“基地”到“伊斯兰国”的演化

第七章　恐怖组织的结构类型及其影响

恐怖主义是一种政治目标导向的非法暴力思想和行为。界定并实现某一社会群体政治变革偏好的需要催生了恐怖主义，并促使其朝着组织化的方向发展，由此产生了或松散或紧密的组织结构。恐怖主义的组织结构可视为一种内嵌于恐怖活动中的复杂系统。[①] 它将实施恐怖活动所需的成员、资源、理念与象征等要素，以一种特定的方式吸纳其中并予以优化组合，通过制造恐怖气氛、威胁使用暴力或直接输出暴力等方式，以达到恫吓、强迫对手进而谋求实现其政治主张的目的。[②] 由此可见，组织结构作为恐怖组织的重要组成部分，在恐怖活动中扮演着至关重要的角色。诚如有学者所指出的，较为完备的组织结构，能够将恐怖主义提升为一种内部分工明确或行动可协调的“武装非国家行为体”（an armed non-state actor），而不只是停留在一种意识形态驱动、共同目标导向的松散运动形式的层次。[③] 因此，组织结构的缺失或健全、具体类型、运作效率等，对恐怖组织的内部运作模式与对外行为均有显著的影响。鉴于此，国内学术界有不少研究成果已注意到组织结构在恐怖活动中的作用，并且对一些恐怖组织的结构特征

---

① 需要指出，本章和下一章所指的恐怖主义的组织结构，实际上是恐怖组织的组织结构。只是恐怖组织的组织结构这一表述显得累赘，故使用恐怖主义的组织结构加以代替。

② 胡联合：《准确把握恐怖主义的基本含义》，《国际政治研究》2006 年第 3 期。

③ Brian A. Jackson, “Groups, Networks, or Movements: A Command-and-Control-Driven Approach to Classifying Terrorist Organizations and Its Application to Al Qaeda,” *Studies in Conflict & Terrorism*, Vol. 29, No. 3, 2006, p. 248.

进行了研究。[①] 不过，大部分成果以描述某一恐怖组织的组织结构为主，尚未对组织结构的形成原因、类型差异、影响等重要问题展开深入的研究。整体而言，在过去十多年国内恐怖主义研究领域，相对基础理论研究、恐怖主义与国际政治的关系等议题，恐怖主义的组织结构受关注程度较低，相关研究基础较为薄弱。[②]

一般而言，组织结构在恐怖活动中发挥的作用大致可归纳为四个方面。首先，组织结构是恐怖组织统筹成员、物资、信息等要素的一种具体方式，体现了恐怖组织各部分的排列顺序、空间位置、聚散状态、互动方式以及各要素之间的相互关系。其次，能否构建并维持一种符合恐怖组织发展理念的组织结构，很大程度上关系到恐怖组织能否将其战略构想、政治想象、意识形态等观念因素成功地转化为行之有效的恐怖活动。换言之，组织结构为恐怖组织推动其战略目标的实现提供了组织支撑。再次，组织结构作为内嵌于恐怖主义中的结构性因素，能够直接或间接地塑造恐怖分子的思维和行为方式。最后，恐怖主义的组织结构是影响恐怖组织发展的一个重要因素。如“9·11”事件后，“基地”不仅在叙事结构、战略实践等方面不断自我革新，而且在组织结构层面做出了重大调整，如已从最初单一的恐怖组织演变为呈同心圆状的、松散的网络式恐怖组织——由内而外依次由“基地”中央、地方分支机构与“圣战主义”盟友构成。[③]“基地”遍及全球的恐怖网络，为其意识形态与恐怖行动持续向全球扩张提供了基础，从而在一定程度上弥补了外部军事打击致使其实力相对下降带来的行动困境。不仅“基地”如此，组织结构对恐怖活动的影响在其他恐怖组织中均有体现。

---

① 国内很多研究成果就某一恐怖组织的组织结构有过或多或少的讨论，如钱雪梅《基地的“进化”：重新审视当代恐怖主义威胁》，《外交评论》2015 年第 1 期；刘乐：《社会网络与“伊斯兰国”的战略动员》，《外交评论》2016 年第 2 期；张家栋、朱道运：《基地组织现状与发展趋势》，《国际观察》2012 年第 5 期；柳思思、肖洋：《论伊斯兰祈祷团的结构及其应对措施》，《东南亚研究》2011 年第 1 期；王逸舟等：《恐怖主义溯源》，社会科学文献出版社 2007 年版，第 34 页；李捷：《南亚极端民族主义与民族分裂主义研究——以斯里兰卡为例》，兰州大学出版社 2014 年版，第 47—58 页。

② 自“9·11”事件发生至 2011 年，国内学术界对恐怖主义研究的主要议题分布，参见潘志平《中国对恐怖主义的研究述评》，《国际政治研究》2011 年第 3 期。

③ 张家栋、朱道运：《基地组织现状与发展趋势》，《国际观察》2012 年第 5 期。

恐怖主义的组织结构可分为等级结构与网络结构两种类型，这也是目前学术界普遍采用的类型划分。不过，为何一些恐怖组织发展出等级结构而另一些恐怖组织形成了网络结构？这两种组织结构之间的差异是什么？组织结构对恐怖活动有哪些影响？这些问题尚未得到有效澄清。不论就组织结构在恐怖活动中发挥的作用而言，还是基于应对当前不容乐观的国际反恐形势的现实考虑，上述问题均值得展开深入分析。澄清上述问题具有一定的理论与现实意义。就理论意义而言，有助于深化对组织结构在恐怖活动中所扮演的角色的认知，进而对理解恐怖组织内部各部分的互动、成员的社会化、决策机制、行为准则等问题有所裨益；就现实意义而言，可为防范恐怖主义组织结构的扩大，并瓦解恐怖主义的组织结构提供一定的政策启发。如在军事打击之下，“伊斯兰国”原本发展出的“类国家”组织结构表现出网络化的趋势。如何有效应对“伊斯兰国”组织结构扁平化带来的安全挑战，是当前国际社会亟待解决的难题。因此，本章将对上述问题进行初步探索，结构安排如下：首先，在区分恐怖组织结构类型的基础上，分析恐怖主义组织结构的形成与演变动因；其次，从指挥—控制程度、内部交流结构、分工与专业化三个方面比较等级结构与网络结构的差异；再次，考察组织结构对恐怖主义的影响。最后是本章的结论与启示。

一　恐怖组织的结构类型及其演变

西方学术界对恐怖主义的组织结构存在不同的类型划分。美国兰德公司著名政策分析师兼国际关系学者约翰·阿尔奎拉（John Arquilla）和戴维·龙费尔特（David Ronfeldt）较早辨识了三种主要的恐怖组织结构类型：链条结构（chain structure）、辐射网络（hub network）和全通道网络（all-channel network）（如图 7－1 所示）。[①] 其中每种类型的结构都具有区别于其他结构的明显特征。如在链条结构中，每个独立的行

① John Arquilla and David Ronfeldt, *Networks and Netwars: The Future of Terror, Crime and Militancy*, California: Rand Corporation, 2001, pp. 7－8.

为体均充当网络链条中的一个"节点",[①] 从其他行为体那里获取信息与行动指令。但囿于结构的线性排列方式，链条结构中的单个行为体难以知晓组织的领导者以及整个组织的行为走向；正因为如此，链条结构中任一个体的流失虽对恐怖活动的后续开展有影响，但不至于导致整个行动计划被弃置。因此，链条结构有助于提高恐怖分子的隐秘程度，进而给反恐工作带来了极大干扰。[②] 与此相反，辐射网络中的信息和命令源自居于网络中心的节点，并从网络中央呈辐射状向与其关联的外围节点次第扩散。与链条结构中行为体的体验感不同，尽管辐射网络中处于外围的节点同样是信息和指令的接受者，但可以清晰感知组织的部分结构乃至整体结构。而全通道网络缺乏一个发号施令的中央权威，且每个行为体均没有能力对其他行为体施加有效控制，因此，在该结构中，信息与资源等要素可沿着节点间的连接渠道相对自由地流动，从而增加了行为体之间的互动频率。

图 7－1 阿尔奎拉和龙费尔特对恐怖组织结构类型的划分

注：原图参见 John Arquilla and David Ronfeldt, *Networks and Netwars: The Future of Terror, Crime and Militancy*, p. 8。

在阿尔奎拉和龙费尔特对恐怖组织结构类型划分的基础上，其他学者提出了不同的划分方式。如根据恐怖组织的集中化（centraliza-

---

① 社会网络分析中所谓的节点，"可以是单个行为体，也可以是群体，如组织或国家"。参见 Emilie Marie Hafner-Burton, Miles Kahler and Alexander H. Montgomery, "Network Analysis for International Relations," *International Organization*, Vol. 63, No. 3, 2009, p. 562。

② Matthew J. Dombroski and Kathleen M. Carley, "NETEST: Estimating a Terrorist Network's Structure-Graduate Student Best Paper Award, CASOS 2002 Conference," *Computational & Mathematical Organization Theory*, Vol. 8, No. 3, 2002, p. 236.

tion）程度，乔舒亚·基尔伯格（Joshua Kilberg）将恐怖组织的结构分为层级结构（bureaucratic structure）、轮辐结构（hub-spoke structure）、全通道结构（all-channel structure）和市场结构（market structure）。其中，轮辐结构与全通道结构分别相当于阿尔奎拉和龙费尔特所谓的辐射网络和全通道网络。在以上四种结构中，层级结构的集中化程度最高，而市场结构的恐怖组织由于既无清晰可辨的领导者和中央控制，也无明确的功能区分，该结构类似于散沙状态。[①] 此外，作为对上述类型划分的补充，邵尔·米沙尔（Shaul Mishal）和毛兹·罗森塔尔（Maoz Rosenthal）提出了一种新结构的恐怖组织类型——"流沙型"（dune type）组织。这类组织"几乎是游移不定的，它们从一块领土转移到另一块领土，对一个地域产生影响后又奔向下一个目标地域"，以制造"地缘政治眩晕"（geopolitical vertigo）。[②] 频繁变换根据地，有助于此类恐怖组织通过介入地方冲突，与本土化极端组织建立一定程度的联系，进而将其影响力拓展到世界各地。因此，流沙型恐怖组织往往能够将地方极端组织发展为与其存在松散联系的分支机构，并互成掎角之势。

需要指出的是，上述分类存在一些不足之处。如链条结构既可能是一个小型恐怖组织的整体框架，也可能作为较大规模恐怖组织的一部分而存在。此外，市场结构名义上称为一种结构，但严格来说，由于此类行为体各部分的联系较弱，由此导致它们并不是一个相互作用的整体，因此尚不具备组织要素，更遑论具备组织结构类型。而根据恐怖组织统筹自身要素的不同方式，大部分学者在分析时通常做二分法处理，即将恐怖主义的组织结构分为等级结构与网络结构两种类型。其中，等级结构的形式相对单一，特征较为明显（如图 7 - 2 所示）。在一个采用等级结构的恐怖组织中，各职能部门间的界限、权力分配、反馈机制、决策程序与行动方式等均有明确界定。此外，为组织提供政治和意识形态指导的领导层，同时能够对下属的功能单位施加持续

---

① Joshua Kilberg, "A Basic Model Explaining Terrorist Group Organizational Structure," *Studies in Conflict & Terrorism*, Vol. 35, No. 11, 2012, pp. 813 - 814.

② Shaul Mishal and Maoz Rosenthal, "Al Qaeda as a Dune Organization: Toward a Typology of Islamic Terrorist Organizations," *Studies in Conflict & Terrorism*, Vol. 28, No. 4, 2005, pp. 282 - 283.

有效的管控。[①] 鉴于此，世界上有不少恐怖组织采用等级制结构，其中影响较大的有兴起于20世纪60年代末的意大利左翼恐怖组织“红色旅”、20世纪70年代之前的斯里兰卡泰米尔反政府武装组织“猛虎组织”“伊斯兰国”等。

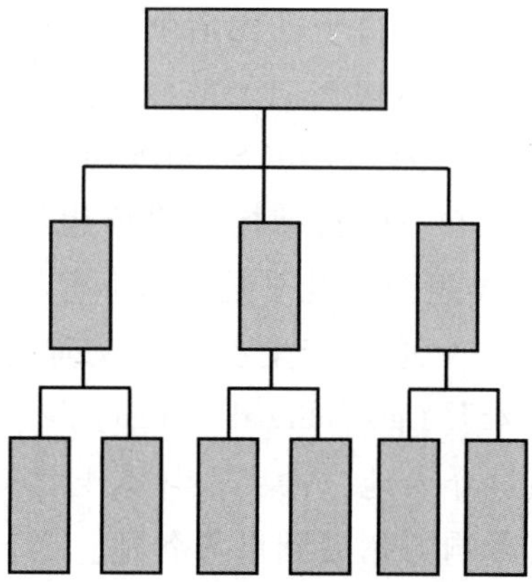

图7-2 等级结构的一般形式

注：原图参见 Brian A. Jackson, “Groups, Networks, or Movements: A Command-and-Control-Driven Approach to Classifying Terrorist Organizations and Its Application to Al Qaeda,” p. 247。

与等级结构相对的是网络结构。采用网络结构的恐怖组织类似于拉塞尔·柯蒂斯（Russell L. Curtis）和路易斯·泽克（Louis A. Zurcher）所谓的“多组织场域”（the multi-organization field），即与“一个焦点组织（focal organization）可能发生关联的所有组织的总和”。[②] 如尼日利亚极端组织“博科圣地”，虽然初期具有自上而下的指挥体系，但由于“组织结构和指挥体系比较混乱”，更近似于“无明显指挥、分散的、

① Walter Powell, “Neither Market nor Hierarchy,” in Michael J. Handel, ed., *The Sociology of Organizations: Classic, Contemporary, and Critical Readings*, Thousand Oaks: SAGE Pulications, 2003, p. 303.

② Russell L. Curtis and Louis A. Zurcher, “Stable Resources of Protest Movements Multi-Organization Field,” *Social Forces*, Vol. 52, No. 1, 1973, pp. 53-55; John H. Evans, “Multi-organizational Fields and Social Movement Organization Frame Content: The Religious Pro-Choice Movement,” *Sociological Inquiry*, Vol. 67, No. 4, 1997, p. 1.

细胞式”的网络结构恐怖组织。[①] 由于恐怖组织各部分之间的联系是社会网络分析方法应用的理想场域，因此运用社会网络理论研究恐怖组织的“黑暗网络”（“dark” networks），自“9·11”事件后在西方学术界逐渐成为一股新的学术潮流，并成为研究该问题的主导视角。[②] 该视角将恐怖网络视为一种持续的互动模式，主要关注网络联系中节点间联系（ties）的强弱、节点间的互动与物质交换，并致力于解释特定网络关系的形成原因及其中的运作机制。[③]

当然，仅将恐怖主义的组织结构分为等级结构与网络结构存在过度简化之嫌，会导致忽视这两种结构外的其他结构形式。某一恐怖组织的结构可能同时包含等级结构和网络结构的部分特征，如“基地”具有等级结构的特征，而“基地”中央与其分支机构、“基地”与其他恐怖组织的关系则近似于网络结构。为了澄清这一点，布莱恩·杰克逊（Brian A. Jackson）根据组织结构指挥—控制程度依次递减的模式，将恐怖组织分为紧密耦合团体（tightly coupled group）、耦合网络（coupled network）与松散耦合运动（loosely coupled movement），以此展现恐怖主义组织结构从等级到网络进而到运动的演变过程。[④] 由此可见，等级结构与网络结构只是恐怖主义组织结构的两种理想形态，两者分别处于等级—网络连续谱中的两端。不过，作为理想化的组织结构类型，即便不能涵盖所有实际的恐怖组织结构类型，但在理论分析上仍具有可行性。通过对恐怖主义组织结构理想类型的分析，可为理解恐怖组织的内部运作方式提供一定帮助。因此，下文在分析影响恐怖主义组织结构的形成与发展因素及组织结构对恐怖组织发展的影响时，仍遵循目前学术界普

---

① 李希若：《尼日利亚恐怖组织博科圣地》，《国际研究参考》2014 年第 1 期。

② Valdis E. Krebs, “Mapping Networks of Terrorist Cells,” *Connections*, Vol. 24, No. 3, 2002, pp. 43 – 52; Steven J. Bramsa, Hande Mutlua and Shawn Ling Ramirezb, “Influence in Terrorist Networks: From Undirected to Directed Graphs,” *Studies in Conflict & Terrorism*, Vol. 29, No. 7, 2006, pp. 703 – 718; Walter Enders and Su Xuejuan, “Rational Terrorists and Optimal Network Structure,” *Journal of Conflict Resolution*, Vol. 51, No. 1, 2007, pp. 33 – 57.

③ Stephen P. Borgatti, et al., “Network Analysis in the Social Sciences,” *Science*, Vol. 323, No. 5916, 2009, pp. 893 – 895；曹德军、陈金丽：《国际政治的关系网络理论：一项新的分析框架》，《欧洲研究》2011 年第 4 期。

④ Brian A. Jackson, “Groups, Networks, or Movements: A Command-and-Control-Driven Approach to Classifying Terrorist Organizations and Its Application to Al Qaeda,” pp. 246 – 249.

遍采用的类型划分方式。

就恐怖组织的活动能力而言，等级结构与网络结构的恐怖组织各有优劣。一般而言，采用等级结构的恐怖组织，内部成员的社会认同、各功能单位之间的界限以及行为体的选择相对稳固和连贯。组织的权力结构往往受克里斯玛型的最高领导人主导。不过，受等级思维模式的限制，恐怖组织中成员间的非正式联系会受到各自所属职能部门的制约。因此，等级制恐怖组织容易忽视行为体之间正式和非正式联系产生的实际或潜在影响。如“爱尔兰共和军”就产生了这一问题。在行动过程中，“由于大多数成员无法直接接触领导层，他们并不总能验证命令的真实性，或向领导层反馈信息。因而领导层中的一个或几个头目及其下属很容易分裂，创建新派别”。[①] 此外，采用等级结构的恐怖组织也容易忽视日常社会关系中行为体间的互动，这种互动过程可能塑造行为体的认同、态度乃至影响其行为。[②] 而网络结构相对等级结构而言，显著的优势在于行动的灵活性以及对环境的适应能力较强。这是因为，在网络结构中，恐怖分子的地域分布比较分散，客观上增强了他们规避侦察和军事打击的能力。不过，网络结构的恐怖组织同样存在自身难以克服的问题，主要表现为组织凝聚力不强、信息传达不及时以及各单位之间往往在议程设置等问题上产生争议。不仅如此，统一行动对于采用网络结构的恐怖组织而言，通常意味要付出更多的协调努力。

那么为何一些恐怖组织发展出网络结构而另一些恐怖组织则形成了等级结构？实际上，影响恐怖主义组织结构形成与发展的因素颇多，包括组织的战略目标、组织规模、领导人的组织技能、组织所处的环境等。这些因素大体可归纳为外部因素和内部因素两类。[③] 外部因素特别是国家政治结构，构成恐怖主义组织结构形成与发展的“政治机会结

① ［美］哈利·亨德森：《全球恐怖主义——完全参考指南》，贾伟等译，中国社会科学出版社2003年版，第19页。

② Shaul Mishal and Maoz Rosenthal, “Al Qaeda as a Dune Organization: Toward a Typology of Islamic Terrorist Organizations,” pp. 277－278.

③ Joshua Kilberg, “A Basic Model Explaining Terrorist Group Organizational Structure,” pp. 814－817.

构”，包括国家的反恐压力、政体的开放性及政权的稳定性等。

首先，恐怖主义的组织结构受到反恐压力的影响，并随反恐压力的消长而发生相应的变化。一国的反恐压力与该国在反恐领域的资源投入密切相关，而经济发展水平的高低则在很大程度上制约一国投入反恐领域的财政资源。一国或国际反恐压力的增强，会侵蚀恐怖组织的稳定性和有效性，进而导致恐怖组织形成有限的动员网络和以所在地为基础的动员模式。[①] 在此情况下，恐怖组织在结构上易于向去中心化的方向演变；倘若恐怖组织面临的反恐压力变小，其领导层往往选择采用等级结构，以增强对整个组织的控制程度。

其次，恐怖主义的组织结构是在不断适应所在国政体的基础上逐渐形成的。国家政体的封闭性或处在封闭体制与开放体制中间地带的国家，不仅促使恐怖主义更加极端，而且随着不满者数量的增多，恐怖组织往往采用层级式的组织结构进行招募并管控成员。

最后，恐怖主义的组织结构受到政权连续性与稳定性的影响。政权缺乏稳定性的国家，客观上为恐怖组织的发展、壮大创造了较为宽松的成长环境，尤其是在政府社会控制能力有限的地域，恐怖组织往往会借机扩大招募规模，以图构建层级分明且能有效施加控制的组织结构。这也是“失败国家”或政治局势动荡的国家容易滋生恐怖主义的重要原因。相反，在政府社会控制力较强的国家，为防范与逃避打击，恐怖组织一般会选择减少组织各部分之间的联系，或降低各单位之间的联系程度，进而倾向于构建分散的网络结构形式。

就内部因素而言，议程涵盖范围、对领土有无明确诉求、目标选择等均会影响恐怖主义组织结构的形成与发展。第一，根据恐怖组织自身的目标诉求及议程涵盖的范围，恐怖组织的战略目标范围可分为国内、地区与全球三个层级。一般情况下，政治极端型与政策歧见型恐怖组织倾向于将本国政府设定为攻击对象，而民族主义与宗教极端型恐怖组织的活动范围往往超出一国的地理边界，渗透到地区乃至全球范围。相比

---

① 黄冬娅：《国家如何塑造抗争政治——关于社会抗争中国家角色的研究评述》，《社会学研究》2011 年第 2 期。

之下，“国内恐怖组织”[①] 由于诉求较为集中、攻击对象比较明确，因此更多采用等级结构。而跨国恐怖主义由于地域涵盖范围的广泛性，领导层对组织各部分施加控制的能力受到一定限制，因此它们的组织结构往往呈现网络化特征，如“动物解放阵线”（Animal Liberation Front）及其姊妹组织“地球解放阵线”（Earth Liberation Front）。前者旨在采取一切自认为合理的预防措施以避免伤害动物，后者通过采取直接行动对企业造成经济损失，以迫使其停止破坏环境的行为。由于议程涵盖领域涉及全球性问题，两者均衍生为一个遍及北美洲、南美洲、大部分欧洲国家的跨国恐怖组织，在组织结构上均未形成等级结构。

第二，有无明确的领土诉求是影响恐怖组织结构的一个重要因素。如“基地”组织辗转他国的经历以及基于对“远敌”力量未遭到严重削弱之前建立“哈里发国”的努力终将徒劳无功的判断，导致“基地”并不热衷寻求占有和控制领土以践行建立“哈里发国”的计划。由于不看重且实际上也未能有效占领和控制一定领土，“基地”发展出地方化、分散化的组织结构。与“基地”不同，“要树立起其在支持者眼中的权威，控制领土是‘伊斯兰国’必须满足的一种实质性条件”，[②] 为此“伊斯兰国”不遗余力地构建并完善复杂的等级制组织结构，并将通过征服所得的领土冠以“省”级行政单位使之受“伊斯兰国”直接领导，以增强对它们的控制力。此外，决心结束外来占领的“哈马斯”，同样被欧美等西方国家视为一个具备等级结构的恐怖组织。[③] 当然，有无明确领土诉求固然是影响恐怖组织采用不同组织结构的重要因素，不过即使没有领土诉求，只要恐怖组织拥有较为安全的庇护所，它们仍可谋求建立等级结构。倘若无法获取一定的领土或缺乏稳定的安全

---

① 王伟光将恐怖主义分为“国内恐怖主义”和“全球恐怖主义”，前者指“恐怖主义的动因、行为体、行动、影响等仅限于一国国内”，后者指“恐怖主义的动因、行为体、行动与影响等在全球范围展开”。参见王伟光《恐怖主义·国家安全与反恐战略》，时事出版社 2011 年版，第 66 页。

② Graeme Wood, “What ISIS Really Wants,” *The Atlantic*, March 2015, http://www.theatlantic.com/features/archive/2015/02/what-is-really-wants/384980/.

③ 需要强调的是，对于“哈马斯”，伊朗、俄罗斯、土耳其和多数阿拉伯国家等并没有将之视为恐怖组织，而是承认其抵抗组织的身份。但就“哈马斯”作为“武装非国家行为体”而言，其组织结构的形成同样受到领土因素的影响。

条件，恐怖组织往往在组织层面采取去中心化措施之前着手减少组织各部分间的联系。如“爱尔兰共和军”早在20世纪70年代就削弱了组织各部分的联系，但直到90年代，随着政治环境的变化与协调军事行动屡屡受挫后，该组织才明确确立了去中心化的组织方式。①

第三，恐怖组织的目标选择影响其组织结构。鉴于采取等级结构的恐怖组织决策效率相对较高，而且命令执行较为迅速，那些将政治、军事等硬目标作为主要攻击对象的恐怖组织，更倾向于采取等级化组织结构。② 而对于目标选择相对温和的恐怖组织往往采用网络结构。近些年，国际恐怖分子针对软目标的恐怖袭击数量呈上升趋势。所谓软目标，是“指那些通常缺乏适当安全保护或者难以防护的设施和资源”，包括购物中心、酒店、公共汽车站、火车站以及餐馆和宗教场所等。③ 2016年3月比利时首都布鲁塞尔的扎芬特姆机场和地铁站遭遇的系列恐怖袭击事件就属于此类恐怖活动。软目标之所以容易成为恐怖分子的攻击对象，除了这些地方安保措施相对薄弱、恐怖组织追求轰动效应和寻求在民众中造成心理冲击等原因外，也反映了近年国际恐怖势力实力下降的趋势。④

除受到上述因素的影响外，其他因素包括恐怖组织接受资助的来源、大众支持基础、组织领导层对核心成员的信任程度等，对恐怖主义的组织结构也有不同程度的影响。不过需要指出的是，上文就影响恐怖主义组织结构形成与发展的主要内外因素进行了归纳，而对于某一特定恐怖主义组织结构的形成原因，则需在结合以上各要素的基础上予以综合分析。

二　恐怖主义组织结构的差异

根据组织行为学的相关研究，不同组织结构的差异表现在多个方

① Jacob Shapiro, “Organizing Terror: Hierarchy and Networks in Covert Organizations,” Paper presented at the annual meeting of the American Political Science Association, 2005, pp. 20 – 21.

② Joshua Kilberg, “A Basic Model Explaining Terrorist Group Organizational Structure,” p. 817.

③ 朱素梅：《恐怖主义加强“软目标”袭击现象评析》，《现代国际关系》2014年第4期。

④ 同上。

面。不过，在众多要素当中，劳动分工、部门化、指挥链、控制跨度、集权与分权和正规化六种因素是特定行为体建立组织结构的过程中必须予以着重考虑的因素。具体而言：（1）劳动分工用以描述组织任务与人员岗位的划分程度。（2）部门化是指在劳动分工的基础上对相同或相似的岗位进行组合。依据不同的划分标准，可分为职能型部门、事业型部门和地区型部门等。（3）指挥链是一条从组织最高层贯穿到最底层、明确规定谁向谁汇报工作的不间断的职权线。（4）控制跨度在很大程度上决定了一个组织要设置的层级与管理者数量。（5）集权与分权反映了组织的权力分配状况。（6）正规化指组织中工作的标准化程度。① 有学者在此基础上将不同组织结构的绩效差异主要归纳为四种类型：职能结构、层次结构、部门结构和职权结构。② 就恐怖主义的等级结构与网络结构而言，它们的差异在以上几个方面均有一定程度的体现，这对我们分析恐怖主义不同类型组织结构的差异具有一定启发。

不过，在这六种要素中，一些要素之间存在密切的联系。为了分析上的便利，可将它们予以适当归类。其一，指挥链的强弱与控制跨度很大程度上决定了组织的权力分布是集权还是分权。换言之，权力分布状况是指挥链和控制跨度共同作用的结果，而这三个要素共同决定了组织的指挥—控制能力。因此，指挥链、控制跨度与权力分布三要素共同构成了一个组织的指挥—控制程度。其二，劳动分工、部门化与标准化可归为组织的分工与专业化。这是因为，劳动分工是部门化的前提，部门化则是劳动分工的结果，而正规化则体现了劳动分工与部门化的水平。在此基础上，组织结构的差异可分为指挥—控制程度及分工与专业化的差异。此外，组织结构实际上也是一种内部交流结构。一些组织依照传统的以效率为中心的组织设计，强调纵向的沟通与控制，另一些组织采用了学习型组织设计，强调横向的沟通与协调。③ 在恐怖主义中，作为

① ［美］斯蒂芬·P. 罗宾斯、蒂莫西·A. 贾奇：《组织行为学》，孙健敏等译，中国人民大学出版社 2012 年版，第 418—423 页。

② 陈春花、杨忠、曹洲涛：《组织行为学》，机械工业出版社 2013 年版，第 266—270 页。

③ ［美］理查德·L. 达夫特：《组织理论与设计》，王凤彬、张秀萍等译，清华大学出版社 2014 年版，第 104—105 页。

交流媒介的组织结构同样发挥不可忽视的作用。鉴于此，本章将结合恐怖主义的特征与组织行为学的相关研究，从指挥—控制程度、内部交流结构、分工与专业化三个方面分析恐怖主义等级结构与网络结构的差异及表现。

第一，指挥—控制程度的差异。恐怖组织内部各功能单位之间的联系渠道为领导层对整个组织施加指挥—控制提供可能。具体而言，核心领导层对恐怖组织的控制与塑造自上而下表现在战略（strategic）、行动（operational）与策略（tactical）三个层级。战略控制是最高层级的控制，恐怖组织领导层需要清晰界定与传达组织的战略意图，且有足够的能力与手段防止组织及其成员的行为偏离既定的战略路线。为了有效实现组织战略目标，恐怖组织还需在具体的行动和策略两个较低层次进行管控。前者指“在追求组织战略目标时，控制或影响组织活动和行为的能力”，如策划、准许、执行与监督重要恐怖袭击；而后者表现为“控制或影响成员或组织构成部分日常活动的能力”，包括为恐怖活动提供必要的后勤、信息和技术等方面的支持。[①] 因此，在很大程度上，恐怖组织的指挥—控制在操作层面主要体现为对资源与行动的控制。对于任何恐怖组织而言，资源是开展冲突的必要物质准备。[②] 以资源中的信息资源为例，尽管一些恐怖组织具备较强的互联网运作与风险规避能力，但在面临反恐压力的形势下，恐怖组织各部分及时有效地传递信息仍然面临一定的困难，它们有理由担心信息被拦截与破译等带来的消极后果。此外，其他一些资源如武器、资金等，对于恐怖活动的开展和确保行动成功同样至关重要，但由于各种条件限制，获取这些资源通常意味需要付出诸多努力，甚至需要通过激烈的战斗。因此，对资源的管控程度很大程度上反映了恐怖组织的指挥—控制能力。

指挥—控制能力的不同往往体现了不同恐怖组织在结构上的差异。在以下情况下，恐怖主义的组织结构可视为一个等级结构：其一，核心领导层直接控制资源，委派代表控制行动。与此同时，组织领导层具备

---

① Brian A. Jackson, “Groups, Networks, or Movements: A Command-and-Control-Driven Approach to Classifying Terrorist Organizations and Its Application to Al Qaeda,” p. 244.

② John D. McCarthy and Mayer N. Zald, “Resource Mobilization and Social Movements: A Partial Theory,” *American Journal of Sociology*, Vol. 82, No. 6, 1977, p. 1216.

监督行为实施过程的可靠能力。其二，核心领导层直接控制行动，委托代理人对具体行动所需资源的流向和规模进行调控。在此情形下，领导层尽管采用间接控制的方式，但他们有能力防止内部产生“小团体”并平息“小团体”的叛乱。总之，采用等级结构的恐怖组织，不论是采用直接控制还是间接控制的方式，领导层均有能力控制组织的资源和行为。与此相反，如果恐怖组织的领导层只能对资源和行为中的一种要素施加有效控制且缺乏监督行为或防止叛乱发生的能力，或者领导层仅扮演了意识形态提供者的角色而要求组织内部的行为体自筹资源以及相互协调行动，那么该恐怖组织的结构更接近于一种相互连接的网络结构。① 由于网络结构未形成正式的、制度化的控制链条，因此在采用网络结构的恐怖组织中，权力的分配是不均等与分散的。

第二，内部交流结构的差异。组织结构除了是一种指挥—控制渠道外，事实上也充当恐怖组织的信息交流渠道。这里所谓的信息，应被广义地理解为包括数据、资讯、知识、图像、符号等各种形式的象征资源。② 根据信息的来源和流向，恐怖组织的内部交流结构存在自上而下的垂直交流结构和自由流动的水平交流结构两种主要类型，前者多见于等级结构中，而后者往往被视为网络结构的主要特征之一。③ 承担交流渠道的组织结构扮演包括舆论宣传、人员招募、资金筹集等在内的多重角色。就主要功能而言，其一，交流是恐怖组织的意识形态等理念系统得以社会化的机制。④ 为了将恐怖组织构建的学说体系、意识形态、战略构想等信息传递给成员，恐怖组织遵循无须专注于后果的“适当性逻辑”，该逻辑“详细说明了行为模式并为单个行为提供辩护”。适当性行为在认知上“是对特定自我概念至关重要的行为”，在道德上则是

① Jacob Shapiro, “Organizing Terror: Hierarchy and Networks in Covert Organizations,” p. 15.

② Peter R. Monge and Noshir S. Contractor, “Theories of Communication Networks,” in Fredric M. Jablin and Linda L. Putnam, eds., *The New Handbook of* Organizational *Communication*, Thousand Oask: Sage, 2001, p. 1.

③ Shaul Mishal and Maoz Rosenthal, “Al Qaeda as a Dune Organization: Toward a Typology of Islamic Terrorist Organizations,” p. 283.

④ Cynthia Stohl and Michael Stohl, “Networks of Terror: Theoretical Assumptions and Pragmatic Consequences,” *Communication Theory*, Vol. 17, No. 2, 2007, p. 99.

“合乎伦理的行为”。[①] 遵循“适当性逻辑”，恐怖组织通过构建具有吸引力或能产生共鸣的话语体系，以塑造自身行动与所追求政治目标的“正当性”和“合法性”，进而帮助恐怖分子在实施暴恐活动时克服可能遭遇的道德、伦理、法律、心理、情感等方面的障碍。[②] 如“伊斯兰国”大肆挪用并根据需要解读伊斯兰教中有关天启和末日决战等论述以吸引追随者。[③]

其二，充当恐怖组织的激励系统（the incentive system）。[④] 为了引导成员全身心投入恐怖主义事业之中，恐怖组织通过具有吸引力的方式，为其成员或潜在支持者描绘并许诺各种形式的激励。如“基地”鼓吹“殉道者永居乐园”，甚至诱以“殉道者”在天堂可享受“72 位美目的处女”之类的话语。[⑤] 彼得·克拉克（Peter B. Clark）和詹姆斯·威尔逊（James Q. Wilson）区分一个组织可为其成员提供的三种主要激励类型：物质激励（material incentives）、团结激励（solidary incentives）和目标激励（purposive incentives）。[⑥] 物质激励主要指恐怖组织给予恐怖分子一些有形的物质回报，包括支付金钱、提供住所、馈赠贵重物品等。如参加“伊斯兰国”的“外籍战士”及其家属，享有“伊斯兰国”免费提供的住房、医疗、宗教教育等公共服务。团结激励则是一种无形的精神激励，不仅能满足恐怖分子的人际交往需求，而且能使恐怖分子获得组织内其他成员对自己成员身份的认同，并由此使其获得归属感、尊重感与荣誉感等。如在巴勒斯坦，执行针对以色列目标的自杀

---

① ［美］詹姆斯·G. 马奇、约翰·奥尔森：《国际政治秩序的制度动力》，秦亚青等译，载［美］彼得·卡赞斯坦、罗伯特·基欧汉、斯蒂芬·克拉斯纳编《世界政治理论的探索与争鸣》，上海人民出版社 2006 年版，第 369 页。

② Bert Klandermans and Dirk Oegema, “Potentials, Networks, Motivations, and Barriers: Steps towards Participation in Social Movements,” *American Sociological Review*, Vol. 52, No. 4, 1987, p. 520.

③ William McCants, *The ISIS Apocalypse: The History, Strategy, and Doomsday Vision of the Islamic State*, New York: St. Martin's Press, 2015.

④ 关于抗争政治团体中的激励因素研究的概况，请参考刘诗林《社会运动参与的激励因素研究综述》，《国外社会科学》2011 年第 1 期。

⑤ David A. Snow and Scott C. Byrd, “Ideology, Framing Processes, and Islamic Terrorist Movements,” *Mobilization: A International Quarterly Review*, Vol. 12, No. 1, 2007, p. 129.

⑥ Peter B. Clark and James Q. Wilson, “Incentive Systems: A Theory of Organizations,” *Administrative Science Quarterly*, Vol. 6, No. 2, 1961, pp. 134 – 136.

性袭击者在殉道后将获得至高的荣誉，围绕殉道巴勒斯坦甚至产生了完整的仪式文化。[①] 此外，恐怖组织内的个体也受到为共同事业奋斗热情的鼓舞。不论恐怖组织提供的激励手段如何，均可通过对其成员实行“外部激励”与“内部激励”以实现组织目标。[②] 而这些激励承诺一般通过恐怖主义的组织结构渠道得以实现。

其三，内部交流结构是恐怖组织学习与创新的渠道。恐怖组织的成员一般通过“传染”（contagion）与“扩散”（diffusion）机制进行学习。[③] 在等级结构中，除了暴恐视频、官方杂志、互联网等学习资源外，分散在不同地域的训练营是恐怖分子集中接受“技能培训”与意识形态灌输的“学校”。恐怖组织设有专门的职能部门和配置专业人员提供较为系统的服务。采用网络结构的恐怖组织同样重视通过增加训练营的数量和提高训练质量以增强恐怖分子的学习能力，不过，在采取网络结构的恐怖组织中，由于单个行为体较少受到严格的管控以及各单位间虚弱的联系能较好地释放个体的创造力，因此，在网络结构的恐怖组织中，恐怖分子的学习形式主要不是训练营式的集中学习模式，而是一种“合法的边缘性参与模式”（legitimate peripheral participation model）。[④] “合法的边缘性参与”是情境学习理论的核心概念和基本特征，根据该概念的内涵，在采用网络结构的恐怖组织中，恐怖分子的学习更多的是一种社会过程，即组织内的新成员在共同工作的情境中，通过与同伴的互动，借此不仅可以逐渐获得团体对其组织成员身份的认可，而且将习得谋划与实施恐怖活动的相关技能。[⑤]

第三，分工与专业化的差异。分工与专业化主要用来衡量恐怖主

---

① ［英］阿卜杜拉·巴里·阿旺：《基地秘史》，林达丰译，北京大学出版社 2013 年版，第 82 页。

② “外在激励是代理人为了名利（如金钱、地位和名誉等）而工作；内在激励是代理人受荣誉感、责任感和使命感等因素的驱动而工作。”参见黄再胜《公共部门组织激励理论探析》，《外国经济与管理》2005 年第 1 期。

③ Paul Gill1, John Horgan, Samuel T. Hunter and Lily D. Cushenbery, “Malevolent Creativity in Terrorist Organizations,” *The Journal of Creative Behavior*, Vol. 47, No. 2, 2013, p. 125.

④ Jean Lave and Etienne Wenger, *Situated Learning: Legitimate Peripheral Participation*, Cambridge: Cambridge University Press, 1991.

⑤ Calvert Jones, “Al-Qaeda's Innovative Improvisers: Learning in a Diffuse Transnational Network,” *Cambridge Review of International Affairs*, Vol. 19, No. 4, 2006, pp. 562 – 563.

义组织结构的内部职责分配状况与劳动分工的程度和水平。[①] 首先就恐怖组织的分工而言，如果恐怖组织内的每个功能单位只对恐怖活动整体计划的一部分负责，而不是参与所有重要环节，则表明恐怖组织内存在职责划分与劳动分工。如在东南亚地区有巨大影响的激进武装组织“伊斯兰祈祷团”（Jemaah Islamiyah），根据不同地域负责不同的组织分工与职责，将整个东南亚地区划分为四个不同的活动区域，即所谓的“曼提齐”（Mantiqi，即地域分区），它们分别为“伊斯兰祈祷团”提供各不相同但又相互补充的支持。而四大曼提齐又进一步细分为几十个“瓦卡拉”（Wakalahs，即下层分支机构）。就这四个曼提齐的功能区分来看，第一曼提齐包括新加坡与马来西亚，主要为“伊斯兰祈祷团”的行动提供财力支持；第二曼提齐主要管辖印度尼西亚，这一区域是冲突爆发区域，也是“伊斯兰祈祷团”开展“圣战”的重点行动区域；第三曼提齐包括苏拉威西岛、菲律宾与文莱，这一区域是“伊斯兰祈祷团”的集中训练营；第四曼提齐主要指澳大利亚，它是“伊斯兰祈祷团”的行动拓展区。[②] 2005 年以后，“伊斯兰祈祷团”之所以能在较短时期内重整旗鼓，很大程度上与其分工明确的组织结构有关。

不过，组织结构内部的劳动分工并不必然会给恐怖组织带来收益。因为分工还受到恐怖组织内部分工的专业化程度的制约，具体包括成员掌握并应用恐怖活动相关知识与技能的熟练程度、各部门之间的协作水平、组织内成员之间的关系类型等因素。实际上，任何恐怖组织中均存在或高或低，或明确或隐含的分工，有的体现在思想观念上，而有些则体现在实践操作层面。网络结构的恐怖组织中当然也存在分工与协作。像“基地”这样去中心化的恐怖组织，若想成功地实施复杂的行动计划，无疑也需要单个行为体“各得其所、各司其职”。整体而言，等级结构恐怖组织的分工与专业化程度和水平相对较高。不过，在采用网络结构的恐怖组织中，劳动分工更多地体现为一种策略性存在而非一种稳

---

① Derek Salman Pugh, et al., “Dimensions of Organization Structure,” *Administrative Science Quarterly*, Vol. 13, No. 1, 1968, pp. 72 – 73.

② 柳思思、肖洋：《论伊斯兰祈祷团的结构及其应对措施》，《东南亚研究》2011 年第 1 期。

定的结构特征。如当网络结构恐怖组织中的不同行为体为开展恐怖活动进行协调时，进行合理的任务分配与责任划分不仅可行而且必要。但这只存在于具体的行动中，并非网络结构的内在特征。[①] 整体来看，在“9·11”事件之后经历了一段低谷，国际恐怖主义正在逐步向技术性和专业化的方向发展。[②]

表7-1 恐怖主义组织结构差异的三个主要维度

组织结构类型	指挥—控制程度	内部交流结构	分工与专业化
等级结构	高	垂直	高
网络结构	低	水平	低

由此可见，在指挥—控制程度、内部交流结构以及分工与专业化三个维度，恐怖主义的等级结构与网络结构均存在显著的差异（如表7-1所示）。不过，这并不意味恐怖主义的等级结构与网络结构间的差异仅表现在这些方面。但上述三个维度至少为比较恐怖主义不同组织结构的异同提供了一种可参考的框架。

三 组织结构对恐怖主义的影响

为了保证恐怖组织自身的存续及行动的有效性，恐怖主义的组织结构在满足恐怖组织的功能的基础上，自然也会对恐怖主义的发展产生影响。根据著名社会学家塔尔科特·帕森斯（Talcott Parsons）的研究，一个系统为了维持自身的存续发展，除调动资源和引导社会成员以实现组织目标外，还需具备适应、整合与维系潜在模式的功能。[③] 恐怖组织作为社会系统内的一个子系统，在追求政治目标的过程中，和其他社会系统类似，具有明显的适应外部环境、整合组织各部分资源及构建潜在维

① Jacob Shapiro, “Organizing Terror: Hierarchy and Networks in Covert Organizations,” p. 15.

② 欧朝敏、谭跃进：《九一一事件后国际恐怖主义活动的发展动态》，《世界经济与政治》2011年第12期。

③ 何健：《帕森斯社会理论的时间维度》，《社会学研究》2015年第2期；佟庆才：《帕森斯及其社会行动理论》，《国外社会科学》1980年第10期。

系模式的基本需求。具体而言，恐怖组织的适应功能旨在确保其从环境中获得系统所需要的资源，并在系统内加以合理分配；整合功能要求系统各部分协调为一个起作用的整体；潜在模式维系，即维持恐怖组织共同价值观的基本模式，并使其在系统内保持制度化。组织结构是恐怖组织顺利实现基本功能的必要保障，它能够使恐怖组织成为一个相互作用的有机系统，为恐怖组织追求实现其他方面的目标奠定基础。因此，恐怖主义的组织结构也必须适应恐怖组织的功能及其变化，并在此过程中影响恐怖主义的发展。

第一，组织结构对恐怖主义组织能力与行为能力的影响。恐怖组织所处的环境是其与外部世界进行物质交换的主要场所，同时也是机会与约束、需求与威胁的来源。恐怖组织从其所处的环境中汲取各类资源，以提升自身的组织与行动能力。前者要求恐怖组织成为一个组织意义上的政治—军事实体，以维持自身的存续发展，而后者则需保证恐怖组织具备持续发动一系列恐怖袭击的行动能力。[①] 一般而言，构成恐怖组织能力的要素主要包括意识形态、领导层、招募规模和对外宣传等，而可供恐怖组织作为行动工具利用的要素包括武器、资金、空间、训练、情报、技能等（如表7-2所示）。为此，恐怖组织通过采用符合其战略意图的组织结构，对组织各要素进行合理的划分和部署，以在维持组织续存的基础上实现特定的政治偏好。不过，由于受到各方面条件的制约，在一定时期内恐怖组织并不总能在这两方面投入大体相当的资源，进而在组织能力和行动能力之间维持一种均衡状态。鉴于在实现组织目标的过程中经常面临来自本国政府和国际社会的现实威胁，因此，恐怖组织往往需要在维持自我持存与行动效率之间进行权衡。[②] 为提高组织结构的灵活性和抵御打击的能力，恐怖组织需要或在既有组织框架内对各要素进行重新规划与分配，或调整原来的组织结构以适应内部变化与外部挑战。

---

① Kim Cragin and Sara A. Daly, The *Dynamic Terrorist Threat*: *An Assessment of Group Motivations and Capabilities in a Changing World*, California: Rand Corporation, 2004, pp. 25 - 29.

② Joshua Kilberg, "A Basic Model Explaining Terrorist Group Organizational Structure," p. 811.

表 7 - 2 武装非国家行为体的组织工具与行动工具

组织工具	行动工具	
意识形态 领导核心 招募规模 宣传	指挥与控制 技术专业与专家 武器 外部武器资源 情报	行动空间 避难所 资金 训练 欺骗技能

注：原图参见 Kim Cragin and Sara A. Daly, *The Dynamic Terrorist Threat*: *An Assessment of Group Motivations and Capabilities in a Changing World*, California: Rand Corporation, 2004, p. xiv。

恐怖主义作为一种关联的（relational）、建构的（constructed）和动态的（dynamic）政治暴力现象，[①] 投射到其组织结构上，则表现为组织结构在适应环境的基础上具有动态演变的特征。恐怖主义组织结构的演变，既可能从等级结构向网络结构演变，也有可能遵循反向的演变路径。通过回顾"基地""哈马斯""真主党""伊斯兰祈祷团""爱尔兰共和军""红色旅"等恐怖组织以及一些左翼恐怖组织的发展历程可以发现，恐怖组织在成立之初倾向于选择等级结构作为结构形式，但在政府压力、动员能力下降等因素的影响下，才逐渐呈现去中心化的特征。尤其当恐怖组织所面临环境的复杂性超出了等级制组织结构应对能力时，为了减少不确定性，恐怖组织往往会降低分工与专业化程度以减少协调的需要，同时增强横向联络等。[②] 如从 20 世纪 70 年代起，"猛虎组织"囿于同斯里兰卡政府的实力差距，因此在海外泰米尔人、印度以及一些西方国家的支持下，逐渐开始着手在印度构建地区性恐怖网络。随着 80 年代末与印度关系的破裂，"猛虎组织"将其恐怖网络扩展至西欧、北美洲等地。[③] 当然，在恐怖主义组织结构的演变中，也存在由网络结构向等级结构演变的例子，但这种情况较为少见。具有代表性的如西班牙恐怖组织"巴斯克祖国与自由"组织（Basque Homeland and

① Donatella della Porta, *Social Movement Studies and Political Violence*, The Centre for Studies in Islamism and Radicalisation of Aarhus University, September 2009, pp. 13 - 14.

② Jay R. Galbraith, "Organization Design: An Information Processing View," *Interfaces*, Vol. 4, No. 3, 1974, pp. 28 - 36.

③ 李捷：《南亚极端民族主义与民族分裂主义研究——以斯里兰卡为例》，第 47—58 页。

Freedom，简称“埃塔”)，[①] 它的组织结构最初始于数个独立的武装单元，在彼此持续的互动中才逐渐发展为一个有机整体。[②]

组织结构的变化对恐怖活动具有一定的影响，如组织结构与恐怖组织的暴力特征之间存在一定的相关性。根据林赛·赫格尔（Lindsay Heger）等学者对1970—2010年发生的恐怖袭击事件的研究，由于采用等级结构的恐怖组织更具清晰的指挥—控制链条以对组织各部分加以协调，各功能单位和中央控制之间职责分明以及高效运转的分工协作等，因此，在实施恐怖袭击中，等级结构的恐怖组织往往比网络结构的恐怖组织更具破坏力。[③] 后者的例子如“埃塔”。“埃塔”在1959—1975年至少存在两个主要的权威中心，由此导致内部派别分立且经常为争夺支持基础而展开竞争。由于缺乏明确的分工系统，“埃塔”尽管诉诸暴力，但袭击活动通常较为分散以致效果欠佳。而自1976年巴斯克民族地区恢复自治以后，“埃塔”借助有利的政治环境发展成为一个复杂的等级结构恐怖组织。[④] 据悉，20世纪70年代中期至今，“埃塔”策划了近3000起恐怖事件，造成900多人死亡。[⑤] 或许从宏观数据来看，等级结构的恐怖组织在恐怖活动中具有更大的杀伤力，但也不能因此忽视网络结构恐怖组织的破坏程度。

第二，组织结构对恐怖主义发展的影响。恐怖组织的整合功能表现为内部整合和外部整合两方面。内部整合是恐怖组织根据自身实力和环境的变化，对各职能部门进行裁撤与增设，或对各部门的关系予以调整以适应形势的发展。如在不利的环境下，恐怖组织往往会削弱军事、宣传等相关部门，并增强安全部门的能力。外部整合主要是指恐怖组织协调与其他极端组织的组织关系。采用等级结构的恐怖组织一般侧重内部

---

① 关于西班牙巴斯克民族分离主义与“埃塔”的历史演变，参见杨恕、续建宜《巴斯克民族分离主义的历史由来及其发展》，《国际政治研究》2004年第3期。

② Jacob Shapiro, "Organizing Terror: Hierarchy and Networks in Covert Organizations," p. 13.

③ Lindsay Heger, Danielle Jung and Wendy H. Wong, "Organizing for Resistance: How Group Structure Impacts the Character of Violence," *Terrorism and Political Violence*, Vol. 24, No. 5, 2012, p. 745.

④ Lindsay Heger, Danielle Jung and Wendy H. Wong, "Organizing for Resistance: How Group Structure Impacts the Character of Violence," pp. 757 - 763.

⑤ 肖晞、杨晨曦：《西班牙巴斯克民族主义问题论析》，《国际论坛》2010年第5期。

整合，以增强组织的协同性。而采用网络结构的恐怖组织，由于对其他恐怖组织具有一定的开放性，因此更易于将其他恐怖组织纳入自己的组织框架之中。这是因为，恐怖活动中的恐怖组织并非孤立存在，而是处于与其他恐怖组织或非恐怖组织的互动过程中。界定并实现某一社会群体政治变革偏好的需要催生了恐怖组织，然而一种政治变革偏好的实现往往不能依靠一个恐怖组织去完成。换言之，在共享相同或近似意识形态与偏好的恐怖活动中可能存在不止一个恐怖组织。因此，网络结构的恐怖组织较容易由单一组织演变为“恐怖主义产业”。

恐怖主义产业的形成逻辑与抗争政治中“社会运动产业”（the social movement industry）发展的内在逻辑大体一致，甚至可以说是社会运动产业在恐怖主义领域的具体体现。参照约翰·麦卡锡（John D. McCarthy）和梅耶·扎尔德（Mayer N. Zald）关于抗争政治中社会运动产业和社会运动部门（the social movement sector）的观点，具有共同偏好的所有恐怖组织的集合可视为一个恐怖主义产业，在更大范围内，一个社会所有的恐怖主义产业构成一个恐怖主义部门。[①] 由于享有共同或相近的政治偏好与意识形态，与恐怖主义部门相比，恐怖组织在恐怖主义产业内的互动频率更高、强度更大，由此带来恐怖袭击的效果可能更为显著。正如有学者指出的：“与传统的等级制恐怖主义相比，网络恐怖主义可能是更难对付的一种暴力方式”，这不仅是因为“对于一个复杂的网络来说，任何一个环节被破坏都不会影响其他环节的正常运转”，[②] 而且恐怖组织的小型化、分散化和草根化趋势加大了对恐怖活动进行预防和打击的难度。[③]

如自从 1988 年创立至今，为维持自身反美事业的续存和发展，“基地”已从单一的恐怖组织升级为恐怖主义产业，而其网络结构为这一恐

① 约翰·麦卡锡和梅耶·扎尔德认为，为实现共同偏好所发起的社会运动中的所有社会运动组织的集合可视为一个社会运动产业，在更大范围上，一个社会所有的社会运动产业构成一个社会运动部门。参见 John D. McCarthy and Mayer N. Zald, “Resource Mobilization and Social Movements: A Partial Theory,” pp. 1217 - 1218；冯仕政：《西方社会运动理论研究》，中国人民大学出版社 2013 年版，第 105—108 页。

② 王逸舟等：《恐怖主义溯源》，第 34 页。

③ 张家栋：《世界恐怖主义的主要特征与发展趋势》，《国际观察》2011 年第 5 期。

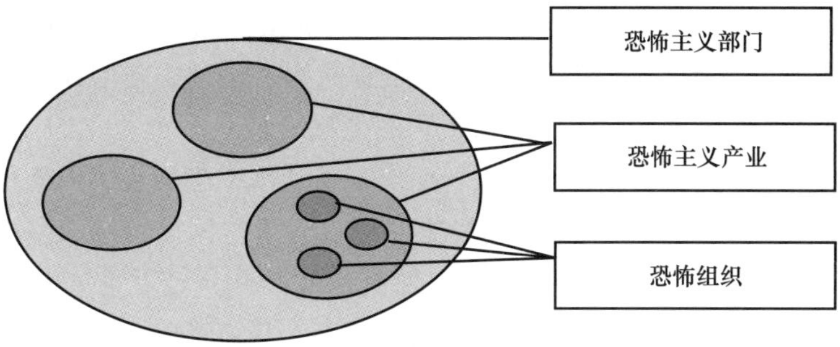

图 7－3　恐怖组织、恐怖主义产业与恐怖主义部门之间的关系

怖主义产业的有效运作提供了有力支撑。换言之，“基地”的网络结构与反美恐怖主义产业之间是一种互相建构的关系。“基地”的恐怖主义产业遵循的共同偏好是反美主义，并致力于将美国的影响力驱逐出阿拉伯世界尤其是中东，故“基地”不遗余力地在全世界发展分支机构，其主要成员包括“基地”组织伊拉克分支、“基地”组织阿拉伯半岛分支、“基地”组织马格里布分支、“基地”组织印度次大陆分支、索马里“青年党”、“努斯拉阵线”（“基地”组织叙利亚分支）、“呼罗珊集团”（Khorasan Group）等分支机构。① 不过，在 1998 年之前，尽管“基地”组织与其他恐怖组织频繁发生互动，但这种互动更多地体现在资源的交换与信息共享等方面，其他恐怖组织并没有因此而将优先攻击目标从所在国政权转向美国。1998 年“基地”联合埃及、巴基斯坦和孟加拉国等的极端组织成立“反犹太人和十字军圣战国际阵线”，这意味“基地”将先前有密切联系的恐怖组织正式纳入自身的战略管理范围，从而初步具备发展为恐怖主义产业的雏形。

“9・11”事件后，“基地”成功将美国拖入阿富汗战争的泥淖，在

---

① 需要指出的是，2014 年 2 月 2 日“基地”组织发表声明宣布“基地”与“伊拉克和沙姆伊斯兰国”不存在组织间的联系，即“基地”组织伊拉克分支正式脱离“基地”组织。“努斯拉阵线”在 2016 年 7 月 28 日宣布脱离“基地”组织，并更名为“征服沙姆阵线”，放弃发动全球“圣战”的主张，只专注于叙利亚内战和推翻巴沙尔政权。虽然“基地”组织伊拉克分支和“努斯拉阵线”先后脱离“基地”组织，但“基地”对两者的态度有明显不同。对于“基地”组织伊拉克分支，“基地”在与其断绝关系时明确表示要与其划清界限。而对于“努斯拉阵线”，“基地”表示理解和支持其脱离的举动，并为其送上祝福。“基地”对两者的不同态度或许与不同分支对“基地”权威的认可程度和不同分支所具有的重要性有关。

增强了自身存在合法性的同时也为此付出了重大代价。为了重振“圣战”事业，“基地”凭借自身的议程设置能力，通过实施增设分支的战略，将这些先前密切联系的恐怖组织有效整合成一个产业化的“圣战”事业，并将反美诉求融入其中，从而实现了从单个恐怖组织向恐怖主义产业的转型。在这一产业内，“基地”分支在攻击国内目标的基础上引入了反美意识形态，“基地”由此使其组织结构广泛扩张至中东、北非、东亚与西亚、中亚、南亚、东南亚等地，从而形成了一个蜘蛛网式的恐怖网络。[①] 不过近年来“基地”的发展态势表明，由于实力下降，“基地”在行动上越来越倚重各分支机构。而对“伊斯兰国”而言，尽管其在显赫时期吸引了不少极端组织的效忠，但由于“伊斯兰国”排外性的意识形态、等级制的结构安排，拒绝与其他极端组织建立合作关系，因此它并未发展出类似“基地”的恐怖主义产业。

第三，组织结构对恐怖组织的属性及其与其他极端组织的关系具有影响。尽管恐怖组织的属性并非由其组织结构决定，但组织结构一定程度上塑造了恐怖组织的属性。一般而言，采用等级结构的恐怖组织较为封闭，而采用网络结构的恐怖组织的开放程度相对较高。这种差异至少表现在恐怖组织的架构叙事及其与其他恐怖组织的竞合关系两方面。

恐怖组织的架构叙事是指恐怖组织基于其持有的特定信念系统，经过组织核心领导层选择性地解读而构建起来的一整套契合自身政治目标、资源基础、组织理念、发展方向的话语体系。因此，恐怖组织构建叙事结构的过程往往涉及观念、意义、信念、象征等的重组与再现，其产物可视为一种叙事结构“框架”。根据“框架”概念表达架构活动时所选择的话语体系的不同，采用等级结构的恐怖组织的叙事结构框架近似于“有限性框架”（the restricted frame），而采用网络结构的恐怖组织的叙事结构框架更接近“周全性框架”（the elaborated frame）。[②] 两者的话语选择明显不同。采用等级结构的恐怖组织在架构意义时，总会精心

---

① Martin Rudner, “Al Qaeda’s Twenty-Year Strategic Plan: The Current Phase of Global Terror,” *Studies in Conflict & Terrorism*, Vol. 30, No. 3, 2013, p. 956.

② ［美］戴维·A. 斯诺、罗伯特·D. 本福德：《“主框架”和抗议周期》，载［美］艾尔东·莫里斯、卡洛尔·麦克拉吉·缪勒主编《社会运动理论的前沿领域》，刘能译，北京大学出版社 2002 年版，第 159—160 页。

挑选能够表达其诉求的言语，并使用界定清晰、明确和明显排外性的言语传递战略意图。因此，这类话语体系一般不允许被其他极端组织轻易挪用。与此相反，网络式恐怖组织的叙事结构其语言更具模糊性、灵活性和包容性，并允许其他行为体借鉴甚至挪用，以促进组织网络的扩散。不同恐怖组织叙事结构的“有限”与“周全”，也从侧面印证了等级结构比网络结构具有更高的指挥—控制程度这一特征。由于叙事框架主要为恐怖组织存在的合法性和行为的正当性提供辩护和论证，因此，不同恐怖组织之间往往在架构叙事上存在或多或少的竞争，如“基地”与“伊斯兰国”之间的关系就是如此。

在处理与其他行为体的关系上，恐怖主义组织结构的差异影响恐怖组织之间的竞合关系。由于恐怖主义是抗争政治的一种主要类型，因此著名抗争政治理论家扎尔德和罗伯塔·阿什（Roberta Ash）对抗争政治组织的研究成果可为我们理解恐怖组织间的竞合关系提供有益的启示。① 根据他们的实证研究成果，并结合上文所讨论的恐怖主义组织结构的特征，可以认为：在合作方面，采用网络结构的恐怖组织比采用等级结构的恐怖组织更倾向于与其他极端势力结盟、合作或合并，以扩大其活动地域范围。与此相反，由于采用等级结构的恐怖组织对其他恐怖组织的不信任等，导致其与其他极端组织联合的困难加大。不过，这并不排除采用等级结构的恐怖组织会在以下情形中采用机会主义的合作策略。例如，倘若与其他恐怖组织的合作有利于自身目标的实现，或为获取更大的资源基础，抑或在生存面临严峻威胁时，等级结构的恐怖组织也会与其他组织进行合作。在竞争方面，采用网络结构的恐怖组织由于对大多数成员的活动要求较低，而且由于彼此间资源的流动性较强，因此它们对资源的竞争激烈程度较低。这主要是因为：网络结构的恐怖组织并不要求其成员完全效忠自己，因此这类组织往往有部分共同成员，它们之间的竞争近似于一种非零和博弈。相比之下，采用等级结构的恐怖组织要求成员绝对效忠，因此这类恐怖组织之间以及等级结构的恐怖组织与网络结构的恐怖组织之间的竞争更似零和博弈，这自然会加剧它

---

① Mayer N. Zald and Roberta Ash, “Social Movement Organizations: Growth, Decay and Change,” *Social Forces*, Vol. 44, No. 3, 1966, pp. 335 – 336.

们对资源等方面的竞争程度。①

“基地”与“伊斯兰国”在处理与其他恐怖组织的关系上展现出明显不同的姿态，两者可分别视为恐怖主义的网络结构与等级结构的代表。“基地”的组织结构由于继承了“基地”领导层有意淡化伊斯兰世界内部教派冲突的战略取向，因此其组织结构表现出较高程度的开放性。对于其他“圣战”组织，“基地”往往鼓励其分支机构与之合作，以拓展组织结构的范围，进而扩大“圣战”事业的影响。如艾曼·扎瓦赫里认为，在“圣战”战场上，“圣战”没有必要拘泥于组织结构或支持基础等方面的局限，而应团结尽可能多的力量共同体推进“圣战”目标的实现。在此情况下，“基地”不鼓励也无意与其他“圣战”组织开展针锋相对的斗争，而是尽可能寻找彼此之间的契合点。如在美国入侵伊拉克后，“基地”甚至鼓励其“圣战者”与伊拉克前阿拉伯复兴党成员进行合作，而后者被认为是“信仰社会主义的异教徒”。②

相比较而言，“伊斯兰国”的队伍中虽然吸收了不少前阿拉伯复兴党的成员，但这主要是基于机会主义的策略考虑。这与“基地”从战略层面到组织结构层面均主张包容其他“圣战”力量截然不同。事实上，“伊斯兰国”需要的并非“圣战者”之间的团结，而是要求它们的效忠。因此。“伊斯兰国”拒绝与其他“圣战”组织进行合作，并对否认其全球权威的“圣战”组织进行攻击。尽管“伊斯兰国”曾作为“基地”在伊拉克的分支机构存在过一段时期，但对“伊斯兰国”而言，与“基地”组织的合作主要是受到为了谋取更好的发展这一目标的驱动。因此，双方的合作对“伊斯兰国”而言是一种策略性合作。基于这种认知，“伊斯兰国”在与“基地”组织的合作过程中，并未对自身的组织目标、斗争策略、组织结构等进行大幅调整，而是基本上维持着自身的组织特征。在双方合作期间，“伊斯兰国”以“基地”组织

① Mayer N. Zald and John D. McCarthy, “Social Movement Industries: Competition and Cooperation among Movement Organizations,” *CRSO Working Paper*, No. 201, 1979, pp. 9 – 11.

② Daveed Gartenstein-Ros, Jason Fritz, Bridget Moreng and Nathaniel Barr, *Islamic State vs. al-Qaeda: Strategic Dimensions of a Patricidal Conflict*, New America Report, December 2015, p. 30, https://static.newamerica.org/attachments/12103 – islamic-state-vs-al-qaeda/ISISvAQ_ Final.e68fdd22a90e49c4af1d4cd0dc9e3651.pdf.

伊拉克分支的身份进行恐怖活动，然而却很少直接听命于“基地”组织，只是利用与“基地”的模糊关系扩大自身的影响力。随着“伊斯兰国”逐渐发展壮大，“基地”组织与“伊斯兰国”在意识形态、战略目标、行动策略、组织结构等方面的分歧进一步扩大，导致两者最终分道扬镳。

四　总结与讨论

本章从一般意义上探讨了恐怖主义组织结构的形成原因、不同类型组织结构的差异及组织结构对恐怖主义的影响。通过考察发现，恐怖主义组织结构的形成与发展受到内外部因素的共同影响，内部因素主要包括议程涵盖范围、有无明确的领土诉求、恐怖组织的目标选择等。外部因素构成恐怖主义组织结构发展的政治机会结构，主要包括一国的反恐压力、政体的开放程度、政权的连续性等。在内外部因素的综合作用下，恐怖主义一般会形成等级结构与网络结构两类组织结构。这两类组织结构的实质性差异则主要体现在指挥—控制程度、内部交流结构、分工与专业化三个维度上。这些维度上的差异不仅对恐怖组织自身的性质和能力产生了明显影响，而且直接影响恐怖组织与其他恐怖组织特别是与其意识形态接近的恐怖组织之间的竞合关系。

因此，针对恐怖主义的组织结构，国际社会需加强相关措施瓦解恐怖主义的组织结构。第一，加强情报收集，对恐怖组织成员间正式与非正式联系进行跟踪监测。在当前的反恐斗争中，相对军事力量和资金投入而言，情报收集比较欠缺。尽管获取情报往往面临诸多困难，但若要掌握恐怖组织的结构，首先需要对恐怖组织各部分与恐怖分子之间的联系进行情报分析，因此情报收集是瓦解恐怖主义组织结构的基础性工作。掌握的情报越多，就越有可能主动采取措施。第二，“擒贼先擒王”，对恐怖组织领导层和各职能部门的头目优先清除。恐怖组织的领导层和各部门的头目往往有比较丰富的组织和指挥经验，且得到恐怖组织最高领导者的信任。由于这些重要人员在恐怖组织中的数量较少，因此，集中力量予以清除将削弱恐怖组织的指挥—控制程度，进而对其组织结构运作造成干扰。第三，加强对恐怖主义组织结构发展演变的监测，及时调整打击策略。如目前“伊斯兰国”处于衰落阶段，为了谋求存续与发展，“伊斯兰国”已经自我调适，进而采取一种更加分散和隐蔽化的行动策略，并在中东以外的地区屡屡发动恐怖袭击。因此，未来打击“伊斯兰国”的重心和策略也需予以相应的调整，以应对“伊斯兰国”组织结构的变化。如加大对难民身份的管理，防止“伊斯兰国”成员通过混入难民群体中潜入其他国家。总之，在瓦解恐怖主义组织结构的过程中，需要着眼于其指挥—控制程度、内部交流结构、分工与专业化三个维度，并根据结构类型的差异采取相应的应对措施。

最后，需要指出的是，本章关于恐怖主义组织结构的研究，仍需在以下两个方面做进一步的拓展研究：

其一，组织结构可视为恐怖主义的一种无形资源，同时也是恐怖组织创造、汲取和利用资源的主要途径。不过，在将组织结构视为恐怖组织呈现出来的一种组织要素的方式的基础上，我们还需深化并超越组织结构的类型学研究，去集中关注促使恐怖网络彼此连接背后的动力。[①] 为了充分理解恐怖主义组织结构的运作模式，尤其需进一步探究恐怖主义组织结构与其所处社会环境和社会规范的互动关系。如有学者所言：“事实上，恐怖主义网络遵循严格的法则，这些法则决定了它们的类型与结构，进而决定了其行动能力。恐怖主义网络会极力开掘其组织化网络的所有优势，包括其灵活性及对内部失败予以包容。倘若不熟悉这种新秩序（new order），且缺乏将我们的经验进行提炼的语言，或许是我们最致命的敌人。”[②] 恐怖组织无疑产生并存在于特定的历史背景与社会文化之中，但其思想理念也并非自动源于某些经典文本或文化观念，而是在与目标群体、外部世界、话语系统等不同因素的互动过程中产生的。[③] 在此过程中，恐怖主义的行为规范得以生成，进而对恐怖组织的

① Albert-Laszlo Barabasi and Jennifer Frangos, *Linked*: *The New Science of Networks*, Cambridge: The Perseus Books Group, 2003, p. 225, Quoted from Cynthia Stohl and Michael Stohl, “Networks of Terror: Theoretical Assumptions and Pragmatic Consequences,” p. 118.

② Mark Buchanan, *Nexus*: *Small* Worlds *and the Groundbreaking Theory of Networks*, New York: WW Norton & Company, 2003, p. 223, Quoted from Cynthia Stohl and Michael Stohl, “Networks of Terror: Theoretical Assumptions and Pragmatic Consequences,” p. 118.

③ David A. Snow and Scott C. Byrd, “Ideology, Framing Processes, and Islamic Terrorist Movements,” pp. 120 - 121.

活动及其组织结构产生塑造作用。恐怖主义的产生具有深刻的思想根源，其对恐怖主义的影响很难在短时间内彻底清除。因此，需要深化对恐怖主义思想形成与发展、恐怖主义叙事话语体系及其演变的考察，并在此基础上有针对性地采取去极端化措施。

其二，需要关注恐怖主义组织结构的发展演变动力及其后果。正如“基地”组织、“猛虎组织”结构的发展历程所显示的，恐怖主义的组织结构并非一成不变，而是处于不断的发展演变过程之中。尽管存在恐怖主义的组织结构从网络结构向等级结构演变的现象，但目前的主要发展趋势是组织结构的扁平化与网络化。特别是在信息化时代，恐怖组织各部分之间的联系已部分地通过现代通信手段实现，一些恐怖组织甚至熟稔互联网操作，因此建立网络化的组织结构更为容易。而对恐怖主义组织结构的演变进行研究，不仅要分析单一恐怖组织的结构为何会发展变化，而且要分析恐怖主义组织结构类型的整体演进趋势。如在享有相近意识形态的伊斯兰极端组织中，为什么“伊斯兰国”能够发展出如此高效的“类国家”组织结构？“伊斯兰国”以等级制为特征的组织结构与“基地”松散的网络式组织结构为何会存在明显差异？除了从社会政治条件、地区安全环境等宏观结构性因素上寻求解释外，其他层面的解释因素如追求合法性、极端主义思想观念的进化选择等，或许同样能给予我们重要启发。

在下一章中，我们将借鉴国际政治中的社会演化理论，分析与“基地”松散、扁平化的组织结构相比，为什么“伊斯兰国”能够发展出以集中化、等级制为特征的组织结构，即从“基地”到“伊斯兰国”恐怖主义的组织结构为何会发生演化。对这一问题的回答除了有助于了解国际恐怖主义组织结构发生演化的原因，还能为国际社会应对“伊斯兰国”提供必要启示。

第八章　“基地”到“伊斯兰国”组织结构的演化

2014 年 6 月 29 日，“伊斯兰国”宣布成立。自该组织成立后，不断制造恐怖袭击事件，引起了各国的普遍关注。在国际恐怖主义的整体发展态势中，“伊斯兰国”成为国际社会不能忽视并需要全力以赴加以应对的恐怖势力。本章以组织结构为切入点，对“基地”和“伊斯兰国”组织结构的差异及原因进行分析。本章尝试回答的问题是：与“基地”相比，“伊斯兰国”的组织结构有何特别之处？恐怖主义的组织结构为何会出现变化，即为什么“伊斯兰国”能够发展出以集中化和等级制为特征的组织结构？

大体而言，“基地”的组织结构是一种松散的网络式结构。这种组织结构由内而外分为四个层次，越往外，同“基地”核心的联系越弱，“基地”对其控制也越弱。而“伊斯兰国”则建立了一套以等级制为特征的组织结构，共分为四个层级：由上到下依次是，“哈里发”、“哈里发”的地区代理人、舒拉议会和沙里亚委员会、分管具体任务的职能部门。无论是从组织结构的绩效还是从整体作战能力来看，从“基地”到“伊斯兰国”，恐怖主义的组织结构发生了明显的变化。恐怖主义的组织结构由松散的网络式结构变为以集中化和等级制为特征的“类国家”结构，这一过程可以被视为一种演化。然而，对于从“基地”到“伊斯兰国”恐怖主义组织结构所发生的演化，国内外学术界虽然有所注意，但尚未出现系统研究这一问题及探讨导致这种演化出现的原因的成果。

因此，本章从组织结构的视角出发，借鉴社会演化理论中的国际系统塑造行为体的五种渠道（Channels），即约束/帮助（Constraining/Enabling)、学习（Learning）、选择（Selection）、建构（Constituting）、反社会化或称观念抵制（Anti-socialization or ideational resistance）[①]，来分析从“基地”到“伊斯兰国”组织结构的演化。

一 社会演化理论及在理解恐怖主义组织结构演化上的适用性

本章所要借鉴的理论主要为国际政治学中的社会演化理论，下文也将从这一理论入手展开讨论。

（一）演化及社会演化理论

人类社会和生物系统一样，都是一个演化的系统。学者唐世平在综合现有研究的基础上提出了演化发生的基本条件。首先，演化只能发生在系统之中。系统有两个特点：第一，组成系统的一系列单元或要素相互联系，因而一部分要素及其相互关系的变化会导致系统的其他部分的变化；第二，系统的整体具有不同于部分的特性和行为状态。[②] 如果不存在系统，也就没有了选择压力，也就不存在真正意义上的演化。其次，演化只能发生于由生物体构成的或者由生物体开发的系统之中。或者说，只有存在生物体的系统才是真正意义上演化的系统。因为系统演化的核心机制“变异—选择—遗传”只有在系统内关键单元（key units）的配合下才能完成。因此，系统如果没有这一生物基础，这个系统可能是一个会发生变化的系统，但它不是一个演化的系统。真正意义上的演化的系统不但是可变的，且其变化须依靠特殊机制，即“变异—选择—遗传”才能完成。再次，演化需要从时间和空间两个层面来展开。任何改变都需要时间的介入，而单元之间以及单元和环境之间的互动也必须在空间层面展开。[③]

---

① Shiping Tang, *The Social Evolution of International Politics*, Oxford, UK: Oxford University Press, 2013, p. 167.

② ［美］罗伯特·杰维斯：《系统效应：政治与社会生活中的复杂性》，李少军等译，上海人民出版社2008年版，第3页。

③ Shiping Tang, *The Social Evolution of International Politics*, pp. 13 - 14.

如果一个系统满足上述条件，那么这个系统就是一个演化的系统，只有通过演化的方法才能真正理解系统以及系统的转变。唐世平通过分析人类社会以及国际政治的历史指出，到目前为止，只有生物系统和人类社会才能满足上述三个条件，因此只有生物系统和人类社会才是真正意义上的演化系统，故只有运用演化的方式才能完整地理解生物系统和人类社会。[①] 社会演化理论认为，人类社会与生物系统之间存在巨大差异，因此不能简单、机械地将生物演化论套用于人类社会。在生物系统中，完全是物质力量（material force）在起作用，而人类社会与之最大的不同在于精神力量（ideational force）的介入。尽管精神力量的出现本身就是生物演化的结果，但它一出现从根本上就改变了人类社会。当然，精神力量的出现，并不意味物质力量不在人类社会中起作用。相反，正是这两种力量的相互作用驱动着社会的演化。正因为如此，与生物演化相比，社会演化是一个更加复杂的系统。因此，必须依靠协调处理物质力量和精神力量两个维度才能更好地阐释人类社会的演变。

由于人类社会和生物系统存在重大差异，因此生物演化中的“变异—选择—遗传”机制必须经过调整后才能用于解释人类社会的演化。生物演化中，变异本质上依靠三个随机的机制：DNA 的破坏、基因材料的交换或重组、外来物种的入侵。与生物演化中的变异相对，社会演化中观念层面的变异（即新观念的来源）为：新观念的自生、观念的互补、外部观念的入侵。生物演化中的变异是盲目的，即生物体也不知道何时变异以及这种变异是否有利于物种的存续。与生物演化中的变异不同，社会演化中观念的变异不是随机和盲目的，它是有意识的，总是带有人们的某些期许，因为人为的解决问题或达到某种目标与预期可以创造或者引入某种观念，并且现存的社会结构有力地决定了何种观念会产生、被选择和遗传。[②]

在社会演化中，选择压力来源于物质和精神两个维度。物质维度，即某种观念能否提高人的福利水平，这依然是某种观念能否被选择的根

---

① 关于社会演化理论以及国际系统塑造行为体的五种渠道的详尽讨论见 Shiping Tang, *The Social Evolution of International Politics*。

② Shiping Tang, *The Social Evolution of International* Politics, pp. 22 – 23.

本因素。但是精神力量在选择将何种观念付诸实践时是更加直接的选择力量，因此，人工选择而非自然选择支配社会演化的精神维度。[①] 在遗传机制上，生物演化中的"魏斯曼障碍"（即无法实现从表现型到基因型的遗传）在社会演化的精神维度中是不存在的，因为个体可以通过学习和接受教育获得前人的经验与知识。因此，观念基因（如观点和想法）和表现型（如制度和文化）作为习得特性，都可以直接传递到下一代。唐世平将这种遗传方式称为"超级拉马克遗传"（Super-Lamarckian）。但是每一代人不会毫无保留地接受前人传递下来的基因和表现型，他们会对这些前人留下来的基因和表现型进行选择，这一选择同样遵循"变异—选择—遗传"机制，因此可以说社会演化精神维度的遗传机制是"内嵌于超级拉马克主义的达尔文主义"（Darwinian Nested within Super-Lamarckian）。[②]

（二）国际政治作为一个演化的系统

社会演化理论吸纳了社会系统范式。因此，在本体论上，社会演化理论倡导系统研究。相应地，将社会演化理论引入国际政治研究时，也应当以系统的方法来分析国际系统的变化。系统的研究方法以社会系统范式为指导。在本体论上，社会系统范式认为人类社会是由行动者（包括它们各自拥有的观念）、社会结构（即社会的制度系统和文化系统）和物理环境（包括时间和空间）所组成的复杂系统。[③] 系统研究要求在研究系统中的某一现象时，应当兼顾系统中的所有部分以及各部分之间的联系，而不是使用简单化的因果关系、线性思维、单一视角来分析特定现象。国际政治理论中的结构主义理论或多或少地都与系统的研究方法有所违背。肯尼斯·沃尔兹（Kenneth Waltz）的结构现实主义兴起，将把结构的研究推到了国际政治研究的中心地位。首先，什么是结构？根据沃尔兹的观点，结构由三部分构成：排列原则、单元的功能区分、能力的分配。国际政治中的结构也由这三部分构成：就排列原则而言，国际社会

---

① Shiping Tang, *The Social Evolution of International* Politics, pp. 25 - 27.

② 唐建：《系统、时间与社会进化——评唐世平〈国际政治的社会进化〉》，《国际政治科学》2015 年第 2 期。

③ 唐世平：《社会科学的基础范式》，《国际社会科学杂志（中文版）》2010 年第 1 期。

中缺乏最高的权威，是一种无政府状态；在单元的功能区分方面，结构现实主义将国家视为“黑匣子”，是单一的、同质的、理性的政治实体，因此在沃尔兹所定义的结构概念中，唯一可变的就是国家间能力的分配，国际格局是单极、两极还是多极也由此而确定。在国家行为方面，结构现实主义认为，在给定的国际政治体系中，国家无论大小强弱，它们均受到体系物质结构的限制，对客观环境做出行为反应在方式上是一样的。因此，在国际体系不发生变化的情况下，国家的行为也是相对稳定的。在利益方面，国家最基本的渴望要求国家的全部行为动机从自身而不是他人的利益出发，即所谓国家生存的自助原则。国家的根本利益表现为对权力、安全的追求，这是国家行为不变的目的。[①] 因此，可以看出，结构现实主义对国家行为的解释更多的是物质性的，即一种结构选择。

与结构现实主义相对的，持观念主义本体论的建构主义对国家的行为提供了另外一种解释。建构主义的代表人物为亚历山大・温特。建构主义在解释世界政治方面提出了三个核心的观点：首先，建构主义强调规范而不是物质，重视观念结构而不是物质结构；其次，强调行为体的社会认同构成行为体的利益和行为；再次，强调行为体和结构之间存在着相互构成的关系。建构主义认为国际体系在物质结构之外还存在一个社会结构，社会结构由三部分内容构成，即分享的知识，物质资源以及实践。建构主义通过考察国际体系的社会含义及价值结构，而不是基于单纯的物质权力结构来理解国家的利益和行为。在建构主义者看来，如果不理解国家所处国际体系的社会结构，就无法理解国家需要什么。建构主义认为决定和改变国家行为的是认同和身份，而认同和身份不是体系的物质结构，而是受到国际政治过程的塑造。故分析国际政治的社会建构，就是要分析互动过程如何产生和再产生出影响行为体认同和利益的各种社会结构。建构主义赞成结构现实主义关于国际体系中缺乏最高权威的基本假定，但同时相信规范、认同、文化、学习可以从根本上改变国家的行为和利益。[②] 因此，建构主义者认为国家行为的改变是源于

① 刘永涛：《西方新现实主义理论与建构主义批评》，《世界经济与政治》1998 年 11 期。

② 张建新：《建构主义国际体系理论及其社会结构观》，《世界经济与政治》2002 年第 12 期。

一种社会习得。

显而易见，当提到对结构的定义时，沃尔兹和温特分别处于从物质主义到观念主义两极的两端。新自由主义者罗伯特·基欧汉和约瑟夫·奈占据了其中的某个中间地带。沃尔兹和温特在关于国际政治中的结构是什么这一问题上并没有达成完全一致的意见。从社会系统的视角出发，即便对结构有一致的认知，仍然不能对国际政治有一个全面的理解。因为国际结构只是国际系统中的一部分内容，这种仅仅强调“结构—行为者”互动的分析模式会使理论遗漏许多系统内其他层面的因素，因而对国际行为体行为的解释也是不全面的。

唐世平提出了国际系统塑造行为体的五种渠道，即约束/帮助、学习、选择、建构、反社会化。[①] 它们的具体含义如下：

1. 约束/帮助。指的是国际系统中的外在环境怎样塑造行为体的行为，以及行为体怎样塑造彼此的行为。主要表现为三方面：首先，外在环境限制行为体在物质上和精神上的行为；其次，外在环境可以促成行为体在精神上和物质上能够做成什么；最后，行为体彼此也可以相互约束或促进。

2. 学习。学习是行为体认知系统，然后相应调整其行为中最关键的过程。只有通过国际系统内的行为体在某种程度上理解系统，否则行为体的行为将会受到排斥。学习，广义地说，是行为者（如国家内的个人）形成和选择新观念，保留和加强旧观念的过程。因此，学习体现了社会演化过程中观念演化的过程。虽然学习发生于观念领域，不是必然的导致行为体行为的改变，但是行为体行为的改变往往紧随其后从而可以反映出某种类型的学习。值得注意的是，由于学习的过程及内容可能不是客观正确的，所以学习也并不必然导致行为体的某种优化或者福利的提升。依据不同标准，学习有不同分类，其中最重要的一种便是将学习作消极和积极的划分。消极学习，指行为体借鉴自己或他者的消极经验，这种学习通常是行为体在与系统中其他要素（结构和外在环境等）的互动中形成的；积极学习则指行为体采用自己和他人成功的观念、行为、文化和制度。因此，积极学习也被称为模仿或仿效。由于行为体在

① Shiping Tang, *The Social Evolution of International Politics*, p. 167.

与系统互动的过程中，行为体的各项行为受到系统的制约并且可能面临系统压力的冲击，行为体的应对既有成功也有失败，这一过程包含着行为体（及其观念）的存续、转变及消失。因此，消极学习的过程包含了明确的系统选择成分。积极学习则不同，其强调的是行为体对自身及他人观念的主动学习。更为重要的是，行为者普遍倾向于借鉴消极经验，因此，消极学习比积极学习更为关键。

3. 选择。社会演化中有两种类型（或两个层次）的选择。第一种，即行为体在其观念领域通过精神活动对特定观念的排除或保留，由这些特定观念导致的行为进而也随之排除或保留。这种类型的选择包含于消极学习之下，并且是可以瞬间发生和持续存在的，所以下文所指的选择就意味着第二种选择；第二种类型的选择则是消除或者保留系统内的一些单元，并且同时消除这些单元所持有的观念和行为。如果系统内单元出现以下行为，第二种类型的选择将会被触发：第一，误读了外在的物质环境；第二，单元的行为没有吸取系统内自己和其他行为体的正确经验；第三，违反了系统的规范（正式的或非正式的）。

4. 建构。从广义上说，建构指的是在国际系统内，行为者自觉地内化概念（规范、观念、制度、记忆、行为规则、自我认同）的过程，以及行为者不自觉地被各种概念影响的过程。有意识的内化和无意识的渗透经常彼此相互加强，并且很难将它们截然分开。更为重要的是，行为者和系统之间是一种相互建构的过程。一方面，系统会塑造行为体的观念；另一方面，行为体的行为以及行为体与系统的互动会建构（或重建）整个系统，正在被建构的系统反过来会重新塑造行为体的行为。

5. 反社会化。社会化这一概念主要有两方面的含义。其一是从个人的视角出发，强调个人心理层面，主要探讨人格如何受到社会与文化的影响而形成；其二是从社会的视角出发，强调社会如何影响个人行为。① 社会化通常通过被权力支持的制度化、观念的灌输和渗透来实现。由此出发，反社会化指的是行为体有意识抵制系统压力的过程。因此，反社会化是社会化的一个辩证的结果：没有社会化，就没有反社会

① 游国龙：《模因学与温特建构主义进程理论——文化选择的剖析与探讨》，《国际政治研究》2011 年第 3 期。

化。在人类的集体生活初期，制度结构是稀疏的，因此社会化的压力较弱，反社会化则更弱。随着社会制度结构变得越来越紧密和严苛，社会化的压力逐渐增大。这种社会趋于结构化、合理化的过程以及对行为者进行观念的灌输和渗透的过程总是以权力作为支撑，这必然驱使许多单元开始反社会化。由于“只要存在权力关系，就存在抵抗的可能性”，因此，系统中的社会化和反社会化之间始终存在着辩证的关系。例如，国际政治中的南南合作反映了发展中国家试图反抗西方中心主义的国际秩序，非西方国际关系理论研究的兴起反映了国际关系研究中反对西方话语霸权的努力。这都反映了社会化与反社会化的辩证关系。但是，行为者的反社会化并不必然能重塑系统。反社会化的行为即便成功，也不必然导致系统的转变。同时，反社会化也不同于现实主义者所谓的制衡。反社会化通常是一种观念抵制的形式，它所抵制的是系统内部占统治地位的观念，但现实主义理论中的制衡通常指的是一种物质的运动，目的是阻止特定的行为体成为系统内的霸权。

上述五种渠道构成了一个系统影响和塑造行为体行为的主要方式。它们往往共同起作用而不是独立自存。唐世平指出，现有的主要国际关系理论家或者挑出一两个渠道忽视剩下的渠道，或者仅仅承认五种渠道但将这五种渠道彼此分离，在指责对方理论缺陷的同时也忽略了自身理论的不足。新自由主义者正确指出了现实主义者边缘化了学习这一渠道，建构主义者指责现实主义者和新自由主义者忽视了建构的作用，现实主义者指责新自由主义者和建构主义者忘记了选择。

唐世平指出，沃尔兹强调体系结构通过奖惩机制对单元及其行为的选择，否认学习以及建构在塑造单元行为上所扮演的角色。那些与当前体系结构相一致的行为体最终可以走向成功并得以留存，而违背体系结构的行为体将面临重罚，最终可能在国际体系中消失。沃尔兹坚持认为，带有制衡性质的选择可以不借助学习而展开。但是，正如许多学者指出的那样，沃尔兹的制衡方案在根本上仍然依赖学习：国家只有认识到其他国家能力的大小，才能知道反对谁来展开制衡。正是这一不足，使得沃尔兹在后期不得不承认学习是他权力制衡理论的基本要素，尽管沃尔兹使用的是模仿这一概念。

建构主义者认为，现实主义者和新自由主义者都是理性选择方法的信徒，他们都忽略了建构在塑造国家行为方面的作用。建构主义者认为，观念的传播的确会改变行为者的行为，当行为体内化特定的观念时，这些观念确实开始塑造行为体的行为。尽管很难明确估算在给定的条件下，建构相当于学习、选择、反社会化在塑造行为体行为方面的孰轻孰重，但否认行为体可以内化的观念是错误的。在国际政治领域中，观念的传播（如主权观念、民族主义），以及被国家和国际关系理论家内化了的观念在塑造现实国际政治方面扮演了关键的角色。

建构主义和当前其他主流国际关系理论一样，也有其缺陷。大多数建构主义者强调积极学习和建构，忽视作为选择的形式之一的消极学习，尤其是对历史上单元的选择。在单元层面，消极学习是积极学习必不可少的成分，没有前者，后者就没有基础。没有各种消极学习，单元就不能判断哪种观念是好的、哪种观念是不利的，即便是建构，也需要一些单元之上的压力。与建构主义、理想主义和乌托邦主义的思想来源相符，建构主义者倾向于支持国际体系内先进的、好的观念的国际化，但普遍忽视单元内化不好的观念的可能性，如欧洲国家对地缘政治学、社会达尔文主义、现代君主观念的内化，日本对文明国家的内化，最终给其他国家和自身带来了灾难。①

总之，在国际系统中，行为体的行为不能仅仅用结构现实主义所主张的物质主义的结构选择来解释，也不能用建构主义者所主张的观念主义的内化、社会习得来解释。国际系统塑造行为体行为的五种渠道，即约束/帮助、学习、选择、建构、反社会化作为一个系统，彼此之间相互联系，密不可分。首先，约束/帮助是其余渠道发挥作用的前提和保证。国际系统中任何现象的发生和演化都在一定的时间和空间内展开，外在环境始终限制着行为体在物质和精神上能够做成什么。其次，学习、选择、建构和反社会化这四种渠道以学习为纽带彼此相互联系。观念的产生并不是完全随机和自发的，总是依赖于不同程度的学习。选择这一渠道建立在通过学习而被塑造了的单元之上。建构也十分依赖于学习，如果没有了学习，行为者无法内化特定的观念，进而无法被建构。反社会化也十分依赖于学习，只有当行为者能够学习到一些系统中占支

① Shiping Tang, *The Social Evolution of International Politics*, pp. 167 - 174.

配地位的观念时，行为者才有抵制这些观念的可能。① 最后，约束/帮助、学习、选择、建构、反社会化这五种渠道共同塑造着行为体的行为，但学习在其中扮演了举足轻重的角色。因此，从物质与精神两个维度来分析国际系统对行为体的影响，或许可以对国际政治中的事件予以较为合理的解释。

（三）社会演化理论的适用性

社会演化理论是一个非常庞大和复杂的理论，故将其运用到国际政治研究中，需要根据所分析的具体问题结合具体的研究层次来进行。从这一角度来看，社会演化理论对本章的研究似乎没有明显的借鉴意义，因为社会演化理论试图加以解释的，主要是国际系统层面的变迁。如根据唐世平的观点，当将生物演化论中的“变异—选择—遗传”机制引入国际政治研究中，能以一种新的视角分析人类社会的历史，并认为人类社会经历了伊甸园式的“天堂”、进攻性现实主义世界、防御性现实主义世界和更加规范化的世界四个阶段。这种对国际系统转变以及转变原因的分析是以国际系统为重点研究对象的，主要探讨的是各单元如何互动并最终驱动系统的演化，其最终的落脚点在系统的演化。而本章的主要目的在于通过分析“基地”和“伊斯兰国”的组织结构，来探讨“伊斯兰国”出现以集中化、等级制为特征的组织结构的原因，最终的落脚点在行为体而非国际系统之上。因此，社会演化理论似乎对本章并没有显著的借鉴意义。

不过，理论本身的适用性有限，并不能否认社会演化理论提出的系统塑造行为体的五种渠道对研究恐怖主义组织结构的演化具有显著的借鉴意义和很强的适用性。首先，在借鉴意义方面。唐世平提出的约束/帮助、学习、选择、建构、反社会化可以有助于弥补现有研究的不足。沃尔兹的结构现实主义在分析行为体行为时过于强调结构选择，过于偏向物质主义；温特的建构主义强调行为体的社会习得，过于偏向观念主义。唐世平给出的五种渠道综合了物质与观念两方面的因素，更为全面地解释了国际系统对行为体行为的塑造过程。其次，在理论的适用性方

① Shiping Tang, *The Social Evolution of International Politics*, p. 173.

面。研究国际系统塑造行为体的五种渠道，重点分析的是国际系统中的行为体的行为缘何改变。分析国际恐怖主义组织结构的演化，其落脚点是“基地”和“伊斯兰国”这两个行为体。最后，唐世平对国际系统塑造行为体行为的五种渠道的研究与研究恐怖主义组织结构的演化在方法和层次上相契合，这一部分理论内容对本章的研究具有很强的适用性。

二 “基地”与“伊斯兰国”的组织结构及其演化

所谓组织结构，指的是组织内关于职务及权力关系的一套形式化的系统，它阐明各项工作如何分配，谁向谁负责及内部协调的机制。[①]“基地”和“伊斯兰国”作为当今世界最为猖獗的恐怖组织，各自在发展过程中形成了一套独具特色的组织结构。

（一）“基地”的组织结构

现有对“基地”组织结构的研究，虽然在对“基地”各个分支机构的具体划分以及归属问题上存在些许争议，但基本上承认“基地”的组织结构是一种松散的网络式结构。这种组织结构由内而外分为四个层次，越往外同“基地”的联系越弱，“基地”对其控制力也越弱。

第一层，即“基地”中央，主要包括“基地”的核心领导机构。“基地”中央位于巴基斯坦与阿富汗边境地区，主要工作是推进“基地”意识形态的传播、协调解决“基地”内部纠纷以及为各个分支机构提供战略规划，但“基地”中央同各个分支之间不是严格的上下级关系。“基地”的最高领袖是埃米尔。2011年6月起由艾曼·扎瓦赫里担任。扎瓦赫里直接领导由十人组成的协商委员会。“基地”中央有训练营，还有四个行政机构：军事行动和培训委员会、商务财政委员会、媒体公关和出版委员会、宗教教育委员会，各委员会主任对协商委员会负责。

第二层是“基地”的各个分支机构。它们公开表示效忠“基

① 陈春花、杨忠、曹洲涛：《组织行为学》，机械工业出版社2013年版，第258页。

地”，接受“基地”中央的指挥，在全球反美“圣战”阵线内袭击美国及其盟友，打击所在国政权。目前“基地”主要的分支机构包括：“基地”组织阿拉伯半岛分支，主要打击美国和也门、沙特等阿拉伯半岛国家；“基地”组织马格里布分支，其活动范围在阿尔及利亚和马里边境地区，覆盖北非、西非多国，主要打击对象为美国、法国、西班牙以及北非和西非地区的各国政府，目的是征服马格里布和伊比利亚半岛；“基地”组织印度次大陆分支，旨在整合散布在印度、孟加拉国和缅甸的“圣战者”，使之成为一个具有一定凝聚力和影响力的政治—军事实体；[①] 索马里“青年党”，根据地在索马里，活动范围在坦桑尼亚、肯尼亚、埃塞俄比亚、乌干达等国，目标是在大索马里建立实行伊斯兰教法统治的“哈里发国”；“呼罗珊集团”，由“基地”组织的高级成员组成，活跃在叙利亚，主要打击对象为美国。目前，这些“基地”组织的分支机构已经被美国及联合国列为国际恐怖组织。

第三层是“基地”外围，即“基地”的盟友。其数量众多，遍布从西非北非经地中海东岸、高加索、中南亚到东南亚等地区。这些恐怖主义势力与“基地”中央或者分支机构合作进行恐怖活动，其意识形态深受“基地”中央及分支机构的影响。但是这些恐怖主义势力仅仅与“基地”进行合作并没有向“基地”宣誓效忠，它们有自己的政治目标和政治议程。如中南亚的“乌伊运”“伊斯兰圣战联盟”等。[②]

第四层是“基地”的边缘区。“基地”的边缘区由“基地”的铁杆信徒组成，这些人分散在世界各地，不从事恐怖行动，一般都有正当职业，它们主要为“基地”秘密搜集情报，筹集资金。[③] 所以，也有学者不将这一层视为“基地”组织的一部分。[④]

通过对“基地”组织结构的分析，可以发现其组织结构由内而外呈

---

① 《“基地”组织称已建立印度次大陆分支》，http：//news. xinhuanet. com/world/2014 - 09/05/c_ 126956009. htm。

② 钱雪梅：《“基地”的“进化”，重新审视当代恐怖主义威胁》，《外交评论》2015 年第 1 期。

③ 钱学文：《中东恐怖主义研究》，时事出版社 2013 年版，第 131 页。

④ 张家栋、朱道运：《基地组织现状与发展趋势》，《国际观察》2012 年第 5 期。

同心圆状扩散，总共分为“基地”中央、分支机构、外围、边缘区四个层次。由内而外，“基地”的控制力以及影响力逐渐减弱，使“基地”的组织结构呈现出一种松散的网络式状态。

（二）“伊斯兰国”的组织结构

“伊斯兰国”的组织结构从上到下分为四个层级。每一个层级都有严格的职能划分，并且各个层级之间具有明确的上下级关系。

“伊斯兰国”的最高领导层是“哈里发”。目前“伊斯兰国”的“哈里发”由阿布·巴克尔·巴格达迪担任。巴格达迪出生于伊拉克的卜·巴德里（al-B Badri）部落，拥有穆罕默德的血统、伊斯兰大学伊斯兰研究的博士学位，以及宗教学者的经历为其扩大影响提供了舆论及道义优势，抬高了其在“伊斯兰国”内部的政治地位。①

第二领导层是巴格达迪的地区代理人。巴格达迪有两名副手，阿布·穆斯利姆·图尔克马尼和阿布·阿里·安巴里。图尔克马尼是前伊拉克陆军中校，前伊拉克特种部队军官。图尔克马尼负责“伊斯兰国”在伊拉克的行动以及所控制的伊拉克省区；另外一名副手安巴里是前伊拉克军队少将，主要负责“伊斯兰国”所控制的叙利亚省区。“伊斯兰国”的最高领导层和“伊斯兰国”的第二领导层是“伊斯兰国”的决策层，巴格达迪和他的两名副手决定“伊斯兰国”的大政方针以及在何时何地发动进攻。②

伊斯兰国的第三层级由舒拉议会和沙里亚委员会构成。舒拉议会的领导人由阿梅利担任，由9—11名成员组成，主要任务是将决策层的命令传达给执行任务的具体指挥官，确保任务的完成。沙里亚委员会的领导人由巴格达迪亲自担任，主要任务是在宗教事务委员会的监督之下选举“哈里发”、执行伊斯兰教法、制定宗教政策和奖惩措施以及监督意识形态等。

---

① William Mccants，“The believer：How Abu Bakr al-Baghdadi became leader of the Islamic State，”http：//www. brookings. edu/research/essays/2015/thebeliever；［美］乔比·沃里克：《黑旗：ISIS的崛起》，钟鹰翔译，中信出版社2017年版，第277—279页。

② ［英］查尔斯·利斯特：《伊斯兰国简论》，姜奕晖译，中信出版社2016年版，第122—123页。

在舒拉议会和沙里亚委员会之下是若干个执行具体任务的部门或委员会。根据其所执行任务的内容，可将其划分为多个部门。关于这些部门的划分，目前学术界存在“七部门说”“八部门说”“九部门说”“十部门说”等多种意见。“七部门说”认为，“伊斯兰国”有七个执行具体任务的部门，分别是军事部门、金融部门、法律部门、安全部门、后勤部门、信息部门、媒体部门。“八部门说”认为，“伊斯兰国”内部存在内政部、通讯部、财政部、国防部、宣传部、作战部、伊斯兰教法部以及情报部等。“九部门说”认为，“伊斯兰国”内部存在领导部门、协商部门、军事部门、财政部门、情报部门、安全部门、战士协助部门、媒体部门等九个部门。“十部门说”认为，“伊斯兰国”内部存在着战争部门、管理部门、协调部门、财政部门、社会部门、治安部门、武器部门、炸药部门、战俘部门、外籍士兵部门十个部门。① 无论哪一种学说，都从侧面反映出“伊斯兰国”在执行具体任务上分工明确、权责明晰的特点。

“伊斯兰国”组织结构中任何部门的运转最终都必须落实在其所控制的疆域之上，否则“伊斯兰国”各个管理部门只能是无本之木、无源之水。“伊斯兰国”境内管辖十二个省区。在伊拉克境内有七个省，分别是巴格达省、安巴尔省、萨拉赫丁省、大区域省、尼尼微省、基尔库克省以及中南幼发拉底河省。在叙利亚境内有 5 个省区，分别是拉卡省、阿勒颇省、代尔祖尔省、霍姆斯省、哈塞克省。（另外一种说法认为“伊斯兰国”在叙利亚还有一个大马士革省，因此“伊斯兰国”共有十三个省区）。② 在某种程度上“伊斯兰国”正是凭借在地方设立的这些“省政府”来控制自己管辖的区域，行使自己的权力。

通过对“伊斯兰国”组织结构的分析，可以得出“伊斯兰国”以所占领的土地为基础，建立了一套相对完整的统治结构，共分为四个层级：由上到下依次是“哈里发”“哈里发”的地区代理人、舒拉议会和沙里亚委员会、分管具体任务的职能部门。每个层级有清晰的权责划

---

① Charles Lister, “Profiling the Islamic State,” Brookings Doha Center Analysis Paper, http: //www. brookings. edu/research/reports2/2014/12/profiling-islamic-state-lister.

② Ibid. .

分，上下级之间有着明确的等级划分，这种相对完整、高效的、以等级制为特征的组织结构，确实在一定程度上提升了“伊斯兰国”的综合实力。

即便“伊斯兰国”不是真正意义上的国家，但其具有类似于国家的集中化和等级制的组织结构，标志着国际恐怖主义的组织结构发生了演化。根据组织行为学，组织结构由以下四部分构成，其绩效也可以从这四个方面衡量：第一，职能结构，即对实现组织目标所需的各项工作的分配，考察维度包括职能是否交叉、冗余、分散、错位等；第二，层次结构，指管理层次的构成以及管理者所管理的人数，考察维度包括分管职能的相似性、授权范围、决策复杂性等；第三，部门结构，指组织中管理部门的横向构成，考察维度是一些关键部门是否缺失；第四，职权结构，即各层次、各部门在权力和责任方面的分工及相互关系，考察维度为权责关系是否对等。① 如果一个组织在职能结构、层次结构、部门结构、职权结构及其各个考察维度上不同于另外一个组织，并且这两个组织之间存在着一定的联系，那么这种组织结构的变化可以被视作一种演化。如果一个组织内部在职能结构、层次结构、部门结构、职权结构及其各个考察维度上不同于过去，则说明该组织的组织结构发生了演化。当分析国际恐怖主义组织结构的演化时，上述观点同样适用。

首先，就职能结构来看。“基地”的职能结构是分散和交叉的。“基地”中央同各个分支机构之间的联系十分松散，“基地”的分支机构虽然听从“基地”中央的指挥，但是也有自己的地区目标和行动方案。如“基地”组织阿拉伯半岛分支则主要是征服阿拉伯半岛及也门的势力，“基地”组织马格里布分支的地区目标是征服马格里布及伊比利亚半岛。虽然“基地”的各个分支机构活动的总目标是在全球反美“圣战”阵线内袭击美国及其盟友，打击所在国政权，但每个分支机构袭击何处、何时发动袭击、怎样袭击，“基地”中央不会发布明确的指令，这使各个分支机构行动时虽有明确的总目标但不知彼此的行动界限。“基地”的各分支机构同“基地”中央的关系尚且如此，“基地”

① 参见陈春花、杨忠、曹洲涛《组织行为学》，第266—270页。

外围同“基地”中央的职能划分则更为重复和模糊。因此“基地”的职能结构是分散和交叉的。然而，“伊斯兰国”有一套完整的决策过程，即由“哈里发”巴格达迪和他的两个地区代理人图尔克马尼和安巴里进行决策，由舒拉议会进行政策传达，由各职能部门具体实施，这样的职能结构既有总目标也有分目标，各部门在完成各自分目标的基础上不断推进总目标的完成。因此，“伊斯兰国”的职能结构相对清晰明确。

其次，就层次结构来看。“基地”组织结构中的每一层都是相对独立的部分，每一层的构成也十分类似，每一层也带有决策性质的机构，尽管有的层不明显。然而，“伊斯兰国”的层次结构由上到下是一种直线型的、金字塔式的结构，核心决策层人员较少，随着层级不断降低，人数随之增加，这使决策更加迅速、执行更有保障。

再次，就部门结构来看。“基地”对部门分工并没有明显的划分。就横向分工来看，“基地”的每一层内部，决策部门、执行部门都是十分模糊的；就纵向分工来看，“基地”内部也没有固定的决策部门、固定的传达部门、固定的执行部门。“基地”中央、分支机构、外围组织各自为阵，部门分工十分模糊。相反，“伊斯兰国”内部的部门结构则十分明确。就纵向部门结构来看，以巴格达迪、图尔克马尼以及安巴里组成的决策部门仅仅负责决策、舒拉议会仅仅负责政策传达，具体执行部门仅仅负责执行各项任务，“伊斯兰国”由上到下决策、传达、执行部门相对固定；就横向部门结构而言，“伊斯兰国”的第四层级设有分管具体任务的各个部门，划分详细并且各部门有明确的分工，如财政部门负责“伊斯兰国”的资金募集工作，为“伊斯兰国”的运作争取资金支持，宣传部门负责对外宣传、人员招募等工作，军事部门负责抢占地盘和抵御各方打击等。这种部门分工明晰的结构使各项任务的完成更为高效。因此，“伊斯兰国”的部门结构相对完备合理。

最后，就职权结构来看，“基地”与各个分支机构并不是严格的上下级关系，“基地”外围的各组织也并没有对“基地”宣誓效忠，“基地”各部分之间的联系实质上十分松散。“伊斯兰国”则不同，“伊斯兰国”由上至下共分为四个层级，各个层级之间都是严格的上下级关系。如巴格达迪在“伊斯兰国”内部实行极权主义，讲究绝对服从，对异见零容忍，并设置安全情报委员会来铲除异己。因此，“伊斯兰国”的职权结构与“基地”相比也更为严苛。[①]

值得注意的是，就恐怖组织内部的结构安排来看，“伊斯兰国”确实在一定程度上要强于“基地”，但就这两种组织结构长期的运转效果来看，“基地”的组织结构也有其优势。“基地”的组织结构是松散的网络式结构，其分支机构遍布世界各地。一方面，“基地”的核心藏匿于地下，对其构成致命打击相对困难；另一方面，“基地”的各个分支机构、外围组织以及边缘区信徒并未受“基地”的严密控制，其流动性较强，遭受打击后可以迅速转移，这也增加了国际社会对其进行打击的难度。“伊斯兰国”则不同，当我们以整体的视角审视“伊斯兰国”的组织结构时，其组织结构也存在不足。“伊斯兰国”相对高效明晰的职能结构、层次结构、部门结构、职权结构，是“伊斯兰国”组织结构类似国家的部分原因。而这套组织结构的运转有赖于占据一定的领土。[②] 正是有对所占地域的控制，使“伊斯兰国”的活动范围相对公开和固定，但同时也为国际社会打击“伊斯兰国”提供了一个“目标靶”，这客观上增大了“伊斯兰国”面临的外部压力。随着“伊斯兰国”领土的压缩，其统治“合法性”也会大打折扣。[③] 因此，对于“基地”和“伊斯兰国”组织结构的绩效，应当以全面的、动态的视角来审视。

三 国际恐怖主义组织结构的变迁：社会演化理论的解释

下文将借鉴国际政治中的社会演化理论，协调处理物质与精神两个维度，从帮助、选择、学习、建构、反社会化五种渠道分析“基地”到“伊斯兰国”组织结构的演化。

---

① 李伟：《“伊斯兰国”怎样“治国理政”》，《世界态势》2015 年第 9 期。

② 严帅：《伊拉克和黎凡特伊斯兰国》，《国际研究参考》2014 年第 7 期。

③ Graeme Wood, "What ISIS Really Wants," http://www.theatlantic.com/magazine/archive/2015/03/what-isis-really-wants/384980/.

（一）五种渠道分别塑造着“基地”到“伊斯兰国”组织结构的演化

中东破碎化的地区政治局势，特别是伊拉克和叙利亚政局的动荡，为“伊斯兰国”的崛起提供了至少以下方面的帮助：

其一，伊拉克战争之后的中东局势为“伊斯兰国”的崛起和发展壮大提供了土壤。一方面，伊拉克战争打破了伊拉克国内的政治平衡。伊拉克位于以什叶派为主的伊朗和以逊尼派为主的阿拉伯世界的交界地，尽管伊拉克内部什叶派占多数，但历史上一直是由占人口少数的逊尼派来统治。2003 年，美国入侵了伊拉克，并在其所谓的“民主改造”的计划下，使什叶派通过选举上台，逊尼派的上层精英基本上都被赶到了新政权的对立面。因此在战后，逊尼派的聚集区反美情绪高涨，反美和反政府武装力量不断发展，“伊斯兰国”的前身，扎卡维领导的“基地”组织伊拉克分支混迹其中，吸收了大量进行“圣战”的穆斯林，实力大为增强。

另一方面，伊拉克战争打破了伊拉克原有的政治平衡，取而代之的是两大教派的政治角力。在伊拉克战争之前，中东地区的四大地缘政治力量，即阿拉伯世界、伊朗、以色列、土耳其以世俗的国家利益为出发点，大致维持着这一地区的平衡。但在入侵伊拉克后，这种基于世俗国家利益的地缘政治平衡被打破，取而代之的是两个以教派为分野的政治力量集团：一个由伊朗、伊拉克、叙利亚构成的什叶派集团，另一个是由中东地区大多数阿拉伯国家为代表的逊尼派集团。两大集团分别支持分属各自阵营的团体，如“伊斯兰国”就得到了逊尼派集团或明或暗的支持。再者，始于 2010 年年底的中东变局以及西方国家对变局的干预，为“伊斯兰国”等极端组织的兴起提供了机遇。这场所谓的“革命运动”使阿拉伯世界许多国家的强人政权被推翻，之后在西方势力干预下建立起来的所谓的民主政府并未对国内局势形成强有力的控制，导致这些国家深陷动乱之中，这为“伊斯兰国”的发展壮大提供了可乘之机。如叙利亚内战爆发后，“伊拉克伊斯兰国”在叙利亚建立了“努斯拉阵线”。同时，为了尽快推翻巴沙尔政权，土耳其、美国等西方国家以及一些中东国家向叙利亚反对派提供资金和人力支持，间接助长了

“伊斯兰国”的势力。

此外，奥巴马政府的亚太再平衡战略使美国的战略中心转移到了亚太地区，相对减弱了对中东地区的控制，使中东地区的恐怖主义势力面临的外部压力减小，这同样为“伊斯兰国”的发展提供了难逢之机。2011年美国从伊拉克全面撤军，包括“伊斯兰国”在内的恐怖主义势力所受的压力急剧减弱，获得良好的发展势头。2013年4月，在叙利亚境内的“伊斯兰国”力量与之前在伊拉克的极端主义力量合并，成立“伊拉克和黎凡特伊斯兰国”。该组织于2014年初攻占费卢杰和拉马迪的部分地区，2014年6月攻占伊拉克第二大城市摩苏尔，同年6月29日宣布建立横跨伊拉克和叙利亚的“哈里发国”。因此，可以看出自2011年奥巴马政府进行亚太再平衡的外交调整后，“伊斯兰国”的发展呈现出了一种强劲反弹的势头。

通过上述分析，中东地区破碎的政治局势为“伊斯兰国”这一恐怖组织的崛起提供了必要的外在条件。这些条件至少应当包括：伊拉克战争所带来的极端反美情绪以及教派纷争，阿拉伯世界的革命以及西方势力插手带来的社会动荡，奥巴马政府的亚太再平衡战略带来的权力真空。“伊斯兰国”恰好在这些条件的帮助下实现了自身实力的壮大。当然，在这一过程中，选择也在发挥作用。对于恐怖组织而言，由于其与主权国家之间存在不可调和的矛盾，所以淘汰或保留一个恐怖组织的选择压力最终来自国际社会的打击。而中东地区破碎化的政治局势以及域外国家在打击恐怖主义时各自为政、彼此掣肘，使“伊斯兰国”面临较小的外部压力，这为其发展和壮大提供了一个短暂的政治机会结构。

“伊斯兰国”领导人对其“先驱者”的思想的继承和内化，是“伊斯兰国”这一“类国家”政治实体得以出现的内部条件。唐世平认为，学习是国际系统中的行为体产生和选择新观念或强化旧观念的过程。更进一步，如果行为体遵从并且吸收这种观念，且行为相应地发生了改变，那么该行为体就被这种观念建构。[①]“伊斯兰国”领导人对扎卡维思想的继承和内化，就是学习和建构共同作用的体现。首先，“伊斯兰国”的领导人继承了扎卡维的思想，认为建立“哈里发国”是一项迫

① Shiping Tang, *The Social Evolution of International Politics*, pp. 168 - 170.

在眉睫的任务。而“基地”的领导人认为，建立一个“哈里发国”是“基地”需长期努力的最终目标，目前的国际形势无助于这一目标的实现。主要原因有两点：一是美国的势力十分强大，在不能极大地消耗美国的情况下，“基地”即便建立起“哈里发国”，美国也最终能够将其颠覆或消灭；二是“基地”领导人认为，当前“圣战”事业并未得到伊斯兰世界的普遍支持，许多穆斯林对美国仍然抱有侥幸心理，对美国的痛恨程度不够。因此，“基地”领导人不支持立即建立“哈里发国”。

与“基地”领导人的态度不同，扎卡维并不关心普通穆斯林对美国的态度，扎卡维认为，不管普通穆斯林的态度如何，建立一个“哈里发国”都是十分必要且迫切的。[①]“伊斯兰国”的领导人阿布·巴克尔·巴格达迪直接继承了扎卡维这一观念。在2014年7月的演说中，巴格达迪称“建立‘哈里发国’是穆斯林的责任，这一责任已经被遗失了好几个世纪，穆斯林因失去它而有罪，应当尽力寻求它的建立”。[②]由此可见，巴格达迪的观念与扎卡维一脉相承，均认为建立“哈里发国”具有重要意义，也是穆斯林的首要任务。此后，巴格达迪不断内化这一观念，积极致力于“哈里发国”的实体化。据统计，在“伊斯兰国”的对外宣传中，有关战斗和乌托邦的描述占到了宣传总量的89.69%。[③]通过对外描述“哈里发国”生活的各个方面，如宗教活动、社会管理、经济活动等，巴格达迪对外将“伊斯兰国”打造成了一副类似乌托邦的美好形象，使“伊斯兰国”具有了强大的吸引力。同时，对战斗的宣传有助于增强“伊斯兰国”内部的凝聚力，可以维持“伊斯兰国”的内部团结。在“伊斯兰国”的内部治理方面，该组织建立了自己的安全机关、司法机关、教育机关、发行了自己的货币，有一套相对完整的经济体系，在巴格达迪的积极筹备下，“伊斯兰国”越来越具有“类国家”的基本形态，实体化程度不断提高。

---

① 参见 William McCants, *The ISIS Apocalypse*: *The History*, *strategy*, *and Doomsday Vision of the Islamic state*, New York, USA: St. Martin's Press, 2015, pp. 11 - 12。

② James Kitfield, "How to Stop Islamic State's Escalation Dominance," http://breakingdefense.com/2015/12/how-to-stop-islamic-states-escalation-dominance/.

③ Charlie Winter, "Documenting the Virtual 'Caliphate'," http://www.quilliamfoundation.org/wp/wp-content/uploads/2015/10/FINAL-documenting-the-virtual-caliphate.pdf.

其二，“伊斯兰国”的领导人在扎卡维思想的基础上进行了扩充，提出了建立“哈里发国”的具体步骤：第一步，“迁徙”，即将全世界的穆斯林召集到特定的“圣战”地点，以扩充“建国”的力量；第二步，“集合”，即对这些迁徙者进行“圣战”前的培训以提高他们的“圣战”技能；第三步，“摧毁非法统治者”，即对“异教徒”和“叛教者”发动暴力袭击，尽可能造成大量人员伤亡，营造无政府状态；第四步，“巩固”，即利用暴力活动造成的权力和秩序真空，不断扩充统治基础；第五步，“建立哈里发”，即建立一个严格以沙里亚法统治的“哈里发国”。唐世平认为，社会演化中精神维度的变异即新观念的产生，主要有三种途径，即新观念的自生、观念互补、外来观念的入侵。不仅如此，社会演化中精神维度的变异不是盲目的，人为地解决问题或者达到目标与预期可以创造某种观念。“伊斯兰国”领导人提出的“建国”五步走战略，可以被视为“伊斯兰国”在继承扎卡维有关须尽快建立“哈里发国”这一观念的基础上，根据形势的变化而提出的一种新的战略理念。因此，在很大程度上可以认为，“伊斯兰国”领导人对扎卡维“建国”观念的学习、内化以及创新，是“伊斯兰国”组织结构发生演化的内部原因之一。

“伊斯兰国”能够发展出类似于国家的组织结构的又一原因是其对现代国际体系的观念抵制。首先，“伊斯兰国”敌我对立的二元世界观使其从根本上拒绝现代国际体系。“伊斯兰国”领导人阿布·巴克尔·巴格达迪在2014年7月的宣教中强调，“当今世界已经划分为两个阵营，一个是由穆斯林和圣战者组成的信仰伊斯兰的阵营，另一个阵营由卡菲尔和伪信者组成，它包括犹太人、十字军及其盟友和其余的卡菲尔国家与宗教，并由美国和俄罗斯领导、由犹太人进行动员。”[①]“伊斯兰国”这种对世界进行绝对的敌我划分的做法，使其不可能融入现代国际体系，这使“伊斯兰国”在现代国际体系中树敌的同时增强了“伊斯兰国”内部的团结和统一。

---

① 参见李捷、杨恕《“伊斯兰国”的意识形态：叙事结构及其影响》，《世界经济与政治》2015年第12期；Seth G Jones，“A Persistent Threat the Evolution of al Qaeda and Other Salafi Jihadists，” http：//www. rand. org/content/dam/rand/pubs/research_ reports/RR600/RR637/RAND_ RR637. pdf。

其次，“伊斯兰国”对伊斯兰政治共同体乌玛的绝对追求和对伊斯兰真主主权观念的绝对信奉使其抵制现存的民族国家体系，致力于建立一个完全依靠伊斯兰教法统治的“国家”,[①] 推进了“哈里发国”的实体化。“伊斯兰国”的领导人巴格达迪认为，‘伊斯兰国’的建立“使乌玛恢复了团结和统一，因为叙利亚人不再是叙利亚人，伊拉克人不再是伊拉克人。地球是真主的，这是一个属于所有穆斯林的国家。”[②] 这种观念既反对现代国际关系中的国家主权原则，也反对国际社会中世俗的权力结构与国际制度，在巩固“伊斯兰国”统治思想基础的同时也对“伊斯兰国”的“建国”活动形成了指导，进而推进“伊斯兰国”组织结构的完善。

最后，通过上述分析可以发现，在从“基地”到“伊斯兰国”组织结构演化的过程中，国际系统塑造行为体的五种渠道，即帮助、选择、学习、建构、反社会化在不同程度上对这一过程产生了影响。

（二）五种渠道作为一个系统共同塑造着“基地”到“伊斯兰国”组织结构的演化

如前所述，国际系统塑造行为体的五种渠道应当是一个系统，它们共同起作用而不是独立地起作用，以塑造行为体的观念、身份和行为。因此，挑出一两个渠道同时忽视剩下的渠道，或者仅仅承认五种渠道但将它们彼此分离，均无法全面解释国际关系现象的演化情况。在分析从“基地”到“伊斯兰国”组织结构为何会出现明显变迁这一问题时，上述观点同样适用。下面首先论述从单一渠道解释恐怖主义的组织结构变化时所存在的问题，之后从五种渠道作为一个系统的角度解释国际恐怖主义组织结构发生演化的原因。

从结构现实主义的物质主义本体出发，国际体系中行为体行为改变的原因主要是结构的作用，即“结构选择”。如果单纯从结构选择的角度出发，无法解释在相同的选择压力下，为什么一些恐怖组织发展出了

---

① 刘中民：《伊斯兰的国际体系观——传统理念、当代体现及现实困境》，《世界经济与政治》2014 年第 5 期。

② 参见 Abu Bakr al-Baghdadi, “A Message to the Mujahidin and the Muslim Ummah in the Month of Ramadan,” https://ia902501. us. archive. org/2/items/hym3_ 22aw/english. pdf。

等级结构，而另一些恐怖组织却没有。如“伊斯兰国”和“努斯拉阵线”都处在中东地区破碎化的政治局势中（特别是叙利亚内战带来的混乱局势），两者均面临大致相当的环境帮助和选择压力，但后者却没有发展出类似国家的组织结构。

从建构主义的观念主义本体出发，国际体系中行为体行为的改变主要是通过社会化，即社会习得。如果从社会习得的角度出发，则无法解释为什么同样拥有“建国”情结的其他恐怖组织却没有建立起类似“伊斯兰国”那样实体化程度较高的“哈里发国”。如2011年5月，隶属于“基地”组织阿拉伯半岛分支的伊斯兰军事集团“安萨尔伊斯兰教义组织”（Ansar al-Sharia），在控制了也门阿比扬省大部分地区后宣布以津吉巴尔市为首都建立“伊斯兰酋长国”，但最终被也门政府军消灭。尽管此次活动失败，但该恐怖组织“建国”的活动并未休止。2012年1月，该恐怖组织在也门南部拉达地区、阿比扬省洛德尔、舍不瓦省、亚赞地区接二连三宣布“建国”，但均未获得成功。[①] 因此，单纯从物质主义的角度或者单纯从观念主义的角度均无法对国际恐怖主义组织结构的变迁做出全面而合理的解释，应当协调处理物质与精神两个维度，对这一过程进行全面的分析。

从“基地”到“伊斯兰国”组织结构的演化，有赖于五种渠道共同发挥作用。从物质维度来看，地区动荡的政治局势有利于“伊斯兰国”攻占领土、建立以集中化和等级制为特征的组织结构。在某种程度上，如果没有伊拉克战争以及叙利亚内战造成的政治恶果，“伊斯兰国”难以产生并发展壮大，国际恐怖主义的组织结构发生演化也无从谈起。再加上中东地区破碎化的政治局势以及域外国家在打击恐怖主义时各自为政、彼此掣肘，使“伊斯兰国”面临较小的外部压力，这为其发展和壮大提供了一个短暂的政治机会结构。从精神维度来看，学习、建构和观念抵制这三种渠道指导着“伊斯兰国”组织结构的发展方向。即便地区局势和外部压力为“伊斯兰国”的产生和发展提供了可能性，但是也并不意味着“伊斯兰国”的组织结构就一定沿着“类国家”的

① 钮松、徐曹宇：《“基地”组织当前“建国”活动及其走向》，《亚非纵横》2014年第3期。

方向演化。“伊斯兰国”的领导人巴格达迪对扎卡维“建国”思想的继承和内化以及适度创新为“伊斯兰国”组织结构的发展指明了方向，推动了“哈里发国”的实体化。同时，“伊斯兰国”领导人对现代国际体系规范的观念抵制，使其致力于建立一个完全依靠伊斯兰教法统治的“哈里发国”。

四 结论与启示

本章在比较了“基地”和“伊斯兰国”组织结构差异的基础上尝试解释了“伊斯兰国”发展出“类国家”组织结构的原因。从“基地”到“伊斯兰国”，恐怖主义的组织结构发生了演化。单纯地从物质主义的结构选择或观念主义的社会习得的角度无法对这一变化做出全面而合理的解释。本章借鉴将社会演化理论引入国际政治所得的理论成果，即国际系统塑造行为体的五种渠道（约束/帮助、学习、建构、选择、反社会化）在协调物质与观念两个层面因素的基础上尝试对这一演化做出解释：中东地区破碎化的政治局势和国际社会打击的不足为“伊斯兰国”的崛起提供了政治机会结构，“伊斯兰国”领导人对扎卡维“建国”思想的继承和创新，以及对现代国际体系的观念抵制使其寻求建立一个伊斯兰教法统治的“哈里发国”。在上述条件共同作用下，恐怖主义的组织结构发生了演化。

本章的研究在理论与政策两个方面对后续的研究具有一定的启发意义。首先，在理论方面。第一，应当重视系统研究而不是将视线仅仅放在“结构—行为者”的互动之上。国际政治乃至整个人类社会是一个复杂的系统，这一系统由行为者（agents，如个人和个人的集合）、制度体系（institutional system，如结构）、物质环境（physical environment）、进程（processes，如行为、互动、制度化、社会化、内在化）等要素构成。① 如果仅仅着眼于结构和行为体，那么会遗漏系统中其他部分，导致分析问题不全面。此外，国际政治乃至整个人类社会系统，其内部各个要素彼此进行互动，如行为体之间、行为体与结构之间、行为体与物

① Shiping Tang, *The Social Evolution of International Politics*, p. 153.

质环境之间的互动等。如果只着眼于结构与行为体这一种互动模式，则会忽视系统内其他类型的互动，使分析问题的渠道过于单一。因此，分析问题的视角应当是系统的、动态的、多渠道的，而不是结构的、静态的、单一渠道的。

第二，社会演化理论将时间因素引入了社会科学研究，相应地，将社会演化理论引入国际政治研究所得的理论成果也带有时间的因素，即国际系统通过五种渠道塑造行为体的过程是一个动态的过程。“伊斯兰国”发展出了类似国家的组织结构，其中较为关键的一点是政治机会结构的出现，但在国际反恐联盟、中东多个国家的库尔德武装以及伊叙安全部队的共同打击下，“伊斯兰国”的组织结构作为“目标靶”的劣势进一步凸显。随着政治机会结构的收缩或关闭，选择压力将会淘汰或保留系统中的某些恐怖组织。系统鼓励那些具有松散、扁平化特征的恐怖组织，而惩罚那些具有集中、科层制特征的恐怖组织。事实上，从2013 年“伊斯兰国”开始在叙利亚和伊拉克攻城略地到 2017 年 11 月21 日伊朗和伊拉克两国同时宣布“伊斯兰国”已被剿灭，在这大约五年的时间里，“伊斯兰国”的确得益于政治机会结构而暂时避免了选择压力的淘汰。然而国际社会与恐怖主义之间不可调和的矛盾决定了选择压力常在而政治机会结构不常有。目前，“伊斯兰国”的“基地化”趋势表明“伊斯兰国”学习了“基地”与国际社会互动的经验和自己失败的教训，其组织结构转变为网络结构，这也从一个侧面验证了网络式组织结构的生命力。当然，不排除“伊斯兰国”重新获得政治机会结构而再次演化成等级结构，也不排除其他恐怖组织重拾“伊斯兰国”的“建国”思想进而发展出等级结构，但无论如何，等级制的组织结构都不是系统所鼓励的。

其次，就政策启示而言。本章的政策启示分为物质与观念两个方面。第一，物质方面的政策启示。物质方面的政策启示更多的与上文提到的约束/帮助、选择两种渠道相关。一方面，尽管国际反恐联盟已经击溃了“伊斯兰国”，但并没有解决该地区更深层次的问题，如政局动荡、宗派冲突、种族矛盾、经济困难、不满情绪等。国际社会应当维持和重建伊拉克和叙利亚的政治稳定，同时将始于 2010 年年底的中东变局限制在可控范围之内，并且增强在中东的政治和军事影响力以对这一地区的恐怖主义势力形成压制，消除“伊斯兰国”得以发展的外部条件；另一方面，国际社会尚未就恐怖主义的定义达成广泛共识、联合国在打击国际恐怖主义过程中的作用得不到广泛认可、大国在打击恐怖主义的过程中存在严重的价值破碎化现象、西方国家在打击国际恐怖主义的过程中奉行双重标准等问题的存在严重阻碍了恐怖主义的全球治理，削弱了中东地区的恐怖组织所面临的选择压力。为防止“伊斯兰国”再次利用政治机会结构而“复国”，国际社会尤其是西方国家应该反思在恐怖主义全球治理的过程中存在哪些问题，如何巩固合作基础，达成合作共识。

第二，观念方面的政策启示。观念方面的政策启示更多的与上文提到的学习、建构、反社会化等渠道相关。与“基地”相比，“伊斯兰国”更加极端和残忍，排斥“异教徒”、攻击什叶派穆斯林以及不服从其统治的逊尼派穆斯林。虽然“伊斯兰国”建立的“哈里发国”实体已经不再显示在地图上，但是其极端主义意识形态并未消失，不排除其他恐怖组织重拾这套思想体系而重新建立“哈里发国”的可能。因此，国际社会应该传播正确的宗教观念、构建反击宗教极端主义的架构叙事、争取伊斯兰温和势力、避免普通民众被“伊斯兰国”的宗教极端思想以及“建国”观念所蛊惑、在分化“伊斯兰国”大众支持的基础上对其进行打击，等等。

最后，约束/帮助、选择、学习、建构、反社会化作为一个系统共同影响着“伊斯兰国”的发展。因此，在打击“伊斯兰国”的问题上，物质手段与观念手段也应当相互协调、同时使用。目前，国际社会通过物质主义的手段打击“伊斯兰国”已经取得了成效，但是从观念层面对其进行打击的手段亟待加强，这是国际社会彻底摧毁“伊斯兰国”所更需要关注的领域。

拙作第三部分比较了“基地”与“伊斯兰国”之间的另一个差异，即两者的组织结构不同。“基地”在阿富汗战争之后，为规避打击，逐渐采取了一种网络式的组织结构，而在上升和全盛时期，“伊斯兰国”采取的是等级制的组织结构。两者采取的组织结构的不同，既是全盛时期的“伊斯兰国”令“基地”组织在动员能力方面相形见绌的部分原因，也是最终导致“伊斯兰国”衰落并不得不采取“基地化”运作方式而“基地”顽强地存活下来的主要原因。无论是“基地”还是“伊斯兰国”，动员能力和存续能力对它们的发展而言都是至关重要的。从逻辑上看，虽然没有必然的因果联系，但动员能力越强的恐怖组织可能产生的威胁更大，从而引发强烈的反击，削弱其存续能力。因此在下一章中，我们先比较“基地”与“伊斯兰国”动员能力的差异以及出现这种差异的原因。然后在第十章说明存续能力较弱的“伊斯兰国”为何采取“基地化”的运作方式，这表现在哪些方面，国际社会又该如何应对等问题。

第四部分

“基地”与“伊斯兰国”动员能力的差异及其应对

第九章 “基地”与“伊斯兰国”动员能力的差异及原因

一 恐怖组织国际动员能力为何存在差异?

恐怖组织的存在与发展，有赖于它们吸引大量的潜在支持者参与恐怖活动，以充实其战斗与后勤队伍。换言之，动员能力的高低是影响恐怖组织发展前景的关键因素。那些具有重大影响的恐怖组织，往往具有较强的动员能力，如“猛虎组织”“爱尔兰共和军”“伊扎布特”（Hizbut Tahrir）[①]“基地”组织“伊斯兰国”等。恐怖组织可以通过多种方式进行动员，其中较为常用的方式，是通过发动恐怖袭击，直接以行动向潜在的支持者或同情者传递有关组织战略目标、意识形态、信仰体系、行动策略、斗争对象等方面的信息。[②] 除了恐袭行动本身外，恐怖组织还通过构建能够引发潜在支持者或同情者强烈共鸣的架构叙事，[③] 以塑造他们的世界观与信仰体系，进而促进他们激进化或极端化，甚至参与到恐怖活动中来。[④]

① Mohamed Osman, Mohamed Nawab, “Reviving the Caliphate in the Nusantara: Hizbut Tahrir Indonesia's Mobilization Strategy and Its Impact in Indonesia,” *Terrorism and Political Violence*, Vol. 22, No. 4, 2010, pp. 601 – 622.

② Ethan Bueno de Mesquita and Eric S. Dickson, “The Propaganda of the Deed: Terrorism, Counterterrorism, and Mobilization,” *American Journal of Political Science*, Vol. 51, No. 2, 2007, pp. 364 – 381.

③ Michael Page, Lara Challita and Alistair Harris, “Al Qaeda in the Arabian Peninsula: Framing Narratives and Prescriptions,” *Terrorism and Political Violence*, Vol. 23, No. 2, 2011, pp. 150 – 172.

④ 近年来，学术界对恐怖组织架构叙事的重要性有了充分的意识，参见 R. Bennett Furlow and H. L. Goodall, “The War of Ideas and the Battle of Narratives: A Comparison of Extremist Storytelling Structures,” *Cultural Studies↔ Critical Methodologies*, Vol. 11, No. 3, 2011, pp. 215 – 223; Christian Leuprecht, Todd Hataley, Sophia Moskalenko and Clark McCauley, “Winning the Battle But Losing the War? Narrative and Counter-narratives Strategy,” *Perspectives on Terrorism*, Vol. 3, No. 2, 2010, pp. 25 – 35。

总之，行动与话语是恐怖组织进行动员的两种主要方式。因而，一旦能有效地削弱恐怖组织的动员能力，将能沉重打击恐怖组织的行动能力。就此而言，恐怖组织与反恐行为体之间始终在围绕动员与去动员（demobilization）展开竞争。①

尽管每个恐怖组织均会不遗余力地进行动员，然而，它们的动员能力却有高下之分。如“猛虎组织”在其鼎盛时期有8000—10000名活跃的战斗人员，同样，黎巴嫩“真主党”除了拥有数千训练有素的武装人员外，还有成千上万可提供社会公共服务的后勤人员；② 而最初在中亚地区活动、后来主要参与阿富汗战争的“乌兹别克斯坦伊斯兰运动”（即“乌伊运”）却始终面临动员能力严重不足的问题。在全球化时代，为了最大限度地提高动员能力，恐怖组织除了着眼于充分动员活动地域内的人力和资源基础外，还千方百计地拓展国际联系，试图招募更多的“外籍战士”。尽管动员和招募“外籍战士”并非新现象，但随着现代通信技术的突飞猛进，恐怖组织通过行动和话语传递信息的能力得到提高，客观上也的确提升了恐怖组织的国际动员能力。然而，不同类型的恐怖组织，甚至同类恐怖主义中不同恐怖组织的动员能力存在明显差距。如以“基地”组织与“伊斯兰国”为例，它们所招募到的“外籍战士”规模就有明显差异。如从2011—2016年，“伊斯兰国”吸引了至少4万名“外籍战士”，③ 而阿富汗抗苏战争期间吸引的“外籍战士”为4000余人。④ 另有学者统计，自1979—2015年36年间，持续动荡的阿富汗局势总共吸引了1.1万—2.6万名“外籍战士”；而仅在短短数年时间里，伊拉克（2013—2015年）和叙利

---

① Daniel S. Geller and Alvin M. Saperstein, “A Dynamic Model of Suicide Terrorism and Political Mobilization,” *International Political Science Review*, Vol. 36, No. 5, 2015, pp. 562 – 577.

② Victor Asal, Brian Nussbaum and D. William Harrington, “Terrorism as Transnational Advocacy: An Organizational and Tactical Examination,” *Studies in Conflict & Terrorism*, Vol. 30, No. 1, 2007, pp. 15 – 39.

③ Radicalization Awareness Network, *RAN Manual Responses to returnees: Foreign terrorist fighters and their families*, July 2017, https://ec.europa.eu/home-affairs/sites/homeaffairs/files/ran_br_a4_m10_en.pdf, p. 15.

④ Thomas Hegghammer, “The Rise of Muslim Foreign Fighters Islam and the Globalization of Jihad,” *International Security*, Vol. 35, No. 3, 2010/11, p. 60.

亚（2011—2015 年）就吸引了 1.5 万—2.6 万名“外籍战士”前往参战。[①] 尽管迁入伊拉克和叙利亚的“外籍战士”并不一定全部加入了“伊斯兰国”，正如到阿富汗的“外籍战士”并非全部加入了“基地”一样。然而，“伊斯兰国”动员和招募“外籍战士”的能力远超“基地”，这既是众所周知的事实，也是学术界的共识。尽管在战场上失利，但“伊斯兰国”在鼎盛时期令人始料不及的国际动员能力，仍然是一个值得人们深思的现象。

为何不同恐怖组织的国际动员能力会存在明显差异？对于这一问题，并不存在一目了然的答案。恐怖组织的国际动员能力受到一系列因素的影响，如恐怖组织的活动地域、意识形态、组织结构、领导人性格、战略目标、行动策略、动员手段的先进或落后程度、与敌对方的互动方式，等等。即使是比较同一类型恐怖组织为何具有不同的国际动员能力，得到的结论也有可能是不确定的。如以具有亲缘关系的“基地”与“伊斯兰国”为例，尽管两者同属逊尼派宗教恐怖组织，在意识形态上均体现出圣战萨拉菲主义的特征，均有克里斯玛型的领导人（“基地”的本·拉登、扎瓦赫里，“伊斯兰国”的扎卡维、巴格达迪），均千方百计地利用网络、社交媒体等工具进行国际动员，均针对它们构建的“远敌”——指美国为首的西方国家与“近敌”——与美国等西方国家合作的世俗阿拉伯政权展开斗争，它们均希望重建“哈里发国”和实施伊斯兰教法——沙里亚法，等等。然而，即便它们在上述战略目标、意识形态、动员工具、攻击对象等方面具有众多的相似性甚至共同点，但它们的国际动员能力依旧存在明显差异。

针对“基地”与“伊斯兰国”的国际动员能力为何存在明显差异这一问题，国内外学术界虽有所提及，但并未给出系统、明确的答案。国内外学术界对这一问题的现有解释，主要突出以下因素对“伊斯兰国”动员能力的影响：“伊斯兰国”建立了“哈里发国”、[②] 能够娴熟地

---

① David Malet, “Foreign Fighter Mobilization and Persistence in a Global Context,” *Terrorism and Political Violence*, Vol. 27, No. 3, 2015, p. 463.

② Graeme Wood, “What ISIS Really Wants,” *The Atlantic*, Vol. 315, No. 2, 2015, pp. 78 – 94.

使用脸书等虚拟社交网络,① 其攻击或统治手段异常残暴,② 在意识形态方面根据自身的战略目标对伊斯兰教义进行创造性的诠释、③ 尤其是大肆宣扬末日决战的叙事,④ 等等。这些因素，尤其是“伊斯兰国”宣称重建“哈里发国”，对其国际动员能力产生的影响不容低估。此举不仅顺应了许多伊斯兰激进分子渴望恢复逝去了的哈里发国的愿望，而且为“外籍战士”提供了明确的迁徙目的地。至于其他因素，也或多或少地为“伊斯兰国”展示出令人侧目的国际动员能力做出了贡献。事实上，现有研究针对“伊斯兰国”特性所做的分析，的确构成“基地”组织与“伊斯兰国”在意识形态和战略实践等方面表现出来的差异。

本章的目的，并不是否认上述因素在影响两个恐怖组织展示出不同国际动员能力方面所发挥的作用，而是尝试从身份建构的角度，讨论不同恐怖组织的组织属性对其国际动员能力的影响。本章认为，恐怖组织为满足潜在支持者和同情者本体不安全感或身份不确定感所构建的身份类型，对其国际动员能力具有重要影响。在同类恐怖组织中，那些“群体实体性”（group entitativity）程度更高的群体，即群体界线更为明确、成员标准更为严格、战略目标更为清晰、群体特征更为独特，将会产生更强的国际动员能力。就“基地”与“伊斯兰国”的比较而言，相对于“基地”组织，“伊斯兰国”拥有更高的群体实体性，从而导致其产生了更强的国际动员能力。通过将身份建构、群体类型与国际动员能力联系起来予以考察，首先能从理论角度有效解释“基地”与“伊斯兰国”国际动员能力为何会具有明显差异，其次还可以对国内外学术界已

---

① Haroro J. Ingram, “The Strategic Logic of Islamic State Information Operations,” *Australian Journal of International Affairs*, Vol. 69, No. 6, 2015, pp. 729 – 752; James P. Farwell, “The Media Strategy of ISIS,” *Survival*, Vol. 56, No. 6, 2014, pp. 49 – 55；谢许潭：《国际反恐新战场：应对“伊斯兰国”媒体宣传的挑战》，《外交评论》2016 年第 1 期。

② Jessica Stern and John M. Berge, *ISIS: The State of Terror*, New York: Harper Collins Publishers, 2015; Michael Weiss and Hassan Hassan, *ISIS: Inside the Army of Terror*, New York: Regan Arts, 2015; Joby Warrick, *Black Flags: The Rise of ISIS*, New York: Random House, 2015.

③ Ian R. Pelletier, et al. “Why ISIS' Message Resonates: Leveraging Islam, Sociopolitical Catalysts and Adaptive Messaging,” *Studies in Conflict & Terrorism*, Vol. 39, No. 10, 2016, pp. 871 – 899.

④ William McCants, *The ISIS Apocalypse: The History, Strategy, and Doomsday Vision of the Islamic State*, New York: Macmillan, 2015.

经注意到的影响“伊斯兰国”国际动员能力的各种因素进行更有效的整合，最后有助于从更为普遍的角度把握影响恐怖组织国际动员能力的象征性因素。

为了避免不必要的误解，还需对本章的研究做出以下说明：其一，由于“伊斯兰国”的国际动员能力强于“基地”已成为人们的共识，故本章对此不予专门讨论，而是把分析的重点放在两者的群体实体性及其差异上。其二，恐怖组织的动员能力包括了它们募集到的人员、资金、武器等诸多方面，而本章对这两个恐怖组织动员能力的讨论，主要集中在它们在鼎盛时期所招募的“外籍战士”人数上。其三，本章之所以将“基地”与“伊斯兰国”视为同类恐怖组织，主要是就它们所采取的圣战萨拉菲主义意识形态而言的。如果采取别的区分依据，如组织结构、活动地域等，这两个恐怖组织之间仍存在许多差别。为了对本章提出的观点进行验证，结构安排如下：首先从身份建构的角度阐明群体实体性与动员能力之间的关系；其次分别对“基地”与“伊斯兰国”的群体实体性进行简要分析；最后是总结本章的发现。

二 个体的本体不安全感及对恐怖组织的群体认同

全球化时代迅速、广泛和深刻的变迁，导致许多群体，尤其是弱势群体遭遇本体不安全感和存在性焦虑（existential anxiety）。这也是当前国际恐怖组织能够动员大量追随者的心理基础。所谓本体安全，是指“个人具有的基本安全感，以及对他人具有基本信任。获得这种信任，对于个人维持心理健康和避免存在性焦虑是不可或缺的”。对于行为体而言，获得本体安全感的意义在于，它“是对未来威胁和危险的一种保护，以允许个体在面临可能的恶劣环境时保持希望与勇气”。[①] 简单地说，所谓本体安全，就是行为体认为社会与周边环境具有稳定性、可预测性，能够对影响行为体心理福利和人际信任的各种因素均有一定程度

① Anthony Giddens, *Modernity and Self-identity: Self and Society in the Late Modern Age*, Stanford: Stanford University Press, 1991, pp. 38 – 39.

的可控性。在影响行为体本体安全的各种因素中，行为体是否具有稳定的自我身份至关重要。由于身份往往是在与他者共存和比较的过程中得以产生和维系的，故自我身份的稳定与否，不仅关系到行为体如何处理与他者及周边环境之间的关系，最重要的是行为体能够基于自我身份恰当地思考、行事。① 一旦本体安全受到威胁，也就意味行为体的自我身份遭遇了挑战，从而使其产生存在性的焦虑、羞辱等情绪。在当前迅速变迁的全球化时代，由于观念、信息、人员、资本、技术等因素的快速流动对人们原本赖以获得安全感和信任感的传统价值观念、社会结构、归属群体产生强烈的冲击，故生活在“全球村”和“风险社会”中的个人也面临史无前例的本体不安全感和身份焦虑感。这一种状况，在身处社会结构中的弱势群体中表现得尤其明显，如移民、难民、少数民族、女性等。

当个人遭遇本体不安全感，它们将寻求加入群体等方式以获得安全感和身份确定感。由于本体不安全感主要源自行为体自我身份的不稳定或未能适应环境的迅速变迁，故消除本体不安全感主要包括两种应对方式，一类包括自我身份或改变自我行为以适应环境、以开放心态接受新的或多元化的观点，② 另一类是诉诸刚性的、简单的、非黑即白式的意识形态或者加入具有原教旨主义倾向的团体，以此抵御环境的变化。具有本体安全类似于一种“居家”的感觉，故其一旦受到威胁，会导致人们下意识地去寻找和重获“家园”。③ 而接受新的信念体系，改变自我身份，往往会给个体带来巨大的心理成本，故本体安全受到挑战时，人们更为常见的反应是后一类而非前一类，即当个人遭遇本体不安全感时，往往也导致其在理念、宗教、行为等方面趋于极端，试图以此削减焦虑感，重获确定性和身份稳定性。这种趋势，得到了恐怖管理理论

① Michael A. Hogg, “Self-Uncertainty, Social Identity, and the Solace of Extremism,” in Michael A. Hogg and Danielle L. Blaylock, eds., *Extremism and the Psychology of Uncertainty*, West Sussex: Blackwell Publishing Ltd., 2012, p. 21.

② Brent J. Steele, *Ontological Security in International Relations: Self-identity and the IR State*, London and New York: Routledge, 2008.

③ Ann Dupuis and David C. Thorns, “Home, Home Ownership and the Search for Ontological Security,” *The Sociological Review*, Vol. 46, No. 1, 1998, pp. 24 – 47.

(terror management theory)、[①] 不确定管理理论 (uncertainty management theory)、[②] 补偿控制理论 (compensatory control theory)、[③] 意义维持理论 (meaning maintenance theory)[④] 等诸多理论视角的证实。因此，在社会剧烈变迁导致人们经历本体不安全感的历史性时刻，人们往往会见证民族主义、民粹主义和宗教原教旨主义等较为极端的思想观念和信仰体系的广泛兴起，正如当前国际社会诸多地区出现了政治极化和民粹主义大行其道的现象所显示的一样。民族主义和宗教之所以在人们经历严重本体不安全感时扮演着身份稳定器的作用，主要是因为“它们在危急时刻传递团结、安全与包容等感觉的能力”，“相对于其他身份构造，它们将危机从个体层面转移至抽象（想象的）层面，从而使个人获得有别于此处的彼处之家的感觉”。[⑤]

对行为体的本体不安全感与其加入极端或恐怖组织之间关系做了较深入说明的，是迈克尔·霍格等人所构建的不确定性—身份理论（uncertainty-identity theory）。[⑥] 霍格指出：“削减不确定性和保护自己免受不

① Greenberg, Jeff, Sheldon Solomon and Tom Pyszczynski, "Terror Management Theory of Self-esteem and Cultural Worldviews: Empirical Assessments and Conceptual Refinements," in Mark P. Zanna, ed., *Advances in Experimental Social Psychology*, San Diego, CA: Academic Press 1997, pp. 61 - 139.

② Ian McGregor, "Offensive Defensiveness: Toward an Integrative Neuroscience of Compensatory Zeal after Mortality Salience, Personal Uncertainty, and other Poignant Self-threats," *Psychological Inquiry*, Vol. 17, No. 4, 2006, pp. 299 - 308; Ian McGregor, et al. "Religious Zeal and the Uncertain Self," *Basic and Applied Social Psychology*, Vo. 30, No. 2, 2008, pp. 183 - 188; KeesVan den Bos, "Making Sense of Life: The Existential Self Trying to Deal with Personal Uncertainty," *Psychological Inquiry*, Vol. 20, No. 4, 2009, pp. 197 - 217.

③ Aaron C. Kay and Richard P. Eibach, "Compensatory Control and its Implications for Ideological Extremism," *Journal of Social Issues*, Vol. 69, No. 3, 2013, pp. 564 - 585.

④ Steven J. Heine, Travis Proulx and Kathleen D. Vohs, "The Meaning Maintenance Model: On the Coherence of Social Motivations," *Personality and Social Psychology Review*, Vol. 10, No. 2, 2006, pp. 88 - 110; Travis Proulx, Michael Inzlicht and Eddie Harmon-Jones, "Understanding all Inconsistency Compensation as a Palliative Response to Violated Expectations," *Trends in Cognitive Sciences*, Vol. 16, No. 5, 2012, pp. 285 - 291.

⑤ Catarina Kinnvall, "Globalization and Religious Nationalism: Self, Identity, and the Search for Ontological Security," *Political Psychology*, Vol. 25, No. 5, 2004, pp. 762 - 763.

⑥ Michael A. Hogg and Janice Adelman, "Uncertainty-Identity Theory: Extreme Groups, Radical Behavior, and Authoritarian Leadership," *Journal of Social Issues*, Vol. 69, No. 3, 2013, pp. 436 - 454.

确定性之苦折磨的最有效方式，或许是将自己的信念、态度、价值与世界观置入到共识之中，并与那些志同道合者相处并加强这些世界观。”[①] 当遭遇本体不安全感的个体加入到极端或恐怖组织之中，个体首先获得了与其他志同道合者相似的集体身份，即使这种身份也许只是想象的而不是真实的；因为归属于群体，个体感觉获得了相对于其他群体的身份独特性甚至优越性，从而使其自我价值和自尊得到提升；个体可以以群体规定的方式思考和行事，从而有效削减了个体面对迅速变迁的外部环境时的无力感；当以非黑即白的方式观察和应对世界，尤其是外群体，也就为个体面对外群体时如何互动提供了行动指南，如基于对外群体成员的非人化，从而为针对其成员开展恐怖袭击免除了道德或心理上的负罪感，等等。[②] 由此可见，尽管并非所有经历本体不安全感的个体均会激进化或极端化，但加入极端或宗教组织的确是部分个体缓解本体不安全感的有效方式。而实证研究成果表明，一旦面临本体不安全感的个体还认定个人或其所属的群体遭遇到了不公正的对待和自群体面临来自他群体的威胁，那么，个体接受激进意识形态体系的可能性将会大增。[③] 这可以说明为何那些具有激进化倾向的个体很容易变得极端，甚至加入恐怖组织。

潜在动员对象存在的不安全感，为恐怖组织宣称能为他们提供所渴求的稳定身份准备了条件。恐怖组织往往是操弄身份政治的高手，它们利用希望动员的个体和成员面临本体不安全感的状况，试图提供具有清晰和排他性界线的身份类型，试图以此吸引这些成员加入。一般而言，恐怖组织构建替代性身份是通过其架构叙事实现的。为了使

① Michael A. Hogg, Arie Kruglanski and Kees Bos, “Uncertainty and the Roots of Extremism,” *Journal of Social Issues*, Vol. 69, No. 3, 2013, p. 412.

② Michael A. Hogg, Christie Meehan and Jayne Farquharson, “The Solace of Radicalism: Self-uncertainty and Group Identification in the Face of Threat,” *Journal of Experimental Social Psychology*, Vol. 46, No. 6, 2010, pp. 1061 - 1066; Fiona Grant and Michael A. Hogg, “Self-uncertainty, Social Identity Prominence and Group Identification,” *Journal of Experimental Social Psychology*, Vol. 48, No. 2, 2012, pp. 538 - 542.

③ Bertjan Doosje, Annemarie Loseman and Kees van den Bos, “Determinants of Radicalization of Islamic Youth in the Netherlands: Personal Uncertainty, Perceived Injustice, and Perceived Group Threat,” *Journal of Social Issues*, Vol. 69, No. 3, 2013, pp. 586 - 604.

恐怖活动具有合法性和正义性，恐怖组织会构建具有一定系统性和逻辑性的架构叙事，提供以与常规政治活动有别的意义或象征体系，致力于改造替代性成员的信念、价值与行为。具体而言，架构叙事包括三种类型的架构活动，即查找自群体遭遇不公的根源和需要由此负责的他群体（危机何在），如何消除不公（解决方案是什么），如何动员属于自群体成员开展行动以实现正义（怎么动员）。围绕这三个方面内容而形成的话语体系，分别为诊断式框架、处方式框架与促发式框架。[①] 恐怖组织的架构叙事不仅会明确规定自群体和他群体，而且会以一种黑白分明、势不两立的方式理解自群体和他群体之间的关系：自群体是无辜和优越的，他群体是邪恶和低劣的；自群体遭遇的所有不公均源自他群体的迫害；唯有对他群体展开不计成本和至死方休的斗争，才能恢复自群体的荣耀和光荣。尽管不同恐怖组织的构架叙事和对自群体身份的界定受到一系列因素的影响，从而存在或多或少的差异，但以敌对和黑白分明的方式理解和处理自群体和他群体之间的关系，是恐怖组织的共同特征，也是恐怖组织能够以残酷方式袭击平民的思想基础。

恐怖组织构建的群体身份具有不同的群体实体性，从而直接影响到不同组织的动员能力。诚如霍格指出的：“某些群体及其身份比其他身份能够更好地通过自我区分（self-categorization）以削减自我不确定性，尤其是那些独特、结构良好、拥有清晰边界、具有明确成员标准、基于相对统一的世界观而对行为做出一致性和预见性规范的群体”。[②] 换言之，具有这些特征的群体，往往能够更好地消除行为体的本体不安全感，从而也就能吸引更多的成员认同该群体，进而也就能产生更高程度的动员能力。而群体身份所具有的独特性、结构性、边界、成员标准等因素，被霍格等人称之为群体实体性。更为明确地说，是否具有明确的群体界线、是否具有一致的成员标准、是否有严格共享的目标、是否有独特的群体特征，构成区分群体实体性高低程度的

---

① David A. Snow and Scott C. Byrd, “Ideology, Framing Processes, and Islamic Terrorist Movements,” *Mobilization: A International Quarterly Review*, Vol. 12, No. 1, 2007, pp. 119 – 136.

② Michael A. Hogg and Janice Adelman, “Uncertainty-Identity Theory: Extreme Groups, Radical Behavior, and Authoritarian Leadership,” p. 437.

标准。[①] 通过招募114名本科生进行实验，霍格等人对群体实体性程度与成员认同群体的正相关关系进行了证明。[②] 尽管霍格等人只是衡量了群体实体性与群体认同程度之间的关系，而未对群体实体性与群体动员能力进行研究，但社会运动的大量经验研究表明，虽然对群体没有认同的个体也可能参与社会运动，但群体认同程度对社会运动的动员能力有直接影响，群体认同几乎是社会运动之动员能力的代名词。[③] 如果将恐怖主义视为一种特殊的、风险极高的社会运动，[④] 那么，也就意味着恐怖组织的群体实体性与群体认同程度之间的正相关关系，等同于群体实体性与组织动员能力之间的关系。

尽管霍格明确指出其不确定—身份理论有助于解释国际社会中的极端主义现象，然而，由于无法对极端或恐怖组织进行田野调查，有关群体实体性与其动员能力之间关系的研究仍停留在实验阶段。而“基地”与“伊斯兰国”之间的竞争，为检验上述观点提供了难得的案例。这两个恐怖组织不仅在当前仍然相对活跃，或许更为重要的是，它们之间既具有一定的亲缘性和相似性，也存在明显的差异，从而使它们构成比较理想的比较对象。通过对它们的群体实体性进行比较，不仅可以检验霍格理论的适用性，也有助于解释为何“伊斯兰国”的动员能力强于“基地”组织。下文将分别分析“基地”与“伊斯兰国”的群体实体性，最后在结论里对它们在群体实体性方面的差异及其启示进行简要讨论。

三 “基地”组织的群体实体性

无论是中东地区和阿富汗，还是在有大量穆斯林迁入和生活的西方

---

① Michael A. Hogg, “Self-Uncertainty, Social Identity, and the Solace of Extremism,” pp. 23 - 24.

② Michael A. Hogg, et al. “Uncertainty, Entitativity, and Group Identification,” *Journal of Experimental Social Psychology*, Vol. 43, No. 1, 2007, pp. 135 - 142.

③ 对此的总结性讨论，参见 Francesca Polletta and James M. Jasper, “Collective Identity and Social Movements,” *Annual Review of Sociology*, Vol. 27, No. 1, 2001, pp. 289 - 295。

④ 曾向红：《恐怖主义的整合性治理：基于社会运动理论的视角》，《世界经济与政治》2017年第1期。

世界，穆斯林均面临严重的本体不安全感。在中东地区和阿富汗，该地区持续的动荡和地区各国在提供社会公共产品方面的不力，导致普通百姓不满。尤其是20世纪90年代以来包括埃及在内的中东各国所启动的结构性改革，在导致社会剧烈变迁和严重破坏该地区原来的社会结构的同时，未能提供替代性的信仰和价值体系，从而导致民众经历了严重的本体不安全感。① 这是自2010年年底以来中东地区发生大规模变革和"伊斯兰国"得以崛起的深层原因。② 再加上中东与阿富汗冲突频仍和包括美国在内的外部势力的干预，严重打击了这些地区或国家民众的自信，导致该地区存在普遍的"羞辱文化"（the culture of humiliation）。③ 而羞辱与焦虑一样，均是行为体遭遇了本体不安全感的重要体现。至于移民和生活在西方世界中的许多穆斯林，则遭遇了来自主流文化的歧视、边缘化等，而融合主流文化困难重重，从而导致他们具有的本体不安全感甚至比中东地区的许多民众还要严重。④ 许多穆斯林遭遇较为普遍的本体不安全感，被恐怖组织意识到并加以利用，并通过其构建的架构叙事得以动员。

"基地"组织是利用中东及西方民众本体不安全感，通过其构建叙事进行国际动员的高手。"基地"构建了较为完整和具有一定逻辑连贯性的架构叙事，不仅突出了乌玛这一跨国穆斯林信仰共同体的重要性，而且也为自身构建了"重建乌玛的圣战先锋"的组织身份，从而引发许多极端或恐怖分子对其认同。下文将对"基地"的群体实体性程度进行简要评估。

首先，"基地"构建了具有明确群体界限的自群体与他群体。"基

---

① Catarina Kinnvall, "Globalization and Religious Nationalism: Self, Identity, and the Search for Ontological Security," p. 745.

② Waleed Hazbun, "A History of Insecurity: From the Arab Uprising to ISIS," *Middle East Policy*, Vol. 22, No. 3, 2015, pp. 55 – 65.

③ Dominique Moisi, *The Geopolitics of Emotion: How Cultures of Fear, Humiliation, and Hope are Reshaping the World*, New York: Anchor Books, 2010.

④ Peter G. Mandaville, *Transnational Muslim Politics: Reimagining the Umma*, New York: Routledge, 2003; Nancy Foner and Richard Alba, "Immigrant Religion in the US and Western Europe: Bridge or Barrier to Inclusion?," *International Migration Review*, Vol. 42, No. 2, 2008, pp. 360 – 392; Zan Strabac and Ola Listhaug, "Anti-Muslim Prejudice in Europe: A Multilevel Analysis of Survey Data from 30 Countries," *Social Science Research*, Vol. 37, No. 1, 2008, pp. 268 – 286.

地”突出的国际动员能力，首先源自其构建了一个自群体与他群体截然不同而且你死我活的简单粗暴的叙事。在“基地”的架构叙事中，所谓自群体就是全世界的穆斯林所构成的超越国界、想象中的乌玛；而他群体则是由美国、以色列与其他西方国家所组成的犹太复国主义者—十字军联盟，即“远敌”。[①] 除此之外，那些与“十字军联盟”合作的腐败的世俗阿拉伯政权，则是“近敌”，也就是乌玛的内部敌人。无论“远敌”还是“近敌”，均是乌玛的敌人，也是造成乌玛不复历史性辉煌的罪魁祸首。针对自群体，“基地”呼吁穆斯林通过参与或支持“圣战”以重建乌玛；针对他群体，“基地”呼吁穆贾西丁对它们展开毫不留情的攻击，即使是自杀性袭击也在所不惜。如在 1998 年 2 月宣布创建“反犹太人和十字军圣战国际阵线”时，本·拉登宣称：“我们，在真主的帮助下，呼吁每位真主的信徒和期望因遵循真主的命令而获得恩宠的人，去杀死美国人并掠夺其财物，无论美国人身在何处。”[②] 而针对那些“近敌”，“基地”则将它们视为“叛教者”，可以对他们实施塔克菲尔原则，即处死。通过这种简单粗暴、僵硬死板的群体区分方式，“基地”的话语体系构建了一个黑白两分的世界，有助于潜在支持者或同情者以简单的方式认识世界和行事。

其次，“基地”接纳成员的标准有明显的变化。“基地”曾建立过具有等级制特征的组织结构，为了避免遭到敌人的渗透，故其对成员的遴选和接纳相当严格。[③] 然而，由于 2001 年 10 月以来遭到美国为首的西方国家在阿富汗的沉重打击，“基地”不得不采取分散化的组织结构，以保存实力。[④] 故当前的“基地”，已从最初单一的恐怖组织演变成为呈同心圆状的松散的网络结构状恐怖组织，并形成了由内而

---

① Fawaz A. Gerges, *The Far Enemy: Why Jihad Went Global*, Cambridge: Cambridge University Press, 2009.

② Osama bin Laden, "Osama bin Laden's World Islamic Front Statement against Jews and Crusaders," February 23, 1998, http://www.fas.org/irp/world/para/docs/980223-fatwa.htm.

③ Russ Marion and Mary Uhl-Bien, "Complexity Theory and Al-Qaeda: Examining Complex Leadership," *Emergence*, Vol. 5, No. 1, 2003, pp. 54-76.

④ Bruce Hoffman, "The Changing Face of Al Qaeda and the Global War on Terrorism," *Studies in Conflict and Terrorism*, Vol. 27, No. 6, 2004, pp. 549-560; Assaf Moghadam, "How al Qaeda Innovates," *Security Studies*, Vol. 22, No. 3, 2013, pp. 466-497.

外依次由“基地”中央、地方分支机构与“圣战”盟友构成的结构模式。[①] 尽管“基地”中央成员的进入依旧非常严格，但地方分支机构，尤其是“基地”外围组织的招募，并没有统一的标准。换言之，当前的“基地”在很大程度上只是一种意识形态，只要愿意接受其意识形态，“基地”并不排斥分支机构打着“基地”的旗号。不过，出于保存实力、掩盖自身意图等方面的考虑，“基地”有时也会对接纳特定的分支机构表现出谨慎。如本·拉登于2010年给索马里“青年党”领导人写信，拒绝该党要求公开其向“基地”效忠的请求，尽管这种效忠关系早已存在；“基地”现任领导人扎瓦赫里，也曾对其叙利亚分支“努斯拉阵线”未经“基地”中央同意即宣布效忠“基地”的草率举动进行谴责。[②] 至于个人，“基地”往往通过既有“圣战者”的人际网络或清真寺、在线网络招募人员，而不是主动招募人员。这很大程度上得益于“基地”在恐怖分子或“圣战者”眼中所产生的品牌效应。由于视“基地”为恐怖组织中的“传奇”或“奇迹”，“基地”可以通过已有的“圣战者”网络招募大量的“外籍战士”，而且由于这些网络具有较高的社会资本，故“基地”对所招募人员也有较高程度的信任。[③] 总之，由于“基地”目前已蜕变为一个网络式的恐怖组织，生存能力受到严重制约，故其招募人员的标准已不复以往那么严格。

再次，“基地”的战略目标是明确的，但由于不能立刻实现而削弱了其吸引力。“基地”致力于通过打击“远敌”和“近敌”，希望恢复乌玛的辉煌；而且希望重建“哈里发国”，并在乌玛实施沙里亚法，即伊斯兰教法。根据“基地”领导人扎瓦赫里在2002—2003年提出的全球“圣战”战略规划，“基地”将通过七个阶段的行动，最终在2020

① 张家栋、朱道运：《基地组织现状与发展趋势》，《国际观察》2012年第5期。

② Daveed Gartenstein-Ros, Jason Fritz, Bridget Moreng and Nathaniel Barr, *Islamic State vs. al-Qaeda: Strategic Dimensions of a Patricidal Conflict*, New America Report, December 2015, p. 3, https://static.newamerica.org/attachments/12103 – islamic-state-vs-al-qaeda/ISISvAQ_Final.e68fdd22a90e49c4af1d4cd0dc9e3651.pdf, pp. 20, 22.

③ John M. "Matt" Venhaus, "Why Youth Join al-Qaeda," United States Institute of Peace, Special Report, May 2010, p. 5, https://www.usip.org/sites/default/files/SR236Venhaus.pdf.

年建立一个全球“哈里发国”。[①] 按照“基地”的设想，其大战略的实施序列是这样的：集中力量打击敌人，尤其是“远敌”；当极大地消耗了“远敌”和“近敌”的力量之后，“基地”将在其控制地域内引入沙里亚法，并与“近敌”的中央政府开展持久的游击战，正如与当前在也门、索马里等国开展的行动类似；再经过一段时间，“基地”将在一大片土地上建立伊斯兰制度，以代替现有的“叛教者政权”并将所有成员团结起来；最后，“基地”将建立一个“哈里发国”，直到千秋万代。[②] 由此可见，“基地”组织目前仍停留在攻击敌人的阶段，至于建立“哈里法国”则遥遥无期。事实上，集中力量打击和消耗“远敌”，而将建立“哈里发国”延后，是其对敌对双方实力分布进行权衡后所做的明智选择。然而，敌人——尤其是“远敌”——的力量庞大无匹的现实，决定了其建立“哈里发国”的目标终究只是一个梦想。这对于那些渴望获得明确的行动指南的支持者而言，这似乎并不是一个理想的战略目标。

最后，“基地”的群体特征比较明确，但被认为具有不够彻底的特征。自成立以来，“基地”就明确地赋予自身一种“重建乌玛的圣战先锋”的身份定位，而其名称——“基地”，已透露出该组织试图成为唤醒穆斯林针对敌人开展决战前的先行者的角色。[③] 换句话说，“基地”将自己定位为先锋，而广泛的伊斯兰世界才是重建乌玛的真正主体。“基地”希望穆贾西丁通过自身的行动，更广泛地激励穆斯林对“远敌”与“近敌”展开攻击。因此，为了避免疏远广大穆斯林和失去他们对“基地”的信任，“基地”才将恐怖袭击的主要目标对准了“远敌”而不是“近敌”，因为一旦针对“近敌”开展大规模恐怖袭击，将不可避免地对

① Martin Rudner, “Al Qaeda's Twenty-Year Strategic Plan: The Current Phase of Global Terror,” *Studies in Conflict & Terrorism*, Vol. 36, No. 12, 2013, pp. 953 – 980; John Turner, “Strategic Differences: Al Qaeda's Split with the Islamic State of Iraq and al-Sham,” *Small Wars & Insurgencies*, Vol. 26, No. 2, 2015, p. 209.

② Mary Habeck, “Attacking America: Al Qaeda's Grand Strategy in its War with the World,” Foreign Policy Research Institute, February 2014, https: //www. files. ethz. ch/isn/177180/Habeck_ – _Templeton_ Lecture_ on_ Al_ Qaeda. pdf.

③ Donald Holbrook, *The Al-Qaeda Doctrine: The Framing and Evolution of the Leadership's Public Discourse*, New York: Bloomsbury Publishing, pp. 11 – 12.

穆斯林产生附带伤害。在此背景下，“基地”非常关心其行动是否获得了普通穆斯林的支持，并强调大众支持对于“圣战”事业的重要性。如扎瓦赫里于2005年指出：“如果圣战运动必须遵循其他的路径，如人民圣战或大众抵抗运动，那么，它们的成败系于大众支持。缺乏大众支持，伊斯兰圣战穆贾西丁运动将会偃旗息鼓”。[①] 也正是基于这种考虑，“基地”较少呼吁针对所谓的“叛教者”实施塔克菲尔原则；不仅如此，作为一个逊尼派极端组织，尽管“基地”对什叶派并不信任，但它并不鼓吹针对什叶派刻意使用暴力。在“基地”的思维逻辑中，如何团结最广泛的穆斯林，以对“远敌”造成最大限度的破坏，才是乌玛的当务之急。由此可见，尽管“基地”给予自身的定位和赋予自身的使命非常明确，但其所具有的“包容性”，对于那些非常极端的逊尼派极端分子而言是不够明确和彻底的，具有绥靖和妥协的嫌疑。

根据上文对“基地”实体性四个方面内容的简要考察可以发现，“基地”组织具有相当高的群体实体性，这也是其展现出突出国际动员能力的深层根源。如根据美国和平研究所2010年5月发表的一份有关年轻人为何会加入“基地”及其分支结构的特别报告，该所共统计和采访了2032名以“基地”及其分支机构名义作战的“外籍战士”。[②] 根据该份报告，“外籍战士”主要分为基于受挫而心怀怨恨的报复寻求者、寻求社会承认的地位寻求者、寻求归属感的身份寻求者以及寻求冒险的刺激寻求者四类人员。其中，地位寻求者是构成这些“外籍战士”最重要的人员类型，[③] 而刺激寻求者的比例不到所有“外籍战士”人员的5%。该研究不仅确证了个体所经历的本体不安全感与其加入恐怖组织之间的密切关系，而且也证实了“基地”的动员能力不容小觑。由于“基地”在群体界限、成员标准、战略目标、群体特征方面均表现

---

① “Zawahiri letter to Zarqawi,” July 2005, Quoted in Daveed Gartenstein-Ros, Jason Fritz, Bridget Moreng and Nathaniel Barr, *Islamic State vs. al-Qaeda: Strategic Dimensions of a Patricidal Conflict*, p. 8.

② John M. “Matt” Venhaus, “Why Youth Join al-Qaeda.”

③ 鉴于地位可被视为身份的衍生物以及受到挫折或羞辱与身份同样关系密切，从而均可归到身份寻求者一类，那么，身份寻求者是“外籍战士”参加“基地”及其分支机构的绝对主导性原因。

优异，故使其具有较高的群体实体性，进而使其具有突出的国际动员能力。当然，“基地”的群体实体性也存在一些不足，在某些极端分子看来，其战略目标过于遥远，成员招募标准有所降低、群体特征不够“彻底”等。而这些缺失，在“伊斯兰国”那里得到或多或少的弥补和修正。

四 “伊斯兰国”的群体实体性

“伊斯兰国”的异军突起已经对国际社会产生了强烈冲击。虽然“伊斯兰国”已被国际反恐联盟所击溃，但其曾具有强大的国际动员能力，已经并将继续得到国际社会的关注。与“基地”一样，“伊斯兰国”同样利用了中东地区和西方世界中穆斯林普遍存在的本体不安全感，并希望通过架构叙事构建出具有明确性、连贯性、简明性等特征的群体身份类型，以吸引除伊拉克和叙利亚之外的极端分子参与其恐怖活动。① 而曾经作为“基地”组织的分支机构的经历，以及致力于超越“基地”的新晋恐怖组织，② 相较于“基地”，“伊斯兰国”具有两个方面的优势：其一，它可以借鉴乃至挪用“基地”被证明行之有效的架构叙事及其战略实践，从而省却了从头开始探索的精力和资源；其二，它可以对“基地”构建叙事的不足进行修正，同时在实践中予以贯彻落实。事实上，在与“基地”竞争的过程中，“伊斯兰国”一度表现得非常强势。不仅所占领的地域远超“基地”，而且其吸引的“外籍战士”的规模也超过前者。“伊斯兰国”之所以展现出强大的国际动员能力，很大程度上在于其群体实体性程度高于“基地”。下文对其群体实体性在身份界限、成员标准、战略目标与群体特征这四个方面的表现进行简要分析。

首先，“伊斯兰国”同样构建了不可通约的自群体与他群体。“伊斯兰国”的世界观同样是非黑即白的。如 2014 年 7 月 1 日“伊斯兰国”的

---

① Isaac Kfir, “Social Identity Group and Human (In) Security: The Case of Islamic State in Iraq and the Levant (ISIL),” *Studies in Conflict & Terrorism*, Vol. 38, No. 4, 2015, pp. 233 - 252.

② Aaron Y. Zelin, “The War between ISIS and Al-Qaeda for Supremacy of the Global Jihadist Movement,” *The Washington Institute for Near East Policy*, Vol. 20, No. 1, 2014, pp. 1 - 11.

头目巴格达迪表示：“当前的世界已被划分为两个阵营，两个战壕，不存在第三个阵营：一个是信仰伊斯兰的信众阵营，一个是不信道者和伪信者组成的阵营；前一个阵营由全世界的穆斯林与穆贾西丁组成，后一个阵营则是由犹太人、十字军与其盟友以及其余的卡菲尔国家与宗教组成。后一个阵营由美国和俄罗斯领导，并由犹太人进行动员”。[①] 与“基地”一样，“伊斯兰国”同样认为“远敌”与“近敌”是乌玛的敌人。针对“远敌”，“伊斯兰国”鼓吹穆斯林“应该在十字军自己的土地上和任何地方对他们进行攻击。我们极力支持那些有能力的穆斯林让十字军流血，不论是使用爆炸物，子弹，汽车、石头，甚至靴子或拳头”。[②] “伊斯兰国”强大的宣传能力，的确带来不少独狼式恐怖分子在西方本土发动恐怖袭击。至于“近敌”，“伊斯兰国”将与腐败的阿拉伯政权合作的神职人员、什叶派穆斯林、库尔德人、雅兹迪人等统统归于“叛教者”行列。在“近敌”中，“伊斯兰国”尤其敌视什叶派穆斯林。“伊斯兰国”秉承其“先驱者”扎卡维的观点，认为什叶派穆斯林是“不可逾越的障碍，是潜伏爬行的毒蛇、是狡诈邪恶的毒蝎、是刺探情报的敌人”。[③] 相较于“基地”，“伊斯兰国”构建的自群体更为褊狭，其所涵盖的所谓“真正的穆斯林”仅仅是指支持“伊斯兰国”的逊尼派穆斯林。

其次，“伊斯兰国”对其成员的准入标准似乎不高，然而一旦准入后对其成员的控制程度很高。与“基地”组织由于受到严重打击而不得不采取网络式的组织机构不同，“伊斯兰国”采取了等级制的组织结构。“伊斯兰国”的组织结构从上到下分为四个层级，每一个层级都有严格的职能划分，并且各级之间具有明确的上下级关系。这种组织结构便利了“伊斯兰国”对其成员的遴选与管理。而且与“基地”鼓励其成员和追随者主要针对西方开展独狼式恐怖袭击不同，“伊斯兰国”重

① Abu Bakr al-Baghdadi, “A Message to the Mujahidin and the Muslim Ummah in the Month of Ramadan,” Al Hayat Media Centre, July 1, 2014, http://www.gatestoneinstitute.org/documents/baghdadicaliph.pdf.

② Haroro J. Ingram, “The Strategic Logic of Islamic State Information Operations,” *Australian Journal of International Affairs*, Vol. 69, No. 6, 2015, p. 743.

③ Ahmed S. Hashim, “The Islamic State: From al-Qaeda Affiliate to Caliphate,” *Middle East Policy*, Vol. 21, No. 4, 2014, p. 70.

点强调和极力主张的是其支持者迁徙至伊拉克和叙利亚参与“伊斯兰国”的战斗，认为“迁徙是内在于圣战的一个支柱……‘只要还有圣战，迁徙就不能停止’……‘只要仍在与卡菲尔作战，迁徙就不能停止’”。[①] 一旦其同情者与支持者抵达伊拉克与叙利亚，“伊斯兰国”则对他们进行严格的控制。这种控制不仅体现在身体上，而且也体现在思想观念和信仰体系上。如有学者认为，“伊斯兰国”所发行的英文刊物——《达比克》，其目标读者除了西方国家等对手、可能迁徙至伊拉克和叙利亚的招募对象外，另外一个非常重要的目标群体是已经加入了“伊斯兰国”的人员，包括“外籍战士”。《达比克》对第三类人员的关注超过了前两类人员。《达比克》一刊将相当多的内容用于规训和劝诫那些过于狂热、心志不坚的人员和幻想破灭的妇女，防止他们在内部削弱和分裂“伊斯兰国”。[②] 尽管由于“伊斯兰国”的封闭导致人们很难对其成员标准进行准确的评估，但《达比克》的话语分布大体能够反映出“伊斯兰国”的成员标准较之“基地”或许要更为严格。如有学者通过对《达比克》和“基地”组织阿拉伯半岛分支的英文刊物《启迪》进行系统比较后发现，《达比克》有关讨论和应对伊斯兰内部危机的内容远高于《启迪》对此的关注，达到了后者的三倍。[③] 基于此，也可以推断“伊斯兰国”为了避免被其敌人从内部颠覆，自然会对其成员的准入及其活动进行更严厉的控制。

再次，“伊斯兰国”的战略目标明确。“伊斯兰国”也把建立“哈里发国”作为其战略目标。不过，与“基地”组织不同的是，“伊斯兰国”已经宣称实现了这一目标。按照“伊斯兰国”此前的规划，其实现重建“哈里发国”的历程分为五个阶段，即“迁徙”“集合”“摧毁非法统治者”“巩固”“建立哈里发”。[④] 随着宣称“哈里发国”已经建立，“伊斯兰国”的战略目标转变为：管理和巩固“哈里发国”、吸引

---

① Islamic State, “From Hijrah to Khilafah,” *Dabiq*, No. 1, 2014, p. 36.

② Brandon Colas, “What Does Dabiq Do? ISIS Hermeneutics and Organizational Fractures within Dabiq Magazine,” *Studies in Conflict & Terrorism*, Vol. 40, No. 3, 2017, pp. 173 – 190.

③ Haroro J. Ingram, “An Analysis of Inspire and Dabiq: Lessons from AQAP and Islamic State's Propaganda War,” *Studies in Conflict & Terrorism*, Vol. 40, No. 5, 2017, pp. 357 – 375.

④ 参见 Islamic State, “From Hijrah to Khilafah,” pp. 34 – 41。

更多的志同道合者参加“伊斯兰国”、扩大“哈里发国”的疆域使之得到穆斯林群体的广泛认同。[①] 对于“伊斯兰国”而言，宣称“哈里发国”已经得到重建，不仅使其宣称的战略目标已经实现，也为其动员同情者和支持者迁徙至“哈里发国”提供了理由。如“伊斯兰国”宣称：“哈里发的重现，为每位穆斯林提供了一个具体和可见的实体来满足你希望归属于某些更为伟大之物的愿望。这种愿望的实现，激发了内在于穆斯林心中潜伏着的热望”。[②] 尽管“伊斯兰国”的这种话语，并非以本体安全之类的术语加以表达，但它的确契合了那些遭受本体不安全感和身份不确定感的穆斯林渴望本体安全和稳定身份的需要。事实上，“伊斯兰国”明确将“远敌”和“近敌”等非逊尼派穆斯林视为导致自群体——逊尼派穆斯林——遭遇羞辱和身份不确定的根源，并认为其使命就在于使自群体重获稳定的身份。如“伊斯兰国”宣称，“哈里发国”的恢复，为逊尼派穆斯林提供了“得到真主祝福的确定性”,[③] “这种确定性是每位穆贾西丁内心深处的悸动”。[④] 由此可见，“伊斯兰国”重建“哈里发国”的举动，部分原因源自其对许多穆斯林本体不安全心理的把握。

最后，“伊斯兰国”的群体身份更为连贯和独特。“伊斯兰国”对自身所做的定位是“恢复哈里发的逊尼派卫士”。与“基地”相较，“伊斯兰国”群体性特征具有更为狭隘、更为排他、更为残暴的特征。在狭隘方面，“伊斯兰国”仅仅将逊尼派穆斯林视为自群体，而排斥什叶派等穆斯林，这在逊尼派极端主义者看来，无疑使其集体身份体现得更为彻底。事实上，“伊斯兰国”的发展与崛起，始终离不开对中东地区——尤其是伊拉克——逊尼派与什叶派之间矛盾的煽动与操纵，而这种操纵的基础是两个主要教派长期积累的矛盾。历史怨恨的存在，为“伊斯兰国”渔翁得利提供了肥沃的土壤。在排他方面，与“基地”积极寻求与其他逊尼派“圣战”战略合作甚至结盟不同，“伊斯兰国”既

---

① Ian R. Pelletier, et al. “Why ISIS' Message Resonates: Leveraging Islam, Sociopolitical Catalysts and Adaptive Messaging,” *Studies in Conflict & Terrorism*, p. 874.

② Islamic State, “The Extinction of the Grayzone,” *Dabiq*, No. 7, 2015, p. 57.

③ Islamic State, “The Islamic State before al-Malhamah,” *Dabiq*, No. 3, 2014, p. 4.

④ Islamic State, “Foreword,” *Dabiq*, No. 4, 2014, p. 5.

然自视为合法的“哈里发国”，故它只接受其他极端或恐怖组织的效忠，而不会与之合作。“伊斯兰国”与“基地”“努斯拉阵线”等恐怖组织的分道扬镳，就是“伊斯兰国”试图以此捍卫自身权威的体现。尽管这种唯我独尊的姿态，从长期来看并不利于“伊斯兰国”的存续，但在特定时段内有助于满足其追随者的自尊心和荣誉感。至于“伊斯兰国”的残暴，无论是对“远敌”还是“近敌”，已经路人皆知，无须赘述。尤其需要指出的是，相对于“基地”出于获得大众支持的关注而尽量避免伤害穆斯林，“伊斯兰国”却对此毫无顾忌。这也是“伊斯兰国”为何选择优先进攻“近敌”而非“远敌”的原因。对于“伊斯兰国”的追随者而言，其惨无人道对待敌人的方式，虽然短时间内有助于宣泄它们的怨恨感、挫折感，甚至可能满足部分寻求刺激者的猎奇心理，但一旦“伊斯兰国”的攻势受挫，基于复仇和猎奇的心理而加入“伊斯兰国”的人员将急剧减少。

上述通过对“伊斯兰国”在群体区分、成员标准、战略目标与群体特性四个方面的梳理，可以发现，“伊斯兰国”在几个方面的表现均要优于“基地”组织。具体而言，在群体界限方面，“伊斯兰国”更为刚性、更黑白分明；在成员标准上，两者均不太严格，差别主要体现在“伊斯兰国”对其成员的控制力更强；在战略目标上，两者的战略目标相同，只是“基地”将其视为远景，而“伊斯兰国”已将其变为现实；在群体性特征上，两者都具有连贯性和明确性，差别在于“伊斯兰国”的身份更为彻底和狭隘。这些特征使“伊斯兰国”的群体实体性程度要高于“基地”。如此，就不难理解为什么“伊斯兰国”的国际动员能力高于“基地”组织。总之，“伊斯兰国”虽然在身份建构上借鉴了“基地”身份构建的一些方面，使两者之间有许多相似性，但“伊斯兰国”也做了许多创新，如将什叶派等穆斯林排除在自群体范围之外，并大肆挑拨什叶派与逊尼派之间的矛盾且加以利用；将建立“哈里发国”当成迫在眉睫的战略任务，并以之作为动员追随者的卖点；将迁徙的地位拔高至高于“圣战”的地位，希望以此巩固其“哈里发国”；通过各种方式展示其残酷，吸引冒险者、复仇者、地位寻求者等动机不一的人加入其中，等等。然而，“伊斯兰国”的成功之处也是其致命弱点，如拥有据点、过于残暴、孤家寡人等，均为其敌人对其予以打击提供了诸多便利。因此，“伊斯兰国”的发展态势并不一定优于“基地”。也就是说，群体实体性高，虽然有助于提高恐怖组织的动员能力，但它对恐怖组织的发展能力和存续能力的影响确是不确定的。

五 结语

本章源于一个具有普遍意义的困惑，即为何恐怖组织的国际动员能力会存在明显差异。对这一问题的回答可以从多个角度切入，但从恐怖组织群体特性的角度出发，可以对此形成具有新意的回答。本章以“基地”和“伊斯兰国”这两个具有千丝万缕联系和诸多相似性的恐怖组织为例进行了分析。“基地”和“伊斯兰国”的发展，均离不开它们对中东地区、西方世界等地区穆斯林存在普遍本体不安全感的敏锐意识，并试图通过提供简单明确、非黑即白的身份类型，吸引它们支持或参加恐怖组织，以缓解或消除其追随者的本体不安全感。不过，“基地”组织和“伊斯兰国”通过各自的架构叙事给出的群体身份类型有一定的差异，尤其是它们的群体实体性程度有一定不同。正是这种不同，直接决定了“伊斯兰国”具有比“基地”组织更高的国际动员能力。通过对群体实体性与国际动员能力之间的正相关关系进行验证，不仅可以对当前国际社会中两个影响力最大的恐怖组织动员能力的差异做出较为清晰的回答，而且有助于人们从一般性的层面把握影响恐怖组织国际动员能力的象征性因素，尤其是注意到恐怖组织对身份政治进行操纵带来的严重负面后果。

本章的研究为国际社会更有效地治理恐怖主义提出了有待进一步思考的问题。这里只简要讨论两个方面。其一，从“基地”到“伊斯兰国”，恐怖组织的群体实体性程度是在提高的。从动员效果来看，群体实体性程度的提高的确吸引了更多极端主义分子成为“外籍战士”；然而，就存续能力来看，动员能力更强的“伊斯兰国”已是强弩之末，而动员能力弱一些的“基地”却并未式微。之所以如此，是因为动员能力越强的恐怖组织可能产生的威胁更大，从而引发强烈的反击，从而削弱其存续能力。总之，恐怖组织的群体实体性与动员能力、存续能力之间的关系较为复杂，这给人们把握恐怖组织身份建构的方向提出了挑战。其二，恐怖组织之所以能够操纵身份政治吸引众多追随者，很重要的一个原因在于在国际社会，尤其是中东地区的许多个体面临严重的本体不安全感和身份焦虑。因此，如果要遏制国际恐怖主义的发展势头，国际社会必须要思考如何有效地为人们提供稳定的身份，以缓解他们的本体不安全感。在迅速变迁的全球化时代，完成这一任务相当困难。事实上，近年来的国际发展形势表明，世界各地人们似乎在经历着越来越强烈的本体不安全感。在此背景下，将很难指望国际社会在此方面取得明显进展。然而，如果人们的本体不安全感不能得到有效的缓解，那么，恐怖组织仍不乏追随者。这意味着，恐怖主义的有效治理，仍是一项任重道远的工作。

在下一章中，我们将从“外籍战士”的回流和组织结构的调整两方面分析“伊斯兰国”的“基地化”趋势。并以欧盟为例，分析欧盟及其成员国对“外籍战士”的威胁认知以及为应对这种威胁所采取的主要措施，并对这些措施进行简要评估。尽管欧盟及其成员国应对“外籍战士”所采取的措施存在一些问题，但仍有不少可借鉴之处。

第十章　“伊斯兰国”的“基地化”趋势及其应对：以欧盟为例

一　“伊斯兰国”的“基地化”趋势

伊拉克和叙利亚一直是“伊斯兰国”恐怖活动的重灾区。2013 年，“伊斯兰国”开始在叙利亚和伊拉克攻城略地，这两个国家各自约三分之一的土地一度被“伊斯兰国”控制。2017 年，国际社会打击“伊斯兰国”的成果显著。一是收复了被“伊斯兰国”控制的土地和城镇，基本摧毁了其“类国家”形态。据估计，“伊斯兰国”至今已丧失了近 98% 的领土；[①] 二是 2017 年伊拉克和叙利亚的恐袭遇难者人数大幅减少。据英国恐怖主义与叛乱活动情报中心 2018 年 1 月 17 日公布的报告，2017 年伊拉克和叙利亚在恐袭中遇难的人数比 2016 年分别下降了 60% 和 44%。[②] 尽管 2017 年 11 月 21 日伊朗和伊拉克两国同时宣布“伊斯兰国”已被剿灭，但这只能表明“伊斯兰国”不再对伊拉克或叙利亚的领土完整构成威胁。实际上，随着“伊斯兰国”在伊叙遭遇严重的领土损失，国际社会面临的恐怖主义形势依然严峻，这主要是因为“伊斯兰国”主动调整战略策略，将原本集中在伊叙两国的战斗人员和组织机构流动、扩散至世界范围，即“伊斯兰国”表现出明显的“基

---

① Lucas Tomlinson, “ISIS has lost 98 percent of its territory—mostly since Trump took office, officials say,” December 26, 2017, https://www.google.com.hk/amp/www.foxnews.com/politics/2017/12/26/isis-has-lost-98-percent-its-territory-mostly-since-trump-took-office-officials-say.amp.html.

② Agence France-Presse, “Study shows a sharp drop in Iraq and Syria terror deaths,” https://www.google.com.hk/amp/s/amp.thenational.ae/world/mena/study-shows-a-sharp-drop-in-iraq-and-syria-terror-deaths-1.696377.

地化”倾向。

首先，虽然“伊斯兰国”已难以跨国实施有组织的大型恐怖活动，但回流的“外籍战士”在原籍国发动恐怖袭击的风险在显著提高。依据欧盟“激进化观察网络”（Radicalization Awareness Network）2017 年 7 月的统计，从 2011—2016 年有来自 120 多个国家的至少 4 万名“外籍战士”前往加入“伊斯兰国”。[①] 此前，“伊斯兰国”的攻击目标主要是“近敌”，即亲西方的阿拉伯政权、违反哈里发原则的政权及什叶派穆斯林，其活动范围集中于包括叙利亚在内的黎凡特地区和伊拉克。而“伊斯兰国”的溃败，将导致许多“外籍战士”四处逃窜或回流原籍国，从而给过境国、原籍国、目标国等国家或地区带来严峻的反恐压力。依据此前的数据来判断，大约 11% 的“外籍战士”在返回原籍国后成为活跃的安全威胁。[②] 一方面，回流的“外籍战士”在“伊斯兰国”参加训练、战斗，获取了资金、装备乃至作战经验；另一方面，这些“外籍战士”也能建立恐怖网络，以在原籍国策划、实施恐袭。如 2018 年 3 月 23 日在法国南部奥德省卡尔卡松市和特雷布镇发生的恐怖袭击事件，就被确认有“伊斯兰国”的回流人员参与。加上近来许多欧洲国家、美国、伊拉克、阿富汗等同样遭遇了诸多恐怖袭击，充分说明了恐怖主义威胁的严重性。

事实上，“外籍战士”在国际上的流动与扩散并非新现象。无论是 20 世纪 80 年代的阿富汗抗苏战争，还是 90 年代的第一次车臣战争和波斯尼亚战争，以及 21 世纪以来的伊拉克战争和叙利亚内战，都曾吸引了许多激进分子外流至冲突地区，并衍生出令人瞩目的“外籍战士”现象。由于这些“外籍战士”与恐怖活动息息相关，故注意到这一现象的成果，往往从反恐角度对此产生的原因、活动、去向、应对

---

① Radicalization Awareness Network, *RAN Manual Responses to returnees: Foreign terrorist fighters and their families*, July 2017, https://ec.europa.eu/home-affairs/sites/homeaffairs/files/ran_br_a4_m10_en.pdf, p. 15.

② Thomas Hegghammer, "Should I Stay or Should I Go? Explaining Variation in Western Jihadists' Choice between Domestic and Foreign Fighting," *American Political Science Review*, Vol. 107, No. 1, 2013, pp. 1 – 15.

措施等方面进行研究。[①] 然而，与以往出现“外籍战士”现象不同的是，当前的“外籍战士”现象有两个特征：其一，伊拉克和叙利亚吸引的“外籍战士”在规模上不可同日而语。如从2011—2016年，“伊斯兰国”至少吸引了4万名“外籍战士”，[②] 而阿富汗抗苏战争期间吸引的“外籍战士”为4000余人。[③] 其二，“伊斯兰国”等恐怖组织意识形态的吸引力，远超此前的恐怖组织。“伊斯兰国”超越了此前“基地”等恐怖组织仅宣扬捍卫信仰之地的防御性“圣战”理念，构建了一套为其开疆拓土、建立“哈里发国”服务的完整意识形态，并明晰地界定了自身在此过程中的位置。[④] 这两方面的特征，使外流至伊拉克与叙利亚的“外籍战士”对国际社会的安全构成了更加严重的威胁。

其次，“伊斯兰国”的组织结构已由原来的等级结构调整为松散、扁平化的网络结构。此前，“伊斯兰国”区别于“基地”最重要的特征是前者所具有的“类国家”属性。一般而言，国家的特征包括领土、人口、政府、国际社会公认等。除国际社会公认这一特征外，“伊斯兰国”具备其他国家要件。尽管国际社会并不承认“伊斯兰国”是一个国家，但不可否认，它确实具有国家的集中化、科层制等特征。与此相比，“基地”组织是一种包括有核心、分支机构、外围组织、边缘区四个层次构成的网络结构。在被国际反恐联盟击溃之后，“伊斯兰国”具有越来越明显的“基地化”趋势。如新加坡南洋大学政治暴力与恐怖主义研究国际中心负责人罗汉·古纳拉特纳表示，“伊斯兰国”已进入全球扩张阶段，这与“基地”组织在2001年年底向全球扩张的方式非

---

① Thomas Hegghammer, “The Rise of Muslim Foreign Fighters: Islam and the Globalization of Jihad,” *International Security*, Vol. 35, No. 3, 2010/2011, pp. 53 – 94; David Malet, *Foreign Fighters: Transnational Identity in Civil Conflicts*, New York: Oxford University Press, 2013; Petter Nesser, “Chronology of Jihadism in Western Europe 1994 – 2007: Planned, Prepared, and Executed Terrorist Attacks,” *Studies in Conflict & Terrorism*, Vol. 31, No. 10, 2008, pp. 924 – 946.

② Radicalization Awareness Network, *RAN Manual Responses to returnees: Foreign terrorist fighters and their families*, p. 15.

③ Thomas Hegghammer, “The Rise of Muslim Foreign Fighters Islam and the Globalization of Jihad,” p. 60.

④ Kylie Baxter & Renee Davidson, “Foreign Terrorist Fighters: Managing A Twenty-first Century Threat,” *Third World Quarterly*, DOI: 10.1080/01436597.2016.1159127, 2016, p. 1.

常相似。[①]“伊斯兰国”之所以展示出日益明显的“基地化”趋势，主要有两个方面的原因：其一，“基地”组织所采取的结构模式具有较强的生命力；其二，“伊斯兰国”与“基地”组织之间的亲缘关系使其能较快地调整组织结构和运作模式。[②]

2017 年以来，“伊斯兰国”的扩张之势并未随着其遭受重创而减弱。“伊斯兰国”极力向阿富汗与东南亚地区渗透，从而使这些地区面临的恐袭风险急剧上升。“伊斯兰国”对阿富汗渗透的迹象最初出现在 2015 年 1 月，当时“伊斯兰国”领导人宣布在阿富汗建立起分支“呼罗珊省”。目前，“伊斯兰国”利用塔利班的内部分裂，逐渐巩固了自身势力。在“伊斯兰国”的攻势下，原本就动荡不已的阿富汗形势更趋严重。事实上，阿富汗首都喀布尔已成为恐怖活动的频发区。如在 2018 年 4 月 22 日和 4 月 30 日，喀布尔就发生了两起被“伊斯兰国”认领的恐怖袭击事件。东南亚的情形与阿富汗类似，早在 2016 年网上就出现了“伊斯兰国”鼓动激进分子前往菲律宾等东南亚国家开展活动的视频，而且建议该地区的激进分子无须前往伊拉克和叙利亚开展“圣战”。事实上，东南亚既是“伊斯兰国”的同情者前往伊叙的“中转站”，也是激进分子回避政府和国际社会打击的“避难所”。目前，东南亚地区大约有 60 多个激进组织已宣誓对“伊斯兰国”效忠，这会使东南亚的反恐局势更趋严峻。

由此可见，2017 年 11 月 21 日伊朗和伊拉克两国同时宣布“伊斯兰国”已被剿灭这一事实具有一定的欺骗性，它使人们忽略了“伊斯兰国”在崩溃后带来的同样不可小觑的问题，即“伊斯兰国”的“基地化”倾向。尽管“伊斯兰国”的“外籍战士”的回流和组织结构的调整都会给国际社会带来严重的危害，但国际社会应对两者的经验有明

---

① 陈风：《重建马拉维 IS 的另一章已经开始翻篇》，《南方周末》2018 年 5 月 24 日，http：//www. infzm. com/content/136089。

② 也有学者认为“伊斯兰国”的组织结构具有内在的弹性，它能够同时占据多种形式，几乎像固体、液体和气体。“伊斯兰国”已经是一个“抗议国家”，已经并且仍然是一个叛乱团体和恐怖主义运动。正是由于这种弹性，使得“伊斯兰国”能够快速调整其组织结构。参见 Holly Ellyatt，“How Islamic State's defeat could result in ‘ISIS 2. 0 or al-Qaeda 3. 0’，” https：//www. cnbc. com/2017/11/24/islamic-states-defeat-could-result-in-isis-2-point-0-or-al-qaeda-3-point-0. html。

显的多寡之分。“伊斯兰国”指示其分支机构化整为零，并向中东之外的地区——如中亚、外高加索、东南亚、阿富汗等——转移，这不过是重拾了“基地”的行动策略。因此，国际社会对“基地”组织的应对措施一定程度上适用于对“伊斯兰国”。尽管国际社会已经意识到了需要尽早和严肃地对待“伊斯兰国”的“外籍战士”跨国流动的问题，但关键问题在于国际社会对此依旧缺乏及时有效的应对手段。尤其当“外籍战士”的回流与国际难民问题的流动结合在一起时，各主权国家难以将难民与恐怖分子进行有效甄别，从而加大了恐怖分子成功潜伏和发动恐怖袭击的可能。因此，本章以欧盟为例，分析欧盟及其成员国对“外籍战士”的威胁认知以及为应对这种威胁所采取的主要措施，最后对这些措施进行简要评估。

二 欧盟及其成员国对“外籍战士”的威胁认知

虽然“外籍战士”现象近来得到了较多关注，但学术界对此概念仍未达成共识。根据对“外籍战士”现象做出开拓性研究的戴维·马勒特（David Malet）的界定，所谓“外籍战士”是指“在冲突国家内战期间参与叛乱的非本国公民”。[①] 也有学者将“外籍战士”界定为那些“受到宗教、亲缘关系，而且/或者宗教，而非金钱激励所驱动，进入冲突区域参加敌对活动的非本土、非本国战斗人员”。[②] 相对于马勒特的定义，后一个界定明确将“外籍战士”视为战斗人员。在马勒特的基础上，知名恐怖主义研究者托马斯·海格哈姆（Thomas Hegghammer）认为“外籍战士”具有以下特征：“（1）加入或在特定叛乱的框架下开展行动；（2）不拥有冲突国家的公民身份，或与冲突各方不存在亲缘关系；（3）不隶属于任何官方军事组织；（4）不收取报酬”。[③] 相对于

① David Malet, *Foreign Fighters: Transnational Identity in Civil Conflicts*, Oxford: Oxford University Press, 2013, p. 9.

② Cerwyn Moore and Paul Tumelty, "Foreign Fighters and the Case of Chechnya: A Critical Assessment," *Studies in Conflict & Terrorism*, Vol. 31, No. 5, 2008, p. 412.

③ Thomas Hegghammer, "The Rise of Muslim Foreign Fighters: Islam and the Globalization of Jihad," pp. 57 – 58.

前两个定义，海格哈姆对“外籍战士”的界定更为严格。按此标准，许多参与“伊斯兰国”的外籍人员并不属于“外籍战士”的范畴，因为他们中的部分人是受到“伊斯兰国”承诺的高额薪水才前往作战的。鉴于此，本章仍采用马勒特较为宽泛的“外籍战士”概念。

欧盟成员国有数量众多的公民去往伊拉克和叙利亚参加“圣战”，成为“外籍战士”，其中多数人参加了“伊斯兰国”。根据欧盟“激进化观察网络”2017 年 7 月的统计数字，在伊、叙两国活跃着 5000 名左右的欧盟公民，其中约 30% 的人员可能会回流欧盟。在某些国家，如丹麦、瑞典、英国，回流人员的比例可能达到 50%。而根据知名恐怖主义研究机构苏凡集团（Soufan Center）于 2017 年 10 月发布的报告，在 5718 名参与“伊斯兰国”的欧盟籍“圣战”分子中，大约有 1200 人已回流欧盟。①

欧盟“外籍战士”回流后很可能会在欧洲本土发动恐怖袭击，这无疑是威胁欧盟稳定和安全的重大问题。事实上，近年来，恐怖分子在欧盟国家发起了多次大规模的恐怖袭击，如 2015 年 1 月 7 日法国巴黎《查理周刊》总部遭遇恐怖袭击；2015 年 11 月 13 日法国巴黎辖区内发生系列恐怖袭击案件；2016 年 3 月 22 日比利时首都布鲁塞尔发生系列爆炸案；2016 年 7 月 14 日法国国庆日南部海滨城市尼斯的卡车袭击案；2016 年 7 月 22 日德国慕尼黑购物中心枪击案；2016 年 12 月 19 日德国柏林重型卡车攻击人群案；2017 年 8 月 17 日西班牙巴塞罗那卡车袭击案，等等。在这些恐怖袭击中，2014 年 5 月比利时布鲁塞尔犹太人纪念馆遇袭案、2015 年 1 月比利时东部小镇韦尔维耶（Verviers）警察遇袭案、2016 年 3 月比利时布鲁塞尔系列爆炸案与 2015 年 11 月法国的恐怖袭击已被确认有回流的“外籍战士”参与。

欧盟遭遇的系列恐袭事件，充分说明了恐怖威胁的严重性。事实上，除了这些被实施了的恐怖袭击外，欧盟成员国还挫败了许多恐袭图

---

① The Soufan Center, *Beyond the Caliphate: Foreign Fighters and the Threat of Returnees*, October 24, 2017, http://thesoufancenter.org/wp-content/uploads/2017/10/Beyond-the-Caliphate-Foreign-Fighters-and-the-Threat-of-Returnees-TSC-Report-October-2017.pdf.

谋。例如，仅在2017年1月至6月，法国就成功阻止了12次可能的恐袭；而英国在2017年4月至6月间遭遇了3次恐怖袭击、挫败了5次恐袭图谋；2017年12月上旬，英国还宣布挫败了一起试图暗杀首相特拉莎·梅的恐怖图谋。面对“外籍战士”的大量回流，欧盟国家不得不采取各种措施加以应对，以缓解民众的恐慌情绪，保障国家安全与社会稳定。

对于可能遭遇回流“外籍战士”带来的安全威胁，欧盟决策者充满忧虑。如2014年1月，时任欧洲委员会民政事务专员的茜茜莉亚·马姆斯特罗姆（Cecilia Malmstrom）警告说：“那些外流冲突区域参加培训和战斗的欧洲人，在此过程中变得更为激进”，“其中一些年轻人已经加入了有恐怖组织议程的组织，他们在战争中受到培训和变得冷血，当他们从冲突区域返回时将对我们的安全构成为威胁。从长期来看，他们是恐怖主义的催化剂”①。在2014年6月“伊斯兰国”宣告成立“哈里发国”之后，欧盟对成员国公民流向伊拉克与叙利亚的担忧显著提升。如2014年8月，欧盟理事会忧心忡忡地表示：“‘哈里发国’在伊拉克和叙利亚的建立，及其输出以伊斯兰极端主义为基础的恐怖主义，对欧洲国家的安全是一种直接威胁”，“欧盟理事会强烈相信有必要为阻止外籍战斗人员的回流采取强硬措施”。②

在欧盟机构及其成员国看来，“外籍战士”对欧洲安全至少构成了四重威胁：③

其一，大量“外籍战士”外流至伊拉克与叙利亚参战，甚至加入“伊斯兰国”“努斯拉阵线”等极端组织。这种参战经历会使他们获得

---

① Lorenzo Vidino, Aglaya Snetkov and Livio Pigoni, *Foreign Fighters: An Overview of Responses in Eleven Countries*, Zurich: Center for Security Studies (CSS), ETH Zurich, March 2014, p. 4.

② European Council, Special Meeting of the European Council, August 30, 2014, http://www.consilium.europa.eu/uedocs/cms_data/docs/pressdata/en/ec/144538.pdf.

③ 对这四重威胁的讨论，也可参见 Bérénice Boutin, et al., *The Foreign Fighters Phenomenon in the European Union: Profiles, Threats & Policies*, Hague: International Centre for Counter-Terrorism—The Hague (ICCT), Research Paper, April 2016, pp. 13 - 15; Alastair Reed, Johanna Pohl and Marjolein Jegerings, *The Four Dimensions of the Foreign Fighter Threat: Making Sense of an Evolving Phenomenon*, Hague: International Centre for Counter-Terrorism—The Hague (ICCT), Policy Brief, June 2017。

从事恐怖袭击的技巧，甚至产生在欧盟本土发动恐怖袭击的意愿。尽管2014—2016年流入伊拉克与叙利亚的欧盟公民数量始终居高不下，但2017年这一数字明显降低，这主要是因为在国际反恐联盟和伊拉克政府军的打击下，“伊斯兰国”遭遇严重军事挫折，战场形势的不利，降低了“外籍战士”去往“哈里发国”的意愿。如早在2016年9月，法国、意大利、比利时等国政府发布的去往“伊斯兰国”的公民人数就在下降。即便如此，2016年10月，仍有2000名欧盟“外籍战士”滞留在伊拉克与叙利亚。①

其二，“外籍战士”回流欧洲。随着“伊斯兰国”在伊拉克与叙利亚的攻势受阻、所占领领土的萎缩，这一问题变得日益严峻。欧盟意识到，即使只有一小部分“外籍战士”回流欧盟，它们构成的威胁也是相当严重的。尽管部分外流“外籍战士”在去往“哈里发国”之前并没有极端思想，或者只是同情叙利亚的反对派或无辜平民，或者只是基于纯粹的冒险动机前往冲突区域，但通过在战斗中与极端分子相处、受到“伊斯兰国”意识形态的浸淫或灌输，很多“外籍战士”很可能完成了激进化或极端化，愿意回流本国发动恐怖袭击。事实上，早在2016年5月，时任“伊斯兰国”发言人的阿德纳尼就号召其在欧洲和美国的支持者和战士在斋月针对这些国家发动攻击。② 欧盟的另一个关切在于，完成激进化的“外籍战士”回国后还可能煽动其他对社会不满者参与恐怖组织，或者向恐怖组织提供资金、后勤等方面的支持。

其三，欧盟意识到“外籍战士”的回流及可能发动的恐怖袭击，会对欧盟的社会团结产生难以预料的负面影响。对回流“外籍战士”发动恐怖袭击的恐惧，导致欧盟成员国社会内部对构成“外籍战士”的主要群体——边缘化的穆斯林——产生猜忌和厌恶情绪，甚至演变为反穆斯林群体的民粹主义浪潮。而遭遇歧视、进一步被边缘化的穆斯林群体，则有可能出现更多的激进化现象，如此形成一个歧视—激进化—攻

---

① Alastair Reed, Johanna Pohl and Marjolein Jegerings, *The Four Dimensions of the Foreign Fighter Threat*, p. 4.

② Reuters, “Islamic State Calls for Attacks on the West during Ramadan in Audio Message,” May 22, 2016, http://www.reuters.com/article/us-mideast-crisis-islamicstate-idUSKCN0YC0OG.

击一暴力回应的恶性循环。[①] 近年来，源自中东地区的大量难民涌向欧洲，以及在此过程中出现的“外籍战士”混杂其中、一些欧盟公民遭到难民性侵、难民问题加重欧盟成员国的财政负担等问题，导致近年的欧洲政坛明显右倾。[②] 如策划2015年11月巴黎恐怖袭击的恐怖分子中，就有以难民身份进入欧盟的人员，这给欧盟及其成员国对难民与恐怖分子之间进行明确区分造成了诸多麻烦。

其四，欧盟担心潜伏的恐怖网络和未能成功外流至“伊斯兰国”的独狼式恐怖分子发动恐怖袭击。所谓独狼式恐怖袭击，是一种“被意识形态驱动的、由个人策划与实施的、在没有其他人或团队与之协作时使用或试图使用的暴力”。[③] 由于“伊斯兰国”密集和高效的网络宣传策略，世界上许多地区的激进分子受到“伊斯兰国”意识形态的蛊惑，从而发展为独狼式恐怖分子。近年来，欧美国家遭受独狼式恐怖袭击的次数在增多。如据统计，2015年欧洲安全与合作组织国家共发生67起与“伊斯兰国”有关的恐怖袭击，共导致313人死亡，其中独狼式恐怖袭击致死人数占到恐怖袭击致死总人数的22%。[④] 2016年，独狼式恐怖袭击更为猖獗。2016年6月14日发生在美国佛罗里达奥兰多、2016年7月16日发生在法国南部旅游城市尼斯的恐怖袭击，均属于独狼式恐怖袭击。与独狼式恐怖分子一样难以预料的，是那些未能成功抵达“哈里发国”或选择主动潜伏在本国境内的潜伏恐怖网络。待到时机成熟，它们就可能启动恐怖图谋，发动恐怖袭击。如法国2015年1月《查理周刊》总部所遭遇的恐怖袭击，就是由潜伏的恐怖网络发动的。

毫无疑问，在欧盟认定的这四种威胁中，当前最紧迫的威胁是“外

---

① Alastair Reed, Johanna Pohl and Marjolein Jegerings, *The Four Dimensions of the Foreign Fighter Threat: Making Sense of an Evolving Phenomenon*, p. 8.

② “Paris Attacks: Who were the Attackers?” BBC Online, April 27, 2016, http: //www. bbc. com/news/world-europe – 34832512.

③ Jeffrey D. Simon, *Lone Wolf Terrorism: Understanding the Growing Threat*, Amherst, NY: Prometheus Books, 2013. p. 266.

④ Institute for Economics and Peace, *Global Terrorism Index 2015*, *Global Terrorism Index 2016*, http: //reliefweb. int/sites/reliefweb. int/files/resources/Global% 20Terrorism% 20Index% 202016 _ 0. pdf, pp. 41, 43.

籍战士”的回流问题。对于外流至其他国家或地区参与“圣战”人员的回流比例，学术界已做过一些经验研究。如海格哈姆曾对“外籍战士”回流后从事恐怖活动的相关情况进行过研究。海格哈姆通过各种渠道收集了1990—2010年西方外流至冲突地区（包括阿富汗、车臣、波斯尼亚、索马里等国）“外籍战士”回流后的情况，发现从事恐怖活动的回流人员只占所有回流人员比率的九分之一，但当他们真正介入恐怖活动之中，这些恐怖袭击得以实施的比率将提高1.5倍，致死人数也会扩大2倍。[①] 尽管海格哈姆的研究对象只涵盖西方的“外籍战士”，而且他也承认所获得的数据并不全面，但他的研究仍是目前学术界为数不多专门研究“外籍战士”回流及可能后果的经验性研究成果。据此，如果苏凡集团有关已有1200名“外籍战士”回流欧盟的数据具有可信性，那么，至少有133名回流人员可能在欧盟境内发动恐怖袭击。这对于欧盟的安全而言，其威胁是非常严重的。

事实上，不仅欧盟及其成员国官方对“外籍战士”带来的威胁忧心忡忡，欧盟公民也对此忧惧不已。欧洲大陆恐袭事件频发以及中东（尤其是叙利亚）难民大规模涌入欧洲带来的社会问题，已让欧盟公民产生了强烈的不安全感。如在2011年6月，即在欧盟大规模出现“外籍战士”外流之前，由欧盟委员会主持的“欧罗巴晴雨表”（Eurobarometer）公共舆论调查结果显示，欧盟公民认为经济与金融问题才是欧盟整体（34%）与各国（33%）面临的最主要问题，恐怖主义屈居第二（欧盟与各国层面的比率分别为33%与25%）。4年之后的2015年，同样是由“欧罗巴晴雨表”进行的民意调查结果却发生了显著变化。2015年3月，即法国《查理周刊》恐袭事件发生后，有49%的受访者认为，欧盟面临的最重要问题是移民与恐怖主义，遥遥领先于失业、经济形势、犯罪等经济社会问题带来的威胁（27%）。在2015年“欧罗巴晴雨表”的舆论调查中，有65%的受访者认为恐怖主义——包括“外籍战士”现象——是对欧盟内部安全的重要挑战。不仅如此，有三分之二的受访者认为欧盟接下来三年里所面临的反恐形势会更为

---

① Thomas Hegghammer, “Should I Stay or Should I Go? Explaining Variation in Western Jihadists' Choice between Domestic and Foreign Fighting,” pp. 1 – 15.

严峻。[①] 这符合2015年以来欧盟反恐形势的客观状态。

不过，欧盟公民虽对包括“外籍战士”回流等涉恐现象整体很担忧，但在不同欧盟国家，担忧程度有一定差别。如根据上述“欧罗巴晴雨表”的调查结果，法国受访者认为恐怖主义是首要安全威胁的比例为60%（2011年为23%）、荷兰是57%（2011年为33%），比利时为56%（2011年为31%）、丹麦为60%（2011年为53%），马耳他的比率最高，达到62%（2011年为27%）。[②] 在欧盟国家普遍拉响反恐警报的紧急时刻，欧盟公民倾向于将穆斯林群体，尤其是来自中东的难民问题联系起来进行审查。如在2016年7月由皮尤民意调查公司进行的有关难民与恐怖分子之间关联的舆论调查中，在被调查的10个欧盟国家中，有8个国家超半数的受访者认为，涌入的难民提高了它们国家发生恐怖袭击的可能性。[③] 值得指出的是，对难民的警惕与对“外籍战士”主要来自穆斯林群体的直观认识，并未使欧盟公民对穆斯林群体的认知发生明显改变。如由皮尤研究公司在法国、德国这两个拥有较多穆斯林人口国家进行的连续舆论调查结果显示，在2014年法国和德国对穆斯林持积极看法的比例分别为72%、58%，而持消极看法的受访者比例分别为27%、33%；而在《查理周刊》恐袭事件发生后，法德两国对穆斯林持积极看法的比例均有所上升，分别为76%、69%，而持负面看法的比例均下降为24%。英国也遵循类似趋势。[④]

欧盟官方和民间对发生恐怖袭击的恐惧和焦虑，带来了非常明显的政治效果。尽管整体上欧盟的恐怖袭击似乎并未带来歧视和排斥穆斯林群体的后果，但考虑到民意调查结果中存在“偏好伪装”（preference

---

① Edwin Bakker and Jeanine de Roy van Zuijdewijn, *Jihadist Foreign Fighter Phenomenon in Western Europe: A Low-Probability, High-Impact Threat*, Hague: International Centre for Counter-Terrorism—The Hague (ICCT), ICCT Research Paper, October 2015, pp. 11 - 12.

② Edwin Bakker and Jeanine de Roy van Zuijdewijn, *Jihadist Foreign Fighter Phenomenon in Western Europe: A Low-Probability, High-Impact Threat*, pp. 11 - 12.

③ Quoted from Alastair Reed, Johanna Pohl and Marjolein Jegerings, *The Four Dimensions of the Foreign Fighter Threat: Making Sense of an Evolving Phenomenon*, p. 8.

④ Edwin Bakker and Jeanine de Roy van Zuijdewijn, *Jihadist Foreign Fighter Phenomenon in Western Europe: A Low-Probability, High-Impact Threat*, pp. 13 - 14.

falsification)[①] 的现象，以及包括欧盟国家在内的西方国家一向存在“伊斯兰恐惧症”（islamophobia），[②] 故舆论调查所显示的欧盟成员国公民对穆斯林群体的认知在多大限度上具有真实性，需要谨慎对待。而就实际政治发展态势而言，形势远比上述调查结果要严峻。如“欧洲反种族主义网络”注意到，近年来，欧洲的伊斯兰恐惧症正在发酵。如 2014 年有多达三分之一的穆斯林遭遇过此类事件。2015 年 1 月法国《查理周刊》恐袭事件发生后，反映伊斯兰恐惧症之类的事件在 2015 年第 1 季度即达到 222 起，增长率达到 500%。在丹麦、德国等地，还曾发生过反穆斯林集会，参与者喊出了“阻止欧洲的伊斯兰化”“欧洲是欧洲人的欧洲”等口号。[③] 在英国，社交媒体上不仅充斥对“外籍战士”回流后在本国发动恐怖袭击的担忧，而且还形成了一种支持政府针对回流“外籍战士”采取非常规措施的舆论氛围。[④] 在此背景下，不难理解为何近年来欧洲政坛正在历经右倾化。

在官方和民间均将恐怖主义视为欧盟面临的首要挑战的情况下，“外籍战士”的回流问题正在历经“安全化”进程，逐渐成为一个亟须处理且紧迫性超出其他议题的重大问题。鉴于“伊斯兰国”已宣告被击溃，欧盟“外籍战士”的外流已不再是一个迫在眉睫的问题，下文将主要针对欧盟为应对“外籍战士”回流问题所采取的主要措施进行梳理。

---

① Timur Kuran, *Private Truths, Public Lies: The Social Consequences of Preference Falsification*, Cambridge: Harvard University Press, 1997.

② 参见 Sabri Ciftci, "Islamophobia and Threat Perceptions: Explaining Anti-Muslim Sentiment in the West," *Journal of Muslim Minority Affairs*, Vol. 32, No. 3, 2012, pp. 293 - 309; Yasmin Hussain and Paul Bagguley. "Securitized Citizens: Islamophobia, Racism and the 7/7 London Bombings," *The Sociological Review*, Vol. 60, No. 4, 2012, pp. 715 - 734; Tahir Abbas and Imran Awan, "Limits of UK Counterterrorism Policy and its Implications for Islamophobia and Far Right Extremism," *International Journal for Crime, Justice and Social Democracy*, Vol. 4, No. 3, 2015, pp. 16 - 29。

③ Edwin Bakker and Jeanine de Roy van Zuijdewijn, *Jihadist* Foreign *Fighter Phenomenon in Western Europe: A Low-Probability, High-Impact Threat*, pp. 15 - 16.

④ Raquel da Silva and Rhys Crilley, "'Talk about Terror in Our Back Gardens': An Analysis of Online Comments about British Foreign Fighters in Syria," *Critical Studies on Terrorism*, Vol. 10, No. 1, 2017, pp. 162 - 186.

三 欧盟及其成员国应对“外籍战士”回流的主要措施

“外籍战士”的扩散与回流是一个世界性现象，需要国际社会从全球治理的高度对此加以应对。由于世界上有120多个国家的公民外流至伊拉克、叙利亚等地参加“圣战”，成为“外籍战士”，故国际社会在认识和应对此问题时颇为难得地达成了一定共识。如2014年9月24日，联合国安理会第7272次会议专门针对外国恐怖主义战斗人员通过了第2178（2014）号决议。该决议将外国恐怖主义战斗人员界定为“前往其居住国或国籍国之外的另一国家，以实施、策划、筹备或参与恐怖行为，或提供或接受恐怖主义训练，包括因此参与武装冲突的个人”。为了有效应对“外籍战士”问题，该决议呼吁成员国“需要全面处理根本因素，包括防止激进化演变为恐怖主义，阻止招募活动，限制外国恐怖主义战斗人员的旅行，阻止对外国恐怖主义战斗人员的财政支助，打击可能助长恐怖主义的暴力极端主义，制止煽动基于极端主义和不容忍的恐怖主义行为，促进政治和宗教容忍、经济发展以及社会凝聚力和包容性，结束和解决武装冲突，并帮助重返社会”。①

联合国第2178（2014）号决议的通过，为包括欧盟在内的国际社会采取相应措施应对“外籍战士”提供基础性的框架文件。不过，由于外流“外籍战士”人数众多、与伊拉克和叙利亚等冲突区域地理距离较近，以及欧盟境内恐袭事件频发导致的政府和民间压力倍增，故在联合国第2178（2014）号决议提出的原则性应对措施基础上，欧盟及其成员国还采取了一定特色的回流人员应对措施。② 由于欧盟成员国数

① 联合国安理会：《恐怖主义行为对国际和平与安全的威胁》，2014年9月24日，http：//www. un. org/zh/documents/view_ doc. asp? symbol = S/RES/2178（2014）。

② 从欧盟的角度对第2178（2014）号决议所做的评议，可参见 Global Center on Cooperative Security，Human Security Collective and International Centre for Counter-Terrorism—The Hague，*Addressing the Foreign Terrorist Fighters Phenomenon from a European Union Perspective*：*UN Security Council Resolution* 2178，*Legal Issues*，*and Challenges and Opportunities for EU Foreign Security and Development Policy*，Policy Brief，Goshen，December 2014。

量众多，而且各国所采取的具体应对措施有或多或少的差异，故本章将主要梳理欧盟或其成员国针对回流“外籍战士”采取的具有一定共性或者特色鲜明的应对措施，[①] 而且主要着眼于行政而非法律措施，[②] 即主要关注那些“由行政当局决定和发布（或密切参与其中）、只受较少司法审查，旨在领土范围内为预防恐怖主义所采取的限制性措施”。[③] 大体而言，欧盟及其成员国采取以下六个方面的主要措施来应对“外籍战士”回流问题。

（一）在伊叙开展军事行动，尽可能多地消灭“外籍战士”

以美国为首的西方国家自 2014 年 9 月就组建了打击“伊斯兰国”的国际盟军，通过空袭和派遣特种部队对参与“伊斯兰国”的“圣战者”进行清剿。按常理推断，这是预防和打击本国“外籍战士”最直接有效的途径。尽管美国宣称参与打击“伊斯兰国”联盟的国家达到 60 多个，但真正参与军事行动——主要包括开展空袭和培训伊拉克军人——的联盟国家仅为 20 余个，其中约一半为欧盟成员国（如英国、法国、德国、比利时、丹麦、意大利、西班牙、瑞典、葡萄牙等）。[④] 尽管这些国家外流至伊拉克与叙利亚的“外籍战士”人数、与冲突区域的距离远近等因素，跟它们参与打击“伊斯兰国”军事联盟并作出实质性军事贡献之间不存在线性的因果关系，然而，通过军事行动消灭极端分子和恐怖分子、提前防止他们的回流，仍是欧盟国家参与军事联

---

① 对不同西方国家所采取的不同应对措施的简要梳理，可参见 Lorenzo Vidino, Aglaya Snetkov and Livio Pigoni, *Foreign Fighters: An Overview of Responses in Eleven Countries*, Zurich: Center for Security Studies (CSS), ETH Zurich, March 2014; Bérénice Boutin, et al., *The Foreign Fighters Phenomenon in the European Union: Profiles, Threats & Policies*, pp. 23 – 48。

② 较早但集中从法律层面讨论欧盟应对“外籍战士”法律层面措施的成果，可参见 Edwin Bakker, Christophe Paulussen and Eva Entenmann, *Dealing with European Foreign Fighters in Syria: Governance Challenges & Legal Implications*, Hague: International Centre for Counter-Terrorism—The Hague (ICCT), ICCT Research Paper, December 2013。

③ Bérénice Boutin, *Administrative Measures against Foreign Fighters: In Search of Limits and Safeguards*, Hague: International Centre for Counter-Terrorism—The Hague (ICCT), ICCT Research Paper, ICCT Research Paper, December 2016, p. 5.

④ Stephen M. Saideman, "The Ambivalent Coalition: Doding the Least One can Do against the Islamic State," *Contemporary Security Policy*, Vol. 37. No. 2, 2016, pp. 289 – 305.

盟的重要考虑。现在来看，美国领导的军事打击行动，在一定程度上的确削弱了“伊斯兰国”等恐怖组织的有生力量。如在 2014 年 9 月 23 日至 2015 年 2 月 23 日间，西方盟军仅在叙利亚就打死了 1600 余人，其中 1464 名死者为“伊斯兰国”的战士，73 名死者为“努斯拉阵线”的战士，而且这些死者多数为非叙利亚人。① 考虑到西方盟军在伊拉克的攻势更为猛烈，可以想象西方盟军在伊空袭的致死人数更多。

由于在叙利亚与伊拉克开展军事行动杀死本国的“圣战者”，涉及伤害本国公民的性命等敏感的法律与伦理问题，故此前西方国家拒绝承认这是一种应对本国“外籍战士”的方式。然而，随着国际社会就“伊斯兰国”威胁到国际和平与安全达成基本共识，尤其是随着“伊斯兰国”在伊叙两国节节败退使“外籍战士”回流问题变得日益迫切，西方国家开始明确表示通过军事手段消灭本国的“外籍战士”是减少他们回流的最佳方法。如法国国防部长弗洛朗丝·帕利（Florence Parly）在 2017 年 10 月明确表示：“如果圣战分子死在这场战斗中，我认为那是最好的结果”；美国负责协调打击加入“伊斯兰国”联合行动的高级特使布雷特·麦格克（Brett McGurk）也表示：“我们的任务是确保任何从外国进入叙利亚加入‘伊斯兰国’，并且还在这里的外国战士死在叙利亚”，“如果他们去往拉卡，那么他们将死在拉卡”。② 尽管西方国家深知，在战场上全部消灭本国“外籍战士”的可能性不大，但通过军事打击，可以最大限度地降低“圣战”分子的回流规模，这也是避免他们对国土安全造成威胁的最直接有效的办法。

（二）没收外流“外籍战士”的护照或取消其国籍，阻止其回流

为了避免外流“圣战者”回国制造恐怖袭击，欧盟早已启动了取消

---

① Alastair Reed, Jeanine de Roy van Zuijdewijn and Edwin Bakker, *Pathways of Foreign Fighters: Policy Options and Their (Un) Intended Consequences*, Hague: International Centre for Counter-Terrorism—The Hague (ICCT), ICCT Policy Brief, April 2015, p. 10.

② Peter Koenig, "Breaking: France's Minister of Defense: French Citizens Who Joined Jihad Should Die on the Battlefield— 'We Don't Want Them Back'," Global Research, October 23, 2017, https://www.globalresearch.ca/breaking-frances-minister-of-defense-french-citizens-who-joined-jihad-should-die-on-the-battlefield-we-dont-want-them-back/5614565.

外流人员国籍的行动。自2014年起，西方国家争先恐后地修改规章或通过新的法律，以取缔那些被怀疑参与外流至伊叙参与“伊斯兰国”等恐怖组织的本国公民的公民权，或没收其护照。在短短2年多的时间里，有超过半数的西方国家或者已通过，或者提交了相关法案。截至目前，至少有11个国家已经通过了相关法案，包括澳大利亚、匈牙利、比利时、加拿大、丹麦、法国、荷兰、瑞典、瑞士、英国、美国。其中，多数为欧盟国家。[①] 尽管这些国家通过的法律有一定差别，但它们的主要目标是一样的，即剥夺那些成为“外籍战士”和独狼式恐怖分子的国籍。许多法律对所涉及人员的界定非常宽泛，既包括有意外流参与恐怖组织的个人，又包括在国外冲突地区作战的个人，自然也包括那些直接参与恐怖活动和支持恐怖主义的人员。在西方国家，取消国民公民权的做法并非没有先例。事实上，有近一半的欧盟国家早已规定那些向其他国家效忠的公民可被取消国籍，如比利时、塞浦路斯、爱沙尼亚、希腊、爱尔兰、立陶宛、马耳他、罗马尼亚、斯洛文尼亚。[②] 不过“外籍战士”回流现象所带来的严峻威胁，促使欧盟国家迅速将取消国籍或公民权的做法用于“外籍战士”。

欧盟国家在取消外流“外籍战士”国籍的同时，还通过取消护照的方式阻止人员外流，不过这些措施实施起来力度有限。[③] 英国为例，尽管政府并未披露被取消英国国籍的外流“圣战者”准确人数，但截至2016年6月，有30余人受此惩罚。英国的行事依据是1981年的《英国国籍法》，此法经多次修正以扩大适用范围。根据该法，拥有双重国籍的公民，包括2002年后在英国本土出生的双重国籍公民，一旦被认定“取消国籍有益于公共产品”，那么英国国务大臣可以发布命令取消其国籍。[④]

---

① Tamara Laine, " 'Passing the Buck': Western States Race to Denationalise Foreign Terrorist Fighters," *Journal of Peacebuilding & Development*, Vol. 12, No. 2, 2017, p. 25.

② Tamara Laine, " 'Passing the Buck': Western States Race to Denationalise Foreign Terrorist Fighters," p. 26.

③ 澳大利亚是一个例外。自2011年至今，澳政府取消了100多与伊拉克、叙利亚有关联的人的护照。参见 Arsla Jawaid, "From Foreign Fighters to Returnees: The Challenges of Rehabilitation and Reintegration Policies," *Journal of Peacebuilding & Development*, Vol. 12, No. 2, p. 103。

④ Bérénice Boutin, *Administrative Measures against Foreign Fighters: In Search of Limits and Safeguards*, p. 9.

在没收护照方面，英国2015年通过的《反恐与安全法》规定，行政官员可以没收那些有意去往国外参加恐怖活动人员的护照。同年，英国还拟定新的措施，即“临时拒斥命令”（*temporary exclusion order*，TEO），规定那些身处英国国土之外，且被怀疑在国外参与恐怖活动的国人两年内可被禁止入境，这实际上使这些人的英国护照自动失效。不过，截至2016年12月，英国尚未针对特定个人发布“临时拒斥命令”。[①] 在法国，除了取消可疑外流人员的国籍外，行政机关还颁布了出行禁令。如在2014年11月至2016年4月间，法国议会委员会发布了308次出行禁令，56名人员被行政当局起诉。其中，只有4项出行禁令被法庭推翻。[②] 根据英法两国针对本国“外籍战士”外流与回流的举措，可管窥欧盟国家在此问题上所表现出的警惕态度。

（三）启用“智能边界”管理系统，以识别和拦截回流“外籍战士”

为了打击欧洲的有组织犯罪活动，尤其是为了识别本土极端分子和拦截回流的“圣战者”，欧盟启动了一系列涉及边界管理的新工作计划。2016年4月，欧盟启动了“欧洲旅客姓名登记”系统，将于2018年5月在欧盟范围内全面实施。此外，在2017年3月7日，欧盟理事会采用了一套有关进出欧洲的新管理系统，这套系统适用于所有非欧盟人员。该系统主要用来采集外来人员进出欧洲的入境、离境、拒签记录、身份证明文件、护照等文件，包含四个手指指纹的身份数据、脸部照片等信息。[③] 而这两个已经启用的人员出入境管理系统，事实上是欧盟委员会早在2013年2月既已批准和筹备组建的“智能边界”（Smart Border）管理系统的一部分。通过多年的测试、评估和试运行，欧盟希望“智能边界”管理系统将于2018年正式投入使用。[④] 据估计，一旦全面启用该系

---

① Bérénice Boutin, *Administrative Measures against Foreign Fighters: In Search of Limits and Safeguards*, pp. 8 – 9.

② Ibid., pp. 10 – 11.

③ IHS Jane's Military & Security Assessments Intelligence Centre, "Islamic State Returnees Pose Threat to Europe—Jane's," March 5, 2017, http://www.janes.com/images/assets/032/69032/Islamic_State_returnees_pose_threat_to_Europe.pdf, pp. 7 – 8.

④ European Commission, "Smart Borders," https://ec.europa.eu/home-affairs/what-we-do/policies/borders-and-visas/smart-borders_en.

统，欧盟将至少投入10亿欧元，而这还不包括成员国为维护这套系统需要追加的投入。欧盟之所以急迫地启用“智能边界”系统，一个重要原因是希望借此提高识别和拦截“外籍战士”的效率。

能否有效地拦截回流的“外籍战士”，很大程度上取决于政府是否掌握了回流人员的准确信息和进行有效的国际合作。在此方面，欧盟及其成员国也做了不少努力。如数个欧盟国家遵照《海牙—马拉喀什备忘录》（*The Hague-Marrakech Memorandum*）中有关如何更有效地打击“外籍战士”的相关规定，加大了情报共享的力度，如向多边或地区层面的“外籍战士”数据库提供或获取适时情报信息。截至2016年7月，国际刑警组织已收集来自世界60余个国家7500名“外籍战士”的信息，其中比利时、荷兰、俄罗斯、塔吉克斯坦是主要的信息提供者。而欧盟刑警组织所掌握的“重点旅客”（Focal Point Travellers）数据库收集了超过3000名已被证实为“外籍战士”的人员信息。① 2016年5月，欧洲议会全体会议还表决通过了旨在加强欧洲刑警组织反恐能力的一系列新规定，如要求欧盟成员国提供欧洲刑警组织在反恐和打击有组织犯罪行动中所需要的数据等，并赋予欧洲刑警组织更多权力。② 除了加强能力建设，欧盟还致力于增进与其他多边机制合作拦截和打击“外籍战士”的力度。如2015年10月，欧盟与东盟启动了“欧盟—东盟移民与边界管理项目”，通过提高东南亚国家的边界管理能力，以更有效地防范和打击“外籍战士”和跨国有组织犯罪分子。③ 总之，欧盟寄希望通过御威胁以国界之外，防止“外籍战士”大规模回流本土。

（四）逮捕和审讯回流“外籍战士”

为了更有效地逮捕那些企图在欧盟内部发动恐怖袭击的回流人员，欧盟在很短的时间内相继采取了一系列措施。如2015年12月15日，

① Tanya Mehra, *Foreign Terrorist Fighters*: *Trends*, *Dynamics and Policy* Responses, Hague: International Centre for Counter-Terrorism—The Hague (ICCT), ICCT Research Paper, ICCT Report, December 2016, p. 6.

② 新华社：《欧洲议会通过加强欧洲刑警组织反恐能力新规》，2016年05月12日，http://news.xinhuanet.com/world/2016-05/12/c_128976890.htm。

③ Tanya Mehra, *Foreign Terrorist Fighters*: *Trends*, *Dynamics and Policy Responses*, p. 7.

欧洲委员会建议组建一个新的机构以代替欧盟边防局，并赋予其更多权限，同时建议组建“欧盟边界与海岸警卫队”，与各国边界管理机构同时工作，以更有效地拘捕可能的恐怖分子。① 2017 年 2 月 16 日，针对独狼式恐怖分子和回流的“外籍战士”，欧盟议会批准了一项新的命令，扩大了欧盟的刑事预备措施的行动内容，涵盖了欧盟公民外流参与恐怖组织及回流欧洲发动恐怖袭击的各个环节，如人员招募、培训、嫌疑犯的认定、从事煽动活动或资助恐怖组织等。② 不仅如此，为了协调增强欧盟这一超国家机构的反恐能力与效率，欧盟甚至考虑组建欧洲调查与反恐局（European Bureau of Investigation and Counter-Terrorism），以调整和加强欧盟既有涉恐机构的职能。③ 欧盟之所以在最近几年密切地出台或筹划对涉恐机构进行调整的方案，主要是因为在频繁的恐怖袭击面前，欧盟充分地意识“欧盟对恐怖主义做出有效与快速应对的能力不足”，为此，欧盟认为：“如果成员国之间不追求排他性的反恐能力，安全才能得到更好的保障，因此，欧盟建议需要形成共享能力，以促进欧盟确立起处于司法控制下的整体调查与情报能力”，④ 这是提高欧盟应对和打击“外籍战士”和各种跨国有组织犯罪能力的根本途径。

对于那些已被逮捕的参与“伊斯兰国”等恐怖组织的回流“外籍战士”，欧盟建议和督促成员国启动对他们的审讯或监视工作。其中，那些被认定可能威胁到欧盟安全的人员往往被处以重刑。如 2014 年 12 月，英国判处两名从叙利亚返回的年轻人 13 年监禁，罪名是他们企图在英国开展恐怖活动。⑤ 2015 年，欧洲法院通报了 12 个欧盟成员国开庭审理的 218 宗与恐怖主义有关的案件，涉案人员达到了 514 人。目

---

① European Commission-Press release, “A European Border and Coast Guard to protect Europe's External Borders,” Strasbourg, December 15, 2015, http://europa.eu/rapid/press-release_IP-15-6327_en.htm.

② European Parliament, “Preventing Terrorism: Clampdown on Foreign Fighters and Lone Wolves,” February 16, 2017, http://www.statewatch.org/news/2017/feb/eu-ep-terror-powers.htm.

③ European Parliament, “Texts adopted, Thursday, February 16 2017—Strasbourg,” http://www.europarl.europa.eu/sides/getDoc.do?pubRef=-//EP//TEXT+TA+P8-TA-2017-0048+0+DOC+XML+V0//EN.

④ European Parliament, “Texts adopted, Thursday, February 16 2017—Strasbourg.”

⑤ Alastair Reed, Jeanine de Roy van Zuijdewijn and Edwin Bakker, *Pathways of Foreign Fighters: Policy Options and Their (Un) Intended Consequences*, p. 12.

前，瑞士正在处理的相关案件为26宗，西班牙认定11人有罪。这些动态，充分说明了欧盟国家正以非常急切的态度处理涉恐案件。[①] 不过，尽管欧盟及其成员国正在加速对各自的司法体系进行修正或完善，但相对于高效的行政措施，司法审讯显得冗长，而且由于证据收集得困难，此方式并非欧盟及其成员国应对回流“外籍战士”的首要手段。如法国在恐怖袭击事件发生后，多次延长国家紧急状态的时限，在很大程度上是为了避免使用司法手段应对恐袭事件时出现的低效、冗长等问题。[②]

（五）启动复员与融入计划，督促回流“外籍战士”去激进化

对于那些被发现和逮捕的回流“外籍战士”，除了投入监狱外，欧盟国家也会根据具体情况决定是否将他们纳入复员或融入计划，使他们实现去激进化的目标。去激进化是一种“社会和心理过程，通过这一过程，个人对暴力极端主义的认可和介入程度降低到这样一个程度，即不再具有介入和参与暴力行动的风险”。[③] 除了使激进分子放弃使用暴力手段或极端信念，去激进化也指政府针对激进或极端分子所采取的政策或倡议，“这些倡议，致力于通过针对具体或相关的脱离（disengagement）问题，以降低被重新冒犯（re-offending）的风险”。[④] 在本章的使用过程中，去激进化既指极端分子放弃使用暴力，也指政府为使激进分子放弃暴力信念的政策举措。复员或融入计划的核心在于通过吸纳和借助家庭和社区等行为体的介入，为回流人员提供一个包容性的环境，促进其参与而非隔绝于普通生活，最终达到使其放弃极端主义思想的目标。

经过多年的摸索与实践，欧盟及其成员国已经形成了多样化的去激

---

① Tanya Mehra, *Foreign Terrorist Fighters: Trends, Dynamics and Policy Responses*, Hague: The International Centre for Counter-Terrorism—The Hague (ICCT), December 2016, pp. 18 – 19.

② Christophe Paulussen, *Repressing the Foreign Fighters Phenomenon in Western Europe: Towards an Effective Response Based on Human Rights*, Hague: The International Centre for Counter-Terrorism—The Hague (ICCT), pp. 5 – 12.

③ John Horgan, *Walking Away from Terrorism*, London: Routledge, 2009, p. 153.

④ John Horgan, *Walking Away from Terrorism*, p. 153.

进化项目。这些项目的基本精神，反映了欧盟“激进化观察网络”2013年所发表的一份宣言提出的要求，即去激进化项目要求“从微观到宏观层面上一系列行为体的对话与参与，比如家庭（包括直系到延伸的亲属）、社区成员及其领导者、宗教学者、教师、地方当局、警察、情报机构等”①。在欧盟成员国中，比较知名的激进分子复员或融入计划是丹麦实施多年的“奥尔胡斯模式”（Aarhus Model）。该模式的特征在于：“拒绝对伊斯兰和穆斯林社区的污名化，而是将其视为关键的地方合作伙伴，通过与它们接触在社会各个层面生产出富有意义的参与。父母、社区领导人、宗教领导人、执法人员在去极端化的几个阶段均被纳入进来，以免各个行为体之间的角色互相矛盾或彼此抵触”②。除了丹麦，英国、德国、法国等欧盟国家也有自己的复员或融入计划。其中，英国和德国的去激进化项目也颇具特色。前者突出的是社区的作用，而后者主要源自促使右翼极端分子去极端化的经验。③ 大体而言，与沙特、埃及、马来西亚等发展中国家实施的复员计划强调神职人员的作用不同，欧盟启动的复员或融入计划突出的是非政府组织、社区、家庭等公民社会的作用。延伸到处理回流的“外籍战士”时，欧盟的去极端化计划要求各种参与主体在一种合作与透明的环境中，与“外籍战士”进行密切但微妙的互动，以对他们的去极端化工作进行及时、有效的监控。④

---

① Radicalisation Awareness Network, “The RAN Declaration of Good Practices for Engagement with Foreign Fighters for Prevention, Outreach, Rehabilitation and Reintegration,” November 2013, http://www.icct.nl/download/file/RAN-Declaration-Good-Practices-for-Engagement-with-Foreign-Fighters.pdf.

② Arsla Jawaid, “From Foreign Fighters to Returnees: The Challenges of Rehabilitation and Reintegration Policies,” *Journal of Peacebuilding & Development*, Vol. 12, No. 2, p. 105. 也可参见 Alastair Reed, Jeanine de Roy van Zuijdewijn and Edwin Bakker, *Pathways of Foreign Fighters: Policy Options and Their (Un) Intended Consequences*, The International Centre for Counter-Terrorism—The Hague (ICCT), ICCT Policy Brief, April 2015, p. 4。

③ 可分别参见 Tanya Silverman, “U. K. Foreign Fighters to Syria and Iraq: The Need for a Real Community Engagment Approach,” *Studies in Conflict & Terrorism*, Vol. 40, No. 12, 2016, pp. 1091 – 1107; Tanya Mehra, *Foreign Terrorist Fighters: Trends, Dynamics and Policy Responses*, p. 17。

④ Radicalisation Awareness Network, “The RAN Declaration of Good Practices for Engagement with Foreign Fighters for Prevention, Outreach, Rehabilitation and Reintegration.”

（六）招募回流“外籍战士”充当情报机构卧底，便利反恐工作

除了投入监狱和鼓励重新融入社会外，有部分欧盟国家尝试吸纳回流“外籍战士”充当间谍，以便利反恐斗争。情报机构试图发挥这些回流人员的优势，如具有“圣战”经验、熟悉恐怖组织的运行、了解恐怖分子的沟通方式、与其他恐怖分子存在既有联系等，为国家打击恐怖分子及其组织获取情报。利用曾经的极端分子揭露极端主义的残忍和野蛮行径，或通过其关系网络打入恐怖组织内部以获得珍贵情报等做法，在理论上的确是削弱和打击恐怖主义的有效途径。只是此类事件非常隐秘，具体案例较少被披露。不过近年来的确出现了一则与此类似且得到广泛关注的例子。2016 年 8 月，美国乔治·华盛顿大学聘请一名前伊斯兰极端主义者——吉泽·莫顿（Jesse Morton）——担任该校反极端主义研究项目的研究人员。早在 2015 年，即莫顿在美国服刑期间，他已以美国联邦调查局线人的身份工作过。[①] 莫顿原本刑期为 11 年半，得益于 2015 年与联邦调查局的合作，他入狱 4 年即被释放。不过，除了曾向联邦调查局接头人报告过 2017 年 6 月 3 日英国伦敦桥恐怖袭击事件主谋胡拉姆·布特（Khuram Butt）的行踪外，莫顿的其他“贡献”并未得到披露。[②]

在国际社会中，明确表示要利用前“圣战者”为情报机构服务的国家尚不多见，英国是先行者。据英国情报机构军情五处 2017 年 10 月的估计，已回流英国的“圣战者”约为 500 人。[③] 加上近年来英国发生了多起恐袭事件，导致军情五处局长安德鲁·帕克（Andrew Parker）在 2017 年 11 月 17 日预言，英国面临“最为严峻的恐怖主义威胁且发生新的恐怖袭击不可避免”。[④] 强烈而紧迫的威胁认知，促使英国决定采

---

① Elizabeth Cohen, “From Terrorist to University Expert: GW Hires former Islamic Extremist,” August 30, 2016, http: //edition. cnn. com/2016/08/30/health/gw-hires-former-islamic-extremist/index. html.

② Conuter Extermism Project, “Jesse Morton,” https: //www. counterextremism. com/extremists/jesse-morton.

③ BBC, “IS Foreign Fighters: 5, 600 have Returned Home—Report,” October 24, 2017, http: //www. bbc. com/news/world-middle-east – 41734069.

④ Vikram Dodd, “UK facing Most Severe Terror Threat Ever, Warns MI5 Chief,” October 17, 2017, https: //www. theguardian. com/uk-news/2017/oct/17/uk-most-severe-terror-threat-ever-mi5-islamist.

取非常规方式应对“外籍战士”回流等涉恐问题。据英国媒体2017年11月中旬披露，英国情报部门正在招募一批回流的“圣战”分子充当卧底。根据军情五处的计划，那些能够证明自己已完成了去激进化的回流人员，如果愿意，在接受必要的间谍技巧训练和一段时间的“再教育”，足以确保其完全放弃了极端主义思想之后，他们便可以加入英国本土的恐怖组织或者重返伊叙两国以充当间谍。作为补偿，卧底至少5年时间后，这些前“圣战”分子可以得到赦免。① 尽管面临争议，但英国的计划仍得到不少人的支持，他们认为这是反击恐怖主义的有效武器。基于“以子之矛攻子之盾”的确是应对恐怖主义的一种可行路径，估计会有部分国家效仿英国的做法。

四 对欧盟及其成员国应对措施的简要评价

欧洲国家为应对“圣战”分子回流所采取的上述措施并非没有问题。近年来欧洲伤亡惨重的恐袭事件频发，从一个侧面说明欧盟及其成员国的应对措施并不能杜绝恐袭事件的发生。当然，由于恐袭事件具有极大偶然性，任何国家均没有绝对的把握实现这一目标。不过，明晰欧洲国家应对措施的不足，或许能为国际社会和我国应对这一问题提供一定启示。中国一些“东突”分子曾到境外参加暴恐培训或从事暴恐活动，如“东突厥斯坦伊斯兰运动”就曾向阿富汗输送激进分子，让他们在阿参加培训并与“基地”“乌兹别克斯坦伊斯兰运动”等恐怖组织并肩作战。叙利亚内战爆发以来，尤其是“伊斯兰国”于2014年6月宣布成立“哈里发国”以后，中国出境参与恐怖活动培训和暴恐行动的人员数量较多。随着“伊斯兰国”的崩溃，中国籍“外籍战士”同样可能回流中国。② 故评估欧盟应对回流“外籍战士”的措施，具有一

---

① Patrick Williams, “Jihadis Returning to UK Offered Amnesty if They become Spies for MI5,” November 19, 2017, https://www.dailystar.co.uk/news/latest-news/661044/isis-terrorist-returning-to-uk-amnesty-spy-for-mi5.

② 可参见 Colin P. Clarke and Paul Rexton Kan, *Uighur Foreign Fighters: An Underexamined Jihadist Challenge*, The International Centre for Counter-Terrorism—The Hague (ICCT), ICCT Policy Brief, November 2017。

定的现实意义。

大体而言，欧盟采取的上述措施至少存在以下问题：

（一）“外籍战士”的概念含混，影响应对措施的有效性

如前所述，目前学术界并未就“外籍战士”的定义达成一致意见。[①] 概念上的分歧，影响到应对措施的适当性与有效性。如在实际操作过程中，联合国安理会所使用的概念是外国恐怖主义战斗人员，而欧盟、美国等西方国家主要使用“外籍战士”的概念。相对前者，“外籍战士”的概念更为宽泛也更为含混。[②] 事实上，不仅“外籍战士”外流至冲突地区的动机不尽相同，而且他们在冲突区域承担的角色也有所差异，即使回流后他们的身份也截然有别。就外流动机而言，“外籍战士”外流的动机至少有地位寻求、荣誉寻求、复仇寻求、冒险寻求四类。[③] 鉴于此，有学者建议，有必要严格对“外籍恐怖分子”与“外籍培训人员”做必要区分，因为只有“外籍恐怖分子”才会对国家安全构成严重威胁，而“外籍培训人员”回流后对国家安全的威胁是不确定的。[④] 而在冲突地区，“外籍战士”所从事的活动不仅有分工，而且

① 对学术界各种有关“外籍战士”概念的梳理及其评价可参见 David Malet, “Foreign Fighter Mobilization and Persistence in a Global Context,” *Terrorism and Political Violence*, Vol. 27, No. 3, 2015, pp. 455 – 458。

② 欧盟国家对“外籍战士”概念的使用与《五眼条约》（*Five Eyes Treaty*）成员国（包括澳大利亚、加拿大、新西兰、英国与美国）的使用很相似，而与联合国所使用的外国恐怖主义战斗人员这一术语有别。两者之间的差异，可参见 Muneer Hamaid, “Foreign Fighters: A Five Eyes Border Management Perspective,” *Journal of Policing, Intelligence and Counter Terrorism*, Vol. 12, No. 1, 2017, pp. 47 – 65。

③ 有研究者通过对 2032 名加入“基地”的“外籍战士”进行访谈或梳理其个人经历史，总结出这四类动机。这对于加入“伊斯兰国”的“外籍战士”也是适用的。参见 John Venhaus, “Why Youth Join al-Qaeda,” Washington, DC: United States Institute of Peace, Special Report, May 2010, https://www.usip.org/sites/default/files/SR236Venhaus.pdf。有关欧盟成员国“外籍战士”外流动机的研究，可参见 Edwin Bakker and Roel de Bont, “Belgian and Dutch Jihadist Foreign Fighters (2012 – 2015): Characteristics, Motivations, and Roles in the War in Syria and Iraq,” *Small Wars & Insurgencies*, Vol. 27, No. 5, 2016, pp. 837 – 857; Lorne L. Dawson and Amarnath Amarasingam, “Talking to Foreign Fighters: Insights into the Motivations for Hijrah to Syria and Iraq”, *Studies in Conflict & Terrorism*, Vol. 40, No. 3, 2017, pp. 191 – 210。

④ Barak Mendelsohn, “Foreign Fighters—Recent Trends,” *Orbis*, Vol. 55, No. 2, 2011, pp. 189 – 202.

会根据个人能力和组织所面临的攻击形势进行调整。一般而言，"外籍战士"在冲突地区往往承担四类基本工作：第一类是参与战斗的直接行动；第二类是在前线向战斗人员提供操作支持；第三类包括从事采点、招募、筹措资金、媒体宣传等运动支持；第四类是提供交通工具、通讯、伪造身份文件、维持社会秩序、照顾老弱病残等后勤支持。① 而在冲突结束之后，未成为"烈士"的"外籍战士"部分可能辗转冲突区域作战，成为"老兵"；部分会成为培养和招募新"圣战者"的"招募者"；还有部分成为放弃极端观念、恢复正常生活的"融入者"；最后一部分是在回流后针对本国发动恐怖袭击的"恐怖分子"。② 然而，在当前应对回流"外籍战士"的过程中，或许是因为形势过于迫切，或许是因为操作起来过于复杂，欧盟并未对不同"外籍战士"的不同外流动机、在冲突区域所从事的不同工作、回流人员回国身份的具体变化等进行细致区分，这些既可能夸大了所面临的威胁、扩大了打击面，也降低了应对措施的针对性，耗费了宝贵的反恐资源，因此受到批评。③

（二）应对措施有转嫁责任的企图，会带来恶化其他国家安全形势的后果

无论是通过启动"智能边界"计划项目，还是取消外流人员的国籍和没收他们的护照，抑或让外流"圣战"分子畏惧于回流被捕后面临漫长刑期的前景，欧盟及其成员国采取的强力措施带来"圣战"分子无法或不愿回国的客观后果。如此，许多"外籍战士"只能选择留在中东或去往其他冲突地区继续开展"圣战"。当他们以"圣战"为业，首先会使原本混乱不堪的中东局势无法得到有效改善，其次也会在世界其他地区传播"圣战"理念和煽动其他人参与"圣战"。更严重的是，当欧盟成员国竞相通过单边行为取消本国"外籍战士"国籍的方式应

---

① Randy Borum and Robert Fein, "The Psychology of Foreign Fighters," *Studies in Conflict & Terrorism*, Vol. 40, No. 3, 2017, p. 250.

② Jeanine de Roy van Zuijdewijn, "The Foreign Fighters' Threat: What History Can (not) Tell us," *Perspective on Terrorism*, Vol. 8, No. 5, 2014, pp. 63 - 64.

③ Lorenzo Vidino, Aglaya Snetkov and Livio Pigoni, *Foreign Fighters: An Overview of* Responses *in Eleven Countries*, p. 5.

对“圣战者”的回流时，国际社会就会出现许多无国籍人员。这不仅严重违背了国际公约中有关国家需要承担对本国公民义务的相关规定，严重侵犯了各国“外籍战士”的权利，[①] 而且歧视性的应对措施会进一步激化边缘人群，尤其是那些具有激进化趋势的个人，会走上极端化甚至接受恐怖主义的道路，这也有违欧盟采取相应措施的初衷。基于此，塔玛拉·莱恩（Tamara Laine）断言：“没有国际合作与对话，当前取消具有安全威胁个人国籍的趋势，潜在地损害和削弱了全球反恐和维和的努力”。[②] 换言之，西方国家虽然规避了风险，但通过转嫁责任，它们的举措客观上恶化了他国甚至整个国家社会所面临的安全形势。历史案例已经充分说明了这种可能性的存在。如西方“外籍战士”曾广泛流窜于阿富汗、车臣、波斯尼亚、索马里等地，不仅延长了当地冲突的时间，而且还培养了一批批的“圣战”分子。[③] 就此而言，欧盟独善其身的做法，具有以邻为壑的后果。

（三）压制性的措施并不能确保“圣战”分子的去激进化

欧盟及其成员国在意识到“外籍战士”回流问题的严峻性后，针对被捕人员采取了非常严厉的惩罚措施。这种趋势已经蔓延整个欧洲。然而，将回流人员投入监狱，或许不是促进回流人员去激进化的有效方式。因为这种方式至少存在三个方面的问题：其一，取证困难，很难将不同动机的人员区分开来，也难以获得他们在冲突区域扮演何种角色等方面的准确情报，从而导致对不同类型的回流人群进行适度的量刑存在困难，甚至很难达到对其进行审判的门槛。其二，将回流人员一股脑儿地投入监狱，很有可能衍生出更多的极端分子或恐怖分子。因为极端分

① 更详细的讨论可参见 Adam K. Webb, “‘Swanning Back in’? Foreign Fighters and the Long Arm of the State,” *Citizenship Studies*, Vol. 21, No. 3, 2017, pp. 291 – 308。

② Tamara Laine, “‘Passing the Buck’: Western States Race to Denationalise Foreign Terrorist Fighters,” p. 23.

③ Jeanine de Roy van Zuijdewijn and Edwin Bakker, *Returning Western* Foreign *Fighters*: *The Case of Afghanistan*, *Bosnia and Somalia*, The International Centre for Counter-Terrorism—The Hague (ICCT), ICCT Background Note, June 2014; Emmanuel Karagiannis, “Transnational Islamist Networks: Western Fighters in Afghanistan, Somalia and Syria,” *The International Spectator*: *Italian Journal of International Affairs*, Vol. 48, No. 4, 2013, pp. 119 – 134.

子云集的监狱往往是恐怖主义的“孵化器”，而不是极端主义的“剥离器”。那些具有“圣战”经历的回流者，在囚犯眼中往往享有较高威信。如英国军情五处就指出：“外籍战斗人员获得了战斗经验、接受了培训、参与了海外极端分子的网络。这些在海外获得的技能、联系与地位，使他们回到英国带来了更大威胁，即使他们回国不直接实施恐怖袭击，与恐怖组织海外作战的经历，就能带动其他人的激进化”。① 在狱中，“外籍战士”能隐秘地传播“圣战”理念、组建“圣战”网络，从而带动一群狱友走上暴恐之路。研究结果表明，那些曾经参与过阿富汗抗诉战争的“圣战”老兵，在动员伦敦等地的“外籍战士”方面扮演了重要角色。② 正因如此，在荷兰、印度尼西亚、英国等国，被捕的回流“外籍战士”与暴力极端分子是与其他囚犯分开羁押的。③ 由此可见，无论是基于人道主义的角度还是出于对有效性的考虑，对回流“圣战者”不加区分地处以重刑，带来的结果可能是适得其反的。其三，如前所述，由于威胁突出、形势紧迫，欧盟成员国倾向于通过行政手段而非法律手段来应对“外籍战士”回流问题。然而，在此过程中出现了诸多侵犯人权的形象。如法国以反恐为由多次延长国家紧急状态，其间出现了大量违反人权现象，从而使反恐过程中自由与安全之间的矛盾再度凸显。总之，过于依赖行政措施反恐，造成了欧盟“人权捍卫者”形象严重受损。④

（四）融入与吸纳为间谍的做法成本高昂，而且效果难料

首先，这些计划的成本不菲。复员或融入计划的重要内容，是通

---

① Quoled from Alastair Reed, Jeanine de Roy van Zuijdewijn and Edwin Bakker, *Pathways of Foreign Fighters: Policy Options and Their (Un) Intended Consequences*, The International Centre for Counter-Terrorism—The Hague (ICCT), ICCT Policy Brief, April 2015, p. 5.

② Mohammed Hafez, "Jihad after Iraq: Lessons from the Arab Afghans," *Studies in Conflict & Terrorism*, Vol. 32, No. 2, 2009, pp. 73 – 94.

③ Tanya Mehra, *Foreign Terrorist Fighters: Trends, Dynamics and Policy Responses*, p. 9. 不过也有研究成果表明，这种措施的效果并没有预想中有效，参见 Tinka Veldhuis, *Prisoner* Radicalization *and Terrorism Detention Policy: Institutionalized Fear or Evidence-Based Policy Making*? New York: Routledge, 2016。

④ 可参见 Christophe Paulussen, *Repressing the Foreign Fighters Phenomenon in Western Europe: Towards an Effective Response Based on Human Rights*。

过向回流人员提供教育培训或就业指导，必要时向他们提供工作岗位，以加速恢复他们对社会的信任和归属感，从而彻底放弃极端主义信念。然而，营造这样一种包容性的社会环境代价不小，它需要家庭、社区、非政府组织、执法部门等行为体做相当大的长期投入。① 当前欧洲“圣战”回流人员的庞大规模，更使开展此类计划的成本急剧上升。② 欧洲国家能否有此能力和意愿进行长期投入，还有待观察。③ 至少就欧盟现有的去激进化措施来看，相关政策至少面临个体层面的预防与干预缺乏明确的目标、评判标准强化了主流社会对穆斯林作为“嫌疑群体”的偏见这两个方面的严重问题。④ 这些问题能否在欧盟针对回流“外籍战士”的去激进化中得到矫正或找到有效的解决方法，趋势不容乐观。其次，去激进化是可逆的。由于人的思想难以观察，故很难对一个回流人员是否真的实现了去激进化做出准确判断。⑤ 不仅如此，去极端化是一个非常脆弱的工作，面临不少变数。即便经历了去极端化，偶发事件也有可能重新触发激进化机制。如回流人员会面临来自“战友”与同道、家庭与社会等方面的猜忌和压力，一旦处理不当，他们有可能重生怨恨或陷入绝望，从而铤而走险再次发动恐怖袭击。最后，对回流人员启动复员或融入计划和间谍招募计划，可能会

---

① 如要求或鼓励家庭成员或朋友举报亲友参与恐怖组织，会带来严重的道德和伦理后果，因为一旦亲友被确认参与涉恐活动，他们将面临严厉惩罚，从而令其他亲友陷入法律与亲情之间的困境中，从而阻止他们向当局提供相关信息。对这种局面的深度描述参见 Imran Awan and Surinder Guru, “Parents of Foreign ‘Terrorist’ Fighters in Syria—Will They Report their Young?” *Ethnic and Racial Studies*, Vol. 40, No. 1, 2017, pp. 24 – 42。对相关政治后果的简要讨论参见 Alastair Reed, Jeanine de Roy van Zuijdewijn and Edwin Bakker, *Pathways of Foreign Fighters: Policy Options and Their (Un) Intended Consequences*, p. 12。

② 如据报告，澳大利亚耗资数千万澳元的去极端化项目，只成功让一名极端分子去极端化。这被观察者们认为类似项目的成本与收益比过低。参见 Yael Brender, “Australia's Multi-million Dollar Terror ‘Deradicalisation Program’ has only Turned ONE Jihadi away from Islamic Extremism in Prison,” December 3, 2017, http://www.dailymail.co.uk/news/article-5140211/Aussie-deradialisation-program-cured-ONE-extremist.html。

③ Arsla Jawaid, “From Foreign Fighters to Returnees: The Challenges of Rehabilitation and Reintegration Policies,” p. 106.

④ 沈晓晨、史志钦：《反恐怖主义极端化的“欧洲模式”及其政策困境》，《当代世界与社会主义》2017 年第 4 期。

⑤ Alastair Reed, Johanna Pohl and Marjolein Jegerings, *The Four Dimensions of the Foreign Fighter Threat: Making Sense of an Evolving Phenomenon*, p. 10.

使真正的极端分子争相回国，通过伪装、潜伏获得强力部门的信任和各种收益后，择机招募新的极端分子或重新开展恐怖活动。因为监管困难，难以察觉，从长远看，这些潜伏者极大地增大了欧洲国家面临的恐袭风险。

五 结论

当前欧盟面临较为严峻的恐袭威胁，其中参与“伊斯兰国”等极端组织的“外籍战士”的回流是衍生这一问题的部分原因。屡发的恐怖袭击和“外籍战士”规模的庞大，不仅让欧盟及其成员国政府绷紧了神经，而且也在社会上形成了要求政府采取“例外”措施应对此问题的社会舆论。在此背景下，近年来欧盟及其成员国加快了行动步伐，尝试从采取军事行动、没收护照和取消国籍、加强边界拦截、进行逮捕审讯、开展去极端化项目、发展间谍以获得情报等方面入手应对此问题。不过，由于时间紧迫、问题严峻，在较短时间内集中出台的系列措施仍存在不足。如强力措施不仅有违人权规范和带来不可预知的负面后果，而且还恶化了世界上其他国家和地区的安全形势；而实施去极端化项目和发展间谍不仅成本高昂，而且很难保证激进分子的去激进化不会发生逆转，即难以确保相关措施的效果。

展望未来，即使欧盟及其成员国在短期内有效避免了回流“外籍战士”在境内发动大规模的恐怖袭击，但考虑到以下四个方面的因素，欧盟面临的反恐形势仍将相当严峻：（1）经济条件较差的穆斯林年轻人口在增多；（2）随着“外籍战士”的大量回流，“圣战”倡导者的人数也会大幅增多；（3）当前伊斯兰世界此起彼伏的龃龉甚至冲突，为激进分子进行动员提供了理由；（4）虚拟网络赋予了激进分子或恐怖分子丰富和隐秘的行动空间。这些整体趋势，为欧盟境内恐怖分子进行动员和发动攻击提供了肥沃土壤。当然，形势好转的可能性也是存在的，如大规模恐怖袭击的发生会引发穆斯林群体的舆论反弹，导致恐怖分子不得人心，其活动空间因此会遭到严重压缩；或者欧盟的“圣战者”内部出现严重分歧，或其与极右极端主义之间爆发严重冲突，从而削弱了其动员能力等。[①] 不过，鉴于上述四个客观趋势并无立竿见影的解决办法，因此，可以推测，欧盟及其成员国在未来一段时间内面临的反恐压力不会得到明显改善。由此带来结果是：一方面，欧盟面临的反恐形势不会立即好转，另一方面，恐袭事件的发生已经给欧盟造成了政治（包括物理安全）、社会与意识形态等方面的后果。[②] 可以预料，人们将见证欧盟未来的发展演变会受到反恐形势的诸多影响。

最后有必要指出，尽管欧盟应对回流“外籍战士”所采取的措施存在诸多问题，但这些措施也有可借鉴之处。整体而言，欧盟及其成员国应对回流“外籍战士”的措施涵盖从阻止人员回流到人员回流后督促其去激进化等多个环节。虽然欧盟及其成员国尚未将它们整合为一个连贯和统一的回流应对战略，但它们已意识到应对恐怖分子的回流问题是一项系统工程，故采取的措施须具有全面性、灵活性等特征。对于同样面临严峻的“外籍战士”回流问题的中国而言，可以适当借鉴其中的某些做法。如加强双边和多边合作，对中国籍“外籍战士”分子的回流和流窜进行有效打击；加强边界控制，尽可能拦截回流人员；根据已回流人员的具体情况采取针对性应对措施，可酌情构想和实施具有科学性、可行性的去激进化措施；加强对中国海外利益的保护；加强对境外中国籍“外籍战士”的跟踪研究等。唯有多管齐下，尽力保证应对措施的周全性和适当性，才有可能将回流“外籍战士”对国家安全的威胁程度降至最低。

---

① 详见 Thomas Hegghammer, “The Future of Jihadism in Europe: A Pessimistic View,” *Perspectives on Terrorism*, Vol. 10, No. 6, 2016, pp. 156 – 170。

② Jeanine de Roy van Zuijdewijn, “Terrorism and Beyond: Exploring the Fallout of the European Foreign Fighter Phenomenon in Syria and Iraq,” *Perspectives on Terrorism*, Vol. 10, No. 6, 2016, pp. 82 – 96.

后　　记

“伊斯兰国”的突然崛起及其迅速衰落，注定会成为国际恐怖主义发展史上一件具有深远影响的事件。其影响，不仅仅在于其极其残暴的统治和曾一度吸引了全世界众多的激进分子或恐怖主义的同情者奔赴伊拉克与叙利亚参与“圣战”，而且还在于其展示了一种新的组织和行动模式，即在开疆拓土以建立“哈里发国”的同时煽动恐怖分子在全球范围内发动恐怖袭击。这是“伊斯兰国”的影响曾令“基地”相形见绌的重要原因。然而，尽管“伊斯兰国”曾经让整个社会忧心忡忡、如临大敌，但其迅速衰败，也证明了“伊斯兰国”的崛起方式和行动模式存在致命的缺陷，这是当前“伊斯兰国”转而采取“基地”组织运作模式的主要原因。与此相对，“基地”组织在遭受国际社会的多年打击后不仅继续存在，而且展现出较强生命力的事实说明，采取“基地”模式的“伊斯兰国”可能比起其盘踞一隅、攻城略地时更加危险。事实上，“伊斯兰国”当前在阿富汗、中亚、东南亚、非洲等地并未衰减的扩张势头说明，“伊斯兰国”对国际安全的威胁仍不容小觑，它仍有可能制造伤亡惨重的恐怖袭击。这种前景，要求国际社会，尤其是研究者密切予以关注“伊斯兰国”的动向并对其演变趋势进行深入研究，以为国际社会对其有效打击甚至彻底取缔它提供具有前瞻性和针对性的洞见。

拙作围绕“基地”与“伊斯兰国”之间的异同及演化做了初步探索。“基地”与“伊斯兰国”之间的关系较为复杂，既有亲缘性，又一度彼此展开激烈竞争，以争夺国际恐怖主义的领导权。拙作在注意到并探讨了“基地”与“伊斯兰国”之间联系的基础上，着重分析了两者之间的差异及演化。在前言中，作者提出希望拙作能够实现三个方面的目标或创新，即将“基地”与“伊斯兰国”置于恐怖主义的发展浪潮之中、明晰两者之间的主要差异及其影响、运用多种理论视角以解释恐怖主义在演变过程中出现的各种反常现象及不同组织彼此间发生演变的原因。大体而言，拙作实现了预期目标。当然，是否真的如此，还需要学术界对此做出评估。展望未来，由于当前“伊斯兰国”逐渐向“基地化”模式转变，从而使“伊斯兰国”与“基地”不仅在组织结构上重新趋近，而且不排除两者有再度携手合作的可能。不过需要注意的是，“基地”与“伊斯兰国”之间复杂的互动过程说明，双方之间的明显差异将会给两者之间的携手造成诸多困扰。除非它们在组织结构上重新确立隶属或中央—分支关系，即在意识形态与战略实践上确立一种领导与被领导的关系，否则，两者重新融合的可能性不大。

毫无疑问，由于研究主题的限制，拙作存在诸多不足。拙作仅比较了“基地”与“伊斯兰国”之间的异同及其演化，而且论述的重点放在了“伊斯兰国”。这种处理方式至少存在两个方面的问题。其一，拙作对“基地”与“伊斯兰国”的分析有所失衡。事实上，“基地”存活多年的事实说明，对其活动经历、行动策略、求存技巧、意识形态、领导组成等问题进行专门和集中的研究，是非常具有必要性的；其二，造成了对涉及“基地”或“伊斯兰国”许多同等重要问题的遗漏。如导致“伊斯兰国”崛起的结构性因素与进程性因素及其深远影响、“伊斯兰国”是如何娴熟地使用各种物质或虚拟资源提高其国际动员能力的、“伊斯兰国”是如何实现与其分支机构之间的协同互动的、妇女与孩童在“伊斯兰国”中扮演的角色、“外籍战士”进入或流出“伊斯兰国”的路线及其在“伊斯兰国”中扮演的角色、国际反恐联盟与“伊斯兰国”之间的互动，等等。这些问题对于了解“伊斯兰国”的兴衰同样是非常重要的，然而，囿于篇幅和研究主题的限制，拙作未能对这些问题进行深入考察，还有待学术界开展更多更深入的研究。

此外，由于作者水平有限，拙作或许未能满足读者的预期。本书由周明和曾向红联合完成。其中，周明负责本书的框架设计并完成了第三、第九章以及“序言”和“后记”，周明与曾向红联合完成第四、第六章，曾向红撰写了第一、第二、第五、第七、第八章、第十章。为了完成本书的写作，两位作者多次就本书的框架、文字等内容作了讨论，尽可能地使本书以一种连贯、完整的方式呈现给读者。然而，毕竟两位作者在知识背景、行文风格、具体观点、研究方法、参考文献的引用等方面有所差异，不可避免地导致本书存在不连贯或不一致之处，这些问题还请读者予以见谅。除了两位作者，陈亚州、雷环瑞、梁晨、陈科睿等学生也对本书的完成做出了重要贡献。其中，雷环瑞参与第三章的写作，陈亚州参与了第五章和第七章的写作，梁晨参与了第八章的写作。而陈科睿则帮助作者校对了全书并整理了参考文献。在此，向诸位学生的付出表示衷心感谢。当然，书中存在的纰漏之处由作者负责。

最后，作者对国家哲学社会科学工作办公室和兰州大学的资助以及学术界的刊物表示衷心感谢。周明于 2014 年获得国家哲学社会科学对其所申请项目——国家社科基金青年项目“中亚萨拉菲恐怖极端势力的关系及其对新疆安全的影响研究”（项目批准号：14CGJ016）——的资助，本书的部分内容即为该项目的阶段性研究成果。而拙作的出版，则受到 2019 年度兰州大学人文社科类中央高校基本科研业务费专项资金重点研究基地项目“欧亚秩序与一带一路研究”（项目编号：2019jbkyjd005）和其他类别项目（项目编号：2019jbkytd002、2019jbkyzx014）的慷慨资助。除此之外，本书的许多内容曾在国内学术刊物上予以发表。这些刊物是《世界经济与政治》《外交评论》《国际安全研究》《国际展望》《社会科学》《中东问题研究》（现改名为《中东研究》）。这些刊物的编辑部老师，如谭秀英、袁正清、主父笑飞、陈志瑞、吴文成、张春、石晨霞、胡键、韩志斌、赵广成、闫伟、谢磊等，曾为作者完成阶段性成果提出了宝贵的修改建议，作者在此谨向各位老师表示衷心感谢。